책으로 본 영조와 그의 시대

장서각 한국사 강의 34

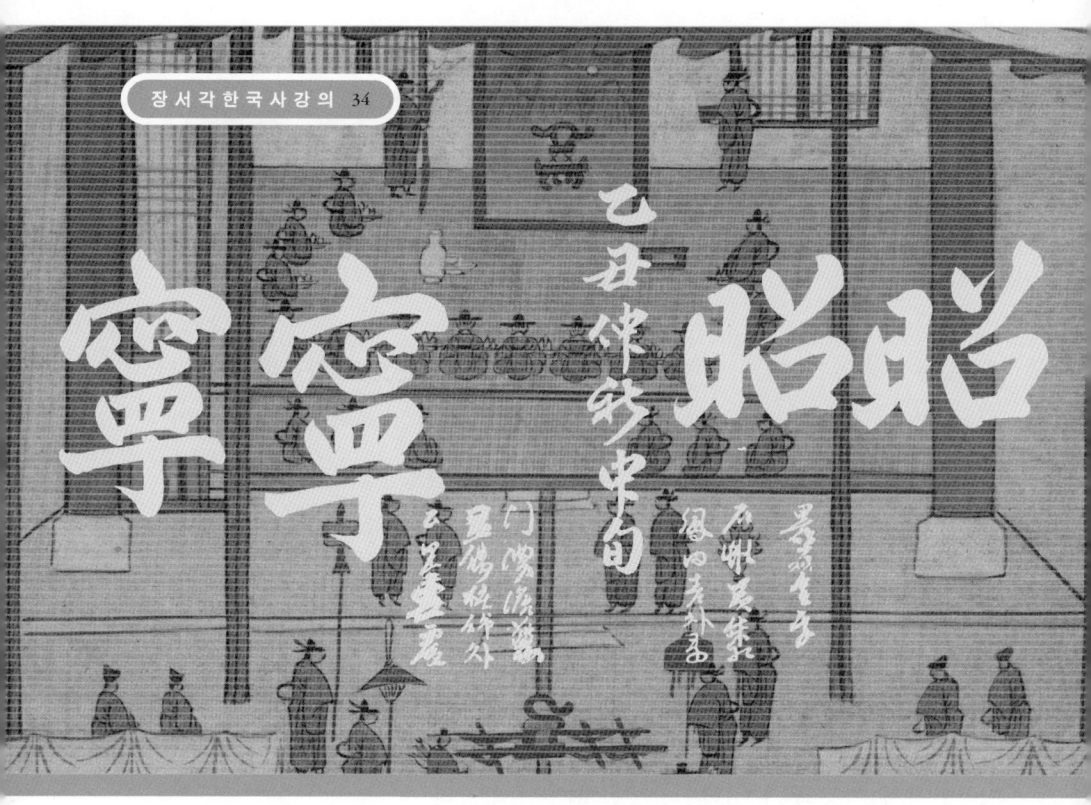

책으로 본 영조와 그의 시대

김덕수 · 권기석 · 김영진 · 이근호 · 이현진 · 최주희
임성수 · 김우진 · 박진성 · 이재준 지음

한국학중앙연구원출판부

책머리에

숙종 연간부터 영조 즉위 초반까지는 환국과 당쟁으로 점철된 시대다. 특히 경종 즉위 직후의 정국은 어느 때보다 급박하고 혼미하게 돌아갔다. 1721년 노론은 불과 몇 년 뒤에 즉위하게 되는 연잉군의 건저대리, 즉 왕세제 책봉과 함께 왕세제에 의한 대리청정을 무리하게 추진했다. 소론의 반격으로 대리청정이 실패로 돌아가며 노론이 정계에서 축출되는데 이를 신축옥사라고 부른다. 신축옥사 이후 소론의 정국 주도하에 1722년 목호룡이 노론 일파가 삼급수로 경종을 시해할 음모를 꾸몄다고 고변하자 이를 계기로 임인옥사가 일어났다. 이때 노론 사대신을 위시하여 다수의 노론 인사와 그들의 가족들이 참혹한 최후를 맞았다.

이처럼 한 치 앞을 내다보기 어려운 상황 속에서 왕세제에 책봉된 영조는 천신만고 끝에 왕위에 올랐다. 이때 영조의 나이 31세였다. 비교적 늦은 나이에 등극했으나 엄격한 자기관리를 통해 노년까지 건강을 유지한 덕분에 무려 52년 동안 군주의 자리를 지켰다. 14세에 즉위했던 부왕 숙종의 재위 기간보다 6년이나 더 길다. 즉위 이후 영조는 특유의 치밀함과 추진력으로 숙종과 경종 대를 거치며 심화된 당파 간 균열과 갈등을 상당 부분 해소했거니와 강력한 왕권을 기반으로 국가 재정과 민생의 안정을 위해 다양한 정책을 추진했다. 늘그막에 〈어제문업(御製問業)〉에서 자평한 것처럼 탕평, 균역법, 청계천 준설은 그의 최고 업적으로 꼽기에 손색이 없거니와 여종의 공역 폐지, 서얼의 허통 및 적통 승계 정책은 사회적 약자에 대한 영조의 따뜻한 배려를 여실히 보여준다. 그야말로 애민 군주의 전형이다.

2024년도 한국학중앙연구원 장서각 자료 연구의 주제로 '책으로 본 영조와 그의 시대'를 설정했다. 책이라는 잣대를 통해 영조 치세 52년의 지형도를 만들어보기 위해서다. 한 시대를 조명하기 위해 여러 가지 잣대를 활용할 수 있다. 대표성을 띤 인물을 살핌으로써 시대의 굴곡과 지식인의 대응을 엿볼 수 있고, 굵직한 사건들을 검토함으로써 시대적 특징의 이면과 전개 양상을 조망할 수 있다. 또한 그 시대를 특징짓는 장소를 고구함으로써 물리적 공간에 내재된 정치적, 문화적 함의를 조감할 수 있다.

책은 한 시대를 살피기에 효과적인 잣대이다. 책은 지식과 정보의 원천이자 전달 매체로서 일정한 목적하에 만들어지기 때문이다. 더욱이 장서각에 소장된 영조 어제어필과 어제첩은 왕실 문헌의 보고로서 장서각의 정체성을 대표하는 자료군의 하나이고 영조 대 편찬된 전적들이 장서각에 망라되어 있다.

이 책은 다양한 전공 분야의 연구자들이 장서각 소장 문헌을 매개로 영조와 그의 시대를 분석한 결과물이다. 10편의 글이 실려 있는데 크게 세 부분으로 구성된다.

먼저 영조 대 서적 간행 양상과 특징을 거시적으로 검토하되 간행 주체를 중앙 관청과 팔도 관찰사로 나누어 정리한 글 2편을 모두에 두어 이 책의 길라잡이로 삼았다. 이어서 개별 서책을 통해 영조 연간의 국정 운영과 정국 동향을 들여다본 글 7편을 수록했는데 임오화변 직후 임오의리의 확립 과정, 국가 의례 정비와 의례서 간행의 배경, 국가 재정 및 양역 폐단에 대한 국가적 대응책, 조선 정통성 확립을 위한 영조의 고심 등을 엿볼 수 있다. 끝으로 역대 임금 중에서 가장 많은 어제 시문을 남긴 국왕 영조의 문예 활동을 고찰한 글이 3편이다. 여기에서는 5천여 편의 영조 어제첩과 140책에 육박하는 갱진축, 사친 숙빈 최씨를 향한 추모의 정을 피력한 영조 어제어필 소령원 현판에 초점을 맞추었다.

2024년은 영조가 즉위한 지 300주년이 되는 해이다. 이 책의 출판이

18세기 영조 시대 연구에 활력소가 될 수 있기를 바라거니와 장서각 소장 고문헌의 의미와 가치가 재조명되는 데 일조하기를 기대한다.

2024년 12월
저자 일동

차례

책머리에 · 4

영조의 관찬 서적 간행 정책과 실행 방식   권기석

  1. 머리말   11
  2. 영조 대 관찬 서적의 내용과 시기별 추이   15
  3. 간행 사업의 거점과 인쇄 방식   22
  4. 서적의 배포와 장서 관리   33
  5. 맺음말   44

영조 연간 팔도 감사의 서적 간행과 그 성격   김영진
공적 간행물과 사적 간행물의 개관과 간극

  1. 머리말   61
  2. 영조 이전 팔도 감영 서적 출판의 사례와 특징   62
  3. 영조 연간 팔도 감영 서적 출판의 사례와 특징   65
  4. 영조 연간 출판문화를 주도한 대표적인 감사들   69
  5. 맺음말   88

『봉교엄변록』의 편찬과 정치 의리 이근호

   1. 머리말   91
   2. 을해옥사 이후 정국 동향   93
   3. '조재호사'와 『봉교엄변록』의 편찬   102
   4. 맺음말   113

영조 대 국가의례 정비와 『국조속오례의보』 이현진

   1. 머리말   115
   2. 편찬 배경과 경위   118
   3. 구성과 의주 마련의 시점   126
   4. 정조 대 국가전례서와의 관계   135
   5. 맺음말   141

영조 대 중반 재정정책의 방향과 정례서의 편찬 최주희
『각사정례』를 중심으로

   1. 머리말   145
   2. 영조 대 전반 중앙의 수입: 지출 구조와 재정적자의 요인   146
   3. 영조 대 중반 정례서의 간행과 중앙 각사의 지출 구조   158
   4. 맺음말   174

균역법의 전격적 시행과 후속 조치   임성수

1. 머리말   177
2. 여역의 확산과 균역법의 전격적 시행   181
3. 다양한 후속 조치와 그 흔적들   188
4. 맺음말   217

1771년 영조의 '명기집략 사건' 처리와 조선 왕실 계통의 재정립   김우진
『황명통기집략』·『속광국지경록』·『신묘중광록』을 중심으로

1. 머리말   219
2. '명기집략 사건'의 전개와 조경묘의 설립   222
3. 『황명통기집요』의 개수와
   『속광국지경록』·『신묘중광록』의 편찬   231
4. 조선 왕실 계통의 재정립과 그 성격   240
5. 맺음말   250

영조어제첩과 영조의 자전적 글쓰기   박진성

1. 머리말   263
2. 영조어제첩의 자전적 글쓰기 양상   266
3. 영조어제첩의 자전적 글쓰기 특징   277
4. 맺음말   296

영조 대 군신 수창과 갱진축 소장 현황   이재준

    1. 머리말   299
    2. 갱진첩의 현황과 형태적 특징   301
    3. 갱진첩의 구성 체계   313
    4. 갱진 사안과 규모   320
    5. 맺음말   334

영조의 사친 추모와 소령원 어제어필 현판   김덕수

    1. 머리말   337
    2. 영조 대 어제어필 현판 제작의 개황   339
    3. 기록으로 전하는 소령원 어제어필 현판   348
    4. 문헌 속 현판과 『열성어제』 수록 작품   364
    5. 맺음말   370

참고문헌 · 373

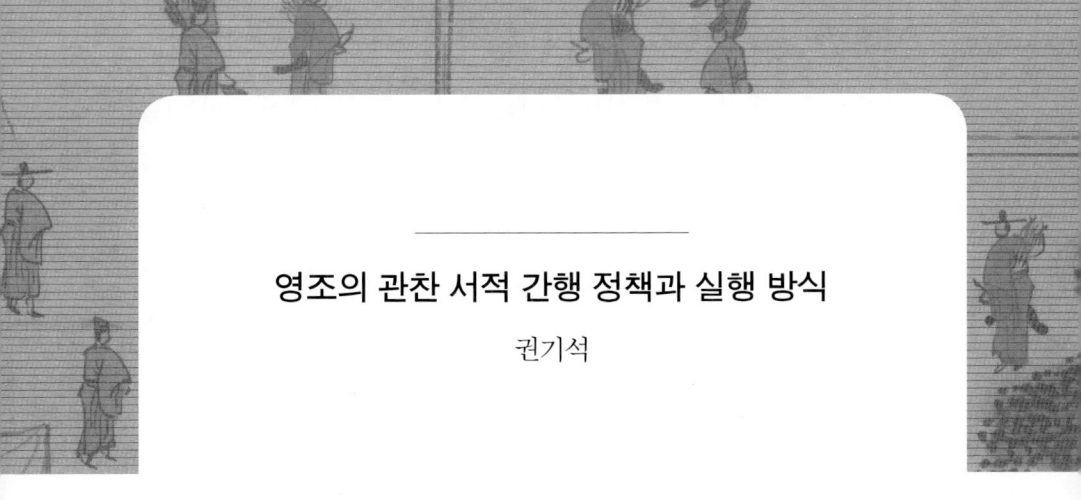

영조의 관찬 서적 간행 정책과 실행 방식

권기석

1. 머리말

 조선 국왕 영조(英祖)는 긴 재위 기간에 걸쳐 적지 않은 서적 간행을 추진했고, 스스로 어제서(御製書)를 다수 저술하기도 했다. 영조의 간행 사업은 전대(前代)부터 이어져온 관찬(官撰) 서적 출판의 흐름을 계승하는 한편, 탕평군주이자 학자군주로 잘 알려진 영조의 정책적 의지가 뚜렷이 반영되어 있다는 점이 주목된다.
 영조 대 관찬 서적의 편찬에 대해서는 많은 연구 성과가 축적되어 있다. 서적의 판본 현황에 대한 조사[1]와 함께, 영조 대 서적 정책을 개관하

---

[1] 옥영정,「藏書閣 所藏 御製類 刊本의 書誌的 分析」,『書誌學硏究』29, 한국서지학회, 2004; 옥영정,「『闡義昭鑑』의 간행과 서지적 특성」,『정신문화연구』33, 한국학중앙연구원, 2010; 이지영,「『闡義昭鑑諺解』의 異本에 대한 고찰」,『한국학』33, 한국학중앙연구원, 2010; 윤인현,「『璿源系

기도 했다.² 서적의 분야별로 간행 추이에 대한 연구가 이루어진 바 있는데, 선대 왕실 문헌,³ 제왕학 및 통치술,⁴ 국가의 법률과 의례의 정비,⁵ 정치적 의리(義理) 천명,⁶ 유교 사상 및 윤리,⁷ 지리지,⁸ 윤음(綸音)⁹ 등의 간행에 대해서 고찰하였다. 그 밖에 언해본(諺解本) 서적에 대해 고찰한 연구도 있다. 영조는 정치뿐만 아니라 학문까지 주도하는 '군사(君師)'를 자처했고,

---

譜記略』英祖1年本 간행과정고」,『서지학연구』 48, 서지학회, 2011; 임기영,「『闡義昭鑑』에 대한 書誌的 연구」,『嶺南學』 19, 경북대학교 영남문화연구원, 2011; 윤인현,「『璿源系譜紀略』英祖7年本 刊行過程考」,『書誌學硏究』 59, 한국서지학회, 2014.

2 우경섭,「영조 前半期의 書籍政策」,『奎章閣』 24, 서울大學校 奎章閣, 2001.

3 강문식,「조선후기『列聖誌狀通紀』편찬 과정」,『朝鮮時代史學報』 93, 朝鮮時代史學會, 2020.

4 정호훈,「18세기 君主學 학습서의 편찬과『羹墻錄』」,『韓國思想史學』 43, 韓國思想史學會, 2013; 홍해뜸,「18세기 전반 국왕의『政經』간행과 의미」,『奎章閣』 62, 서울大學校 奎章閣韓國學研究院, 2023.

5 정호훈,「18세기 전반 蕩平政治의 추진과《續大典》의 편찬」,『韓國史研究』 127, 韓國史研究會, 2004; 朴光用,「『東國文獻備考』편찬의 역사적 배경」,『震檀學報』 104, 震檀學會, 2007; 金伯哲,「朝鮮後期 英祖代『續大典』位相의 재검토:「刑典」편찬을 중심으로」,『歷史學報』 194, 歷史學會, 2007; 정호훈,「영조대『續大典』의 편찬논리와 그 성격」,『한국문화』 50, 서울대학교 규장각한국학연구원, 2010; 송지원,「영조대 儀禮 정비와『國朝續五禮儀』편찬」,『한국문화』 50, 서울대학교 규장각한국학연구원, 2010; 이현진,「영조대 왕실 喪葬禮의 정비와『國朝喪禮補編』」,『한국사상사학』 37, 한국사상사학회, 2011; 최주희,「영조대 중반 균역법 시행논의와『宣惠廳定例』의 간행」,『韓國史研究』 164, 한국사연구회, 2014; 박수정,「영조대『國朝續五禮儀』편찬 과정과 편찬자들」,『朝鮮時代史學報』 82, 조선시대사학회, 2017; 박수정,「영조대『국조속오례의보』·『국조상례보편』의 편찬 배경과 편찬자들」,『奎章閣』 53, 서울大學校 奎章閣韓國學研究院, 2018; 정호훈,「18세기 君主學 학습서의 편찬과『羹墻錄』」,『韓國思想史學』 43, 韓國思想史學會, 2013; 홍해뜸,「18세기 전반 국왕의『政經』간행과 의미」,『奎章閣』 62, 서울大學校 奎章閣韓國學研究院, 2018; 임혜린,「영조대『國朝續五禮儀補』편찬과 왕세손 의례의 정비」,『東洋古典研究』 90, 동양고전학회, 2023.

6 윤정,「英祖의 三相 追復과 善述 이념: 영조 정치사상의 일 단면」,『韓國學報』 116, 一志社, 2004; 김백철,「英祖의 義理明辯書『闡義昭鑑』편찬과 정국변화: 堯舜의 두 가지 얼굴, 탕평군주와 전제군주의 경계」,『정신문화연구』 121, 한국학중앙연구원, 2010; 허태용,「1728년 戊申亂의 진압과『勘亂錄』의 편찬」,『韓國史研究』 166, 한국사연구회, 2014; 허태용,「英祖代 蕩平政局下 國家義理書 편찬과 戊申亂 해석:『勘亂錄』,『御製大訓』,『闡義昭鑑』의 비교 검토」,『사학연구』 116, 한국사학회, 2014.

7 김다미,「英祖의『小學』類 서적 간행과 의의」,『漢文學論集』 58, 근역한문학회, 2021.

8 裵祐晟,「英祖代 郡縣地圖集의 編纂과 活用」,『韓國學報』 81, 一志社, 1995; 裵祐晟,「18세기 全國地理志 편찬과 지리지 인식의 변화」,『韓國學報』 85, 一志社, 1996.

9 김백철,「英祖의 綸音과 王政傳統 만들기」,『장서각』 26, 한국학중앙연구원, 2011; 신효승,「영조대 도성 방위의 수성전술 체계」,『역사와실학』 56, 역사실학회, 2015.

신하와 백성을 가르치려는 의도로 지은 어제서가 많아 이를 '어제훈서(御製訓書)'라 불렀는데, 이에 대한 집중적인 검토가 이루어진 바 있다.[10] 양반 관료나 사족 이외에도 일반 백성이나 여성에게까지 널리 읽히기 위해 한글로 작성한 언해본 서적에 관한 연구도 있다.[11] 영조 시기 어제서와 언해본에 대한 연구는 저자로서의 국왕과 그의 독자 확보 노력, 나아가서는 서적을 매개로 한 국왕과 신료 및 백성 사이의 상호 소통을 조명하는 연구라는 의의가 있다.

이 글은 영조가 관찬 서적의 간행을 추진하면서 나타난 정책적 의지와 그 실현 방식에 대해서 살펴보고자 한다. 이를 위해 영조 대 펴낸 서적을 내용상으로 분류하고, 다양한 서적 가운데서 영조 대의 특징을 보여주는 사례가 무엇이고 어떤 역사적 의미가 있는지를 검토해보고자 한다. 이를 위해 이전 시기부터 꾸준히 이루어져왔던 유형의 서적 간행과 함께, 영조가 역점을 두어 추진한 '신간(新刊)'의 간행을 살펴보고, 두 유형이 갖는 정

[10] 朴用萬, 「英祖 御製冊의 자료적 성격」, 『장서각』 11, 한국학중앙연구원, 2004; 李姃玟, 「英祖 御製書의 편찬과 의의」, 『韓國史論』 51, 서울대학교 국사학과, 2005; 이근호, 「영조대 중반 御製訓書의 간행 양상과 의의: 『御製大訓』과 『御製常訓』을 중심으로」, 『장서각』 26, 한국학중앙연구원, 2011; 김문식, 「영조의 제왕학과 『御製自省篇』」, 『장서각』 27, 한국학중앙연구원, 2012; 이근호, 「조선후기 국왕 御製類의 의미와 연구 동향」, 『조선시대사학보』 79, 조선시대사학회, 2016; 김문식, 「18세기 국왕의 왕실자료 편찬과 봉모당」, 『장서각』 40, 한국학중앙연구원, 2018; 權奇奭, 「英祖 御製書의 頒布 대상과 간행 방식」, 『韓國史研究』 182, 한국사연구회, 2018; 원창애, 「『어제상훈』의 편찬 경위와 그 내용」, 『장서각』 41, 한국학중앙연구원, 2019; 이근호, 「영조 어제훈서류의 현황과 가치」, 『장서각』 41, 한국학중앙연구원, 2019; 박용만, 「『御製祖訓』에 나타난 영조의 현실인식과 당부」, 『인문학연구』 31, 제주대학교 인문과학연구소, 2021.

[11] 鄭承喆, 「『闡義昭鑑諺解』의 異本 比較」, 『奎章閣』 13, 서울대학교 규장각한국학연구원, 1990; 이영경, 「영조대의 교화서 간행과 한글 사용의 양상」, 『한국문화』 61, 서울대학교 규장각한국학연구원, 2013; 심보경, 「英祖代 윤음언해 자료의 간행의의와 統辭: 『闡義昭鑑諺解』 「눈음」 (1756)과 『御製戒酒綸音』(1757)을 中心으로」, 『語文研究』 46-2, 한국어문교육연구회, 2018; 정윤자·김길동, 「『闡義昭鑑諺解』 목판본과 필사본 간의 문체론적 특징 고찰」, 『東洋古典研究』 71, 동양고전학회, 2018; 이영경, 「『御製警民音』과 한글 윤음의 의의」, 『奎章閣』 53, 서울대학교 규장각한국학연구원, 2018; 이영경, 「『御製警民音』의 언어」, 『한국학연구』 52, 인하대학교 한국학연구소, 2019; 장요한, 「계명대학교 동산도서관 소장 『윤음』의 국어사적 가치와 활용: 『御製咸鏡南北關大小民人等綸音』의 국어사적 연구를 중심으로」, 『한국학논집』 75, 계명대학교 한국학연구원, 2019.

책적 특징을 대비하여 이해하고자 한다.

영조는 '어제훈서' 부류의 서적을 직접 저술하기도 했지만, 그 밖에도 국가적 간행 사업에 적극적으로 직접 개입하여 개별 서적의 간행에도 일일이 신하들과 직접 논의한 국왕이었다. 이런 점을 감안하여 영조 대 관찬 서적 중 왕명에 의해 간행된 사례들을 검토하여 영조가 추구한 정책적 방향성을 확인하고 영조 대 서적 간행 정책을 재조명하고자 한다.

이 글에서 검토할 서적 간행 사례는 기존 연구와 사료를 바탕으로 다음과 같이 추출하였다. 기존 연구 성과에서 다루어진 간행 사례들을 우선 정리하고, 이어서 『영조실록(英祖實錄)』이나 『승정원일기(承政院日記)』 등 연대기 자료에서 왕명으로 간행하였거나 군신 간에 논의한 사실들이 확인한 사례를 파악하였다. 다만 인쇄를 통한 서적 보급에 주목하려는 이 글의 검토 방향에 따라, 필사본이나 원고 상태가 아니라 간행본 서적만을 분석 대상으로 하였다. 실제 간행본의 존재 여부를 확인하기 위하여 국립중앙도서관에서 구축한 '한국고전적종합목록'을 참고하였다.

필자가 정리한 190여 종의 영조 대 관찬 서적의 목록은 〈부표〉(47~59쪽)와 같다. 〈부표〉에서 서적의 기본적인 서지 사항을 파악하면서 주제 및 내용에 따른 분류도 병행하였다. 이 글은 이를 토대로 하여 영조의 서적 간행 정책을 크게 세 측면에서 검토하고자 한다. 먼저 2장에서 서적의 내용상 분류를 시도하고, 3장에서는 간행이 이루어진 기관과 인쇄 방식을 검토하여 물품으로서의 서적 생산에 대해서 다루고자 한다. 4장에서는 독자에게 서적을 널리 읽히기 위한 반사(頒賜) 또는 배포의 과정에 대해서 다루고, 이를 예비하기 위한 장서(藏書) 관리에 대해서도 고찰한다. 이러한 검토를 통해서 영조가 추구한 간행 정책의 방향성과 실행 수단에 대해서 파악할 수 있으며, 일반적인 지식 보급의 수준을 넘어 국왕의 정치적 의지나 학술적 견해를 독자에게 적극적으로 전달하고자 했던 영조 대 서적 간행의 특징도 이해할 수 있는 단서를 찾을 수 있을 것이다. 또한 정조(正祖)가

적극 추진한 어정·명찬서(御定命撰書)¹²와 윤음 간행¹³이 영조 대의 서적 간행을 어떻게 계승했는지 이해하는 데에도 도움이 될 것이다.

2. 영조 대 관찬 서적의 내용과 시기별 추이

〈부표〉에서 제시한 영조 대 관찬 서적은 주제나 내용, 편찬 주체 및 의도 등을 기준으로 다음과 같이 분류할 수 있다. 첫째 '어제서'는 저술가로서 영조의 면모를 잘 보여주며, 이 중 상당수가 국왕의 가르침을 담은 '어제훈서'이다. 둘째로 사서(四書) 등 '유교경전'이 있고, 셋째로 왕실족보, 어제, 어필이 포함된 '왕실문헌'이 있으며, 넷째로 사족의 '문집'이 있다. 다

---

12 正祖 御定·命撰書에 대하여『群書標記』를 바탕으로 다음과 같은 연구가 이루어졌다. 姜順愛, 「正祖朝 奎章閣의 圖書編纂 및 刊行」,『奎章閣』9, 서울대학교 규장각한국학연구원, 1986; 姜順愛, 「奎章閣의 圖書頒賜에 관한 硏究」,『서지학보』1, 한국서지학회, 1990; 姜順愛, 「奎章閣의 圖書刊印에 관한 硏究」,『서지학연구』5·6, 한국서지학회, 1990; 李泰鎭,『王朝의 遺産; 外奎章閣 圖書를 찾아서」, 知識産業社, 1994; 姜順愛, 「奎章閣의 書籍編撰·刊行의 制度와 實豫陣 運營에 관한 硏究」,『고인쇄문화』3, 청주고인쇄박물관, 1996; 리상용, 「「군서표기(群書標記)」 수록 도서의 질적 수준평가에 관한 연구」,『한국문헌정보학회지』40, 한국문헌정보학회, 2006; 辛承云, 「『弘齋全書』와『羣書標記』의 編纂과 刊行에 關한 硏究」,『서지학연구』22, 한국서지학회, 2001; 정옥자, 「奎章閣의 지식기반사회적 의의와 동아시아문화」,『奎章閣』29, 서울대학교 규장각한국학연구원, 2006; 권기석, 「正祖 御定·命撰書의 간행과 국가적 역량의 효과적 활용」,『장서각』45, 한국학중앙연구원, 2021; 권기석, 「정조 어정·명찬서의 인쇄 수량과 보급 정책」,『국학연구』49, 한국국학진흥원, 2022.

13 正祖 시기 綸音의 간행과 보급에 대해서는 다음 연구가 있다. 김문식,『정조의 생각: 조선 최고의 개혁 군주는 어떻게 탄생했는가』, 글항아리, 2011; 권기석, 「正祖 綸音의 印出과 對民 보급」,『한국문화』83, 서울대학교 규장각한국학연구원, 2018; 장요한, 「계명대학교 동산도서관 소장『윤음』의 국어사적 가치와 활용:『御製咸鏡南北關大小民人等綸音』의 국어사적 연구를 중심으로」,『한국학논집』75, 계명대학교 한국학연구원, 2019; 이영경, 「『御製警民音』의 언어」,『한국학연구』52, 인하대학교 한국학연구소, 2019; 이영경, 「정조 윤음언해의 시작,『효유윤음』에 대하여」,『한국학연구』59, 인하대학교 한국학연구소, 2020; 권기석, 「正祖 綸音의 印出과 對民 보급」,『한국문화』83, 서울대학교 규장각한국학연구원, 2018; 권기석, 「18세기 조선의 王言 전파를 위한 서적 간행과 보급」,『崇實史學』49, 崇實史學會, 2022.

섯째 '전문서'는 실용 지식을 담은 병학서, 의학서, 법의학서, 천문역법서 등을 포함한다. 여섯째 '의리명변서(義理明辯書)'는 국왕 영조가 내린 정치적 처분에 대한 책을 주로 지칭하며, 이 글에서는 대명의리(對明義理)에 대한 서적도 포함하였다. 일곱째 '교육서'는 유교 윤리를 가르치는 교화 목적의 서적을 지칭한다. 여덟째 '역사서 및 통치서'는 과거사의 경험을 바탕으로 치국(治國)의 방책을 찾는 것을 목적으로 한 서적이다. 아홉째 '국가제도서'는 국가적인 법률 및 의례에 대한 서적이다. 상기 분류 이외는 '기타'로 처리했는데, 유서(類書), 운서(韻書), 예서(禮書) 등과 함께, 군신 간에 주고받은 갱진(賡進)이 포함되어 있다. 이 중에서 첫째 어제서와 여섯째 의리명변서에 영조의 뚜렷한 편찬 의도가 담겨 있다고 볼 수 있고, 아홉째 국가제도서에도 영조의 국정 주도 의지가 반영되어 있다. 그 밖의 분류는 대체로 상시적으로 편찬되던 서적이다.

상기 분류에 따라서 시기별로 어떤 종류의 서적을 간행했는지를 정리하면 〈표 1〉과 같다. 〈표 1〉을 통해 재위 초기 15년까지의 간행 수량은 상대적으로 저조하다가, 16년 이후부터 꾸준히 20여 종 내외를 내놓았고, 특히 재위 마지막 7년 동안에 급증했음을 확인할 수 있다. 서적 분류별로 살펴보면 시기에 따라 역점을 두어 간행을 추진한 서적이 달라지는 추세를 확인할 수 있다. 재위 초반에는 국가적인 필요가 있는 서적을 고르게 간행하다가, 중반부터 국가 제도 정비에 관한 서적, 후반에는 어제서를 내는 데 역점을 두어 전체적인 간행 건수의 증가세까지 이끌었다.

서적 유형별로 내용상의 특징과 간행 추이를 좀 더 상세히 알아보기로 한다. 먼저 어제서는 대체로 분량이 많지 않지만,[14] 영조 자신이 구술한 내용을 신하에게 정서하도록 하거나, 초고를 읽고 교정하기도 했다.[15] 이처

---

14 『御製續裕昆錄』을 간행하면서 刻板이 15~16장을 넘지 않을 것이라고 지적한 사례가 확인된다. 『승정원일기』, 영조 45년 5월 13일.

15 1745년(영조 21)의 『常訓大全』, 1747년(영조 23)의 『御製常訓』, 1757년(영조 33)의 『古今年代

표 1 시기별 서적 간행 추이

유형 시기	어제서	유교 경전	왕실 문헌	문집	전문서	의리 명변서	교육서	역사서/ 통치서	국가 제도서	기타(유서, 운서, 예서 등)	합계
즉위~5년 (1724~29)		1	4	1	1	1					8
6~10년 (1730~34)				1	5		1	4			11
11~15년 (1735~39)		2			1		4				7
16~20년 (1740~44)	2	6		2	2	1	5	1	3	1	23
21~25년 (1745~49)	4	4	2	1	5		2	3	3	1	25
26~30년 (1750~54)	2	1			2			3	6	3	17
31~35년 (1755~59)	8	3	1	1		2	5		4	1	25
36~40년 (1760~64)	12	1		1	2	1					17
41~45년 (1765~69)	7				2	1	1	2	4	3	20
46~52년 (1770~76)	17	4	1	4	1	2		3	2	4	38
합계	52	22	8	11	21	8	18	16	22	13	191

럼 국왕 자신의 발화(發話) 내용을 책으로 옮겼다는 점에서 매우 특징적인 저술이다. 『어평양한사령(御評兩漢辭令)』처럼 기존의 저술에 왕의 비평을 추가한 경우도 있다.[16] 영조의 어제훈서 중에는 『어제상훈(御製常訓)』이나 『어제조훈(御製祖訓)』처럼 동궁이나 후대 왕을 가르치기 위한 것도 있지만, 다수의 신료와 백성을 위한 교훈서도 있었다. 특히 『어제경민음(御製警民音)』

> 龜鑑』 등은 승지에게 초고를 읽게 한 뒤에 간행한 사례이다(『승정원일기』, 영조 21년 6월 27일; 『영조실록』, 영조 23년 6월 7일;『승정원일기』, 영조 33년 7월 1일). 1769년(영조 45)의 『御製近八戒沖子文』도 입으로 부르고 승지에게 명하여 쓰게 한 뒤 간행하였다(『영조실록』, 영조 45년 11월 27일).

16 『영조실록』, 영조 37년 8월 9일.

처럼 '윤음(綸音)'의 형식을 갖춘 저술은 일반 백성에게 금주령(禁酒令)과 같은 국가 정책을 전파하고자 하는 의도가 매우 컸다.『어제수성윤음(御製守城綸音)』처럼 정책의 내용을 널리 알리면서 국왕의 실천 의지를 표명한 것도 있었다.[17] 재위 후반에 집중된 어제서는 그러한 국왕의 의지가 점차 확고해지는 추세를 잘 보여준다.

다음으로 재위 중반에 집중된 '국가제도서'는 영조의 국정 개혁 의지와 실천이 가장 활발했던 시기를 짐작할 수 있게 해준다. 특히『국조속오례의(國朝續五禮儀)』와『속대전(續大典)』은 개국 초기의 저술을 계승하는 의미가 있으며, 18세기 국가체제 재정비라는 관점에서 이해할 수 있다. 하지만 재위 말년에 접어들면『동국문헌비고(東國文獻備考)』이외에는 소소한 절목(節目)이나 정례(定例)가 다수이다. 국가제도서는 어제서와 달리 직접적으로 왕의 언행을 드러내지는 않지만,『속대전』이나『국조속오례의』등에 어제서문이나 어필, 전교 등을 첫머리에 넣은 사례에서 드러나듯,[18] 어제서 못지않게 국왕의 의지가 담겨 있었고 자연스레 후대에까지 전하고 준행해야 할 서적으로서의 위상을 갖게 되었을 것으로 보인다. 영조는『균역청사목(均役廳事目)』을 간행하면서, 한번 간행하면 만세토록 준행해야 할 법전이 될 것이라고 언급하여[19] 국가제도서의 권위를 재확인했다.

국내 정치 혹은 대외관계의 사안에 대한 원칙을 천명하는 '의리명변서'는 그 특성상 국왕 본인의 저작 여부와 무관하게 국왕의 강한 의지가 반

---

17 『御製守城綸音』은 도성 방위에 대한 방안을 담은『守城節目』에 윤음을 덧붙여 하나의 책으로 엮은 것이기에 정보와 의지를 함께 전달한 좋은 사례라 할 수 있다(『영조실록』, 영조 27년 9월 11일;『승정원일기』, 영조 27년 9월 17일).

18 『續大典』과『國朝續五禮儀』에 어제서문을 넣도록 하였고(『영조실록』, 영조 20년 11월 28일; 20년 8월 27일),『속대전』에는 吏·戶·禮·兵·刑·工 各典마다 8자의 御製御筆로 직무 수행의 지침을 적어놓았는데, 권1「吏典」의 서두에는 '一心乃公 爲官擇人'이라 적혀 있다.『良役實摠』에는 왕이 승지에게 내린 口述傳敎를 첫머리에 넣었다(『승정원일기』, 영조 19년 7월 6일).

19 『승정원일기』, 영조 28년 5월 29일.

영되어 있을 수밖에 없다. 잘 알려진 바와 같이 영조는 즉위 과정과 재위 기간에 적지 않은 정치적 풍파와 변란이 있었기에 정치적 의리서를 다수 펴내야만 했다. 이들은 국왕 자신의 저작은 아니지만, 민감한 사안을 다루고 있는 만큼 국왕의 구술에 의해 작성되기도 했다. 『천의소감(闡義昭鑑)』을 편찬하면서 영조가 수찬자(修撰者)를 인견(引見)하여 경종(景宗)의 승하에 대해 직접 진술한 것이 그러한 사례이다.[20] 대외관계에 대한 의리서는 『속광국지경록(續光國志慶錄)』처럼 조선 왕실에 대해 왜곡된 사실을 담은 중국의 역사서를 바로잡거나, 『추감황은록(追感皇恩錄)』처럼 존주론(尊周論)에 입각하여 명에 대한 의리를 내세운 서적이 있으며, 국내 정치에서 민감한 사건이 적은 영조 재위 말기에 그 비중이 큰 편이다.

상기한 유형들 이외에는 재위 기간 전반에 걸쳐 고르게 분포하는 편인데, 이들 서적은 특정 시기의 정책적 방향이나 필요와 무관하게 유교 이념을 추구하는 국가라면 보편적으로 필요로 하는 것들이었기 때문이다.

다만 이런 유형 중에서도 어제서문을 넣어 서적의 권위를 높이고 국왕의 편찬 의도를 밝히려 시도한 경우는 국왕의 정책적 의지가 담겨 있다고 볼 수 있다. 예컨대 통치서인 『정관정요(貞觀政要)』는 1734년(영조 10) 왕이 친히 후서를 지은 뒤 간행을 명했다.[21] 1749년(영조 25) 어제서문을 붙여 간행한 『양정도해(養正圖解)』도 유사한 경우이다.[22] 그 밖에 『성현도학연원(聖賢道學淵源)』, 『성학십도(聖學十圖)』,[23] 『여사서(女四書)』,[24] 『소학훈의(小學訓義)』,[25] 『고경중마방(古鏡重磨方)』[26] 등 교육서와 『장감(將鑑)』[27] 등의 군사 관

20 『영조실록』, 영조 31년 10월 9일.
21 『영조실록』, 영조 10년 12월 25일.
22 『승정원일기』, 영조 25년 8월 5일.
23 『영조실록』, 영조 31년 12월 14일.
24 『영조실록』, 영조 33년 10월 6일.
25 제목을 '宣政殿小學訓義'라고 쓰도록 하고, 御製小識를 작성하였다(『승정원일기』, 영조 20년 2월 12일).

련 전문서에 어제서문을 붙인 사례에서 드러나듯, 옛 저술이더라도 어제서문을 통해서 국왕의 정책적 의지에 따라 중간(重刊)했음을 확인할 수 있다.

유교경전이나 교육서는 국왕과 동궁의 강론(講論)을 위해서 간행의 필요성이 제기된 것이 특징이다. 1728년(영조 4) 성학(聖學)에 도움을 주기 위해 이황(李滉)과 이이(李珥)의 문집을 간행하자고 청하였고,[28] 1744년(영조 20)과 1750년(영조 26)에는 동궁을 위해서 『사략(史略)』과[29] 『송감(宋鑑)』을 간인하도록 하였다.[30] 이러한 경우는 대개 기존의 저술을 소량에 한정하여 간행하는 것이 특징이다.

문집은 4건이 재위 말기에 집중되어 있는데, 『황화집(皇華集)』을 제외하고는 모두 사족의 개인 문집이다. 문집은 기본적으로 사적 저술이므로 왕명으로 간행하는 것은 문집 저자에 대한 국왕의 각별한 지우(知遇)를 반영한다. 예컨대 왕은 고(故) 판서 김진규(金鎭圭)의 문집 발간을 돕게 하고 친히 서문을 내려주었다.[31] 또 박세채(朴世采)의 상소가 치도(治道)에 도움이 된다면서 그의 문집 『남계집(南溪集)』의 간행을 명하였다.[32] 왕이 후손을 인견하고 배려하기 위해서 조상의 문집 간행을 명하기도 했는데, 조헌(趙憲)의 『중봉집(重峰集)』이 그러한 경우이다.[33] 왕의 정치적 메시지를 담은 문집 간행 명령도 있었다. 조구명(趙龜命) 문집에 서문을 지은 것은, 그가 탕평론을 주장했고, 영조 대 탕평 정국에 기여한 이천보(李天輔), 원경하(元景夏)와

26 『영조실록』, 영조 20년 3월 5일.
27 『승정원일기』, 영조 41년 5월 4일.
28 『영조실록』, 영조 4년 10월 21일.
29 『승정원일기』, 영조 20년 12월 24일.
30 『승정원일기』, 영조 26년 8월 22일.
31 『영조실록』, 영조 49년 2월 24일.
32 『영조실록』, 영조 3년 10월 13일.
33 『영조실록』, 영조 16년 7월 18일.

친하게 지냈다는 것이 그 이유였다.³⁴

『반계수록』은 내용상 단순히 저자 개인의 글을 모아놓은 문집이 아니라 여러 지식을 집성한 통치서의 성격을 갖고 있었는데, 이 또한 왕명으로 1769년(영조 45) 남한산성 등에서 간행하게 하였다.³⁵ 이보다 앞서 영조는 『반계수록』의 작자가 남인인데도 (붕당이 다른) 홍계희(洪啓禧)가 개간(開刊)하고자 여러 차례 권권(眷眷)하니 그 마음이 좋다고 평하였는데,³⁶ 이를 통해서도 개인 문집의 간행과 탕평에 기여한 신하에 대한 배려라는 국왕의 정치적 의도가 내포될 수 있었음을 알 수 있다.

문집 간행 지원을 통해 나타난 군신 간의 유대관계는 '기타' 서적 중 갱진(賡進)에 해당하는 서적에서도 확인되며, 『수작갱운록(受爵賡韻錄)』, 『군신동회록(君臣同會錄)』, 『편전기구동회록(便殿耆耉同會錄)』 등의 사례³⁷가 있다. 갱진 7건이 모두 영조 재위 41년(1765) 이후에 집중되어 있는데, 공교롭게도 사족 문집과 어제훈서의 집중 간행 시기와 일치한다. 재위 말기 영조가 신하들과 친밀감을 높이면서 정치적 메시지를 전하고자 서적을 적극적으로 활용한 결과로 해석할 수 있다.

---

34 『영조실록』, 영조 49년 6월 24일.
35 『영조실록』, 영조 45년 11월 11일.
36 『승정원일기』, 영조 31년 9월 21일.
37 『영조실록』, 영조 48년 1월 5일.

3. 간행 사업의 거점과 인쇄 방식

조선시대 관찬 서적은 여러 편찬 기관의 주도하에, 당시에 활용할 수 있는 인쇄 수단과 기술을 동원하여 간행되었다. 전근대 동아시아의 주류적 인쇄 기술이었던 목판과 활자 중에서 어떤 방식이 채택되었는지를 통계적으로 알아보고, 서적 유형과 간행 기관 사이의 상관관계를 알아보기로 한다. 일반적으로 목판본은 제작비가 많이 들지만 대량 인출과 반복 인쇄가 가능하며, 활자본은 상대적으로 적은 비용으로 소량을 인쇄할 때 유리했다. 또한 조선시대 서적 간행에 필요한 활자는 많은 종류와 수량이 필요했으므로, 주로 중앙관청에서 제작하여 사용한 경우가 많았고 특히 금속활자는 더욱 그러했다.

먼저 인쇄 방식과 서적의 내용별 유형 사이의 상관관계를 정리하면 〈표 2〉와 같다. 전체적으로 볼 때 목판본이 활자본보다 약간 더 우세한 것을 알 수 있다. 한편 서적의 유형에 따라 선호하는 인쇄 방식의 차이가 있는데, 유형별로 상세히 검토해본다.

첫째, '어제서'는 확실히 목판본이 우세하다. 어제서는 후대에도 영구 보존해야 할 중요한 문헌이므로, 목판을 장기 보존하며 지속적인 인출이 가능한 목판으로 인출하는 방식을 선택했을 가능성이 높다. 둘째, 교육서와 전문서도 확실히 목판본이 우세하다. 이들 서적도 꾸준히 인출하여 교육용으로 활용해야 할 필요성이 있었기에 목판인쇄가 유리했을 것으로 보인다. 셋째, 국가제도서는 단연 활자본이 우세하다. 다만 주요 법전과 의례서는 전국의 관청에서 필요로 하는 것이기에, 목판·활자가 병용되었고, 사목이나 정례 등 소규모 제도 정비에 관한 서적은 활자본만 사용된 경우가 많다. 그 밖의 유형들은 목판과 활자본의 비중이 서로 비슷한 편이다.

표 2 서적 유형별 인쇄 방식 추이

	목판	활자	목판-활자 병행	기타(미확인)	합계
어제서	24	18	7	3	52
국가제도서	3	12	2	5	22
의리명변서	2	3	2		7
왕실문헌	4	3		1	8
유교경전	8	8	1	5	22
교육서	13	3		1	17
역사서/통치서	5	7		4	16
전문서	10	5		8	23
문집	5	4	1	1	11
기타	4	7		2	13
합계	78	70	13	30	191

　영조와 신하들의 논의 내용을 살펴보면, 목판을 인쇄 방식으로 선호한 가장 큰 이유는 장기 보존성이었다. 1729년(영조 5) 『감란록(勘亂錄)』을 간행하면서, 활자는 한번 쓰면 훼파(毁破)하게 된다면서, 먼저 활자로 간포(刊布)하고 양남(兩南: 경상도와 전라도)으로 보내도록 조치하였다. 즉 일회성 인쇄에 그치는 활자인쇄를 극복하고자 양남에서 목판으로 다시 인쇄하도록 한 것이다. 1744년 『속대전』을 간행하면서, 목판본의 좋은 점으로 활자본의 와오(訛誤)를 수정하고, 오래 전할 수 있으며 사공(事功)이 생감(省減)된다는 것이 이유로 제시되었다.[38] 목판은 저술을 후세에 장기적으로 전하기 위한 기록 매체라는 성격도 있었다. 1746년(영조 22) 『어제자성편(御製自省編)』 간행 중 논의에 따르면, 예전 목판을 만들어두지 못한 『명황계감(明皇誡鑑)』의 글이 산일(散逸)되어버린 사례가 제시되었고, 교서관 근처에 사는 관원이 살펴본 바에 따르면 활자가 그다지 비용을 아껴주지 못하니, 영구히 전하는 데는 목판이 좋다는 의견이 제시되었다.[39]

38 『승정원일기』, 영조 21년 3월 28일.

문헌의 장기 보존에 유리하다는 장점으로 인해, 소량 인출만이 필요하더라도 후세에 전할 귀중한 문헌은 목판으로 찍는 관행이 생겨났다. 『선원계보기략』 등 왕실 족보와 『열성어제(列聖御製)』, 『열성어필(列聖御筆)』 등 어제·어필이 그러한 경우이다. 어제서 중에도 『어제표의록(御製表義錄)』은 임오화변(壬午禍變)을 겪은 영빈(暎嬪)과 관련된 책인데 이 또한 다수에게 전파하기 위한 목판인쇄로 보기 어렵다.

간행처별 목판과 활자의 사용 수량은 〈표 3〉과 같다. 〈표 3〉에서 관찬서적의 주력 간행처를 확인할 수 있는데, 중앙은 교서관이 대부분이고, 지방은 각도 감영(監營)이 다수이지만, 그중 영남 및 호남 감영의 비중이 큰 편이다. 중앙과 지방 사이에 목판과 활자의 활용도에 현저한 차이가 있는 점이 주목된다. 활자는 교서관 등 중앙 관서에서만 사용되는 데 비해서, 목판은 중앙과 지방에서 모두 사용됨을 확인할 수 있다. 특히 교서관은 활자본이 목판본보다 더 많으며, 사실상 관찬 활자본 도서는 대부분 이곳에서 간행된다고 볼 수 있다. 중앙 관서로서 춘방, 종부시, 관상감, 병조 등이 있으나 비중이 크지 않으며 관상감 이외에는 활자본 사례가 보이지 않는다.

활자의 종류를 기관별로 살펴보면, 교서관은 활자본 전체 46건 중 무신자(戊申字) 32건, 임진자(壬辰字) 9건, 운각인서체자(芸閣印書體字) 3건, 현종실록자(顯宗實錄字) 1건이 확인된다. 간행처 미상인 활자본 31건 중에서는 무신자 16건, 현종실록자 3건, 운각인서체자 6건, 임진자 6건이 확인된다. 전체적으로 볼 때 무신자가 현저히 많고, 임진자, 운각인서체자, 현종실록자가 그 뒤를 따른다. 무신자는 1668년(현종 9)부터 꾸준히 사용되었고, 임진자는 영조 재위 말기인 1772년(영조 48)에 새로 주조되었으므로 무신자의 사용 비중이 높은 것은 당연한 결과로 볼 수 있다.

---

39 『승정원일기』, 영조 22년 3월 5일.

표 3 간행처별 인쇄 방식의 추이

	목판	활자	기타(미확인)
교서관(校書館, 芸閣)	39	46	9
기타 중앙 관서	5	3	3
경상감영(嶺營)	16	0	2
전라감영(完營)	15	0	2
남한(南漢) 및 북한(北漢)	6	0	2
기타 지방 관아	10	0	1
미상	16	31	7
합계	117	90	26

    교서관은 활자를 주로 사용하였기 때문에 장단점이 있었다. 장점은 신속한 완성이 가능하다는 것이었다. 1727년(영조 3) 교서관의 『벽온신방(辟瘟新方)』 목판의 상태가 좋지 못함을 확인하고, 이를 활자로 인출하면 비용도 많이 들지 않고 수삼일이면 완성된다는 보고가 있었다.[40] 단점은 목판만큼 장기 보존이 어렵다는 것이었다. 1744년(영조 20) 『소학훈의(小學訓義)』를 교서관에서 인출한다면 활자가 좋지만, 곧바로 훼판하기 때문에 목판만 못하다는 의견이 있었다.[41] 그래서 이미 제작된 목판을 찾아 재인출하려 할 때, 교서관에서 찾기 어려워 지방에 맡기는 경우도 있었다. 1730년(영조 6) 『삼강행실도(三綱行實圖)』의 판본을 찾다가 교서관에 없어서 평안감영(平安監營)에서 인출하여 상송(上送)한 사례가 있는데, 당시 교서관에서는 주자(鑄字)로 책을 찍는 것이 상례라서 원래 목판이 없었다고 한다.[42] 하지만 활자로 구현이 불가능한 그림이나 특정한 필체는 목판에 새겼다.[43] 예

---

40 『승정원일기』, 영조 3년 윤3월 20일.
41 『승정원일기』, 영조 20년 6월 26일.
42 『승정원일기』, 영조 5년 10월 22일.
43 1748년(영조 24) 참찬관 趙明履에게 조헌의 문집을 芸閣에서 인출하도록 하고, 圖畫가 있는 부분은 목판에 새기도록 명하였다(『승정원일기』, 영조 16년 7월 18일).

컨대『홍무정운』서체로 쓰도록 한『연대귀감(年代龜鑑)』[44]과『어제독서록(御製讀書錄)』[45]의 사례가 있고, 저자 김육(金堉)의 후손인 김성응(金聖應)에게 어제서문의 글씨를 쓰도록 한『종덕신편(種德新編)』등의 사례가 있다.[46]

지방의 각도 감영 및 군현 관아, 서울 인근의 간행 거점인 남한산성 및 북한산성에서는 모두 목판본만이 확인된다. 압도적으로 큰 비중을 차지한 양남 이외에 평안, 강원, 황해, 함경 감영의 간행 사례가 있고, 일반 군현으로는 순천군(順川郡)과 용성(龍城: 남원) 등이 확인된다.

양남의 목판본 간행은 두 지역 자체 내의 서적 수요보다는 중앙정부가 할당하는 간역(刊役) 요구에 따른 것이었다. 중앙에서 필요로 한 서적 간행을 양남 감영에 맡긴 사례는 다수 확인된다. 전라감영에 간행을 명한『동현주의(東賢奏議)』및『속경연고사(續經筵故事)』,[47]『황화집(皇華集)』,[48] 경상감영에 간행을 명한『내훈(內訓)』,[49]『어평양한사명(御評兩漢辭命)』,[50] 양남에 간행을 명한『사서광주(四書廣註)』[51] 모두 그 논의 과정을 보면 해당 지방에 보급하려는 의도가 보이지 않는다.

간행지의 수요를 감안하여 지방 감영에 분담시킨 사례도 일부 존재하기는 한다. 함경도 능전(陵殿)에 관한『북관능전지(北關陵殿誌)』를 해당 감영에서,[52] 평안도 군정(軍政)에 관한『관서양역실총(關西良役實摠)』[53]과『북도개

---

44 『영조실록』, 영조 33년 7월 1일.
45 『영조실록』, 영조 43년 11월 18일.
46 『영조실록』, 영조 34년 3월 21일.
47 『승정원일기』, 영조 10년 9월 2일.
48 『승정원일기』, 영조 49년 8월 8일.
49 『영조실록』, 영조 3년 3월 26일.
50 『영조실록』, 영조 37년 8월 9일. 1761년(영조 37) 작성된 영조 어제서가 포함된 목판본이 다수 확인된다. 규장각에는 稿本이 포함된 필사본이 있다(奎 11576).
51 『승정원일기』, 영조 12년 4월 19일.
52 『승정원일기』, 영조 33년 3월 3일.
53 『승정원일기』, 영조 35년 1월 26일.

시정례(北道開市定例)』를 각각 해당 도에서 간행하도록 한 것이 모두 그러한 사례이다.[54] 직무상 필요한 곳에서 간행·배포하도록 한 것이다. 1766년(영조 42)에 『박통사신석(朴通事新釋)』,『청어노걸대(淸語老乞大)』 등의 어학서를 평안감영에서 간행한 것은, 본도에 사행로(使行路)가 지나다 보니 역관이 왕래하면서 한어(漢語)의 변화와 같은 정보 수집이 용이했기 때문이었다.[55] 수요와 함께 편찬 작업의 편의성을 고려한 것으로 볼 수 있다.

상기한 몇 가지 사례 이외에는 지방 감영이 중앙의 간행 사업을 분담한 경우로 볼 수 있으며, 이는 결국 중앙정부의 물력 부담을 덜기 위한 것이었다. 1746년(영조 22) 『무원록(無寃錄)』을 각도 및 각읍에 반포하면서 호조의 물력을 많이 소비하기 때문에 각도 감영에서 개간한 뒤 각읍에 알려 인출해 가도록 하자는 의견이 있었다.[56] 중앙 관서에서 간행할 경우 호조가 비용을 부담하고 있었음은 1754년(영조 30) 관상감에서 역(曆)을 인출하는 물력을 호조에서 마련하여 지급하도록 한 사례에서도 드러난다.[57] 호조는 인쇄에 필요한 물품도 조달하고 있었는데, 1753년(영조 29) 『유원총보(類苑叢寶)』를 광주유수부(廣州留守府)에서 간행하면서 판자공인(板子貢人)에게 예비해둔 판자를 호조가 양입(量入)하여 획송(劃送)하도록 조치했다.[58] 지방 감영이 간행을 맡게 되면, 그만큼 호조의 부담이 경감되는 셈이다.

양남 감영은 인쇄 기술이나 물력(物力) 조달의 측면에서 중앙의 요구를 감당하기에 유리한 조건을 갖추고 있었고, 중앙정부는 각 감영의 역량이

---

[54] 『승정원일기』, 영조 45년 4월 5일;『영조실록』, 영조 45년 4월 5일.

[55] 『승정원일기』, 영조 41년 6월 12일; 영조 42년 1월 8일; 영조 21년 6월 3일; 영조 21년 11월 6일. 『노걸대언해』는 원래 호조의 물력으로 사역원에서 간행하였는데, 이를 다시 호남감영에 간행을 맡기려다가 역관이 소통하는 땅인 평안감영으로 변경한 것이다. 인출한 책자뿐 아니라 목판까지 서울로 올려보낸 것을 보면, 중앙의 간행 사업을 지방에 전가한 것에 가깝다.

[56] 『승정원일기』, 영조 22년 5월 11일.

[57] 『승정원일기』, 영조 30년 10월 16일.

[58] 『승정원일기』, 영조 29년 11월 18일.

나 상황을 고려하여 담당 감영을 배분하였다. 예를 들면 1728년(영조 4) 『대학연의보(大學衍義補)』를 경상감영에 맡기려다가 당시 무신란(戊申亂)으로 물력이 조잔(凋殘)한 것을 감안하여 교서관에서 활자로 인쇄할 것을 고려하였다.[59] 1727년의 『내훈』과 1750년의 『역대통감찬요(歷代通鑑纂要)』는 호남의 물력이 부족하여 영남에서 간행하도록 한 사례들이다.[60] 지방 감영은 종이 등 인쇄에 필요한 물자를 상납하기도 했다. 1744년(영조 20) 『소학훈의(小學訓義)』를 간행하면서 필요한 책자의 수가 많아서 종이를 삼남(三南)에 복정(卜定)하였다.[61]

감영의 입장에서도 중앙의 간역을 위한 종이 마련이 큰 부담이었으며, 예하 군현에까지 민폐를 야기하였다. 1745년(영조 21) 조익(趙翼)의 『주서요류(朱書要類)』를 영영(嶺營)에서 개간(開刊)하면서, 간책(刊冊)하는 역(役)은 민폐를 무겁게 끼치며, 감영은 각읍에 물력을 분정(分定)하는데, 목판 한 판의 값이 많게는 5~6냥에 이르니 물력이 나은 쪽에 맡겨야 한다는 의견이 제시되었다.[62]

이런 문제로 인해 중앙정부는 각 감영에 이를 적절히 경감시키거나 분담시켰다. 교서관에서 삼남 지방의 종이로 서적 인쇄를 하려 했는데, 그 부담을 덜어주고자 서연(書筵)에서 진강(進講)할 경서(經書) 간행을 중지시킨 예가 있다.[63] 1731년(영조 7) 『남계집』의 간행을 영남감영에서 홀로 맡았는데, 호남과 호서 감영의 종이를 영남에 보내도록 하였다.[64]

---

59 『승정원일기』, 영조 4년 6월 18일.
60 『영조실록』, 영조 3년 3월 26일; 『승정원일기』, 영조 23년 7월 26일.
61 『승정원일기』, 영조 20년 3월 4일.
62 『승정원일기』, 영조 21년 4월 5일.
63 1744년(영조 20) 書筵을 위한 四書 간행을 마치고 三經도 이어서 간행하려고 했으나, 인쇄할 때 들어갈 종이를 갖출 길이 없자 전례에 따라 草記로 三南에 卜定하고자 했으나, 왕은 소장하던 책으로 하도록 하고 刊役을 중지하도록 분부했다(『승정원일기』, 영조 21년 7월 11일).
64 『영조실록』, 영조 7년 1월 10일; 『승정원일기』, 영조 7년 1월 10일.

〈표 3〉에는 직접 드러나진 않았지만, 동일 서적이 복수의 간행처에서 목판본과 활자본으로 달리 간행된 사례들이 있다. 이 중에 상당수는 『어제백행원(御製百行源)』, 『어제자성편(御製自省篇)』, 『어제경민음(御製警民音)』처럼 활자본을 목판본으로 번각(飜刻)한 사례이다. 이런 경우는 대체로 백성과 신료에게 널리 전파하고자 시도한 서적이었다. 대개 교서관 등 중앙 관서의 활자본 또는 목판본 서책을 감영으로 내려보내 목판으로 간행하는 방식이었고, 이는 전국적으로 대량의 서적을 보급하는 데 유용하였다.

예를 들면 1765년(영조 41)의 『어제백행원』에는 왕명에 따라 "芸閣活印 諸道藏板(운각활인 제도장판)"이라는 간기(刊記)가 들어갔는데,[65] 이에 따르면, 운각의 활자본과 함께 각도의 목판본이 모두 존재했다고 볼 수 있다. 1734년(영조 10)의 『농가집성(農家集成)』은 교서관의 목판으로 인출한 8건을 팔도에 내려보내 배포하도록 한 사례[66]처럼 중앙의 판하본이 목판인 경우도 있다. 중앙의 활자와 지방의 목판이 연계되는 간행 방식은 소량이나마 저비용으로 신속히 인쇄할 수 있는 활자의 장점과 함께, 장기적으로 다량 보급을 기대할 수 있는 목판의 장점을 모두 살릴 수 있었다. 그러한 예는 『감란록(勘亂錄)』,[67] 『국조속오례의』,[68] 『속대전』,[69] 『속병장도설(續兵將圖說)』,[70] 『국조상례보편(國朝喪禮補編)』,[71] 『역대장감박의(歷代將鑑博議)』[72] 등 다수가 확인되며, 변란에 대한 정치적 대응, 국가 제도와 의례의 전파라는 측면에서 전국적인 수요가 있는 서적들이다.

65 『승정원일기』, 영조 41년 8월 11일.
66 『승정원일기』, 영조 10년 1월 14일.
67 『승정원일기』, 영조 4년 5월 5일.
68 『승정원일기』, 영조 20년 8월 19일.
69 『승정원일기』, 영조 20년 8월 19일; 영조 20년 10월 23일.
70 『영조실록』, 영조 26년 1월 24일.
71 『승정원일기』, 영조 28년 12월 26일.
72 『승정원일기』, 영조 41년 5월 4일.

지방 관아의 작업 분담은 반드시 중앙의 선행 인쇄본을 지방에 보급하기 위함이 아니라, 특정 지방의 간행본을 다른 지역에 보급하기 위한 경우도 있었다. 1730년 평안감영에서 인진(印進)한 『삼강행실도』 및 『이륜행실(二倫行實)』 중 남은 9건을 다른 7도(道) 감영과 양도(兩都) 유수처(留守處)에 내려보내 간행하도록 한 사례가 있다.[73]

특히 지방의 백성에게 언해본을 널리 보급하기 위한 목적으로 번각이 적극 활용되었다. 『시전(詩傳)』과 『훈의소학(訓義小學)』은 이 글의 분류상 '경전'으로서 학습 목적으로,[74] 『여사서(女四書)』, 『내훈(內訓)』,[75] 『동몽선습(童蒙先習)』[76] 등 '교육서'는 여성을 위한 교육 목적으로, 『천의소감언해(闡義昭鑑諺解)』와 같은 '의리명변서'는 백성에게까지 국왕의 정통성을 전파할 목적으로, '어제서' 중에서 『어제계주윤음(御製戒酒綸音)』 등 국가 정책을 널리 알리기 위한 윤음이 언해의 대상이 되었다.

이러한 언해가 번각이라는 인쇄 수단과 결합되어 서적의 대민 전파 효과를 높였다. 『천의소감언해』는 "우부우부(愚夫愚婦)도 모두 의리를 밝게 알도록 할 것"이라는 언급에서 드러나듯 민인에게 전파할 목적으로 언해가 이루어진 책인데, 운각 인출본 7본을 경기를 제외한 7도와 남한산성에 보내어 번각하도록 하였다.[77] 백성에게 금주령의 준수를 훈유하고자 지은 『어제경민음』,[78] 효행을 권장하기 위한 『어제백행원』[79]도 언해와 함께 각도 및 양도(兩都: 두 곳의 유수부)에 번각이 병행된 사례이다. 후대 왕인 정조 또

---

[73] 『승정원일기』, 영조 6년 3월 23일. 현존하는 판본 중에서는 평안감영, 강원감영, 황해감영 간행본이 확인된다.
[74] 『승정원일기』, 영조 즉위년 11월 19일; 영조 32년 5월 28일.
[75] 『영조실록』, 영조 10년 12월 20일, 12월 26일.
[76] 『승정원일기』, 영조 18년 7월 3일.
[77] 『승정원일기』, 영조 32년 6월 16일.
[78] 『승정원일기』, 영조 38년 9월 12일.
[79] 『승정원일기』, 영조 41년 8월 10일.

한 번각과 언해를 활용하여 윤음을 적극적으로 전국 민인에게 전파하였다.[80]

이상에서 살펴본 바와 같이, 국왕 영조의 명에 따라 중앙정부는 서적 간행을 전국의 간행 거점을 활용하여 통합적으로 수행하였다. 번각의 예에서 보이듯 한 곳의 간행처에서 완결된 작업을 수행하는 것이 아니라, 서역(書役) 공정 일부를 여러 곳에서 분담하기도 했다. 예컨대 1731년『경세문답(警世問答)』의 전편(前編)은 영남에서, 속편은 호남에서 간진(刊進)하여 중앙 관서에 소장하게 하였다.[81] 인쇄와 장책 작업이 분리되기도 하였는데,『국조속오례의』는 영영(嶺營)에서 인출했으나, 장책(粧䌙)을 해 놓지 않아서 이를 교서관에 맡겼다.[82]

작업 공정과 함께 작업 인원을 관리하려는 노력도 이루어졌다. 서적에 오류가 발생하지 않도록 단속하는 한편, 서적이 무사히 완성되면 직급에 따라 차등을 두어 포상하였다. 먼저 서적의 오류를 막기 위한 조치를 정리하면 〈표 4〉와 같다. 이를 통해 알 수 있는 교정을 위한 조치 사항은 서적에 오류가 있을 경우 담당 관원이나 작업자를 문책하였다는 점이다. 특히 법전이나 의서는 사소한 오류가 큰 폐단으로 이어지므로 각별히 교정하였으며, 율관이나 의관 등 전문 관원이 참여하였다.

다음으로 서적 작업 완수에 대한 포상은 〈표 5〉와 같다. 서적 완성 시에 당상, 낭청, 교리, 제조, 감인관(監印官), 교정관(校正官), 사자관(寫字官), 창준(唱準) 등 다양한 직책을 맡은 이들에게 호피(虎皮), 녹피(鹿皮), 미포(米布) 등의 상품을 차등 있게 지급했음을 알 수 있다. 제조 등 총괄 책임자에게는 호피를, 감인관 등 실무 관원에게는 녹피를, 창준 등 작업자에게는 미포를 내린 것처럼 신분에 따른 차등이 존재했다.

80　권기석,「正祖 綸音의 印出과 對民 보급」,『한국문화』83, 서울대학교 규장각한국학연구원, 2018.
81　『승정원일기』, 영조 50년 8월 23일.
82　『승정원일기』, 영조 24년 4월 6일.

표 4 서적의 철저한 교정을 위한 조치

서명	전거(『승정원일기』)	조치 사항
璿源系譜紀略	36년 5월 20일	오자가 있어서 進上件을 내려보내 수정하고, 校正官을 문책하려 했으나 추고하지 않음
國朝喪禮補編	28년 12월 26일	활자 인출 시 誤字·落字의 폐해가 있으므로 本廳 胥吏가 唱準輩와 더불어 印役을 看檢하게 함
	34년 3월 13일	堂上校正官 1員이 卯日·酉日에 仕進하여 교서관에서 看檢하도록 함. 특히 정밀해야 하는 尺制는 石刻하도록 함
新增典錄通考	17년 11월 6일	교서관에서 간행하면서 律官이 관여하도록 함
續大典	22년 2월 8일; 15일	한 글자의 오자에도 큰 폐단이 발생하므로 監印을 잘해야 하며, 唱準輩와 더불어 교정함
小學諸家集註	20년 2월 17일	교정이 어려우니 『경국대전』의 예처럼 唱準을 신칙하도록 함
洪武正韻	36년 2월 14일	사자관에게 다른 書役을 시키지 않고 본서에만 집중하게 함
東醫寶鑑	29년 9월 23일	호남감영의 각수가 문자를 해득하지 못해 잘못 새길까 우려되니, 사자관이 베낀 것을 內醫院 의관이 충분히 校準하도록 함
綱目	1년 6월 23일	교서관에서 오자가 있으면 관원과 唱準輩를 논죄하는 법을 행하지 않아 근래 오자가 많음

표 5 간역 인원에 대한 포상

서명	전거	포상 대상 및 내역
御製大訓	『승』 17년 11월 29일	監董校理, 寫字官, 唱準 이하 員役工匠
兵將圖說	『승』 25년 11월 26일 26년 2월 30일	監董한 郎廳, 敎鍊官, 寫字官, 畫員, 唱準 이하 員役 工匠 등
國朝續五禮儀	『승』 20년 8월 27일	句管堂上, 郎廳, 畫員, 寫字官 등 員役
訓諭	『승』 19년 3월 19일	領事 金在魯 이하 提學, 校理, 郎廳, 監役, 寫字官, 算員, 唱準 이하 員役, 工匠 등
文廟享祀錄	『승』 41년 9월 1일	편집 儒臣과 교서관 관원, 寫字官, 唱準 등에게 鹿皮 등 지급
御製興懷	『승』 44년 10월 25일	校正堂上 등 관계자에게 호피 등 지급
裕昆錄	『승』 45년 5월 17일	校書校理, 寫字官, 算員 이하 員役, 工匠 등
文獻備考	『실』 46년 8월 5일	監印堂上 등
辛卯重光錄	『승』 48년 2월 8일	교서관 제조에게 虎皮 1領, 監印官 修撰에게 大鹿皮 1領, 唱準 이하 工匠에게는 米布 지급
御製修德全編	『실』 47년 12월 9일	인쇄를 監董한 郎官, 郎廳 등
明史綱目	『실』 48년 3월 27일	堂上, 監印官, 校正官, 寫字官 등

※ 전거에서 『승정원일기』는 '승', 『영조실록』은 '실'로 약칭함.

4. 서적의 배포와 장서 관리

서적이 완성되면 여러 기관과 인원에게 반사(頒賜)하는 절차가 있다. 실록과 『승정원일기』의 기록에 나타난 반사 대상 기관과 인원을 정리하면 〈표 6〉과 같다. 반사 대상은 중앙과 외방으로 나누고, 중앙은 다시 기관과 관원으로 세분하였다. 중앙 기관 중 정치적으로 요직에 해당하는 '주요 기관(주)', 학식이 높은 인원이 소속되는 '학술기관(학)', 교육을 담당하는 '교육기관(교)', 서적 내용에 관련된 직무를 관장하는 '유관기관(유)'으로 구분했다. 중앙 관원도 고위 관직자로서 반사의 대상이 된 '주요 관원(주)', 편찬 작업에 참여한 '편찬 관원(편)', 서적 내용과 유관한 '관련 관원(관)'으로 구분했다.

〈표 6〉에서 영조 대 서적 반사의 특징을 다음과 같이 확인할 수 있다. 관청과 신하 개인에 대한 반사 이외에 왕과 왕세자·왕세손을 위한 진상건(進上件)과 진헌건(進獻件)이 있었다. 반사 대상이 된 '주요 기관'에는 승정원·의정부·육조·사헌부·사간원이, '학술기관'으로는 홍문관·예문관이, '교육기관'으로 시강원·성균관이 포함되었다. '유관기관'에 반사한 경우는 서적의 활용도를 높이기 위한 조치라 할 수 있다. 예컨대 『국혼정례』는 상의원 등 왕실의례에 관한 물품을 제공하는 기관에 반사되었고, 『국조상례보편』은 의례용 물품에 관한 기관 이외에도 종묘 등 국가의례의 현장에 배포되었다.

'주요 관원'에 대한 반사가 그들에 대한 예우라면, '편찬 관원'에 대한 반사는 포상의 의미이고, '관련 관원'에 대한 반사는 앞서 '유관기관'에 대한 것과 마찬가지로 실무에 대한 참고의 의미가 컸다. 외방 기관 및 관원에게 반사할 경우 대체로 팔도(八道)와 양도(兩都)를 기본으로 하면서, 영구 보존

표 6 목판 소장처의 추이

서명	간행처	장판처	전거	비고
光國志慶錄	芸閣	春秋館	『실』20년 2월 11일 『승』20년 2월 11일	
國婚定例	芸閣	江都史閣	『승』25년 11월 26일	
御製心鑑	芸閣	藝文館	『승』23년 1월 22일	
訓義小學	湖營	湖營	『승』32년 5월 28일	
御製嚴隄防裕昆錄	校書館	史庫	『승』40년 3월 30일	
御製永世追慕錄		京史庫	『승』40년 9월 29일	
御製表義錄	芸閣	史庫	『실』40년 9월 3일 『승』40년 9월 4일	
御製年譜	南漢	本府(廣州府)	『승』41년 10월 24일	
小學指南	南漢, 北漢	南漢, 北漢	『승』42년 1월 10일	
御製近八裕昆錄	芸閣	芸閣(奎章閣)	『승』45년 5월 13일	'校書館刊印 奎章閣藏板' 刊記 있음
慶運宮廣載錄		史閣	『승』49년 윤3월 4일	
御製勸世爲孝悌文	芸閣	史庫	『승』49년 6월 1일	
御製邁昔年定銅闈冠禮文	芸閣	史庫	『승』49년 6월 25일	
皇極一元圖	芸閣	芸閣	『승』50년 2월 5일	
御製常訓	芸閣	江華史庫	『승』21년 7월 7일	'芸館刊印 史閣藏板' 刊記 있음
老乞大諺解	平安監營	承文院	『승』21년 11월 6일	
御製續常訓	芸閣	史庫	『승』34년 6월 12일	
御製訓書	芸閣	藝文館 → 史庫	『승』32년 6월 10일	인쇄를 마친 뒤 藝文館에 두었다가 江華實錄을 曝曬할 때 가지고 가서 史庫에 보관하도록 함
奉敎嚴辨錄	芸閣	五處史庫	『승』38년 9월 4일	
御製警世編	芸閣	芸閣	『승』40년 3월 29일	標題紙에 '芸閣藏版 許令廣印'이라 기재
御製精忠錄	校書館	奎章閣	『승』45년 4월 22일	'校書館開印, 奎章閣藏板' 刊記 있음
世孫冊封儀便覽	芸館	芸閣	『승』35년 2월 14일	
闡義昭鑑	廣州府 등	史閣	『승』31년 11월 26일 『실』31년 11월 26일	
御製古今年代龜鑑	芸閣	史庫	『승』33년 7월 1일	"芸閣刊印 史庫藏板" 刊記 있음
諭卿宰綸音	芸閣	芸館	『승』33년 11월 4일	
御製嚴隄防裕昆錄	校書館	史庫	『승』40년 3월 30일	
御製讀書錄	芸閣	芸閣	『승』43년 11월 18일	
光廟御製訓辭	芸閣	沁都(江華史庫)	『승』22년 12월 28일	"芸閣開刊 沁都藏板" 刊記 있음

※ 전거에서 『승정원일기』는 '승', 『영조실록』은 '실'로 약칭함.

을 위해 5곳의 사고(史庫)에 봉안하는 분량이 추가되었다. 다만 〈표 6〉의 사례들은 왕명으로 반사 대상을 지정할 정도로 중요한 간행물에 한정되어 있다는 문제가 있다. 그래서 각 관청이나 지방 관아 등에서 반사 받은 서적을 다시 어떻게 보급하였는지 파악하는 데에는 한계가 있다.

서적 반사는 통상 간행 작업의 완결을 의미하지만, 목판본 서적은 해당 목판이 보존된다면, 추가적인 종이 공급만으로 언제든 재인출이 가능하다. 이런 까닭에 목판을 보관할 장소를 군신 간의 논의를 통해서 따로 지정한 경우를 〈표 7〉과 같이 파악할 수 있는데, 목판의 보존은 곧 언제든 인출 작업을 통해 장서(藏書)를 확보할 수 있는 물적 기반을 확보하는 것과 같은 의미가 있다.

〈표 7〉에서 목판의 대부분은 운각(芸閣, 즉 교서관)에서 새겼지만, 사후 보관은 사고(史庫)인 경우가 많다. 앞서 〈표 6〉에서 서적 인출본은 다섯 곳의 사고에 모두 보관했던 것과 달리, 대개 유일본인 목판의 경우 한 곳의 사고에 소장되었던 것으로 보인다. 특히 영구 보존의 필요성이 큰 어제서와 국가제도서의 목판을 각별히 사고에 보관하도록 조치하였음을 알 수 있다. 목판은 후대에 서적의 정오(正誤)를 가리는 표준이 될 수 있었기에 더욱 보존의 필요성이 컸다. 교서관에서 간행하여 예문관에 장치(藏置)해 둔 『어제심감(御製心鑑)』 목판은 간행 이후에 수정하였기 때문에 제1장이 서로 다른 내용으로 양본(兩本)으로 존재했다. 이는 훗날 의란(疑亂)의 단서가 될 수 있다고 하여 중복 면을 깎아내도록 했는데,[83] 목판의 보존성에 대한 당시의 인식을 알 수 있다.

교서관은 자체적으로 목판을 소장하기보다는 사고에 보존하는 경우 (9건)가 많았고, 춘추관, 예문관, 규장각 등에도 소수 보존하였다. 지방 감영의 경우 왕명으로 목판 보존처를 지정한 사례를 찾기 어렵지만, 전라감

---

83 『승정원일기』, 영조 23년 1월 22일.

표 7 『영조실록』과 『승정원일기』에 보이는 서적 반사

	왕실	중앙 기관	중앙 관원	외방 기관/관원	전거
列聖御筆		璿閣(宗簿寺)		璿閣(外史庫)	『승』 3년 2월 25일
聖學十圖	東宮	(주) 承政院 (학) 弘文館, 藝文館 (교) 侍講院, 尊經閣(成均館)			『승』 31년 12월 14일
國婚定例	世子宮	(주) 宗親府, 議政府, 禮曹, 戶曹, 工曹 (학) 弘文館, 春秋館, 侍講院 (유) 尙衣院, 司饔院, 承文院, 內府(內侍府), 內需司		五處史庫	『승』 25년 11월 26일
續兵將圖說				각도 監司, 兵使	『실』 26년 1월 24일
國朝續五禮儀補	內入, 東宮, 元孫宮	(학) 承政院, 弘文館, 春秋館 (교) 侍講院, 成均館		史庫	『승』 27년 1월 17일
御製戒酒綸音		(주) 政府(承政院), 六曹, 京兆, 柏府(司憲府), 薇垣(司諫院)		八道·三府	『승』 33년 11월 3일
國朝喪禮補編	進上件, 進獻件	(주) 五上司(議政府, 敦寧府, 儀賓府, 忠勳府, 中樞府), 六曹, 京兆(漢城府), 柏府 (司憲府), 薇垣(司諫院) (교) 侍講院, 成均館 (유) 宗廟, 永禧殿, 社稷, 尙方 (尙衣院), 廚院(司饔院), 內侍府, 內需司 기타: 校書館		三都, 八道, 五處史庫	『승』 34년 3월 13일
三韻聲彙	大殿, 世子宮, 世孫宮	(주) 承政院 (학) 弘文館, 藝文館, 史局 (교) 侍講院, 講書院			『승』 27년 윤5월 28일
世孫冊封儀便覽	大殿, 世子宮, 世孫宮	(주) 政院(承政院), 議政府, 六曹, 校書館 (학) 玉堂(弘文館), 翰苑(藝文館) (교) 春坊講書院 기타: 校書館			『승』 35년 2월 14일
洪武正韻	內入, 東宮		(주) 奉朝賀, 三公, 九卿, 將臣, 正一品宗臣, 儀賓, 領敦寧, 承旨, 時任三 司諸臣 (편) 編次人		『승』 38년 12월 19일

	왕실	중앙 기관	중앙 관원	외방 기관/관원	전거
御製添刊大訓				五處史庫	『승』 31년 3월 16일
闡義昭鑑	內入, 東宮	(주) 承政院 (학) 弘文館, 藝文館	(편) 纂修廳 堂郎	五處史庫	『승』 31년 11월 26일 『실』 31년 11월 26일
御製訓書	內入, 世子宮	(주) 承政院, 柏府(司憲府), 薇垣(司諫院), 春坊(侍講院), 翰苑(藝文館), 諸上司(宗親府, 忠勳府, 議政府, 儀賓府, 敦寧府, 義禁府), 六曹, 京兆(漢城府) (학) 弘文館 (교) 國子(成均館)	(주) 大臣·諸臣入侍史官	八道, 三都, 五處史庫	『승』 32년 6월 10일
御製古今年代龜鑑	內入, 元良	(주) 承政院, 議政府 (학) 弘文館, 春秋館 (교) 侍講院 기타: 芸閣(校書館)			『승』 33년 7월 1일
諭卿宰綸音		(주) 政院(承政院), 政府(議政府), 六曹, 京兆(漢城府), 柏府(司憲府), 薇垣(司諫院) (학) 玉堂(弘文館), 翰苑(藝文館) (교) 春坊(侍講院)		八道, 三府, 五處史庫	『승』 33년 11월 4일
北道陵殿誌	進獻	(주) 政院(承政院) (학) 弘文館, 藝文館 (교) 侍講院 기타: 校書館		五處史庫	『승』 34년 4월 17일
御製續常訓	進上, 進獻	(학) 弘文館, 藝文館 (교) 侍講院 기타: 校書館	(편) 校正時原任大臣, 編次三人, 上下番儒臣		『승』 34년 6월 12일
奉敎嚴辨錄	進上	(주) 政院(承政院), 五上司(議政府, 敦寧府, 儀賓府, 忠勳府, 中樞府), 六曹, 京兆(漢城府), 金吾(義禁府), 柏府(司憲府), 薇院(司諫院) (학) 弘文館, 藝文館 (교) 侍講院, 成均館, 校書館		兩府, 八道, 五處史閣	『승』 38년 9월 4일
御製警世編	進上, 進獻	(주) 銀臺(承政院) (학) 玉署(弘文館), 藝文館 (교) 春坊(侍講院)	(편) 校檢		『승』 40년 3월 29일
御製嚴隄防裕昆錄	王·世孫				『승』 40년 3월 30일
永世追慕錄	內入, 世孫宮			史庫(5件)	『승』 40년 9월 29일

	왕실	중앙 기관	중앙 관원	외방 기관/관원	전거
御製表義錄				史庫	『실』 40년 9월 3일 『승』 40년 9월 4일
文廟享祀錄	進上, 進獻(東宮)	(교) 太學(成均館, 藏經閣)		五處史庫	『승』 41년 8월 25일, 8월 26일
御製年譜	內入, 世子宮				『승』 41년 10월 24일 丙寅
御製讀書錄	內入, 東宮		여러 관료	五處史庫	『승』 43년 11월 18일 戊申
御製近八裕昆錄	內入, 世孫宮	(주) 政院(承政院) (학) 弘文館, 藝文館 (교) 春坊(侍講院)		五處史庫	『승』 45년 5월 13일 甲午
御製精忠錄	內入, 東宮	(학) 弘文館, 藝文館 (교) 春坊(侍講院)		五處史庫	『승』 45년 4월 22일 乙亥
追感皇恩錄		(유) 承文院(敬奉閣)			『실』 45년 12월 11일 己未
自醒翁自敍	內入, 東宮	(학) 史局			『승』 46년 1월 4일 壬午
追慕垂戒錄	大內		諸臣		『승』 48년 7월 15일 戊申
慶運宮廣載錄	內入, 世子宮	(학) 承政院, 春秋館 (교) 侍講院	(관) 參宴諸臣	五處史庫	『승』 49년 윤3월 4일 癸亥
御製勸世爲孝悌文	內入, 世子宮	(주) 政院(承政院) (학) 玉堂(弘文館), 藝文館 (교) 春坊, 成均館	(주) 奉朝賀·時原任大臣·正一品宗臣·時任承旨·儒臣·春坊·時任文臣 二品實職 以上, 薇垣長·國子長·都尉·副尉·五軍門將臣·時任翰注·諸編次人	兩都留守·八道臣·八道兵使, 五處史庫	『승』 49년 6월 1일
御製邊昔年定銅闈冠禮文	內入, 世孫宮	(주) 承政院, 禮曹 (학) 弘文館, 藝文館 (교) 侍講院		五處史庫	『승』 49년 6월 25일 癸丑
皇極一元圖	內入, 世孫宮			五處史庫	『승』 50년 2월 5일 戊子

※ 전거에서 『승정원일기』는 '승', 『영조실록』은 '실'로 약칭함.

영에서 간행하고 장판(藏板)한 『훈의소학』의 사례처럼 해당 감영에서 그대로 보존했을 것으로 추정된다. 『노걸대언해(老乞大諺解)』는 평안감영에서 간행하고 승문원(承文院)에서 목판을 소장했는데, 이는 어학서의 특성상 중앙관청에서 추가 인출 수요가 있었기 때문으로 보인다. 경기의 중요 간행 거점인 남한산성(광주부 포함), 북한산성은 감영과 마찬가지로 간행처에 그대로 장판하였음이 확인된다.

상기한 목판의 보존은 언제든 필요한 서적을 인출하여 보급하기 위함이었으며, 이는 국가적인 장서(藏書) 관리 체계의 일부로 볼 수 있다. 실제 영조 대 관찬 서적 중 상당 부분은 신간이 아닌, 중간이나 재인출로 볼 수 있다. 특히 '경전', '교육서', '역사서', '통치서' 등은 어느 시대에나 큰 변동 없이 전승되는 고전이기에 목판의 장기 보존이 더욱 중요했다. 이러한 서적들은 해당 국왕의 특별한 정책적 의지 없이도 조선시대 전 시기에 걸쳐서 꾸준히 장서 보유량과 필요량을 헤아려 관판본의 보존과 개수 및 인출이 이루어졌을 것으로 볼 수 있다. 꾸준히 서적 보유량을 확인하여 비교적 소량을 인출할 필요성이 있었던 유형 중 하나가 왕실의 진강(進講)을 위한 서적이었다. 1757년(영조 33) 『주례(周禮)』를 인출하면서 예전 판본이 있으니 법강(法講)에서 진강할 책자 수만큼만 간인하도록 한 사례[84]에서 이런 사정을 잘 알 수 있다.

천문역법서와 어학서 등의 '전문서'도 해당 전문 관서의 필요에 따라 비교적 소량을 꾸준히 인출하였다. 그 내역을 정리하면 〈표 8〉과 같다.

〈표 8〉에서 나타난 바와 같이, 관상감과 사역원에서 주로 관생(官生)의 교육과 과시(課試)를 위해 많은 수량은 아니었지만 꾸준한 수요가 있었다. 목판 또한 해당 관서에서 언제든 인출할 목적으로 보관하였음을 확인할 수 있다. 또한 전문서의 성격에 맞게 소속 관원들의 전문성이 잘 발휘된

---

84 『승정원일기』, 영조 17년 3월 19일.

표 8 전문서 인출의 추이

서명	구분	조치 사항	전거(『승정원일기』)
曆象考成, 八線表	天文曆法書	관상감 관원이 北京에서 사들인 『新製曆象考成』을 인출하여 本監의 科場과 取才에서 출제하도록 함	6년 2월 9일 8년 8월 6일
日課百中曆	天文曆法書	종이, 雜物, 工匠料布를 該書에서 마련하여 제때 인출하도록 함	8년 1월 12일
假令前規	天文曆法書	큰 흉년이 들어 인출을 보류함	9년 3월 13일
袁天綱	天文曆法書	命課學의 취재·과거에 쓰는 『袁天綱』 등 方書의 간행이 오래되어 거의 散失되었기에 該書에 분부하여 인출하게 함	17년 9월 5일
觀象玩占, 象緯考	天文曆法書	方書 『觀象玩占』, 『象緯考』 등을 該司에 물력을 지급하여 간행하도록 함	18년 2월 13일
老乞大諺解	語學書	戶曹의 물력과 사역원 관원의 刊役 句管 부담을 줄이고자 평안 감영에서 간행한 후 책자와 목판을 올려보내도록 함	21년 6월 3일 21년 11월 6일
時用通書	天文曆法書	命課學 方書 중 『時用通書』를 該曹에 분부하여 刊布하도록 함	22년 12월 4일
同文類解	語學書	官生輩가 연습할 20건을 『捷解新語』와 함께 교서관에서 간행하고 목판은 사역원으로 이송함	24년 9월 14일
捷解新語	語學書	기존의 책이 당대의 倭語와 달라 譯官이 교정하여 교서관에서 간행함	24년 8월 5일 37년 4월 14일
老乞大新釋	語學書	역관 邊憲이 편차하고 寫字官이 정본을 만들어 교서관에서 간행함	37년 4월 14일 37년 6월 2일
琢玉斧	天文曆法書	관상감에 목판이 있으므로 印紙만 마련하여 인출함. 1760년 重刊 이후로 사역원에 목판을 두고 殿講에 소요되는 책자를 승문원에 인출해 보냄	37년 7월 27일 41년 9월 14일
朴通事新釋	語學書	당상 역관 邊憲과 李湛이 교정하여 간행하였고, 역관의 課試에 도움을 줌	41년 6월 12일 41년 9월 14일 42년 7월 29일
袁天綱·應天歌, 範圍數·徐子平 등	天文曆法書	관상감의 行用方書가 오래되어 刓弊가 있으므로 該書에서 물력을 마련하여 刊印함	45년 12월 26일

것이 특징인데, 특히 어학서에는 역관들이 당시에 사용된 일본어에 맞도록 자력으로 교정을 하는 등 적극적인 역할을 했다.[85] 〈표 8〉의 『노걸대언해』의 사례에서 보이듯 전문서의 간행 비용도 호조에서 부담했는데, 『가령전규(假令前規)』의 사례와 같이 흉년이 들거나 하면 간행을 보류한 사실

---

85 『승정원일기』, 영조 24년 8월 5일; 영조 37년 4월 14일.

에서 드러나듯 상당히 재정적인 부담이 컸다. 그런데 당시 관상감 관원과 하인, 공장(工匠) 등이 오로지 책을 인출하는 것으로 생계를 삼고 있어서 방법을 찾기만 하면 간인을 요청하여 책이 쌓이고 있다는 지적이 있었던 것처럼, 상시적인 관찬 서적 간행에 생계를 의존하는 계층까지 형성되고 있었음을 알 수 있다.

신간이 아닌 기존의 장서를 유지하며 필요에 따라 재인출하기 위해서는 기존 목판의 관리가 중요했다. 정조 대 책판 목록인 『누판고(鏤板考)』의 예에서 보이듯, 조선은 국가적인 장판 관리 체계를 갖추고 있었다. 책판이 온전하다면 인출에 필요한 종이를 보내는 것만으로도 필요한 책자를 얻을 수 있었다. 영조 대 간행 사업 중 상당 부분이 기존 책판의 보수였다. 예컨대 1731년 이이(李珥) 문집의 교서관 인출[86]과 1754년의 『동의보감(東醫寶鑑)』 개각(改刻)은 모두 기존 목판의 완결(刓缺) 때문이었다. 1744년 『성리대전(性理大全)』 간행도 순천부(順天府)에 소재한 기본 목판의 상태가 좋지 않아서 전라감영에서 이를 개수한 것이었다.[87]

기존의 목판에 결함이 있더라도 사용 가능한 부분이 있다면 개간(改刊) 시에 재활용하기도 하였다. 1745년 교서관에 소장 중이던 『이정전서(二程全書)』 등의 책판이 완전하지 않아서 구판(舊版)을 개각 및 보결(補缺)하도록 하였다.[88] 활자본 서적도 활자인쇄로 구현할 수 없는 그림이나 필적 등은 목판으로 새겼기에 후일 신간할 때 이를 재활용하였다. 예컨대 1752년(영조 28) 교서관에서 활자로 간행한 『국조상례보편』을 이듬해 경상감영에서 다시 간행하면서, 활자 부분과 달리 훼판하지 않고 교서관에 남아 있는 도설판(圖說板)을 내려보냈다.[89] 신판을 낼 때 최근 인물을 추가하는 방식인

---

[86] 『승정원일기』, 영조 7년 1월 10일.
[87] 『영조실록』, 영조 20년 3월 5일.
[88] 『승정원일기』, 영조 21년 6월 3일.
[89] 『승정원일기』, 영조 29년 5월 21일.

왕실 족보도 구판을 재활용하였는데, 1725년(영조 1) 『선원계보기략』의 사례가 있다.[90]

기존 목판의 활용도를 높이는 조치로서 '광인(廣印)'이라는 용어가 주목된다. 광인이란 글자 뜻대로 풀이하면 널리 인쇄하여 전한다는 의미이지만, 실제 기사 내용을 살펴보면 공식적인 인출과 반사 이후에 해당 책자를 필요로 하는 개인이 각자 수요에 따라 추가 인출하는 것을 허용한다는 의미로 통용되었다. 해당 사례를 정리하면 〈표 9〉와 같다.

〈표 9〉를 바탕으로 다음과 같은 사실을 알 수 있다. 전문서인 『노걸대언해』는 강습을 위해서 사역원에 두었고, 그 밖에 『정충록』, 『어제근팔유곤록(御製近八裕昆錄)』, 『오자근사록(五子近思錄)』 등은 교서관에 두고 '사인(私印)'을 허용했다. 『봉교엄변록(奉敎嚴辨錄)』과 같은 의리명변서는 사족 전체가 읽기를 기대하고 광인을 허락했는데, 이에 대해 영조는 "국용(國用)으로 인쇄하더라도 부비(浮費)가 많고 하사받은 자가 적으니, 직명이 없고 사(士)라 이름하는 자는 보고 싶어도 어찌할 것인가"라고 하며,[91] 이전에 있었던 공식적인 반사만으로는 관직이 없는 사족에게까지 미치지 못하는 근본적인 한계가 있다는 뜻을 분명히 하였다.

다만 앞서 언급한 바와 같이 어제서는 최종 장판처가 '사고(史庫)'인 경우가 많은데, 대체로 사고는 사민(士民)에 대한 접근성이 극도로 떨어지는 입지 조건인 경우가 많다. 이 때문에 광인이 이루어진 곳은 최종 장판처가 아닌 경우가 많았고, 〈표 9〉의 여러 사례에서 보이듯 접근성이 좋은 교서관 등 중앙관청에서 광인을 허용한 뒤에 일정 기간이 지나면 사고에 보관하도록 조치한 경우가 보인다. 『어제근팔유곤록』의 장판처인 '규장각'도 당시에는 어제어필의 보관처였다는 점에서 사고에 준하는 곳으로 볼 수 있다.

---

90   『승정원일기』, 영조 11년 윤4월 11일.
91   『승정원일기』, 영조 38년 9월 4일. 이때 『천의소감』의 전례에 따른다는 언급이 있어서 이러한 관행이 이전부터 있었음을 알 수 있다.

표 9 광인(廣印) 사례

서명	간행처	장판처	조치 사항	전거 (『승정원일기』)
老乞大諺解	平安監營	承文院	司譯院에 판본이 없어서 목판을 만들어두면 院生들이 강습하는 책을 私印하여 쓸 방안을 논의함. 平安監營에서 간행하여 올려보낸 판본을 承文院에 두고 官生들이 인쇄하여 익히도록 함	21년 5월 20일 21년 11월 6일
御製常訓	芸閣	史庫	芸閣에서 목판을 새기고 廣印한 뒤에 판본을 보관하도록 함	21년 6월 10일
光廟御製訓辭	芸館	沁都 (江華史庫)	芸館에서 간인했는데 進上, 進獻이 단지 5건이므로 廣印하도록 함	22년 12월 27일
三韻聲彙	芸閣		간인한 뒤에 廣印하는 것을 허락함	27년 윤5월 28일
御製訓書	芸閣	江華史庫	廣印을 허락하고 인쇄를 마친 뒤에 藝文館에 두었다가 江華實錄을 포쇄할 때 가지고 가서 사고에 보관하도록 함	32년 6월 10일
奉教嚴辨錄	芸閣	五處史庫	널리 와서 인출하는 일을 허락함	38년 9월 4일
御製警世編	芸閣	芸閣	광인하여 가도록 명한 뒤에 芸閣에 藏板함	40년 3월 29일
御製精忠錄	芸閣	奎章閣	서두는 목판으로 간행하고, 서문과 본문은 衛夫人活字로 인쇄하고, 諸臣 중에 인쇄하기를 구하는 자는 모두 인쇄를 허용함	45년 4월 5일 45년 4월 22일 45년 5월 14일
五子近思錄	芸閣		具宅奎가 赴燕할 때 얻어온 『五子近思錄』을 정우량이 芸閣에서 私印함	26년 8월 22일
御製近八裕昆錄	芸閣	芸閣 (奎章閣)	판본을 芸閣에 둔 뒤에 廣印할 수 있도록 함. 刊記에는 '校書館刊印 奎章閣藏板'이라 기재함	45년 5월 17일

『어제경세편』은 표제지(標題紙)에 '芸閣藏版 許令廣印(운각장판 허령광인)'이라 기재하여 광인의 뜻을 천명하기도 했다. 이 글에서는 중앙정부의 광인만이 확인되었으나, 지방 감영의 목판도 같은 기능을 했을 가능성이 있다.

다만 모든 민인에게 간행본 서적을 보급한다는 것은 현실적으로 불가능한 일이었을 것이므로, 서적의 상당 부분은 필사(筆寫)를 통해서 보급되었을 것으로 보인다. 예컨대 1727년 의학서 『벽온신방』을 팔도(八道)와 양도(兩都)에 인출해서 보내도록 지시하면서, 도성민(都城民)에게는 '등서(謄書)'하여 두루 나누어주도록 한 사례에서 서적 보급 과정에서 필사도 적지 않게 사용되었을 것으로 짐작할 수 있다.

5. 맺음말

　영조는 학자군주이자 탕평군주로 잘 알려진 면모에 걸맞게, 다수의 어제서를 직접 저술하고 국가제도를 정비하거나 자신의 정치적 입장을 천명하며, 나아가서는 백성과 소통을 추구하는 서적을 다수 간행하였다. 이 글은 영조 대 군신 간의 논의를 통해 진행된 관찬 서적의 내용과 인쇄 및 보급 방식을 파악하여 국왕 영조의 서적 간행 정책의 전모를 밝히고자 하였다.

　서적의 유형별로 시기별 간행 추이를 살펴본 결과, 상시적으로 필요한 서적을 간행하는 한편으로, '어제서', '의리명변서', '국가제도서' 등 국왕의 의지나 정책을 반영한 서적이 재위 중·후반기에 집중적으로 간행되었음을 확인하였다. 또한 정치적 목적성이 개입하기 힘든 경전, 역사서, 문집 등에 대해서도 어제서문을 넣어 국왕의 편찬 의도나 군신 간의 유대관계를 표출하기도 했다.

　서적의 특성에 따라 목판과 활자라는 두 가지 인쇄 수단 중 적합한 것이 선택되었다. 목판은 장기 보존이 필요한 '어제서'와 동일 저술의 지속적인 인쇄가 필요한 '교육서'나 '전문서'의 간행에 주로 사용되었다. 간행 작업을 실행한 주요 관청은 중앙의 교서관과 지방의 감영이었다. 목판이 중앙과 지방을 막론하고 모두 사용된 데 비하여, 무신자·임진자 등 국가적으로 주조한 금속활자는 거의 중앙에서만 사용되었다. 번각과 언해는 전국적 서적 보급에 매우 유리하였고, 특히 양자를 병행한 서적은 대민 소통에 기여하였다.

　영조는 간행이 완료된 서적의 반사 대상도 직접 지정하였다. 중앙과 외방의 주요 기관 및 학술기관, 직무상 유관한 기관에 주로 배포되었고, 개별 관원에게 반사하거나 영구 보존을 위해 사고에 봉안되기도 하였다. 특히 목판은 장기적인 추가 인쇄에 대비하여 사고 또는 관련 기관에 보존되었고, 사적인 추가 인출을 의미하는 '광인'이 허용되었다.

영조 대 서적 간행에는 영조의 정책적 의지에 따라 다음과 같은 특징이 나타났다. 첫째로 어제서와 의리명변서, 국가제도서 등에서 보이듯, 국정에 대한 왕의 강한 의지에 의해서 편찬이 결정되었다. 둘째로 책의 수요량이나 사용처에 따라서 적절한 인쇄 방식을 정하고 간행 기관을 안배하여 한정된 국가적 역량을 효과적으로 활용하였다. 셋째로 서적을 대상 독자에게 널리 보급하여 읽히기 위해 언해와 번각 등의 조치가 이루어졌다. 이러한 노력은 정조 대 어정·명찬서 및 윤음의 보급 정책으로 계승되었다.

끝으로 이 글에서 검토가 미진했던 부분이나 추가적인 고찰이 필요한 사항을 지적하고자 한다. 첫째로 이 글에서는 국왕이 편찬에 관한 논의에 참여하거나 간행 지시를 직접 내리며 관여한 사례만을 대상으로 하였는데, 영조 대 관찬 서적의 전모를 파악하려면 조정에서 논의되지 않은 관찬 인쇄물에 대한 전반적인 파악과 이해가 보완되어야 할 것이다. 둘째로 외국과의 서적 교류가 영조 대 관찬 서적 간행에 어떤 영향을 주었는지 검토할 필요가 있다. 예컨대 『명사강목(明史綱目)』 같은 역사서를 간행하면서 조선왕실의 종계(宗系) 왜곡 문제를 야기한 주린(朱璘)의 평을 삭제한 사례[92]에서 드러나듯, 연경(燕京)에서 지속적으로 유입된 중국본 신서(新書)는 조선의 관찬 서적 간행에 영향을 주고 있었는데,[93] 국제적인 시야에서 영조 대 서적 문화를 이해할 필요가 있다. 셋째로 관찬 서적과 민간 출판 사이에 어떤 연관성이나 상호보완성이 있었는지 탐색할 필요가 있다. 관찬 및

[92] 『영조실록』, 영조 47년 7월 6일.
[93] 일례를 들면, 영조가 『小學指南』의 서문을 작성하면서, '思賢閣校正 南北漢藏板' 10글자를 手書하고, 제목 아래에 雙書하여 간인하라고 명하였는데, '唐板에 이러한 예가 있다'는 것을 이유로 들었다(『승정원일기』, 영조 42년 1월 11일).

민간 간행 서적의 목록을 상호 비교하고 양자가 어떻게 상호 교차하는지 조망해볼 필요가 있다. 만약 관영 출판물이 민간에서도 다시 간행될 경우, 국가적 출판사업의 민간 수요 창출로 해석할 수 있고, 그 반대의 경우는 민간 출판물을 국가 차원의 정책적 보급의 대상으로 채택한 예로 의미를 부여할 수 있다. 향후 이러한 작업 성과가 계속 축적된다면, 조선시대 출판문화와 서적 보급의 양상을 좀더 종합적으로 이해할 수 있을 것으로 기대할 수 있다.

부표 영조 재위 기간 관찬 서적 목록

서명	간행 시기	판본 사항	간행지/기관	유형	판본 확인 및 비고
詩傳	1724년 (영조 즉위)	미확인	校書館	경전	*영조 연간에 간행된 『詩經諺解』(戊申字本 및 목판본) 확인
璿源系譜紀略	1725~1776년 (영조 1~52) 여러 차례	목판본	校正廳	왕실 문헌	*『선원계보기략』은 역대 국왕별로 중간본이 많으며, 영조 대에도 여러 차례 중간되었음. 1725년(영조 1), 1731년(영조 7), 1734년(영조 10), 1735년(영조 11), 1736년(영조 12), 1739년(영조 15), 1751년(영조 27), 1753년(영조 29), 1755년(영조 31), 1756년(영조 32), 1760년(영조 36), 1771년(영조 47), 1772년(영조 48), 1776년(영조 52) 등 다수 확인
列聖御筆	1725년 (영조 1)	목판본	校書館	왕실 문헌	*영조 1년 『열성어필』을 새로 간행할 때의 기록인 『列聖御筆刊進及景宗大王御筆屛風謄錄』(규장각한국학연구원, 奎 12997)이 있음
列聖御製	1726년 (영조 2)	목판본	-	왕실 문헌	*1776년(영조 2) 목판본 확인(규장각한국학연구원 등)
風月亭集	1727년 (영조 3)	목판본	順川郡	문집	*1727년(영조 3) 順川郡 목판본 확인됨
辟瘟新方	1727년 (영조 3)	영조대 판본 미확인	校書館	전문서	
祖鑑	1728년 (영조 4)	금속활자본 (무신자)	-	왕실 문헌	*1728년(영조 4) 금속활자본 확인됨
勘亂錄	1729년 (영조 5)	금속활자본 (현종실록자) 목판본	全羅監營, 慶尙監營	의리명변서	*1729년(영조 5) 금속활자본(현종실록자)이 많지만, 목판본도 있음(규장각 등)
三綱行實圖	1730년 (영조 6)	목판본	箕營, 江原監營, 海營	교육서	*1726년(영조 2)의 箕營 목판본, 1730년(영조 6) 강원도관찰사 간행 목판본과 海營 간행 목판본이 확인됨
曆象考成	1730년 (영조 6) 이후	미확인	觀象監	전문서	*1724년(옹정 2) 간행본이 국내에서 확인되지만 중국본으로 생각되며 국내 刊印本을 확인하기 어려움
唐陸宣公奏議	1731년 (영조 7) 이후	금속활자본 (무신자)	芸閣	통치서	*영조 연간 간행본으로 추정되는 금속활자본(무신자) 있음
觀象玩占	1731년 (영조 7)	금속활자본 (한구자)	觀象監	전문서	*1731년(영조 7) 금속활자본(한구자) 확인됨
南溪集	1731년 (영조 7)	목판본	嶺南監營	문집	*경상도관찰사 趙顯命이 1731년경 대구감영에서 목판으로 간행한 초간본 확인됨
百中曆	1732년 (영조 8)	활자본	觀象監	전문서	*1732년(영조 8)경 활자본 확인됨

서명	간행 시기	판본 사항	간행지/기관	유형	판본 확인 및 비고
假令前規	1733년 (영조 9)	미확인	觀象監	전문서	*해당 판본 미확인
農家集成	1734년 (영조 10)	금속활자본 (현종실록자)	-	전문서	*영조 연간 금속활자본(현종실록자) 확인됨
東賢奏議	1734년 (영조 10)	목판본	全羅監營	통치서	*1734년(영조 10) 목판본 확인됨
續經筵故事	1734년 (영조 10)	목판본	全羅監營	통치서	*1734년(영조 10) 목판본 확인됨
貞觀政要	1734년 (영조 10)	금속활자본 (무신자)	校書館	통치서	*1734년(영조 10) 御製後序가 포함된 금속활자본(무신자) 확인됨
大學衍義補	1735년 (영조 11)	금속활자본 (무신자)	-	유교경전	*영조 연간으로 추정되는 금속활자본이 확인되며, 1735년(영조 11) 尹行恁에 대한 內賜記가 있는 판본도 있음
四書廣註	1736년 (영조 12)	금속활자본 (무신자)	芸閣	유교경전	*영조 연간 추정 금속활자본(무신자) 확인됨
女四書	1736년 (영조 12)	금속활자본 (무신자)	芸閣	교육서	*1736년(영조 12) 御製序와 1737년(영조 13) 內賜記가 있고 諺解가 포함된 금속활자본(무신자) 확인됨
內訓	1737년 (영조 13)	금속활자본 (무신자)	-	교육서	*1737년(영조 13) 간행본 확인됨(규장각 등)
天機大要	1737년 (영조 13)	목판본	觀象監	전문서	*1737년(영조 13) 池百源 서문이 있는 목판본 확인됨. 서명은 『增補參贊秘傳天機大要』, 『增補天機大要』 등으로도 표기됨
忠經	1737년 (영조 13)	목판본	-	교육서	*1737년(영조 13) 목판본이 확인되며, 규장각 소장본(奎中 1569)에는 건륭 2년(1737) 시강원에 내려진 內賜記 확인됨
孝經	1737년 (영조 13)	목판본	-	교육서	*1737년(영조 13) 목판본이 확인되며, 규장각 소장본(奎中 1072)에는 건륭 2년(1737) 시강원에 내려진 內賜記 확인됨
東溪集	1741년 (영조 17)	목판본 또는 활자본 (운각인서체자)	-	문집	*1741년(영조 17) 목판본과 운각인서체자본이 확인됨. 1773년(영조 49) 어제서문이 있는 판본은 확인하지 못함
範圍數	1741년 (영조 17)	목활자본 (관상감목활자)	觀象監	전문서	*연대 미상이지만 국립중앙도서관에 '觀象監木活字本'으로 파악된 책 확인됨
御製大訓	1741년 (영조 17)	목판본	校書館	어제서	*1741년(영조 17) 목판본 다수 확인
增補典錄通考	1741년 (영조 17)	필사본	校書館	국가제도서	*규장각 소장 필사본(古5120-3)이 확인되며, 刊本은 확인되지 않음
童蒙先習	1742년 (영조 18)	목판본	芸閣	교육서	*1742년(영조 18) 목판본이 다수 있으며, 어제서문에 芸館에 명하여 廣印한다는 내용이 있음

서명	간행 시기	판본 사항	간행지/기관	유형	판본 확인 및 비고
兵將圖說	1742년(영조 18)	목판본	芸閣	전문서	*1742년(영조 18) 목판본 확인됨
書傳諺解	1742년(영조 18)	목판본	嶺營	유교경전	*1742년(영조 18) 목판본 확인됨. 刊記: 壬戌(1742) 季春 嶺營重刊
中庸章句大全	1742년(영조 18)	목판본	北漢	유교경전	*1742년(영조 18) 목판본 확인됨. 刊記: 壬戌(1742) 初秋 北漢重刊
攷事撮要	1743년(영조 19)	활자본	校書館	기타(類書)	*1743년(영조 19) 목활자본 확인됨, 그밖에 1730년(영조 6)~1735년(영조 11) 간행된 것으로 추정되는 금속활자본(후기교서관 인서체자)이 있음
古鏡重磨方	1744년(영조 20)	목판본	-	교육서	*1744년(영조 20) 목판본 다수 확인됨(규장각 등) *1745년(영조 21) 寧邊府에서 간행한 간기가 있는 판본도 있음: 乙丑七月日寧邊府開刊
光國志慶錄	1744년(영조 20)	목판본	校書館	의리명변서	*1744년(영조 20) 목판본 다수 확인되며 御製序도 확인됨
國朝續五禮儀	1744년(영조 20)	활자본(무신자, 목활자 혼합) 또는 목판본(번각)	芸閣, 嶺營	국가제도서	*1744년(영조 20) 활자본(무신자, 목활자 혼용), 목판본(무신자 번각 포함) 다수 확인
論語諺解	1744년(영조 20)	금속활자본(무신자)	미확인	유교경전	*1744년(영조 20) 금속활자본 확인됨
論語集註大全	1744년(영조 20)	금속활자본(무신자)	미확인	유교경전	*1744년(영조 20) 금속활자본 확인됨
史略	1744년(영조 20)	미확인	미확인	역사서	*1744년(영조 20) 간행본『사략』을 찾기 어려움
四書	1744년(영조 20)	미확인	校書館	유교경전	*정확한 書名을 파악하기 어려움
性理大全	1744년(영조 20)	미확인	完營	유교경전	*해당 연도의 完營 간행본을 확인하지 못함
小學諺解	1744년(영조 20)	목판본	芸館	교육서	*1744년(영조 20) 어제서 포함 금속활자본(무신자) 또는 목판본『小學諺解』도 있음
小學諸家集註	1744년(영조 20)	목판본	芸館	교육서	*1744년(영조 20) 어제서 포함 '宣政殿訓義' 금속활자본(무신자) 또는 목판본『小學集註』또는『小學諸家集註』다수 있음. 湖營 간행 목판본도 있고, 1745년(영조 21) 黃海監營 목판본, 安東府 목판본도 있음 *『御製小學小識』가 확인되는『소학제가집주』판본도 확인되며, '令湖營廣印其書'라는 문구도 확인됨

서명	간행 시기	판본 사항	간행지/기관	유형	판본 확인 및 비고
訓諭	1744년 (영조 20)	탁본	–	어제서	*1744년(영조 20) 탁본첩이 확인됨(규장각)
續大典	1744~1746년 (영조 20~22)	목판본	完營, 嶺營	국가제도서	*1744년(영조 20) 또는 1746년(영조 22) 목판본 다수 확인됨
栗谷全書	1744~1749년 (영조 20~25)	목활자본, 금속활자본(後期芸閣印書體字, 錦營印書體字, 栗谷全書字)	–	문집	*1744년(영조 20) 목활자본, 1749년(영조 25) 금속활자본(후기운각인서체자, 금영인서체자, 율곡전서자)이 주로 확인됨. 1744년 李縡, 1749년 洪啓禧 발문이 있음. 한양대본은 후기운각인서체자본, 계명대본은 洪啓禧字本(율곡전서자)으로 파악됨
聖學十圖	1744~1755년 (영조 20~31)	목판본	芸館	교육서	*1744년(영조 20) 및 1755년(영조 31) 목판본 확인됨. 1755년본에는 어제서 있음
老乞大諺解	1745년 (영조 21)	목판본	平安監營	전문서	*1745년(영조 21) 平安監營 목판본 있음. 刊記: 平安監營重刊
論語集註大全	1745년 (영조 21)	목판본	嶺營	유교경전	*1745년(영조 21) 목판본 확인됨. 刊記: 乙丑(1745)四月嶺營重刊
大學章句大全	1745~1758년 (영조 21~34)	목판본	嶺營	유교경전	*1745년(영조 21) 목판본 확인됨. 刊記: 乙丑(1745)四月嶺營重刊 *1758년(영조 34) 어제서가 있는 목판본도 있음(원광대 도서관)
御製常訓	1745년 (영조 21)	목판본	芸館	어제서	*1745년(영조 21) 목판본 다수 확인. 刊記: 芸館刊印 史閣藏板
御製常訓諺解	1745년 (영조 21)	금속활자본 (무신자)	芸閣	어제서	*1745년(영조 21) 금속활자본(무신자) 다수 확인, 필사본도 있음(규장각 소장 奎 5468)
二程全書	1745년 (영조 21)	목판본	芸閣	유교경전	*1745년(영조 21) 芸閣 목판본 확인됨
朱書要類	1745년 (영조 21)	미확인	嶺南監營	유교경전	*해당 연대의 영남감영 간본을 확인하기 어려움
警民編	1745~1748년 (영조 21~24)	목판본	完營, 龍城 (南原)	교육서	*1745년(영조 21) 完營 목판본 다수 확인됨. 刊記: 乙丑(1745)六月 完營開刊 *1748년(영조 24) 完營 목판 중간본 다수 확인됨. 刊記: 戊辰(1748)九月 完營重刊 *1748년(영조 24) 목판본 중에는 龍城(南原) 간행본도 있음. 刊記: 戊辰(1748)七月日 龍城開刊
光廟御製訓辭	1746년 (영조 22)	목판본	芸閣	왕실 문헌	*1746년(영조 22) 芸閣 목판본 다수 확인, 沁都(江華)에 藏板한다는 내용이 있음. 刊記: 芸閣開刊 沁都藏板

서명	간행 시기	판본 사항	간행지/기관	유형	판본 확인 및 비고
四聲通解	1746년 (영조 22)	미확인	芸閣	기타(운서)	*영조 대 간행본 찾기 어려움
時用通書	1746년 (영조 22)	–	–	전문서	*영조 대 간행본 찾기 어려움
御製自省編	1746년 (영조 22)	목판본, 금속활자본(임진자), 목활자본	芸館	어제서	*1746년(영조 22) 목판본 및 금속활자본(임진자), 목활자본이 확인되며, 목판본 중에는 금속활자 번각본으로 파악한 경우도 있음 *영조의 御手朱標墨籤이 있는 稿本(규장각, 奎 1160-8)과 『御製自省編諺解』 필사본(한중연, K4-4106)도 확인됨
帝範	1746년 (영조 22)	미확인	芸閣	통치서	*영조 대 간행본 찾기 어려움
御製心鑑	1747년 (영조 23)	목판본	芸館	어제서	*『御製心鑑』 목판본 확인됨. 규장각한국학연구원에 책판 실물 소장(奎木 71)
言志	1747년 (영조 23)	미확인	芸館	왕실 문헌	*영조대 간행본 찾기 어려움
政經	1747년 (영조 23)	금속활자본 (무신자)	芸館	통치서	*1747년(영조 23) 교서관 금속활자본 확인됨
同文類解	1748년 (영조 24)	목판본	芸閣	전문서	*1748년(영조 24) 목판본 확인됨
無冤錄	1748년 (영조 24)	미확인	芸館	전문서	*『無冤錄』은 대부분 정조 대 이후 간행본이며 영조 대 간행본은 찾기 어려움
良役實摠	1748년 (영조 24)	금속활자본 (무신자)	校書館	국가제도서	*1748년(영조 24) 금속활자본(무신자) 확인됨
重峰集	1748년 (영조 24)	금속활자본 (校書館印書體字)	校書館	문집	*1748년(영조 24) 교서관에서 印刊했다는 刊記가 있는 금속활자본(교서관인서체자)이 다수 확인됨. 刊記: 上之二十四年戊辰(1748)印于校書館 *고려대 도서관 소장본은 1740년(영조 16)경 간행본으로 전해짐
捷解新語	1748년 (영조 24)	목판본	芸閣	전문서	*'改修捷解新語'라는 표제로 1748년(영조 24) 목판본이 확인되며, 홍계희의 서문이 있음
國婚定例	1749년 (영조 25)	금속활자본 (무신자)	芸閣	국가제도서	*영조 25년(1749) 금속활자본(무신자) 다수 확인. 刊記: 乾隆十四年(1749)十二月日芸閣活字印
度支定例	1749년 (영조 25)	금속활자본 (무신자)	芸閣	국가제도서	*1749년(영조 25) 금속활자본 확인됨. 刊記: 乾隆十四年九月日芸閣活字印

서명	간행 시기	판본 사항	간행지/기관	유형	판본 확인 및 비고
續兵將圖說	1749~1950년 (영조 25~26)	목판본	1750년본은 箕營, 咸興 등	전문서	*1749년(영조 25) 및 1750년(영조 26) 목판본 확인됨. 어제서문은 1749년에 작성되었으나 일부 지방 감영 판본 중에 1750년 간본이 있음. 箕營 간행 목판본(규장각 소장 奎 1609) 刊記: 庚午四月日箕營開刊. 1750년 咸興 간행본도 있음(UC 버클리 소장)
養正圖解	1749년 (영조 25)	목판본	芸館	통치서	*1749년(영조 25) 간행본 확인됨
五子近思錄	1750년 (영조 26)	금속활자본 (운각인서체자)	芸閣	유교경전	*영조 연간 금속활자본(운각인서체자) 확인됨
宋鑑	1750년 (영조 26)	목판본	春坊	역사서	*영조 연간 목판본은 확인하기 어려움
歷代通鑑纂要	1750년 (영조 26)	목판본	嶺營	역사서	*1750년(영조 26) 목판본 확인됨. '남평문씨 인수문고' 소장본은 책말에 '上之二十六年乾隆庚午(1750) 南泰良以嶺伯 承命 刊于嶺營 裨將南衍明董役 印來一本 給 其子泰國'이라는 墨書識記 있음
稽古錄	1751년 (영조 27)	금속활자본 (戊申字, 混入木活字)	-	역사서	*영조 연간 추정 금속활자본(무신자) 확인됨
國朝續五禮儀補	1751년 (영조 27)	활자본(무신자, 목활자 혼입)	芸館	국가제도	*1751년(영조 27) 활자본 확인됨
三韻聲彙	1751년 (영조 27)	목판본	芸閣	기타(운서)	*1751년(영조 27) 운각 목판본 다수 확인됨. 刊記: 辛未季夏芸閣開板
御製守城綸音	1751년 (영조 27)	목판본	兵曹(芸閣)	어제서	*1751년(영조 27) 목판본 다수 확인됨
國朝喪禮補編	1752~1758년 (영조 28~34)	금속활자본 (무신자), 목판본(번각), 목활자본	芸館, 嶺營	국가제도서	*1752년(영조 28) 금속활자본(무신자), 1757년(영조 33) 목판본(무신자 복각), 1758년(영조 34) 목판본 및 금속활자본(무신자) 확인됨
均役廳事目	1752년 (영조 28)	금속활자본 (무신자)	-	국가제도서	*1752년(영조 28) 금속활자본 확인됨
尙方定例	1752년 (영조 28)	금속활자본 (무신자)	-	국가제도서	*1752년(영조 28) 금속활자본 확인됨
世孫冊封儀便覽	1752년 (영조 28)	목판본	芸館	국가제도서	*1752년(영조 28) 목판본 있음

서명	간행 시기	판본 사항	간행지/기관	유형	판본 확인 및 비고
洪武正韻	1752~1770년 (영조 28~46)	목판본(번각)	校書館	기타(운서)	*1752년(영조 28) 교서관 목판본 확인. 刊記: 上之二十八年壬申(1752)因筵臣建白命校書館飜刻 *1770년(영조 46) 어제서가 첨부된 목판본도 확인. 御製序: 卽昨四十六年(1770)端陽月丁酉日…臣洪啓禧奉敎謹書 *1762년(영조 38), 1765년(영조 41) 간행본은 확인이 어려움
類苑叢寶	1753년 (영조 29)	목판본	廣州留守府	기타(유서)	*영조 대 慶州留守府 간행본 미확인
喪祭燭定例	1753년 (영조 29)	금속활자본 (임진자)	-	국가제도서	*1753년(영조 28) 금속활자본 확인됨
對數表	1754년 (영조 30)	미확인	미확인	전문서	*상기 서적들의 영조 대 간행본 미확인
東醫寶鑑	1754년 (영조 30)	목판본	嶺營 및 完營	전문서	*1754년(영조 30) 嶺營 및 完營 목판본 다수 확인됨. 校正記: 歲甲戌(1754)仲冬內醫院校正嶺營開刊; 刊記: 歲甲戌[1754]仲冬內醫院校正完營重刊
御製回甲編錄	1754년 (영조 30)	금속활자본 (무신자)	校書館	어제서	*1754년(영조 30) 금속활자본 확인됨
孟子集註大全	1755년 (영조 31)	-	南漢山城	유교경전	*영조 연간 금속활자본 확인되지만 南漢 刊本인지는 불분명
聖賢道學淵源	1755년 (영조 31)	목판본	嶺營	교육서	*1755년(영조 31) 목판본 확인됨. 어제 서문이 있고 嶺營에 特命하여 刊印하게 한다는 기록이 있음
御製添刊大訓	1755~1769년 (영조 31~45)	목판본	교서관	어제서	*1755년(영조 31) 목판본이 다수 있으며 1769년(영조 45) 목판본도 있음 *1755년본은 1741년의 『御製大訓』과 구분하기 위해 『御製添刊大訓』이라고도 불리며, 한국학중앙연구원 소장본 중에는 "卷末綸音中: 三十年 長夜今雖覺夢豈不勝於往年…此敎添刊大訓"이라는 문구가 있음
闡義昭鑑	1755년 (영조 31)	금속활자본 (무신자), 목판본	校書館(활자본), 廣州府(목판본)	의리명변서	*1755년(영조 31) 금속활자본(무신자)과 금속활자본(廣州府)이 공존함
宮園式例	1756년 (영조 32)	활자본 (현종실록자)	-	국가제도서	*『毓祥宮昭寧園式例』라는 제목의 활자본 확인됨
御製訓書	1756년 (영조 32)	목판본	芸閣	어제서	*1756년(영조 32) 목판본 확인됨. 刊記: 齋室編錄 沁都藏板

서명	간행 시기	판본 사항	간행지/기관	유형	판본 확인 및 비고
御製訓書諺解	1756년 (영조 32)	금속활자본 (무신자)	교서관	어제서	*1756년(영조 32) 금속활자본 확인됨
朱子全經	1756년 (영조 32)	미확인	廣州	유교경전	*해당 간행본 찾기 어려움
闡義昭鑑諺解	1756년 (영조 32)	목판본	芸閣, 黃海監營 등	의리명변서	*1756년(영조 32) 황해감영 목판본이 확인됨(규장각 소장 奎 5437)
訓義小學	1756년 (영조 32)	목판본	湖營	교육서	*1756년(영조 32) 호남감영 간행본을 확인하지 못함
御製戒酒綸音	1757년 (영조 33)	목판본	芸閣	어제서	*1757년(영조 33) 목판본 다수 확인. 刊記: 丁丑(1757)十一月日芸閣藏板
御製古今年代龜鑑	1757년 (영조 33)	목판본	芸閣	어제서	*1757년(영조 33) 목판본 다수 있음. 刊記: 芸閣刊印 史庫藏板
諭卿宰綸音	1757년 (영조 33)	목판본	芸閣	어제서	*해당 書名의 간행본을 확인하지 못함
纂圖互註周禮	1757년 (영조 33)	금속활자본 (무신자)	–	유교경전	*1757년(영조 33) 어제서가 있는 금속활자본 『周禮』가 확인됨(규장각)
種德新編諺解	1758년 (영조 34) 이후	목판본	–	교육서	*1758년(영조 34) 어제서문이 포함된 언해본 확인됨
列聖誌狀通紀	1758년 (영조 34)	금속활자본 (현종실록자)	芸閣	왕실 문헌	*1758년(영조 34) 금속활자본 다수 확인. 刊記: 戊寅(1758)季夏芸閣印進 *1770년(영조 46) 금속활자본도 있음. 刊記: 庚子仲夏芸閣印進
六禮疑輯	1758년 (영조 34)	목판본	嶺營	기타 (의례서)	*목판본은 있으나 영조 대 판본인지는 불분명
文純公文集	1758년 (영조 34)	미확인	湖南監營	문집	*해당 간행본 찾기 어려움
北關陵殿誌	1758년 (영조 34)	미확인	咸鏡監營	국가제도서	*영조 대 간행본 미확인
御製續常訓	1758년 (영조 34)	목판본	芸閣	어제서	*1758년(영조 34) 목판본 다수 확인. 刊記: 芸館刊印 史閣藏板
種德新編	1758년 (영조 34)	목판본	–	교육서	*1758년(영조 34) 목판본 확인되며 어제서가 포함되어 있음
關西良役實摠	1759년 (영조 35)	금속활자본 (무신자)	–	국가제도서	*1759년(영조 35) 금속활자본 확인됨
大明律	1759년 (영조 35)	목판본	–	국가제도서	*영조 대 목판본 확인 어려움
童蒙先習	1759년 (영조 35)	목판본	春坊	교육서	*1759년(영조 35) 목판본 다수 확인(고려대 도서관 등). 刊記: 己卯新刊 春坊藏板

서명	간행 시기	판본 사항	간행지/기관	유형	판본 확인 및 비고
續自省編	1759년 (영조 35)	목판본	–	어제서	*1759년(영조 35) 목판본 확인됨
壽谷集	1760년 (영조 36)	목판본(번각)	江原監營 (原州)	문집	*1760년(영조 36) 목판본 확인됨
老乞大新釋	1761년 (영조 37)	목판본	芸閣	전문서	*1761년(영조 37) 목판본 확인됨
御製警世問答	1761년 (영조 37)	목판본, 금속활자본 (무신자)	芸閣 嶺南監營	어제서	*1761년(영조 37) 목판본 및 금속활자본 확인됨
御製警世問答續錄	1761~1763년 (영조 37~39)	목판본, 금속활자본 (무신자)	芸館 湖南監營	어제서	*1761년(영조 37) 목판본 및 1763년(영조 39) 금속활자본 확인됨
御評兩漢辭命	1761년 (영조 37)	목판본	嶺南監營	어제서	*1761년(영조 37) 작성된 영조 어제서가 포함된 목판본이 다수 확인됨. 규장각에는 稿本이 포함된 필사본이 있음(奎 11576)
琢玉斧 등	1761년 (영조 37)	미확인	觀象監	전문서	*영조 대 간행본을 찾기 어려움
奉敎嚴辨錄	1762년 (영조 38)	목판본	芸閣	전문서	*1762년(영조 38) 목판본 있음
御製警民音	1762년 (영조 38)	목활자본 금속활자본 (무신자)	芸閣	어제서	*1762년(영조 38) 금속활자본(무신자) 및 목활자본 확인됨
御製自醒錄	1763년 (영조 39)	금속활자본 (무신자)	校書館	어제서	*1763년(영조 39) 금속활자본 확인됨. 刊記: 思賢閣校正 校書館開印
御製孝悌篇	1763년 (영조 39)	금속활자본 (무신자)	校書館	어제서	*1763년(영조 39) 금속활자본 확인됨. 標題: 景賢堂校正 校書館印進
揄揚盛烈錄	1763년 (영조 39)	목판본	–	어제서	
詩傳大全	1764년 (영조 40) 등	목판본 금속활자본 (임진자)	嶺營	유교경전	*1768년(영조 44) 嶺營 목판본도 확인되며 영조 어제서 포함됨. 刊記: 戊子新刊 嶺營藏板
御製警世編	1764년 (영조 40)	목판본	芸閣	어제서	*1764년(영조 40) 목판본 확인됨. 標題紙: 芸閣藏版 許令廣印
御製嚴隄防裕昆錄	1764년 (영조 40)	목판본	校書館	어제서	*1764년(영조 40) 목판본 확인됨
御製永世追慕錄	1764년 (영조 40)	목판본	–	어제서	*1764년(영조 40) 목판본 확인됨
御製祖訓	1764년 (영조 40)	금속활자본 (무신자) 목판본	–	어제서	*1764년(영조 40) 금속활자본(무신자) 및 목판본 확인됨

서명	간행 시기	판본 사항	간행지/기관	유형	판본 확인 및 비고
御製表義錄	1764년 (영조 40)	목판본	芸館	어제서	*1764년(영조 40) 목판본 확인됨. 表題紙: 令懿昭相依 在延禧咫尺
綱目	1765년 (영조 41)	목판본	全羅監營	-	*해당 연대의 간행본 확인하기 어려움
廣孝錄	1765년 (영조 41)	금속활자본 (무신자)	-	기타 (군신 회합)	*1765년(영조 41) 금속활자본(무신자) 확인됨
歷代將鑑博議	1765년 (영조 41)	금속활자본 (무신자)	-	전문서	*1765년(영조 41) 금속활자본 확인됨. 영조 어제 서문 포함
文廟享祀錄	1765년 (영조 41)	목판본	校書館	국가제도서	*1765년(영조 41) 목판본 확인됨. 어제 서문 있음. 序: 卽昨四十一年七十二歲乙酉(1765)…西學敎授臣金龜柱奉敎謹書
朴通事新釋	1765년 (영조 41)	목판본	平安監營	전문서	*1765년(영조 41) 목판본 다수 확인됨
北道開市節目	1765년 (영조 41)	-	-	국가제도서	*해당 영조 대 간행본을 찾기 어려움
受爵廣韻錄	1765년 (영조 41)	금속활자본 (무신자)	-	기타 (군신 회합)	*1765년(영조 41) 금속활자본 다수 확인됨. 어제서 포함
御製年譜	1765년 (영조 41)	목판본	南漢	어제서	*해당 간행본 찾기 어려움
御製百行源	1765년 (영조 41)	금속활자본 (무신자) 목판본	芸閣 長慶寺	어제서	*1765년(영조 4) 금속활자본(무신자) 확인됨. 刊記: 芸閣活印 諸道藏板 *같은 해 長慶寺에서 간행된 목판본도 확인되며 '芸閣活印諸道藏板' 간기와 함께, '乙酉長慶寺藏板'이라는 간기도 있음
乙酉式年司馬榜目	1765년 (영조 41)	금속활자본 (무신자)	-	국가제도서	*대소과 방목은 영조 초년부터 사마방목, 국조방목 등의 표제로 다수 존재하며, 芸閣에서 금속활자본으로 간행한 것이 많음. 해당 연대 어제서가 들어 있는 책으로 『乙酉式年司馬榜目』이 있으며 금속활자본(무신자). 御製序: 永樂後六回乙酉(1765)…洪麟漢 奉敎謹書
小學指南	1766년 (영조 42)	금속활자본 (무신자) 목판본	南漢, 北漢	교육서	*1766년(영조 42) 금속활자본(무신자) 확인됨. 刊記: 思賢閣校正 南北漢藏板
御製讀書錄	1767년 (영조 43)	목판본	芸閣	어제서	*1767년(영조 43) 목판본 다수 확인됨
北道開市定例	1768년 (영조 44)	-	咸鏡監營	국가제도서	*영조 대 판본 찾기 어려움
御製興懷	1768년 (영조 44)	-	-	어제서	*『御製興懷呼寫冲子』, 『御製興懷』 등의 어제서가 확인되지만 대체로 필사본임

서명	간행 시기	판본 사항	간행지/기관	유형	판본 확인 및 비고
君臣同會錄	1769년 (영조 45)	금속활자본 (무신자)	芸閣	군신 회합	*1769년(영조 45) 금속활자본(무신자) 다수 확인. 刊記: 己丑(1769)季秋旬三特命芸閣活印
御製近八戒沖子文	1769년 (영조 45)	금속활자본 (무신자)	芸閣	어제서	*1769년(영조 45) 금속활자본(무신자) 확인됨. 刊記: 己丑(1769)仲冬 芸閣活印
御製近八裕昆錄	1769년 (영조 45)	목판본	校書館	어제서	*1769년(영조 45) 목판본 다수 확인됨. 刊記: 校書館刊印 奎章閣藏板
精忠錄	1769년 (영조 45)	금속활자본 (무신자)	芸閣	역사서 (전기류)	*「會纂宋岳鄂武穆王精忠錄」이라는 제목으로 1769년(영조 45) 금속활자본(무신자) 이 있음. 李山海의 舊序, 柳成龍의 舊跋에 이어 숙종의 御製序, 영조의 御製後序가 있음
追感皇恩編	1769년 (영조 45)	금속활자본 (무신자)	芸閣	의리명변서	*1769년(영조 45) 금속활자본(무신자) 확인됨
訓戒	1769년 (영조 45)	금속활자본 (무신자)	芸閣	어제훈서	*1769년(영조 45) 금속활자본(무신자) 확인됨. 文中: 歲己丑年(1769)己卯朔…呼寫遍示時原任大臣令芸閣活印付諸沖子
東國文獻備考	1770년 (영조 46)	금속활자본 (후기교서관 인서체자)	-	국가제도서	*1770년(영조 46) 금속활자본 확인됨. 영조의 御製後序 수록됨
磻溪隧錄	1770년 (영조 46)	목판본	慶尙監營 등	기타(유서)	*1770년(영조 46) 경상감영 목판본 확인됨 (계명대 동산도서관)
歷代象緯考	1770년 (영조 46)	미확인	-	전문서	*영조 대 간행본 찾기 어려움
御製續永世追慕錄	1770년 (영조 46)	금속활자본 (무신자) 목판본	芸閣 湖南監營	어제서	*1770년(영조 46) 금속활자본(무신자), 목판본 확인. 標題紙: 湖南開刊 芸閣活印
自醒翁自敍	1770년 (영조 46)	목판본 또는 금속활자본 (임진자)	-	어제서	*1770년(영조 46) 목판본 및 필사본, 1773년(영조 49) 임진자본이 있음
續光國志慶錄	1771년 (영조 47)	목판본	-	의리명변서	*1771년(영조 47) 목판본 확인됨
辛卯重光錄	1771년 (영조 47)	금속활자본 (무신자)	校書館	의리명변서	*1771년(영조 47) 금속활자본 확인됨
御製勤政訓謨	1771년 (영조 47)	목판본	-	어제서	*1771년(영조 47) 목판본 확인됨
御製樹德全篇	1771년 (영조 47)	목판본	芸閣	어제서	*1771년(영조 47) 목판본 확인됨. 刊記: 芸館刊印 史庫藏板
御製風泉錄	1771년 (영조 47)	목판본	芸閣	어제서	*1771년(영조 47) 목판본 확인됨

서명	간행 시기	판본 사항	간행지/기관	유형	판본 확인 및 비고
朱子大全	1771년 (영조 47)	목판본	完營(대전) 嶺營(어류대전)	유교경전	*『朱子大全』 1771년(영조 47) 完營 목판본 확인됨. 刊記: 辛卯(1771)入梓 完營藏板 *『朱子語類大全』 1771년(영조 47) 嶺營 목판본 확인됨. 表題: 辛卯入梓 嶺營藏板
朱子語類	1771년 (영조 47)	목판본	嶺營(어류, 어류대전)	유교경전	*『朱子語類』 1771년(영조 47) 慶尙監營 목판본 확인됨. 刊記: 辛卯(1771)入梓 嶺營藏板 *『朱子語類大全』 1771년(영조 47) 嶺營 목판본 확인됨. 表題: 辛卯入梓 嶺營藏板
皇明通紀輯要	1771년 (영조 47)	금속활자본 (임진자)	–	역사서	*1771년(영조 47) 또는 1772년(영조 48) 금속활자본(임진자) 확인됨
耆相佩印廣載錄	1772년 (영조 48)	금속활자본 (무신자)	–	군신 회합	*1772년(영조 48) 금속활자본 확인됨
明史綱目	1772년 (영조 48)	금속활자본 (후기교서관 인서체자)	–	역사서	*1772년(영조 48) 금속활자본 확인됨
御製中書堂述盛事	1772년 (영조 48)	금속활자본 (무신자)	–	어제서	*1773년(영조 49) 금속활자본, 卷首 御筆은 木板
永垂百世錄	1772년 (영조 48)	금속활자본 (무신자)	芸閣	어제서	*1772년(영조 48) 금속활자본 확인됨
集慶堂編輯	1772년 (영조 48)	금속활자본 (무신자)	芸閣	어제서	*1772년(영조 48) 금속활자본 확인됨
追慕垂戒錄	1772년 (영조 48)	금속활자본 (무신자)	芸閣	어제서	*1772년(영조 48) 금속활자본 확인됨
便殿耆耉同會錄	1772년 (영조 48)	금속활자본 (무신자)	芸閣	군신 회합	*1772년(영조 48) 금속활자본 확인됨. 刊記: 芸閣新刊
慶運宮廣載錄	1773년 (영조 49)	금속활자본 (임진자)	–	군신 회합	*1773년(영조 49) 목판본 확인됨
續綱目	1773년 (영조 49)	미확인	校書館	–	*영조대 간행본 미확인
兩朝冊封入學日記抄錄	1773년 (영조 49)	금속활자본 (임진자)	芸閣	왕실 문헌	*1773년(영조 49) 금속활자본(임진자) 확인. 表題紙: 芸閣新鐫, 刊記: 今芸閣乙酉辛丑建儲日記添活印…歲予卽祚四十九年(1773)
御製勸世爲孝悌文	1773년 (영조 49)	목판본	芸閣	어제서	*1773년(영조 49) 목판본 확인됨. 刊記: 史庫藏板 芸閣新鐫
御製遵昔年定銅閨冠禮文	1773년 (영조 49)	목판본	芸閣	어제서	*1773년(영조 49) 목판본 확인됨. 卷末: 芸閣新鐫 史庫藏板

서명	간행 시기	판본 사항	간행지/기관	유형	판본 확인 및 비고
御製八旬書示後昆錄	1773년 (영조 49)	금속활자본 (임진자)	芸閣	어제서	*1773년(영조 49) 금속활자본 확인됨. 刊記: 癸巳(1773)仲春 芸閣活印
月軒集	1773년 (영조 49)	목판본	-	문집	*1773년(영조 49) 목판본 있음
竹泉集	1773년 (영조 49)	목판본	芸閣	문집	*1773년(영조 38) 목판본 확인되며 어제서 수록됨. 御製序: 歲癸巳(1773)春二月中旬 書命芸閣以助其工而訖刊焉
皇華集	1773년 (영조 49)	활자본(운각인서체자) 목판본	湖南監營	문집	*1773년(영조 49) 금속활자본 확인됨
松溪集	1774년 (영조 50)	금속활자본 (후기운각인서체자)	芸閣	문집	*인평대군의 문집『松溪集』중 1774년(영조 50) 간행본 확인됨
皇極一元圖	1774년 (영조 50)	목판본	芸閣	유교경전	*1774년(영조 50) 목판본 있음. 藏版記: 秘書省藏板
三經四書正文	1775년 (영조 51)	금속활자본 (임진자)	芸香閣	유교경전	*1775년(영조 51) 금속활자본(임진자) 다수 확인. 刊記: 崇禎三乙未(1775) 芸香閣活印
御製祖孫同講大學	1775년 (영조 51)	금속활자본 (임진자)	芸閣	어제서	*1775년(영조 51) 금속활자본 확인됨. 表題紙: 乙未季冬 芸閣活印
御製八旬裕昆錄	1775년 (영조 51)	금속활자본 (임진자)	芸閣	어제서	*1775년(영조 51) 금속활자본 다수 확인됨. 標題紙: 乙未孟冬 芸閣活印
貢膳定例	1776년 (영조 52)	금속활자본 (임진자)	-	국가제도서	*1776년(영조 52) 금속활자본 확인됨
御製誦夙夜箴勖勉冲子兼示平生予意	1776년 (영조 52)	금속활자본 (임진자)	芸閣	어제서	*1776년(영조 52) 금속활자본 확인됨
御製八旬向九翁靜臥慷慨書示孝孫	1776년 (영조 52)	금속활자본 (임진자)	芸閣	어제서	*1776년(영조 52) 금속활자본 확인됨
御製八旬興懷千萬書示冲子	1776년 (영조 52)	금속활자본 (임진자)	芸閣	어제서	*1776년(영조 52) 금속활자본 확인됨. 刊記: 丙申(1776)仲春 芸閣活印

영조 연간 팔도 감사의 서적 간행과 그 성격
공적 간행물과 사적 간행물의 개관과 간극

김영진

1. 머리말

 이 글은 영조 연간 조선 왕실 내부(內府, 교서관 등 중앙출판, 왕실)에서 간행된 관찬서의 성격과 특징을 보완하며 대대(對待) 관계에 놓일 수 있는 팔도 감영 출판 서적들을 조사 및 계열화하고 그 성격을 규명하는 것을 목표로 한다. 감영이란 곳의 출판물이 교서관으로 대표되는 중앙관청의 관판본을 보완하는 지방 관판본의 대표라는 점에 주목하고, 또 다른 한편으로는 공공성을 갖지 않는 감사 개인의 사적 간행물도 높은 비중을 차지하고 있다는 점에서 기관으로서의 감영, 직책으로서의 감사에 한정하여 그 출판물을 개관하고 성격을 고찰해보고자 한다. 대상 자료로는 간행의 실적이 남아있는 감사만을 대상으로 취하되 그중에서도 이 시기 대표적인 장서가라거나 아니면 출판을 주도하였던 인물 등 남다른 성취가 있는 인물을 위주로 고찰해보겠다. 이런 방향의 연구가 진행되어야 조선 관판 출판을 종합적으로 볼 수 있기 때문이다. 즉, 중앙의 관판 출판과 지방 관판 출판의 핵심이라 할 감영 출판의 실체와 양상이 조합될 때 조선 관판본의 총체적인 모습이 드러날 수 있다. 다만, 영조의 재위 기간이 52년이나 되기에 이 글의 자료조사는 아직 미비한 점이 있을 것이다.

2. 영조 이전 팔도 감영 서적 출판의 사례와 특징

영조 연간 팔도 감영 및 감사의 출판 양상을 살피기에 앞서 이전 시기의 몇몇 주요 양상을 짚어본 후 구체적으로 서술하고자 한다.

(1) 조선 초기에는 중국본을 들여와 바로 감영에 복각을 지시한 사례가 많다. 예컨대 1427년(세종 9), 명판 『성리대전(性理大全)』을 경상감영에서 목판으로 번각한 것과[1] 1428년(세종 10), 강원도에서 『사서대전(四書大全)』, 경상도에서 『오경대전(五經大全)』 중 『주역(周易)』, 『서대전(書大全)』과 『춘추대전(春秋大全)』의 일부를 각각 목판으로 번각한 것이 대표적이다.

(2) 조선 초기 감영에서의 서적 출판은 감사의 재량에 따랐으나 1432년(세종 14)에는 왕명으로 감영 출판의 중복 간행, 남발 간행, 불긴요한 책 간행을 지적하며 이후 반드시 계문(啓聞) 후 간행토록 하였다.[2]

(3) 1432년에 (2)번과 같은 지시가 있었음에도 이후 감사 임의의 서적 간행이 이어졌다. 예컨대 1493년(성종 24) 12월 29일, 이조판서 이극돈(李

---

[1] 노요한, 「조선전기 성리서의 수입과 간행」, 『한문학논집』 66, 근역한문학회, 2023.
[2] 『세종실록』, 세종 14년 8월 3일.

克墩)은 자신이 경상감사 재직 중 간행한 『태평통재(太平通載)』, 『보한집(補閑集)』, 『설원(說苑)』, 『신서(新序)』, 『유양잡조(酉陽雜組)』 등을 진상하였다.[3]

(4) 조선 초기에는 감영에서 판각한 후 그 판목을 주자소로 옮긴 사례도 있다. 다만 이는 경서 등 필수 서적에 국한된 것으로 보인다. 1429년(세종 11) 2월 23일, 경상감사가 새로 새긴 『역경(易經)』, 『서경(書經)』, 『춘추(春秋)』의 책판(冊板)을 바치니, 주자소(鑄字所)에 내리도록 명하였다. 같은 해 3월 6일, 전라감사가 새로 새긴 『시경(詩經)』과 『예기(禮記)』의 책판을 바치니, 명하여 주자소에 내려보냈다.[4]

(5) 감사가 감영에 소장된 판목을 인출하여 서적을 지인에게 보내준 사례가 많다. 유희춘은 각도의 감사에게 청탁하여 해당 도에서 소장하고 있던 책판으로 인출한 서책을 받은 사례가 많았다.[5]

(6) 조선 전기에는 거질의 경우, 감사가 자신의 해당 도의 속관(屬官)에 명하여 여러 고을에서 나누어 판각하게 하였다. 1606년(선조 39), 황해도감사 유몽인이 해주목사 윤휘를 시켜 자신의 편저인 『대가문회(大家文會)』

[3] 『성종실록』, 성종 24년 12월 29일. 경상감사 이극돈은 도사 이종준과 함께 감영(상주·경주)에서 다음과 같은 책들을 간행하였다. 『酉陽雜組』·『唐宋分門名賢詩話』·『遺山樂府』(晋州)·『破閑集』·『補閑集』·『太平通載』·『說苑』·『新序』(이상 2종 安東).
[4] 『세종실록』, 세종 11년 2월 23일; 3월 6일.
[5] 이러한 사례는 조선 전기에만 국한되는 것이 아니라 조선 후기에도 자주 있는 일이다. 다만 위에서 예시로 든 유희춘의 경우는 그의 지위를 활용하여 유달리 많은 사례를 보인다. 『미암일기』에는 경상감사 이양원이 성주 책판 『續蒙求』(1569년 윤6월 9일)를, 경상감사 박대립이 청도·성주·경주 책판 『周禮』·『續蒙求』·『益齋亂藁』·『櫟翁稗說』(1570년 5월 10일)을, 평안감사 성세장이 정주·중화 책판 『漂海錄』·『續文範』(1570년 6월 27일)을, 충청감사 유전이 청주·능성 책판 『纂圖(纂圖方論脉訣集成)』·『孟子』(1573년 11월 26일)를, 전라감사 유홍이 순천 책판 『資治通鑑』(1573년 5월 1일)을, 강원감사 이기가 원주 책판 『大學衍義輯略』(1573년 8월 24일)을, 경상감사 김계휘가 성주·안동 책판 『續蒙求』·『理學通錄』(1573년 8월 29일)을, 충청감사 최응룡이 순천 책판 『資治通鑑』(1573년 11월 3일)을, 경상감사 김계휘가 성주 책판 『續蒙求』(1573년 11월 6일)를, 전라감사 박민헌이 남원 책판 『漂海錄』(1573년 11월 21일)을, 충청감사 최응룡이 청주·능성 책판 『禮韻(排字禮部韻略)』(1573년 12월 30일)을, 강원감사 강사필이 원주 책판 『列子(列子鬳齋口義)』(1574년 5월 3일)를, 황해감사 민기문이 해주 책판 『新增類合』(1574년 8월 11일)을, 경상감사 윤근수가 성주 책판 『續蒙求』[修補篇](1574년 9월 24일)를, 전라감사 최응룡이 전주 책판 『養蒙大訓』·『學蔀通辯』(1576년 3월 15일)을 보냈다. 한편 유희춘 역시 전라감사로 재임 중이던 1571년 3월 5일에 金堯敍(慕齋 金安國의 손자)에게 『毛詩』 인출을 부탁받았다.

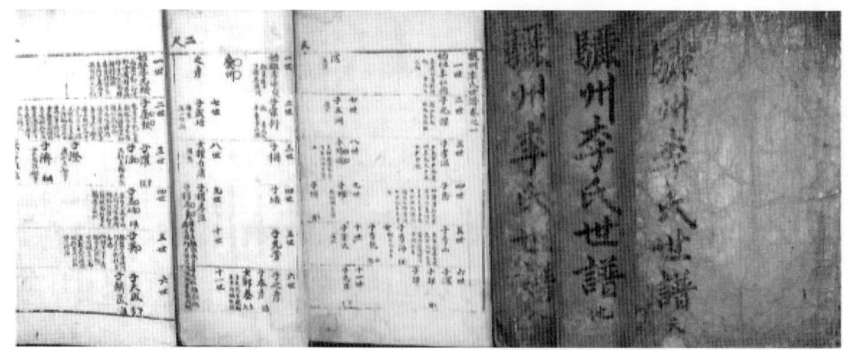

그림 1 1745년 함경감영에서 간행된 『여주이씨세보』, 성호박물관 소장

21권을 간행토록 지시하였다. 이에 윤휘는 이를 곡산, 수안, 신계, 서흥, 토산, 우봉에서 나누어 새기게 명하였다(「대가문회발」[6]).

(7) 감영에서 판각된 판목은 대체로 다른 도로 이관이 불가하였다. 이는 조선 전기뿐 아니라 조선 후기에도 거의 준수되었는데, 다만 족보 판목의 이동 사례는 보인다.[7] 1571년(선조 4) 전라감사 유희춘이 평안감사 윤의중에게 자신의 외조부인 최부의 『표해록(漂海錄)』 판목을 옮겨줄 것을 요청했으나 거절당하였다.[8]

---

[6] 『어우집』에는 「대가문회발」로 수록되었고, 현존 『대가문회』 어느 본에는 「대가문회서」로 앞에 붙은 것도 있고, 어느 본에는 「대가문회발」로 뒤에 붙은 것도 있다.

[7] 감영에서 판각된 목판이 私的으로 옮겨진 것은 족보가 유일한 것으로 보인다. 1693년 함경감사 남익훈에 의해 4권 2책으로 판각된 『의령남씨족보』는 그 직후 남치훈이 부윤으로 있던 경주로 배로 옮겨졌고, 다시 의령으로 옮겨졌다가 또다시 진주로 옮겨지면서 追刻이 이어졌다. 문집의 경우에는 조선 후기에 감영에서 간행된 것이 다른 곳으로 이관된 드문 사례로는 권상하의 『수암집』 판목이 영남 감영에서 단양 상선암으로 옮겨진 것이 있다.

[8] 유희춘, 『미암일기』, 1571년 11월 2일, "全州人還自關西, 尹監司以道內置板輸送他道未便爲辭, 因印一件送來."

3. 영조 연간 팔도 감영 서적 출판의 사례와 특징

이제 영조 연간 팔도 감영 서적 출판에 관한 몇몇 사례들과 그 특징을 살펴보도록 한다(일부는 정조 연간의 사례도 포함하도록 하겠다).

(1) 영조 연간 감사에 의한 사적 출판—특히 문집—의 경우 그 판목을 다른 도로 옮기는 것은 불가하였지만 해당 감영 인근의 사찰로 옮겨 보관하기도 하였다.[9] 다만 감영의 문집 판목이 아닌 군현(郡縣)의 문집 판목의 경우 다른 곳으로 이동시킨 사례가 종종 있다.[10] 민제인(閔齊仁)의 『입암집(立巖集)』을 5대손인 경상감사 민시중이 판각하고 7대손 민응수가 보각하여 그 판목을 대구 인근 용연사(龍淵寺)에 보관하였고,[11] 정래교(鄭來僑)의 『완암집(浣巖集)』은 전라감영에서 간행되어 전주의 남고사(南高寺)에 그 판목이 보관되었다. 평안감사 신회가 간행한 성완(成琬)의 『취허집(翠虛集)』 판목은 평양 영명사(永明寺)에 보관되었다.

---

9   특이한 사례로는 위의 주석 6번 참조.
10 趙裕壽의 『后溪集』은 1747년 江陵에서 판각되었는데, 판목은 原州의 雉嶽山 龜龍寺로 옮겨졌고, 이후 다시 1782년 경상감영으로 옮겨진 사례가 있다. 또, 申混의 『初菴集』은 제주목에서 해남현으로 판목이 옮겨졌다. 『초암집』의 말미에는 "辛巳歲濟州牧開刊"이라 기록되어 있다. 연세대본 『초암집』의 4책 말미에는 "임오년에 亞使 李周卿이 印送하다. 판목을 제주에서 해남현으로 옮겨놓다(歲黑馬李亞使周卿印送, 板自耽羅移置海南縣)"라는 소장자의 묵서가 있는데 제주에서 간행한 바로 다음 해에 판목을 해남현으로 옮겨와 보관했음을 알게 하는 기록이다. 조선 전기에도 같은 도내의 군현에서는 판목이 이동된 사례가 있다. 즉, 1563년 곡성에서 판각된 『家禮大全書』(국립중앙도서관 소장본)의 판목을 남원으로 옮겼다("嘉靖癸亥谷城縣開刊, 南原府移上").
11 동화사: 동화사에도 유숙기의 『겸산집』, 이여의 『수곡집』, 홍명원의 『해봉집』 판목이 있었다.
    용연사: 달성 옥포에 소재한 동화사의 말사이다. 정도전 『삼봉집』, 민제인 『입암집』, 남유상 『태화자고』의 판목도 용연사에 보관되었는데 이후 용연사의 장판각이 거의 무너지자 판목을 다른 곳으로 옮기기도 하였다. 이문원은 아버지 이천보의 『진암집』을 목판으로 중간하고 대구 용연사에 보관하였는데 그의 先祖 李廷龜의 『月沙集』과 李殷相의 『東里集』 판목도 용연사에 보관되어 있었다.

(2) 감사에게 직접 감영에 소장된 판목을 인출해달라는 요청은 자주 확인된다. 이 경우 요청한 사람이 종이를 보내는 것이 상례이다. 18세기 중엽 이휘중이 장인인 전라감사 서종옥(徐宗玉)에게 감영 소장 판목을 인출해달라고 청하는 편지가 있다.[12] 판목 소재처에 종이를 보내 서적을 인출해오는 사례는 지방 관아뿐 아니라 중앙의 출판을 담당했던 교서관에서도 사례가 있다. 광산 김부의의 장서인이 찍힌 개인 소장본 『고금운회거요(古今韻會擧要)』에는 "鄭子精(정탁의 자)在芸閣時, 送紙印得, 嘉靖丙寅(1566) 秋"라는 지(識)가 있어 이 책이 김부의(金富儀)가 정탁(鄭擢)에게 부탁하여 종이를 보내 받은 것임을 알 수 있다.

(3) 영조(정조 연간의 것은 괄호 표시)는 교서관(규장각) 등 중앙에서 금속활자 또는 목판으로 간행한 주요 서적들을 여러 감영에서 복각 또는 새로 편집·판각하게 하여 널리 보급하였다. 다음과 같은 것들이다.[13]

○ 法典:『大典通編』(嶺營)

○ 經書:『性理大全』, 四書

○ 性理書:『朱子語類』,『朱子大全』, (『朱書百選』, 完營)

○ 政治義理書:『闡義昭鑑』(廣州府),[14] (『明義錄』), (『續明義錄』)

○ 醫書·農書: (『東醫寶鑑』, 嶺營/完營, 1814)

○ 兵書:『武經七書』[15] — 『孫武子直解』(箕營),『吳子直解』(箕營),『六韜直

---

12 박철상, 「조선후기 장서가와 장서루」, 『한문학연구』 23, 계명한문학회, 2014 참조. 李徽中, 『確軒稿』, 「上外舅書」.

13 널리 배포하려는 책의 경우 중앙에서 금속활자로 찍고 팔도로 보내어 감영에서 번각한 뒤 배포하는 것이 1764년 『御製雲漢篇』의 경우처럼 중앙에서 목판으로 찍어 팔도의 감사 및 수령에게 널리 배포한 사례도 있다. 이는 분량이 8장밖에 안 되었기 때문에 가능했던 것으로 보인다. 이 책은 영조가 계속되는 가뭄을 걱정한 끝에 기우를 목적으로 직접 지은 글을 간행한 것이다. 자세한 것은 『영조실록』, 영조 40년 6월 4일 참조.

14 이 책은 무신자 금속활자로 간행되었는데 광주부에서 번각되었다. 언해본은 황해감영에서 판각되었다.

15 『무경칠서』 가운데 현존 최고본은 1403년 제주도에서 간행된 『황석공소서』이다. 『무경칠서』 7종

解』(箕營), 『三略直解』(箕營/完營), 『司馬法直解』(箕營), 『尉繚子直解』(箕營), 『唐太宗李衛公問對直解』(箕營); 『兵學指南』(箕營/嶺營/南漢)[16]

○ 御製: 『御製百行源』(長慶寺)[17]

○ 初學書: 『擊蒙要訣』

○ 字典·韻書: 『(石峯)千字文』, 『三韻聲彙』(完營), (『華東正音通釋韻考』, 完營/嶺營), (『奎章全韻』, 嶺營)

○ 文學書: 『唐宋八大家文鈔』(嶺營), (『唐宋八子百選』, 嶺營[18]), (『史記英選』, 完營), (『雅誦』, 嶺營[19])

○ 傳記: 『金忠壯公遺事』[20]

○ 奏議·詔令: 『兩漢詞命』, 『陸奏約選』(完營)[21]

의 서적은 조선 전기 활자본으로 을해자, 병자자, 재주갑인자 등으로 다양하게 간행된 바 있으며 무과 응시의 교재였기에 전국 군현 단위에서 목판으로 많이 판각되었다. 조선 후기에는 1717~1718년에 현종실록자 금속활자로 전체 세트가 간행된 바 있으며 감영에서는 평안감영(箕營)에서 특히 많이 간행되었다. 『정조실록』, 정조 21년(1797) 1월 22일조에는 우의정 윤시동이 『무경칠서』의 교정과 차서에 대해 아뢴 것으로 보아 이때에도 간행이 기획되었으나 간행되지는 못하였다.

16 『병학지남』은 1708년 平安淸北別後營 간본이 현존 최고본이고, 이후 1737년 右兵營, 1739년 箕營, 1760년 嶺營, 1787년 壯營, 1787년 南漢, 1797년 岡營-해주, 1798년 蠹城 등 감영과 병영 판본이 다수 확인된다. 한편 『兵學通』은 지방판이 확인되지 않고 1785년 芸閣新印 武庫藏板본만 확인된다. 지방판은 발견된 것이 없다.

17 장경사는 광주부 남한산성에 있는 사찰이다. 『어제백행원』은 무신자 금속활자로 먼저 간행되었고 장경사 등에서 번각되었다.

18 『唐宋八子百選』은 1781년 내각에서 정유자로 간행되었고, 1783년 내각에서 다시 목판본으로 복각되었으며, 1835년 영영에서 다시 목판 간행되었다.

19 충남대학교 소장 『雅頌』(청구기호: 集.詩文評類-中國 155 1)의 서지사항에 "己未(1799)孟秋, 上齋生臣金會淵拜手稽首謹撰, 後十二年庚午(1810), 忝按嶺南節營有板本, 卽爲印出, 敢系篇末, 庸寓羹墻之慕云爾"라는 기록이 있어 경상감영에서 『아송』이 복각되었다는 것을 알 수 있다. 이 자료는 실사하지 못하였다.

20 이 책의 1790년 간본에는 어제서의 글씨를 전라감사 정동준이 썼으나 1795년 정동준이 불미스러운 일로 자결한 뒤 정동준의 글씨가 1796년 光州牧使 서형수의 것으로 대체되었다. 『김충장공유사』는 임란 때 의병장으로 크게 활약하고도 억울한 죽음을 당한 김덕령에 관한 것이다.

21 기존 연구에 따르면 팔도 감영 출판물의 총수와 분류 통계가 제시된 바 있으나 시기 구분이 불명확한 것이 있고 자료의 실사가 과연 면밀한 것인지 의구심이 든다. 남권희, 「조선시대 경주 간행의 서적」, 『신라문화』 33, 동국대학교 신라문화연구소, 2009; 김성수, 「조선시대 국가 중앙인쇄기관의 조직·기능 및 업무활동에 관한 연구」, 『서지학연구』 42, 한국서지학회, 2009; 옥영정,

(4) 감영에서는 국왕이나 중앙정부의 지시를 받아 간행한 서적 외에도 감사 임의로 공적 성격의 책을 간행하였다. 영조 이전 또는 이후의 사례로는 1639년(인조 17) 충청감사 김육은 『구황촬요(救荒撮要)』와 『벽온방(辟瘟方)』을 언해하여 간행하였고, 1666년(현종 7) 함경감사 민정중은 사서삼경(四書三經)·『계몽(啓蒙)』·『가례(家禮)』·『상례비요(喪禮備要)』 등을 간행하였으며[22] 1692년(숙종 18) 경상감사 민창도는 『백가류찬(百家類纂)』을 간행하였다. 1790년(정조 14) 함경감사 이병모는 『광제비급(廣濟秘笈)』, 1807년(순조 7) 경상감사 윤광안은 『두과휘편(痘科彙編)』을 간행한 것 등이 있다. 감사의 공적 간행물은 경서와 예서 및 농서[23]·유서·의서·병서 등 실용서였음을 알 수 있다. 영조 연간에도 1727년(영조 3) 평안감사 홍석보가 『무경칠서(武經七書)』중 여러 종의 책을 감영에서 간행하였다. 다만 이것은 감사 개인의 주도인지, 중앙정부의 명에 의한 것인지는 면밀한 고증이 필요하겠다.

(5) 감사의 사적(私的) 출판은 철저히 재임 기간에만 가능한 일이며 체직 또는 파직되면 진행하던 출판은 중지된다. 주로 사제·사우 관계, 혈연·인척 관계 사이에 일어나는데 그 주된 대상은 문집(일부 기타 저술 포함), 연보, 족보 등이 대표적이다. 예로 이명계는 1747년(영조 23) 정묘통신사행에 서

「조선시대 完營의 인쇄문화에 대한 고찰」, 『서지학연구』 50, 한국서지학회, 2011; 최경훈, 「조선전기 주자 저술의 간행에 관한 연구」, 『서지학연구』 42, 한국서지학회, 2009; 최우경, 「조선시대 기영·함영·해영에서 간행된 서적 연구」, 경부대학교 석사학위논문, 2009. 이 통계 수치는 추후 다시 검토해볼 예정이다. 다만 그 대강은 다음과 같다.
○ 평안감영(기영): 경부(27) 사부(22) 자부(39) 집부(16)
○ 충청감영(금영): 경부(21) 사부(14) 자부(39) 집부(51)
○ 경상감영(영영): 경부(62) 사부(75) 자부(23) 집부(74)
○ 전라감영(완영): 유가류와 별집류가 높은 비중을 차지한다.
○ 강원감영(원영): 조선 전후기 통틀어 55종.
○ 함경감영(함영): 경부(22) 사부(19) 자부(38) 집부(18)

22 閔鼎重, 「與李季周(李端夏)」, 『老峯集』 권6, "新刊四書三經與 啓蒙·家禮·喪禮備要 等書, 而無紙不能廣布."
23 1734년(영조 10)에도 농사의 중요성을 교시하고 『농가집성』을 간행하라는 명(『영조실록』, 영조 10년 1월 1일)을 내린 것이 보이는데 이때 『농가집성』이 실제 간행되었는지는 확인하지 못하였다. 또, 1794년(정조 18)에 김계온이 기존의 『잠서』와 『농가집성』을 집록하고 정정하자고 제안하였으나 이 역시 실행되었는지 확인하지 못하였다.

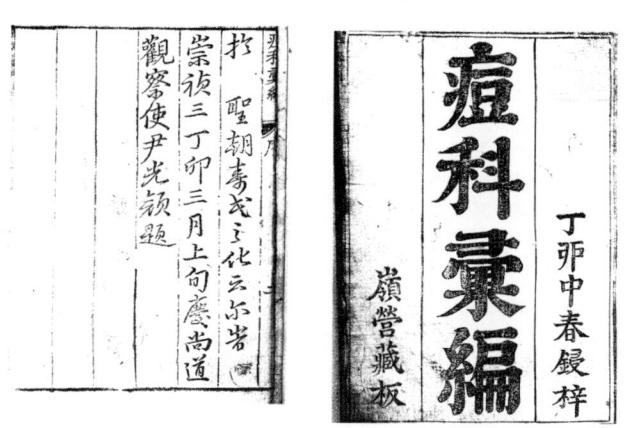

그림 2 『두과휘편』(1807, 경상감사 윤광안 간행), 국립중앙도서관 소장

기로 참가한 유명한 서얼 시인으로 이미(李瀰)와는 젊어서부터 친교가 있었다. 1771년(영조 47) 경상감사 이미는 이명계의 『해고집(海皐集)』 간행에 착수했는데 체직되는 바람에 판각을 중지할 수밖에 없었다.

4. 영조 연간 출판문화를 주도한 대표적인 감사들

이제 영조 연간의 팔도 감사 가운데 서책 출판이 활발했던 전라감영, 경상감영과 해당 감사 몇몇을 사례로 하여 감영에서의 출판 양상을 살펴보고자 한다. 다만, 광주부와 광주유수는 여기에 함께 포함시켜 논의하고자 한다. 영조와 정조는 팔도와 함께 유수부(留守府)를 동격에 놓았고, 또 경기감영의 경우 한양에서 지근거리에 위치하여 출판이 거의 이뤄진 것이 없고 한양과 경기의 출판은 대부분 북한산성과 남한산성에서 이뤄졌기에 남한산성을 관할한 광주부를 경기감영에 대체하는 것이 아무 문제

표 1 영조 연간 전라감사 명단

金祖澤, 金取魯, 李顯祿, 鄭思孝, 李匡德, 閔應洙, 李壽沆, 柳儼, 李瑜, 洪景輔, 李聖龍, 趙顯命, 柳復明, 徐宗玉, 尹得和(1차), 李瀷, 徐命九, 李壽沆, 李眞淳, 李周鎭, 權爀, 權䄪, 趙榮國, 洪象漢, 鄭俊一, 尹得和(2차), 鄭亨復, 洪昌漢, 趙榮魯, 韓翼謩, 李昌誼, 李台重(1차), 李錫杓, 李台重(2차), 李成中, 徐命九, 趙雲逵, 閔百祥, 李昌壽, 洪麟漢, 朴道源, 元景淳, 朴相德, 沈履之, 元仁孫, 洪樂仁, 洪樂仁, 金相翊, 金致讓, 金魯鎭, 尹東昇, 洪樂性, 元義孫, 徐浩修, 安兼濟(총 55회 제수)

표 2 영조 연간 전라감사 중 출판 활동이 있는 인물

임기	성명	본관	비고
1730.10.~1732.05.	李壽沆	驪州	함경감사 때 『여주이씨세보』 간행.
1732.05.~1733.01.	柳儼	晉州	이후 함경감사 재직 시 이병성의 『순암집』 간행에 재정적인 후원을 하였다.
1734.07.~1735.03.	柳復明	全州	1734년(영조 10) 9월 2일, 전라감영에 『東賢奏議』 및 『續經筵故事』를 간행하도록 명하였다. 이때 와서 玉堂의 金若魯가 정서하여 올리고 이어 간행하기를 청하였으므로, 이 명이 있었다.
1735.03.~1736.02.	徐宗玉	達城	사위 이휘중이 전라감영 소장 책판의 인출을 부탁하는 편지가 있다. 전라·평안감사를 역임하였고 「원산창해기」 탁본이 있다.
1740.04.~1741.09.	權爀	安東	1741년, 권상하의 조카로서 동춘당 송준길 연보의 중간본을 간행하였다.
1741.09.~1742.06.	權䄪	安東	1742년, 고조부 권필의 『석주집』 삼간본을 간행하였다(끝에 '重刊于完營'이라 쓰여 있음).
1742.06.~1744.05.	趙榮國	楊州	전라감사 이후 형조와 이조 판서를 거쳐 1755년(영조 31) 찬집당상으로 『闡義昭鑑』 편찬에 참여하였다.
1750.03.~1750.10.	李錫杓	慶州	이조판서 이인엽의 손자이며 장서가인 담헌 이하곤의 차남이다.
1755.05.~1756.07.	閔百祥	驪興	경상, 전라, 평안감사를 역임하였고 전라감사 때의 글을 모은 『완산록』 필사본 1책이 전한다.
1757.07.~1759.11.	洪麟漢	豊山	1758년, 장인 신방의 『둔암집』을 간행하였다.
1761.11.~1763.06.	元景淳	原州	1762년, 외조부 이여의 『수곡집』, 『수곡선생연보』를 간행하였다.
1763.06.~1763.12.	朴相德	潘南	이후 宗德으로 개명함.
1763.12.~1765.11.	沈履之	靑松	1765년, 완영에서 정내교의 『완암집』을 간행하였다(심이지와 홍인한은 사돈임. 이후 정조 즉위년 9월에 徐命善 등과 함께 『闡義昭鑑』의 찬집당상이 됨).
1765.11.~1767.06.	元仁孫	原州	『승정원일기』 영조 47년 7월 7일 기사에 원경하의 『蒼霞集』 冊板이 全州에 보관되어 있다고 하여 원인손이 전라감사 재임 시에 『창하집』을 간행했으리라 추정된다(1773년 2월, 영조가 『창하집』의 중간을 명하여 교서관 인서체자로 간행됨). (전라감사 임명 전 弘文館 副應敎 재임 시에 『闡義昭鑑』의 편찬에 참여함. 1770년 서경덕 『화담선생집』에 원인손 중간 서문 있음.)
1767.06.~1768.04.	洪樂仁	豊山	김익겸의 『잠재고』에 1768년 홍낙인 서문이 있는 것으로 보아 홍낙인이 전라감사 재임 시 완영 간행으로 추정된다.
1770.04.~1770.12.	金魯鎭	江陵	(전라감사 이후 1781년(정조 5)에 형조판서가 되어 『秋官志』를 편찬하게 하였고 『國朝寶鑑』의 편집당상도 겸함.

1770.12.~1771.11.	尹東昇	坡平	1771년, 윤동승(또는 홍낙성)이 『주자대전』을 간행하였다.
1773.02.~1774.06.	元義孫	原州	원경하의 아들이며 원인손의 동생이다.
1774.06.~1775.08.	徐浩修	達城	전라도 감사 임명 전 1770년(영조 46)에 洪鳳漢과 함께 『東國文獻備考』의 편찬에 참여하였다. 정조 즉위 이후 규장각의 여러 편찬 사업에서 주도적인 역할을 하였는데 『御定宋史筌』을 교열하였고, 『奎章總目』 4권 3책을 책임 편찬하였으며 『국조보감』에서 奉謨堂에 봉안할 御製를 고출하는 작업을 수행하였다. 또한 정조의 문집인 『弘齋全書』의 기초가 된 『御製春邸錄』의 간행을 주관하였다.
1775.08.~1776.03.	安兼濟	順興	『송남잡지』에 안겸제의 모친이 『완월회맹연』을 지었다고 한다.

가 없기 때문이다.

〈표 1, 2〉는 영조 연간 전라감사 재임 표로 비고란에는 특기할 만한 출판 사항을 적은 것이다. 이 외에 영조 연간 전라감영에서 간행된 공적 간행물로는 다음과 같은 것들이 있다.

『경민편』(1745),[24] 『자치통감강목』(1752, 사정전훈의본),[25] 『동의보감(東醫寶鑑)』(1754), 『삼운성휘』(1769년 9월), 『주자대전(朱子大全)』(1771)(정조 연간에 전라감영에서 간행된 공적 간행물로는 1777년 1월 『명의록(明義錄)』, 1778년 『속명의록(續明義錄)』· 『증보삼운통고(增補三韻通考)』, 1782년 『유중외대소신서윤음(諭中外大小臣庶綸音)』, 1787년 『화동정음통석운고(華東正音通釋韻考)』, 1792년 『증수무원록언해(增修無冤錄諺解)』, 1794년 『유제도도신윤음(諭諸道道臣綸音)』, 1795년 『주서백선(朱書百選)』, 1797년 『육주약선(陸奏約選)』 등이 있다.)

24 『경민편』은 백성들을 警戒하고 풍속을 순화하려는 목적으로 1519년(중종 14)에 金正國(1485~1541)이 지어 간행한 것인데 김정국이 간행한 것은 전하지 않고 이후 여러 다른 본과 언해본이 전하고 있다. 김정국이 이 책을 지은 지 60년 뒤에 경상감사 허엽이 상주에 있던 감영에서 판각하였고 다시 이 책을 경주, 진주, 청송으로도 보내 판각·배포케 하였다. 현재 1579년 간행된 진주판이 전한다. 이후 완남부원군 이후원이 다시 이 책을 해주에서 언해하고 효종께 이 책을 널리 간행·배포할 것을 건의함으로써 광범위하게 간행되었다. 도쿄대 오구라문고(小倉文庫)에는 광주부윤 이태연에게 1661년 내사된 본과 권점(1626~1679)의 장서인이 찍힌 언해본이 소장되어 있으며 1681년 함경감사 윤지선 간행본, 을축(영조 21, 1745) 完營本 등이 있다. 무진년에 간행된 완영본도 있는데 정확히 어느 때인지는 미상이다.

25 고려대 소장본의 배접지에 1771년 완영 간행의 『주자대전』이 사용되었다.

영조 연간 전라감사의 서적 출판에 우선 눈에 띄는 인물은 서종옥·서호수(徐浩修) 조손(祖孫), 홍인한(洪麟漢)·홍낙인(洪樂仁) 숙질(叔姪)이다. 달성 서씨 서종옥의 아들 서명응(徐命膺), 서명선(徐命善) 등을 비롯하여 손자 서호수 등은 영·정조 시대의 대표적 소론 명가로 정치 학술은 물론이고, 서적 출판에서도 남다른 주도를 하였던 가문이다. 순조 대 서유구로까지 이어져 전라감사의 명맥은 물론 출판에서도 주요한 성과들을 이었다. 풍산홍씨 홍인한은 전라감사 재직 시기 장인 신방의 『둔암집』을 간행하였다. 홍인한의 형 홍봉한은 혜경궁 홍씨의 부친으로 영조 연간 권력의 정점에 있었고, 정조 즉위 후에는 홍인한의 옥사를 비롯하여 노론 벽파로부터 집중적인 공격을 받음으로써 가문이 큰 부침을 겪었다.

풍산홍씨와 김종수(金鍾秀) 등의 청풍김씨 양가 자제들은 여항시인 정내교(鄭來僑)로부터 문학을 배웠는데 스승에 대한 예로 그의 『완암집(浣巖集)』을 편찬 간행하였다. 김종후(金鍾厚), 김종수(金鍾秀), 홍낙명(洪樂命), 홍봉한(洪鳳漢) 등이 출판을 주도하였다. 정내교는 뛰어난 재주와 인품을 인정받아 사대부인 신정하(申靖夏), 홍상한(洪象漢), 김창흡(金昌翕), 조현명(趙顯命) 등과 교유하며 시를 주고받았다. 그리고 양반가에 초치되어 자제들을 가르치기도 하였으니 김종후, 김종수, 홍낙명, 홍봉한 등이 그에게 시를 배운 제자들이다. 이러한 이유로 그의 문집 간행도 사대부 제자들에 의해 주도되었다. 김종후가 지은 정내교의 묘지명에, 그가 졸한 지 얼마 후 홍봉한이 그 유문(遺文)을 간행해 전하려 하여 자신이 홍낙명에게 교정과 편차, 묘표를 부탁하였는데 결국 자신이 묘지명을 쓰게 되었다는 기록이 있다. 또 본집에는 실리지 않았지만 김종수가 지은 서문에 정내교가 졸하자 일찍이 그에게 배웠던 사람들이 모여 유집(遺集)을 산정(刪定)하여 4권으로 편차하였음을 밝혔고, 이천보(李天輔)의 서문에서는 홍낙명이 정내교의 시문을 뽑고 홍봉한이 재물을 내었다고 하였다. 홍봉한의 발문(跋文, 1765년 8월)에는 김종수 형제 등이 모여 문집을 간행하려 하여 문인들이 모여서 편차와 교정 작업을 해 을유년(1765년, 영조 41) 겨울에 완영(完營)에서 개각(開刻)하고 전주 남고사(南高寺)에 책판을 보관하였다. 이때의 전라감사는 심이지였고, 그는 홍봉한의 당여(黨與)였다.

한편 홍봉한의 장남 홍낙인이 이 직후에 전라감사로 부임하여 안동 김씨의 유명한 시인 김익겸(金益兼)의『잠재고(潛齋稿)』를 간행하였다. 완암 정내교도 한미한 여항인이었듯 잠재 김익겸 역시 서얼이었다. 그는 사천 이병연의 시 제자였다.

『잠재고』의 맨 앞에는 1768년 홍낙인이 쓴 서문이 있고 이어서 권상(卷上)에는 시(詩) 197수가, 권하(卷下)에는 문(文)이 수록되어 있다. 도쿄대학교 소장본 외에 개인 소장본 2부만이 확인되는 희귀본이다. 서유구의『누판고(鏤板考)』에도 저록되었는데 장판이 호남관찰영에 있다고 적혀 있다. 홍낙인이 호남감사로 있을 적에 이최지의 부탁을 받아 간행하였음을 알 수 있다. 김익겸은 가난과 불우 속에 평생을 지냈다. 가장 가까운 벗으로 이최지(李最之, 자 季良), 이명익(李明翼, 호 湛齋), 유숙기(兪肅基, 호 兼山), 정내교 등이 있다. 〈표 3, 4〉는 영조 연간 경상감사 재임표와 출판 활동이 있는 인물들을 정리한 것이다.

영조 연간 경상감영(영영)에서의 공적 간행물 목록
『이륜행실도』(1730, 박문수 발),『서전언해』(1742년 3월),『상례비요』(1744),『화동정음통석운고』(1747),『역대통감찬요』(1750),[26]『동의보감』(1754년 11월),『병학지남』(1760),『시전대전』(1768),『삼운성휘』(1769),『반계수록』(1770),『주자어류대전』(1771),『십구사략통고/언해』(1772)(정조 연간에 영영에서 공적으로 간행된 것으로는『명의록』(1777년 7월),『당송팔대가문초』(1778),『史記英選』(1797),『주역전의대전』(무오)[27] 등이 있다.)

[26] 남평문씨 인수문고 소장본에는 다음과 같은 묵서기가 있다. "上之二十六年乾隆庚午(1750)南泰良以嶺伯承命刊于嶺營. 裨將南衍明董. 役印來一本給其子泰國."

표 3 영조 연간 경상감사 명단

權以鎭, 趙榮福, 兪拓基, 黃璿, 朴文秀, 趙顯命, 金始炯, 金在魯, 閔應洙, 兪拓基, 尹陽來, 李箕鎭, 趙明謙, 鄭益河, 沈聖希, 金尙星, 金尙魯, 權火業, 南泰良, 閔百祥, 趙載浩, 尹東度, 李彝章, 李益輔, 李成中, 趙雲逵, 趙曬, 黃仁儉, 金尙喆, 鄭存謙, 金應淳, 趙曔, 李溵, 金漢耆, 李溵, 李命植, 李潭, 金華鎭, 閔弘烈, 尹養厚, 金載順(총 41회 제수)

표 4 영조 연간 경상감사 중 출판 활동이 있는 인물

임기	성명	본관	비고
1725.06.~1726.05.	趙榮福	咸安	1726년, 조영복(혹 유척기)이 이종성을 도와 그의 5대조 이항복의 『백사선생집』 간행.
1727.07.~1728.04.	黃璿	長水	1727년, 황혁의 『독석집』 간행.
1728.04.~1730.07.	朴文秀	高靈	1730년, 『이륜행실도』, 증조 박장원의 『구당선생집』 간행(간기: 庚戌四月日 달성관개간 해인사장판), 아마 이때 박태한의 『박정자유고』 및 김득신의 『백곡집』 간행 추정.
1730.07.~1732.10.	趙顯命	豊壤	1731년, 『풍양조씨세보』 간행. 1732년, 박세채의 『남계선생박문순공문집』 간행.
1735.03.~1737.04.	閔應洙	驪興	1736년, 재종제 민우수의 요청으로 남유상의 『태화자고』 간행, 7대조 민제인의 『입암집』 간행. (예. 민시중 경상감사),
1737.04.~1738.07.	兪拓基	杞溪	조부 유철이 경상감사 재임 시 기계유씨족보 간행.
1738.09.~1739.04.	李箕鎭	德水	1739년, 숙부 이여의 『수곡집』 간행.
1747.01.~1749.02.	南泰良	宜寧	『역대통감찬요』(1750)
1759.01.~1761.01.	趙曬	豊壤	1760년, 조종경의 『독암유고』 삼간본 간행.
1761.01.~1762.06.	黃仁儉	昌原	1761년, 외조부 권상하의 『한수재집』, 스승 한원진의 『경의기문록』·『주자언론동이고』 간행.
1766.01.~1767.07. (윤달)	金應淳	安東	1767년, 金用謙과 함께 김상헌의 『청음선생연보』를 간행(1861년 경상감사 김세균이 안동 봉정사에 있던 『청음집』을 보각하고 권수의 편차를 바꿈). 김상용의 『선원유고』(재간본), 『선원선생연보』 간행.
1767.11.~1769.02.	李溵	德水	1768년, 자신이 합격한 방목(『숭정재경신(1740)증광사마방목』)을 간행.
1769.11.~1771.05.	李潚	德水	1770년, 감영에서 왕명으로 『반계수록』을 간행하는 데 최흥벽 등 참여; 세교가 있던 신유한의 『청천집』 초판본 간행. 1771년, 이미(혹 이명식 또는 이담)가 감영에서 홍계희가 범례를 작성한 『주자어류』 간행.
1775.04.~1776.04.	金載順	延安	재임 중, 장인 유숙기 『겸산집』 간행.

27   이 책의 간기는 "戊午四月嶺營重刊"이라 되어 있는데 무오년이 1798인지 1858인지 확실치 않다. 이 외에도 이 책의 嶺營판은 무진년본, 경인년본(1890)이 더 있다.

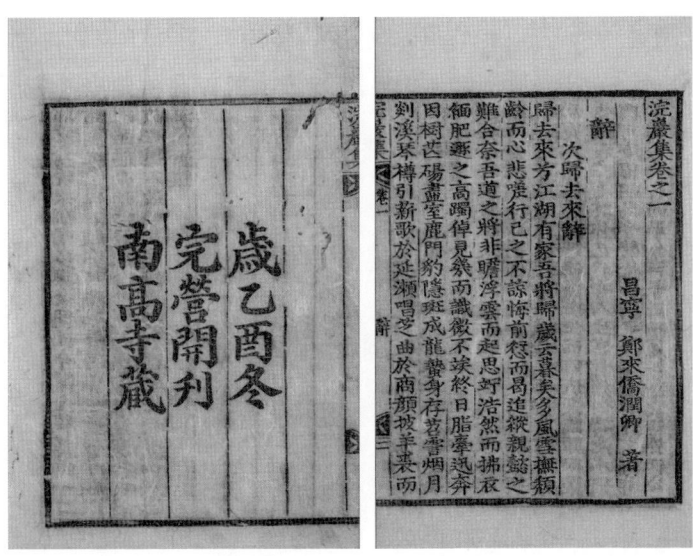

그림 3 정내교, 『완암집』, 서울대학교 규장각한국학연구원 소장

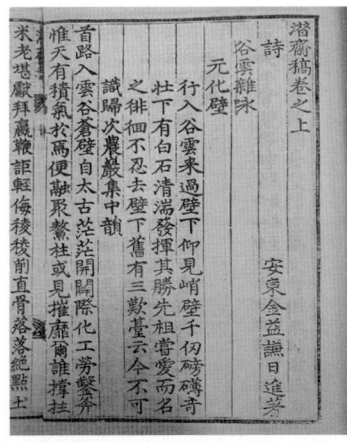 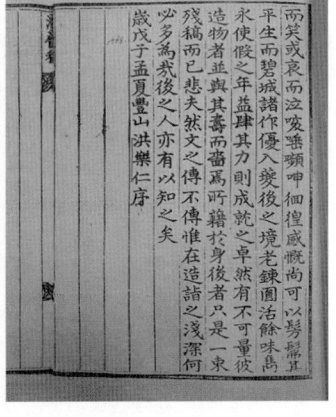

그림 4 김익겸, 『잠재고』, 일본 도쿄대학 아가와문고(東京大學 阿川文庫) 소장

경상감사 가운데에는 이미(李瀰)가 주목된다. 함광헌(含光軒) 이미는 1769년 11월에 경상감사로 임명되는데 그의 형 이은이 같은 해 2월에 경상감사에서 물러났다(부친 이주진은 전라·평안감사, 조부 이집은 황해감사를 역임했음). 이은(李溵)은 1770년 경상감사 재직 시 자기가 관할하는 사또 5명이 자신과 사마시 동방 합격자로 있는 보기 드문 일을 기념하여 그 방목을 감영에서 목판으로 간행하기도 하였는데, 이는 감사의 개인적인 출판의 일례이다.[28] 이미는 부임하여 1770년 4월에 유형원(柳馨遠)의 『반계수록(磻溪隨錄)』, 가을에 신유한(申維翰)의 『청천집(青泉集)』, 10월에 이평(李坪)의 『운재유고(芸齋遺稿)』, 11월에 유성지(柳聖趾)의 『오촌시고(梧村詩稿)』를 간행하였다.

『반계수록』은 당시 양득중(梁得中), 홍계희(洪啓禧) 등이 연이어 이 책을 임금께 알리자 영조가 읽어보고서 간행하라고 명한 바 있다. 이미는 그 명이 내려졌을 당시 경상감사로서 간역을 주관하였다. 홍계희와 원경하(元景夏) 등이 이 책의 간행을 추천하였는데, 원경하는 이미의 벗 원인손(元仁孫)의 부친이다. 또 한편 「반계유선생묘지(磻溪柳先生墓誌)」(1768)를 찬한 이봉환은 홍계희, 원인손, 이미 등과 절친하였으며[29] 유한준도 「유형원전(柳馨遠傳)」을 찬하였다(1781년에 경상감사로 재차 부임하였던 조시준은 『반계수록』의 「군현제」편을 보유 1책으로 추가 간행하였다).

이미는 신유한의 『청천집』 서문에서 신유한이 『산해경(山海經)』·『목천자전(穆天子傳)』, 왕세정의 『엄산고(弇山稿)』 등을 숙독하고 시에는 이반룡을

---

28 1786년 경상감영에서 간행된 『숭정삼병오식년사마방목』도 이와 같은 사례이다. 이 책의 끝에는 '丙午孟夏 嶺營開刊'이라고 간기가 새겨질 뿐, 어떠한 연유로 이 방목이 경상감영에서 간행되었는지 전혀 나와 있지 않다. 필자가 고증해보니 이때의 경상감사는 鄭昌順이었고 해당 사마방목에 그 아들 鄭文始가 합격자로 포함되어 있다. 이러한 私의 연유로 경상감영에서 이 방목을 판각한 것이다.

29 이 글은 홍계희가 지은 것으로 알려져 있는데 실은 이봉환이 지은 것이다. 李鳳煥의 『雨念齋詩文抄』에는 「經世指掌序」, 「顧高二先生遺書合編序」, 「三韻聲彙跋」, 「新印文章正宗跋」, 「文山詳傳序」라는 책과 관련한 서문이 있다. 이 글들은 모두 홍계희가 간행하였는데 각각의 책에는 홍계희의 이름으로 실려 있다. 따라서 『우념재시문초』를 통해 이봉환이 홍계희를 대신하여 글을 지었음을 알 수 있다.

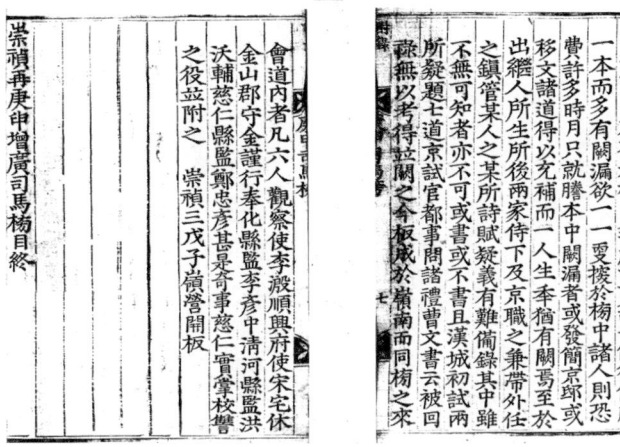

그림 5 『숭정재경신증광사마방목(崇禎再庚申增廣司馬榜目)』, 국립중앙도서관 소장

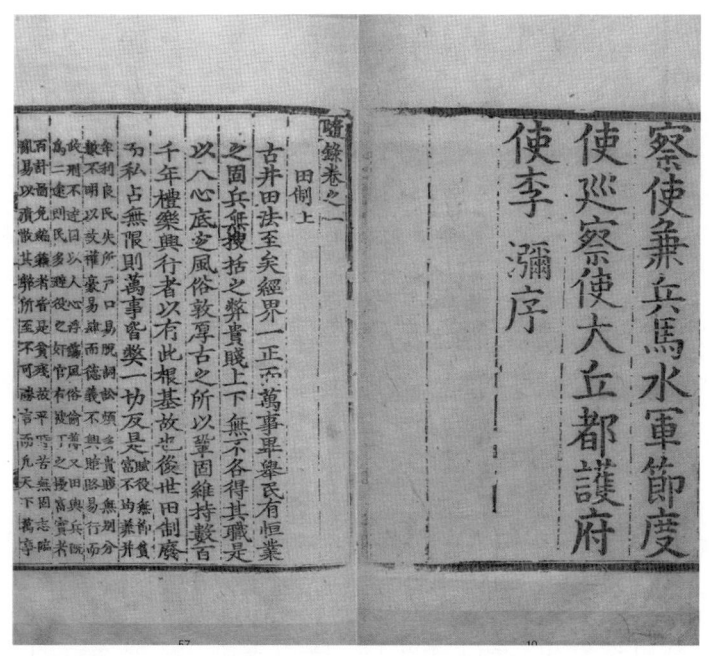

그림 6 유형원, 『반계수록』, 국립중앙도서관 소장

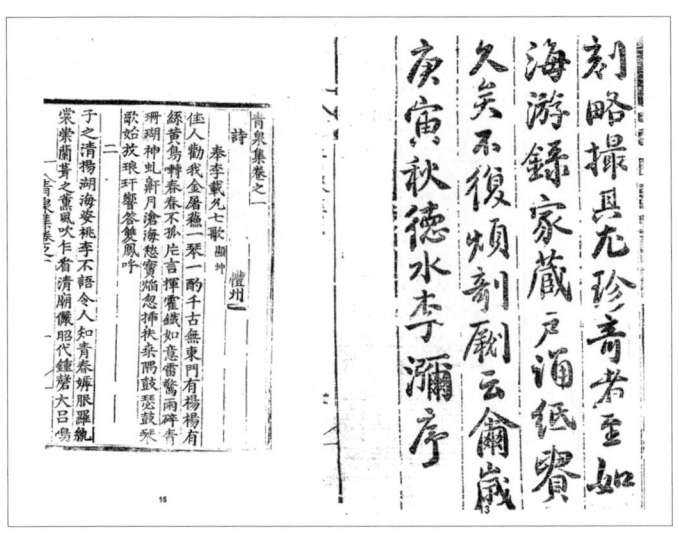

그림 7 신유한, 『청천집』, 국립중앙도서관 소장

표준으로 삼고 『초사』를 숙독하였으며 부(賦)는 노남(盧柟)을 스승으로 삼아 그 문장이 기준주발(奇峻遒拔)의 품격을 이루었다고 하였다. 신유한으로 하여금 목릉성세 때 황화수창을 맡게 하였더라면 최립(崔岦)이 아름다움을 오로지하지 못하였을 것이고 차천로(車天輅)도 그의 하풍(下風)이 되었을 것이라 하였다. 이미는 신유한과 3대 동안의 세교가 있었으니 그 조부 충헌공 이집, 부친 충정공 이주진이 모두 신유한을 기사(奇士)로 여겼다며 신유한도 이미를 만날 때마다 자신을 어리다고 여기지 않으며 점잖게 말해주었다고 하였다. 경상감사를 역임할 때 신유한을 그리워하며 원고를 살펴보고서, 그중 특히 진기한 것을 선별하여 간행한다고 하였다.

『운재유고』의 저자 이평은 이미의 족조(族祖)이다. 권말에 이평의 종제(從弟) 이육(李堉)의 『노곡유고(魯谷遺稿)』가 부록으로 덧붙여 있다. 이평의 시문은 이미 산일되어 권(卷)조차 다 채우지 못하지만 한 점 고기로도 온 솥의 맛을 알 수 있다는 말을 인용하며, 이미의 조부 충헌공 이집이 이평을 두고 행실이 도타우며 문장이 높다고 평한 점, 같은 덕수이씨의 시문이

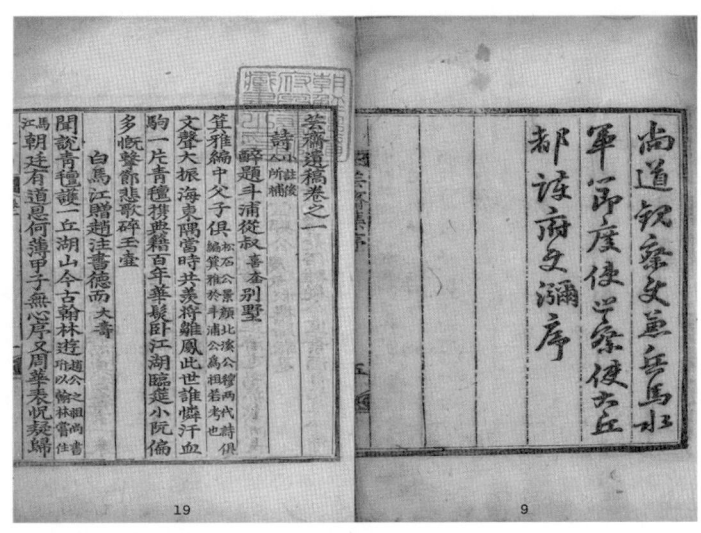

그림 8 이평, 『운재유고』, 국립중앙도서관 소장

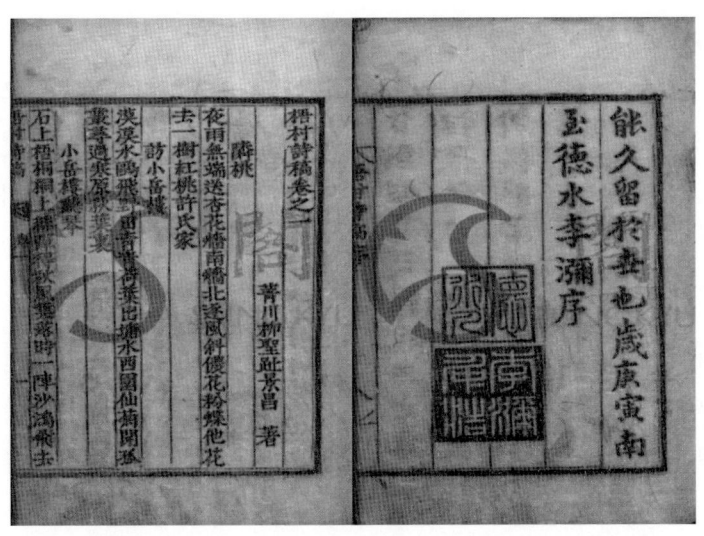

그림 9 유성지, 『오촌시고』, 성균관대학교 존경각 소장

라는 점에서 간행의 의의를 밝혔다. 이미의 형 이은이 남평현감 재직 시에 간행하려다가 체직되는 바람에 이루지 못하였는데, 이때 이르러 이미가

간행하게 되었다.

『오촌시고』의 저자 유성지는 이미가 거주한 주자동의 일대에 함께 거주한 시인들로 구성된 동악시단의 동인이다. 그는 이미보다 8살 연상이었으며 문학으로 절친하였다. 유성지의 부친은 유엄(柳儼)인데, 유엄은 이미의 형 이은의 장인이다. 유성지가 부귀한 집에서 일찍 풍아의 도를 깨닫고 시 짓기에 힘써서 맑음은 당시의 천기(天機)에 가까웠고 세밀함은 송시의 인공(人工)을 닮았다고 하였다. 둘은 서로 지연 및 혈연으로 가까웠던 사이였지만 유성지가 나이 서른이 넘도록 아들을 두지 못하고 죽자 그의 시적 재능 등을 탄식하며 문집을 간행한다고 하였다.

이외 이명계(李命啓, 1714~1764)의 『해고집』은 이미가 경상감사 재임 중 간행하려 하였으나 체직되는 바람에 뜻을 이루지 못하여 그 아들에게 300냥을 주어 활자로 인쇄하는 데에 쓰도록 찬조하였다. 이명계는 1748년 통신사행에 서기로 참가한 뒤, 1754년(영조 30)에 문과 합격하였고 보령현감 등을 지냈다. 이봉환, 박경행, 남옥과 함께 서얼 시인으로 이름 높았다. 아들 이진(李璡, 1736~1788, 진사·문과) 또한 시명이 높았다. 이 책은 결국 간행되지 못한 채 현재 필사본 2종만이 전하고 있다. 이미와 관련된 또 다른 자료로, 연세대학교 도서관에 이미의 형 이은이 이미를 위해 찬한 『함광헌가장(含光軒家狀)』이 전해진다.[30]

이상의 『반계수록』부터 『해고집』까지는 경상감사 시절 이미의 출판 활동을 여실히 보여주는데 일단 공적인 서적으로 중앙정부의 지시를 받아 『반계수록』을 간행하였음을 알 수 있고 『청천집』, 『운재유고』, 『오촌시고』는 순연히 사적인 출판임을 확인하였다. 『해고집』은 경상감사에서 체직됨으로써 간행을 이루지 못한 사례이다. 한편 이미는 그의 문벌에 걸맞게 방

---

30 徐瀅修, 『明皐全集』, 「吏曹參判李公墓碣銘 代」에서는 서형수가 부친 서명응을 대신하여 이미의 묘갈명을 작성하며 이은이 작성한 이 가장을 보았다고 하였다.

대한 장서를 수장하였던 장서가이기도 한데 아쉽게도 장서 목록이 발견되지 않아 그 장서의 성격과 규모는 확인할 수 없다. 다만 계명대학교 동산도서관에 『육방옹전집(陸放翁全集)』(전 50책 완질)에 그 장서인이 찍혀 있어서 편린만을 볼 수 있다. 이미는 문학사에서도 주목할 작품과 선집을 남겼는데 현전하지 않아 매우 아쉽다.[31]

〈표 5, 6〉은 영조 연간 평안감사 재직자 명단과 그중 출판 활동이 있는 인물을 정리한 것이다.

영조 연간 평안감영(箕營)에서의 공적 간행물 목록

『삼강행실도』(1726년 봄, 윤헌주 발), 『속삼강행실도』(1727년 윤3월), 『이륜행실도』·『손무자직해』·『오자직해』·『육도직해』·『사마법직해』·『울료자직해』·『당태종이위공문대직해』(이상 1727년 4월); 1739년 봄, 『병학지남』(1739년 봄), 『삼략직해』(1750년 4월), 『속병장도설』(奉敎編, 1750년)(정조 연간에 간행된 것으로는 1778년 『황면재선생문집(黃勉齋先生文集)』, 1787년 『송자대전』 등이 있음)

표 5 영조 연간 평안감사 명단

吳命恒, 李廷濟, 尹憲柱, 洪錫輔, 尹游, 宋寅明, 尹惠敎, 金取魯, 宋直明, 權以鎭, 朴師洙, 趙顯命, 申事喆, 尹陽來, 趙遠命, 閔應洙, 徐宗玉, 尹淳, 李周鎭, 趙觀彬, 金若魯, 金始炯, 李宗城, 李箕鎭, 趙榮國, 李宗白, 金尙魯, 洪象漢, 李台重, 李玉厚, 洪鳳漢, 閔百祥, 李成中, 鄭翬良, 李昌壽, 鄭弘淳, 黃仁儉, 申晦, 金尙喆, 朴相德, 鄭實, 李景祜, 閔百興, 趙曦, 具允鈺, 尹東暹, 洪麟漢, 蔡濟恭, 洪趾海, 徐命膺(총 50회 제수)

31 예컨대 「儒本草」라는 작품이 있었다 하는데 이는 명대에 유행한 『본초강목』을 본뜬 약방체 소품으로 유자를 약재로서의 특징으로 묘사한 흥미로운 글이었으리라 추정된다. 또 『今文』이라는 동 시기 작가들의 시문을 8책으로 뽑은 것이 있었다 하는데 이에 대해 유만주는 이미의 편찬 취지를 다음과 같이 전하고 있다. "옛사람의 문장은 다 이미 널리 퍼졌으니 꼭 취하여 베껴놓을 것은 없다. 그러나 지금 세상에 살고 있는 사람들의 경우 貴賤과 男女를 막론하고 들은 것 가운데 文에 章이 있고 詩에 格이 있는 것은 취할 만하다. 이 때문에 지금 시대의 시문을 모은 것이 8책이다(聞李瀰之言, 以爲"古人之文章, 悉已流布, 不必取而謄之也, 若今世生存之人, 毋論貴賤男女, 入於耳, 而文有章, 詩有格者, 可取也. 故所集今文, 至八冊"云)." 兪晚柱, 『欽英』, 1778년 10월 26일.

표6 영조 연간 평안감사 중 출판 활동이 있는 인물

부임 연도	성명	본관	비고
1725	尹憲柱	坡平	1726년 『삼강행실도』 간행
1726	洪錫輔	豊山	1727년 『속삼강행실도』 및 『손무자직해』 등 '무경칠서' 간행
1729	宋寅明	礪山	『감란록』(受命編), 『범허정집』(교서관인서체자)
1733	權以鎭	安東	1721년 경주부윤 시 증조 권득기 『만회집』 간행, 조부 권시 『탄옹집』 수습·편차 (목판 간행은 권이진 사후)
1735	趙顯命	豊壤	『조감』(受命編), 고경명 찬 『정기록』(발문), 『풍양조씨세보』(1731년 발문)
1738	閔應洙	驪興	『병학지남』(1739년 봄, 기영 개간)
1742	趙觀彬	楊州	『속병장도설』(奉敎編, 1750년 기영 개간)
1746	李箕鎭	德水	이세원의 『고암유고』(1746, 기영 간행)
1749	李宗白	慶州	조 이세필, 부 이형좌, 손자 이병연에 대해 심육 현감이공묘지명(저촌집), 『삼략직해』(1750.04.), 『속병장도설』(1750)
1757	閔百祥	驪興	민진원의 『민문충공주의』(1757.09, 민백순 발)
1774	蔡濟恭	平康	강박의 『국포집』(1775), 채팽윤의 『희암집』(1775) 간행
1775	洪趾海	南陽	홍우전의 손자로, 홍계희의 장남이며 김취로의 외손자이다.

　평안감사로 출판문화에서 주목되는 인물로 채제공과 서명응이 있다. 채제공은 평안감사 재직 시에 남인 시맥에서 중추에 해당하는 강박(姜樸)의 『국포집(菊圃集)』을 간행하였고 당대의 이름 높은 문인이면서 자신의 종조부인 채팽윤(蔡彭胤)의 『희암집(希菴集)』을 간행하였다. 서명응은 영조 연간 마지막 평안감사를 지냈고 정조 초에 다시 평안감사로 기용되어 정유자 금속활자를 주조하는 등 정조 우문정치(右文政治)를 도왔다.

　○ 충청감영(錦營)에서 간행된 영조 연간 공적 서적 목록: 『온양배종록(溫陽陪從錄)』(1751),[32] 『속명의록(續明義錄)』(1778), 『어제왕세자책예후각도신군포절반탕감륜음(御製王世子冊禮後各道身軍布折半蕩減綸音)』(1784)

[32] 이 책 이전에도 숙종이 온양 온천을 찾은 것을 1717년 당시 충청감사였던 윤헌주가 편찬하여 간행한 『온천배종록』(이사명 발)도 별도로 있다.

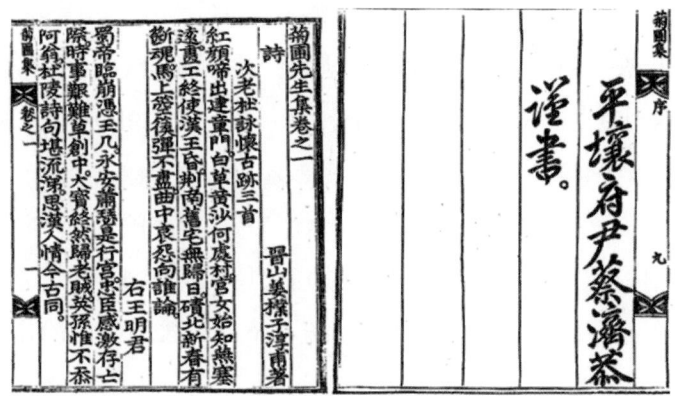

그림 10 강박, 『국포집』, 성균관대학교 존경각 소장

○ 함경감영(咸營)에서 간행된 영조 연간 공적 서적 목록: 『삼강행실도(三綱行實圖)』(1730), 『북도능전지(北道陵殿誌)』(1758년 4월)

○ 황해감영(海營)에서 간행된 영조 연간 공적 서적 목록: 『삼강행실도(三綱行實圖)』(1730)

○ 강원감영(原營)에서 간행된 영조 연간 공적 서적 목록: 『이륜행실도(二倫行實圖)』(1730)

○ 광주부(南漢)에서 간행된 영조 연간 공적 서적 목록: 『소학(小學)』(1753), 『근사록(近思錄)』(1753), 『천의소감(闡義昭鑑)』(1756), 『어제백행원(御製百行源)』(1765)

영조 연간의 서적 출판과 밀접한 관계가 있는 감사로 홍계희가 있다. 홍계희는 이 시기 출판문화에서 매우 중요한 비중을 가진 인물로 감사 시절의 서적 출판만이 아니라 전 생애에 걸친 서적 출판을 상고(詳考)할 필요가 있다.

그는 중앙관직에 있을 때에도 여러 경세적인 정책을 영조에게 건의하였고 『반계수록』의 중요성을 논하고 간행을 촉구하였으며 도암(陶菴) 이재

(李縡)의 제자로서 율곡(栗谷) 이이(李珥)를 사승하여 해당 서적들을 많이 간행하였다. 광주유수 재임 시절 1753년(영조 29)에 『소학』, 『근사록』을 간행하였고 중앙관으로 있을 때 『경세지장(經世指掌)』, 『고고이선생유서(顧高二先生遺書)』, 『삼운성휘(三韻聲彙)』, 『문장정종(文章正宗)』(무신자본), 『국조상례보편(國朝喪禮補編)』, 『문산선생상전(文山先生詳傳)』 등을 간행하였다. 일명 '홍계희자'라고 불리는 금속활자까지 제작하였다. 그는 1749~1750년 충청감사, 1757년(영조 33)을 전후하여 교서관 제조, 1761~1762년에 경기감사를 역임하기도 하였다.

홍계희가 관계된 문집 간행은 다음과 같다. 1748년(영조 24)에 남연년의 『남충장공시고(南忠壯公詩稿)』 간행, 1750년(영조 26) 충청감사를 지내며 서기의 『고청유고(孤靑遺稾)』, 이재의 『서사윤송(書社輪誦)』 및 이이의 『율곡전서(栗谷全書)』· 『순언(醇言)』을 스스로 제작한 철활자로 간행, 1758년(영조 34)에 이재형의 『송암집(松巖集)』을 산정하여 함경감사 이명곤·서명신이 간행, 1760년(영조 36)에 홍계희·김재로·유척기·김원행이 교정한 송상기의 『옥오재집(玉吾齋集)』을 운각활자로 간행, 1761년(영조 37)에 부친 홍우전 및 스승 이재가 수집·편차한 이상의 『타우유고(打愚遺稿)』를 홍계희가 운각활자로 간행, 1767년 사마광 편의 『사마씨서의(司馬氏書儀)』(10권, 목판본) 간행, 1771년(영조 47)에 홍계희가 범례를 작성한 『주자어류(朱子語類)』를 경상감영에서 간행한 것 등이 그것이다.

홍계희는 중앙관직에 있으면서도 팔도 감사에게 특정 서적의 출판을 지시 또는 종용하는 사례가 많이 보인다. 예컨대, 성완(成琬)의 『취허집(翠墟集)』(목판본 4권 2책, 일본 도쿄대학 이가와문고 소장, 유일본)과 1758년에 간행된 이재형의 『송암집』 등이 이에 해당한다. 또 홍계희가 자신이 간행한 책에 붙인 서문 또는 발문은 실은 자기 수하의 문인이 대작한 경우가 많은 것도 주의해야 할 것이다. 당대의 서얼 시인 이봉환이 여러 편을 지었다.

성완의 『취허집』은 일본 도쿄대학에 소장된 것이 유일본이다. 1766년

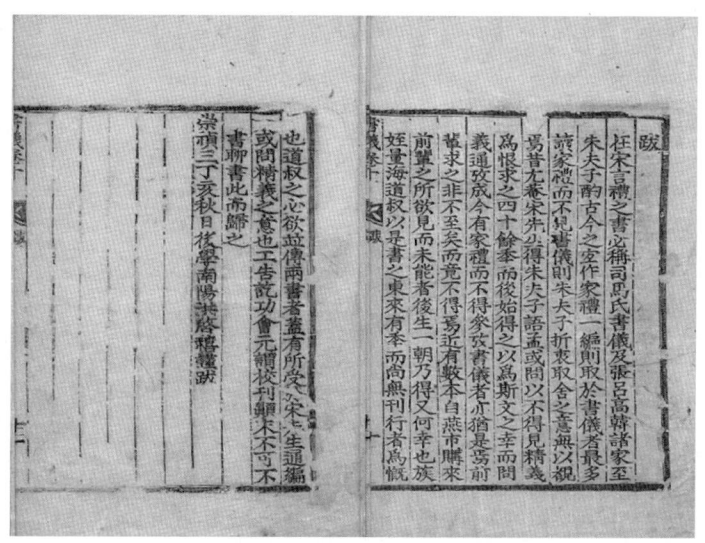

그림 11 사마광, 『사마씨서의』, 한국학중앙연구원 장서각 소장

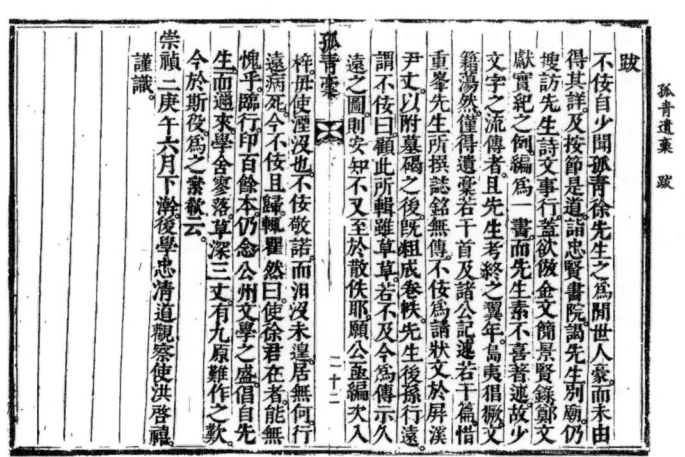

그림 12 서기, 『고청유고』, 서울대학교 규장각한국학연구원 소장

홍계희가 쓴 서문을 보면 성완의 장자인 성몽익(成夢翼)이 원고를 수습하여 평안감사로 있던 신회(申晦)의 도움으로 1766년에 이 책을 간행했음을 알 수 있다. 서유구의 『누판고』에도 다음과 같이 저록되어 있다.

『취허집』은 4권으로 본조 장흥고 주부 성완이 지은 것이다. 성완은 정두경을 따라 노닐어 시에 능하다고 일컬어졌다. 일찍이 통신사를 따라 일본으로 들어갔는데 일본 사람이 그를 위해 도중에서 지은 창수시를 판각하였다. 김창흡 또한 그의 시가 풍부하고 넓고 크다고 칭찬하였다. 평양 영명사에 판목이 소장되어 있다.[33]

성완은 서얼 명사인 성후룡(成後龍)의 장남으로 1666년 진사시에 합격했다. 아우 성경(成璟) 또한 문학으로 명성이 있었고 성효기(成孝基)-성대중(成大中)-성해응(成海應)으로 후손이 이어지면서 문학적 명성이 지속한 서얼 명가이다.

홍계희는 서문에서 성완에 비해 이규보와 차천로를 어린아이 수준으로 여기기까지 한 김창흡의 평을 든 다음, 1748년 자신이 일본에서 견문한 성완의 명성과 호쾌동탕한 시를 일컫고, 김석주(金錫冑)나 김수항(金壽恒) 같은 분들이 그 시재(詩才)를 인정하였음을 말하고 있다. 나머지는 『취허집』에 수합된 내용이 성완 시의 극히 일부분이라는 점과 문집을 간행하게 된 경위에 대한 서술이다.

홍계희는 출판뿐만 아니라 책의 수장, 즉 장서가로도 명성이 대단하였다. 하지만 그 많은 장서는 그의 사후 아들과 손자가 정조의 왕위 계승에 반대하여 노론 일부가 일으킨 역옥에 연루되면서 풍비박산되고 말았다. 유만주(兪晩柱)의 『흠영(欽英)』에는 다음과 같은 기록이 있다.

정유년(1777) (홍)상간이 재산을 몰수당할 때 정홍순은 호조판서로서 주관하였는데, 서책 목록을 취하여 소장할 만한 것에 낙점을 해놓고 발매케 하여 싼값으로 사들였다. 정씨가 기이한 책들을 소장하게 된 것은 이

---

33 서유구, 『누판고』, "翠虛集四卷, 本朝長興庫主簿成琬撰. 琬從鄭斗卿遊, 以能詩聞, 嘗從信使入日本, 日本人爲刻其途中唱酬詩, 金昌翕亦稱其詩富博宏肆. 平壤永明寺藏."

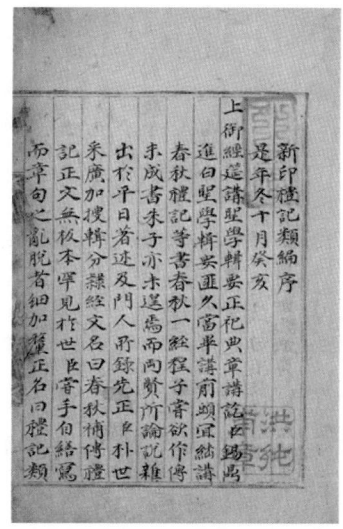
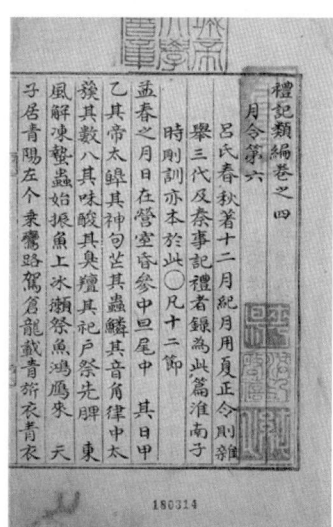

그림 13 최석정 편, 『예기유편(禮記類編)』, 서울대학교 규장각한국학연구원 소장

일로 비롯되었다. 대개 계희와 상간이 구장했던 것들이다.[34]

정홍순(鄭弘淳)은 홍계희 집안의 장서를 이렇게 입수하여 장서가가 되었다고 한다. 이러한 연유로 홍계희가 간행하고 서문 또는 발문을 붙인 간본에는 그 서발이 찢겨나갔거나 아니면 '홍'이라는 성 위에 먹칠하였다. 홍계희의 구장본임을 알 수 있는 장서인까지 철저히 지워져서 그 장서인이 찍힌 책은 겨우 몇 건만이 확인되고 있다.[35] 한 중국본에 그 장서인조차 부분 도삭이 되어 있으나 홍계희의 것임을 확인할 수 있었다.

이상에서 영조 연간 팔도 감영의 출판 양상과 출판에 크게 기여한 바 있는 인물들을 집중적으로 고찰해보았다.

---

34 유만주, 『흠영』, 1782년 9월 5일, "丁酉相簡籍産時, 鄭弘淳以戶判照管, 取書冊目錄, 點其可藏者, 使之發賣而以廉價取入, 鄭氏之有奇文異書自此始, 盖皆禧簡之舊藏也."
35 현재까지 확인한 바로는 『禮記類編』, 『涇陽遺書』, 『報聚』, 『宗鏡錄』, 『別洞先生集』 등에 장서인이 찍혀 있다.

5. 맺음말

이 글에서는 영조 연간 서적 출판의 양상이라는 큰 틀하에 팔도 감사의 주도로 각도 감영에서 판각된 서적 출판의 여러 양상을 살펴봄으로써 왕실 또는 중앙관청 간행 관판본과의 상호보완적 서적 간행 양상을 살펴보았다.

이를 통해 다음과 같은 몇 가지 특징을 도출하였다. 감영 간본이 국가의 필요에 의한 공공성을 띠는 서적과 감사 개인의 필요 또는 취향에 전적으로 기인해서 간행되는 서적으로 구분할 수 있다는 점, 즉 전자의 경우 경서, 역사서, 병법서, 법률의례서, 정치시론서, 어제, 어필, 의서, 실용서 등을 주로 간행하였다면, 감영에서 간행된 감사의 사적 간행물의 절대량은 문집이고 이외에 연보, 족보, 방목, 유묵 등이었다. 이러한 대표적인 사례를 홍인한·홍낙인, 이미, 홍계희의 사례로 들어보았다.

감영에서 간행된 공적 출판물의 경우 대개는 국왕 또는 중앙정부의 하명에 의한 것이 높은 비중을 차지하겠으나, 사서삼경과 같은 선비들의 필수 서적, 그리고 농서·의서와 같은 백성들의 삶에 요긴한 실용서 등은 감사의 재량으로 간행되기도 하였다. 또, 영조 연간 감영의 공적 간행물과 정조 연간의 그것을 비교하면 전자의 경우 국왕의 행사, 수양·교훈서 등의 각종 어제·어필이 많이 간행되었고 후자의 경우 공문 작성 및 문학 독본으로서 모범적인 서책들이 많이 간행되었다는 점을 들 수 있겠다. 정조·순조 연간의 팔도 감영 및 감사들의 서적 출판도 후속 작업으로 진행하고자 한다.[36] 감영에서 감사의 사적 간행물의 절대 다수를 차지하는 문

---

36 최근 학계에 보고된 바에 의하면 평안감사 김종수가 간행한 『청풍세고』의 출판 목적에는 가문

집 간행은 조선의 출판문화 성격에 사각본이 관의 물자를 동원한 것이 대부분이었음을 보여주는 것이다. 19세기 감영 출판물의 경우 방각본의 기능이 한층 강화되는 양상도 보이고 있다. 이러한 경향도 후고를 기약한다.

의 현양을 넘어 매우 복합적이고 미묘한 의도들이 들어있음을 알 수 있다. 이런 점은 영조 연간 감사의 사적 출판 성격에서는 볼 수 없었던 새로운 양상이다. 백승호, 「문집의 누적성과 상징 구축 연구: 김종후 편 『청풍세고』를 중심으로」, 『한국학논집』 91, 한국학연구원, 2023 참조.

『봉교엄변록』의 편찬과 정치 의리

이근호

1. 머리말

　영조 대 다양한 사건과 사고 중 임오화변(壬午禍變, 1762, 영조 38)을 가장 극적인 것으로 지목하는 것을 누구도 부정하지 않을 것이다. 임오화변을 거치며 차세대 왕위계승권자인 세자가 일순간 죄인으로 처벌되고, 그 뒤를 이어 세손이 동궁의 지위를 갖게 되었다. 그런 만큼 임오화변은 향후 정치세력의 판도에 많은 영향을 주는 등 사건의 파장이 만만치 않았다. 그런데, 주목되는 것은 임오화변이 진행되는 와중에 '세자를 보호'하며 '탕평주인(蕩平主人)'[1]으로 정치적 위상을 갖고 있던 조재호(趙載浩)가 사사되고 해당 사건을 정리한 『봉교엄변록(奉敎嚴辨錄)』이 편찬된 사실이다. 그런 만

1　『영조실록』, 영조 37년 10월 20일.

큼 해당 사건과 『봉교엄변록』은 임오화변을 이해하고자 할 때 중요한 실마리를 제공한다고 해도 과언은 아니다.

지금까지 이른바 '조재호사(趙載浩事)'와 『봉교엄변록』과 관련해서는 선행 연구가 제출되었다. 권오영은 해당 사건을 "노론의 소론 정치세력에 대한 축출 작업의 일환"이었다고 평가하였다.² 김성윤은 임오화변 이후 영조의 명분 조작을 뒷받침하기 위한 사건이며, 이를 통해서 사도세자에 대한 오랜 공방과 갈등은 종식을 고하고 정국은 새로운 국면으로 넘어갔다고 하였다.³ 김영민은 홍봉한이 조재호를 죽음으로 몰아 세자의 장인으로서 자신에게 불리한 임오화변 정국을 반전시키기 위한 것이라고 평가하였다.⁴ 이상의 연구들과는 달리 최성환은 이른바 세자 '위동(危動)' 세력의 승리이지만 동시에 세자 '보호' 세력을 포용하기 위한 의도가 있었다고 설명하였다.⁵ 대개 해당 사건을 홍봉한(洪鳳漢) 또는 영조가 주도하여 소론 세력 내지 세자 보호 세력을 축출하거나 명분 조작이라고 설명하고 있고, 이를 통해 임오화변 정국이 반전되었다고 설명하는 양상이다.

아래에서는 선행 연구의 시각과 성과를 참고하면서 『봉교엄변록』의 편찬 과정을 추적할 것인데, 그 과정에서 『봉교엄변록』의 편찬 배경인 이른바 '조재호사'를 함께 살펴보고자 한다. 더하여 을해옥사 이후 정국을 설명하여 해당 사건이 일어나게 된 정치적 배경도 함께 검토할 것이다.

---

2   권오영, 「조선후기 풍양조씨의 관력과 정치활동」, 『춘천의 세거씨족: 풍양조씨 회양공파 연구』, 풍양조씨자효회, 1997.
3   김성윤, 「영조대 중반의 정국과 '임오화변'」, 『역사와 경계』 43, 부산경남사학회, 2002.
4   김영민, 「사도세자의 생애와 '임오화변'의 정치적 의의」, 『역사문화논총』 4, 역사문화연구소, 2008.
5   최성환, 『영·정조대 탕평정치와 군신의리』, 신구문화사, 2020.

2. 을해옥사 이후 정국 동향

을해옥사(乙亥獄事, 1775년, 영조 31)를 거치며 영조는 "한 모퉁이 바다 동쪽에서 새 천지가 다시 밝아졌다"고 하거나 "30여 년 동안 고심했던 일을 이제야 성과를 보게 되었다"며 노론과 소론·남인·북인이 모두 하나의 덩어리로 돌아가게 되었다"고 자부하였다. 또한, 대리청정을 하던 사도세자에게는 소론의 연명 상소가 올라온 직후에 영조는 "이는 모두 소론인데도 징토(懲討)를 하니 기이하구나"라고 하면서 세자의 훗날 정치적 부담을 해소해주겠다고 하였다.[6] 이 선언은 이광좌(李光佐)·조태억(趙泰億)·최석항(崔錫恒) 등 소론계 핵심 인물에 대해 관직을 깎아내는 일로 이어졌다.

이후 소론들은 1755년(영조 31) 5월 을해옥사의 연장선상에서 일어난 심정연(沈鼎衍)의 '시권사'에서 다시 한번 정치적 시련을 맞게 되었다. 영조는 윤지(尹志) 등을 제거한 것을 기념한 과거 시험인 토역정시(討逆庭試)를 시행해 이시민(李時敏) 등 10여 명을 뽑았다. 그런데 토역정시에서 제출된 시권(試券) 가운데 심정연의 것에서 흉악한 말이 발견되어 옥사로까지 확대되었는데, 이것이 이른바 심정연의 시권사이다. 이 사건을 계기로 소론 측 인물인 유수원(柳壽垣)이나 심악(沈鏳) 등 일부가 다시 제거되면서 조재호의 표현을 빌리자면 소론의 "씨를 없애"게 되었다. 을해옥사와 심정연 시권사의 처리 과정에서 소론의 정치적 입지는 상당히 위축될 수밖에 없었다. 당연히 노론들은 소론의 처벌에 대해 공세적으로 대응하고 나섰다. 일방의 정치적 독주를 허용하지 않으려 탕평을 추진했던 국왕의 입장에서는 노론의 공세 속에서 그나마 남은 소론 세력을 보호할 필요가 있게

---

6 『영조실록』, 영조 31년 3월 2일.

되었다. 이런 필요로 만들어진 것이 『천의소감(闡義昭鑑)』이다.

『천의소감』 편찬은 을해옥사가 어느 정도 마무리되어가던 시점인 1755년 5월 집의 서명응(徐命膺)과 지평 원인손(元仁孫) 등이 별도의 임시기구를 두어 "난역(亂逆)의 원류를 찬술하고 죄를 토벌한 전말"을 기록하자고 하는 제안에서 시작되었다. 서명응 등의 제안이 받아들여져 같은 해 6월 1일 김재로(金在魯)와 이천보(李天輔)·조재호를 천의리편감(闡義理編鑑) 찬수청도제조(纂修廳都提調)로 임명하면서 편찬 작업이 본격화되었다. 이로 보아 처음 이름은 '천의리편감'이었음을 알 수 있는데, 이후 『천의소감』으로 바뀌었다. 같은 날 서종급·조영국·이성중·조명리·정휘량·남유용을 찬집 당상으로, 이양천·홍명한·서명응·황인검·이최중·송문재·이길보·홍인한·홍경해·남태저·원인손·이성경을 찬집 낭청으로 차출하였다.

편찬 작업이 진행되는 과정에서 수록 내용을 둘러싸고 논란이 있었다. 이 문제는 1755년 9월 찬수청도제조의 한 명인 조재호가 찬수 낭청 중 한 명인 원인손이 청사에 나아가지 않는다고 발언하면서 노출되었다. 원인손은 원래 취지와는 다르게 책이 편찬되고 있다며 청사에 나아가지 않았다. 논란의 주 내용은 난역의 연원을 어디까지 설정할 것인가 하는 점이었다. 김재로·홍계희 등은 1721년(경종 1)과 1722년(경종 2)에 발생한 신임옥사의 연원을 1701년(숙종 27) 무고옥(巫蠱獄) 당시 세자(후일의 경종) 보호를 자처했던 소론 계열의 남구만(南九萬)·최석정(崔錫鼎) 등에까지 소급해야 을해옥사로 이어지는 난역의 연원을 밝힐 수 있다고 하였다. 반면 원경하(元景夏) 등은 신임옥사의 연원을 숙종 대까지 소급하는 것은 곤란하며 이렇게 되면 결국 경종을 핍박하는 것이라고 하여 반대하였다. 조재호도 소론 전체를 말살하려고 할 필요까지 없다고 전제하면서 신임옥사에 대한 일을 거론하지 말 것이며 연좌제가 없게 하여 스스로 안심하도록 해야 한다고 하였다.

양측의 입장에 대해 영조는 원경하 등의 견해를 지지하였고, 이로 인해 김재로와 홍계희(洪啓禧)가 사직하였다. 그러자 영조는 『천의소감』 편찬을 주도하던 찬수청을 혁파하도록 지시하면서 "내가 4당으로 하여금 살육을 하지 않게 하고자 하였으나 이번 봄 역옥(즉 을해옥사)은 이미 큰 살육의 움직임이 있었는데, 또 서문을 지어서 살육을 열려고 하니 무슨 마음인가?"[7] 라며 이제는 노론이 없어져야 나라가 편안하게 된다고까지 하였다. 그러고는 합문(閤門)을 닫고 신료들의 인견을 거부하기도 하였다. 결국 영의정 이천보를 비롯한 노론계 신료 70여 명이 홀로 상소를 올리거나 혹은 연명으로 상소하여 당론을 하지 않겠다고 스스로 고백하는 상황에까지 이어졌다. 당시의 상황에 대해서 사관(史官)은 임금이 엄명을 내리자 "여러 신하들이 두려워하여 대궐문 밖에 초승(軺乘)이 길을 메우고 초저녁부터 승정원에 상소를 제출하기 시작해서 새벽까지 끊이지 않아 마치 과거 시험장에서 시권을 올리는 형상이었다"라고 하였다. 이 모든 것이 국왕이 조제(調劑)하려는 의도에서 나온 것이었다.[8]

국왕의 적극적인 개입을 통해서 결국 논란이 중재되고 1755년 11월 26일 비로소 『천의소감』이 완성되었다.[9] 책이 완성된 뒤에 국왕은 30년 동안 고심했던 일을 오늘에 비로소 이루었다고 하며 앞서 자신을 도왔던 홍치중·이집·조문명·송인명·조현명·김약로·정우량·이태좌 등에게 치제하도록 하였다.[10] 이들은 대개 영조의 치세 초반기에 탕평을 도왔던 노론과 소론 출신의 대표적인 탕평파들로서, 영조가 구상한 탕평 정국이 조성되었음을 상징적으로 보여주는 사례이다.

영조의 이런 자신감은 1756년(영조 32) 2월 40여 년간의 논란을 마치고

---

7 『영조실록』, 영조 31년 9월 21일.
8 정만조, 「영조대 정국추이와 탕평책」, 『영조의 국가정책과 정치이념』, 한국학중앙연구원 출판부, 2012.
9 『영조실록』, 영조 31년 11월 26일.
10 『영조실록』, 영조 31년 12월 4일.

송시열(宋時烈)과 송준길(宋浚吉)의 문묘 종사를 허가하는 것에서도 알 수 있다. 양인의 문묘 종사는 1717년(숙종 43) 전라도 유생 정민하(鄭敏河) 등이 요청을 시작한 후 정치적 시비와 학문적 논란을 거쳐 40여 년 뒤인 1756년에 비로소 결정되었다. 노론 측에서 줄기차게 추진했다는 점에서 양인의 문묘 종사는 노론계 학통과 정치 의리가 적통으로 인정되었음을 의미한다고 할 수 있겠다. 그러나 이렇게만 본다면 1756년이라는 시점에 그 결정을 한 영조의 의도는 간과된다. 이때의 문묘 종사는 노론 측의 의도보다는 이를 결정한 영조의 의도가 주요하게 영향을 미친 것이 아닐까? 영조는 양인을 문묘 종사한다는 사실을 널리 알리기 위해 교문(敎文)을 반포하였는데, 교문에서 "사도(斯道)를 주장하는 것이 나에게 있다"고 천명하였다. 또한 김상로(金尙魯)는 종사가 결정됨으로써 국왕 영조는 "대의를 천명하고, 사림의 대세를 바르게 하며, 오도(吾道, 즉 유학)를 중시하게" 되었다고 하였다. 영조의 위상이 한껏 높아진 결과를 가져오게 된 것으로, 영조의 의도를 짐작하게 한다.[11]

그럼에도 양인의 문묘 종사가 자칫 노론의 일방적 우위로 이어질 소지가 있었다. 이에 영조는 한동안 거론되지 않던 박세채(朴世采)를 거론하면서 다시 한번 탕평 의지를 재천명하였다. 1756년 2월 3일 약방제조 이익정을 비롯해 원경하 등이 입시한 자리에서, 영조는 박세채가 나라를 위해 황극(皇極)을 협찬한 정성은 곧 율곡 이이(李珥)의 마음이라고 하며 승지를 그의 집에 보내 치제하도록 하는 한편 자손을 특별히 등용하도록 지시하였다. 아울러 영조는 이때 승지 홍양호(洪良浩)에게 박세채의 문집인 『남계집(南溪集)』에 수록된 「진홍범차자(陳洪範箚子)」를 읽도록 하고는 기자(箕子)를 홍범의 종장(宗匠)이라며 숭인전에 치제하도록 하였다. 이렇게 보면 영

---

11 송시열과 송준길의 문묘종사에 대해서는 이근호, 「18세기 전반 宋時烈 文廟 從祀 논란의 정치적 의의」, 『한국사학보』 62, 고려사학회, 2016 참고.

조는 자신의 탕평 이념을 기자→이이→박세채로 이어지는 계승성으로 판단한 것임을 알 수 있다.¹²

을해옥사와 『천의소감』의 편찬 과정 등을 거치며 탕평 정국이 조성되었다. 이 같은 정국이 조성되는 상황은 준천 사업에도 영향을 미쳤다. 앞서 조재호에 의해서 1752년(영조 28) 소론의 처리에 대한 방향성이 정해지고, 아울러 균역법의 계유추사목(癸酉追事目)이 작성된 이후인 1754년(영조 30)에 준천 문제가 논의되기 시작하였다. 1754년 3월 영조는 창경궁 홍화문 앞으로 오부(五部) 방민(坊民) 중 준천(濬川)에 대해서 식견이 있는 자들을 불러 면담하고 대부분이 동의하고 있음을 확인하였다. 물론 이때 일부 사람이 필요성에 동의하지 않았다. 그럴수록 영조는 일방적으로 반대 의견을 억누르기보다는 준천 사업이 '위민(爲民)'의 일환임을 강조하며 정당성을 확보하고자 하였다. 이렇게 사회적 합의를 확보하는 과정을 거치면서 기존에 반대했던 인사 중 찬성으로 선회하는 인물도 있었다. 박문수의 경우가 그러한데, 불필요한 토목공사라는 인식을 불식시켰기 때문이었다.¹³

탕평정국이 조성되던 시기를 즈음하여 대조(大朝; 영조)와 소조(小朝; 세자) 사이에 불화가 고조되었다. 소위 임오화변의 전조가 나타나기 시작한 것이다. 1754년을 경과하면서 세자의 문제점이 공개적으로 드러나기 시작하였다. 일례로 1754년 5월 9일 국왕은 동궁이 매우 오래 서연(書筵)을 멈추었다는 사실을 공개하면서 자신의 꾸짖음으로 정상화되었음을 언급한 바 있다. 영조의 지적은 자신의 훈계를 받아들인 세자의 자세를 칭찬하는 것이며, 동시에 서연관들에게 보도의 책임을 다하라고 한 것이었다. 그러나 이런 지적을 통해 세자의 문제점이 공개적으로 노출된 것이기도 하다.

12 이근호, 『조선후기 탕평파와 국정운영』, 민속원, 2016.
13 강문식, 「영조대 준천 시행과 그 의의」, 『영조의 국가정책과 정치이념』, 한국학중앙연구원 출판부, 2012, 200-201쪽.

세자의 문제점이 지적되는 와중에 정치세력의 분화가 있었다. 당시 정국의 주도권을 장악하고 있던 노론이, 동당(東黨)·남당(南黨)·중당(中黨)·북당(北黨) 등으로 세력이 분화되었는데, 이 가운데 동당과 남당의 갈등이 격화되었다. 당시 상황에 대해 사관은, "성상께서 탕평의 정치를 힘써 시행하여 노론·소론·남인·북인의 당을 다 같이 하나로 돌아가게 하였다. 그러나 세도 정치의 책임은 오로지 노론에 있었다. … 자기들 안에서 또 각기 분열되리라고 어찌 생각하였겠는가? 어떤 자는 말하기를, '동당, 남당, 중북당이 서로 경알한다'"[14]고 평하였다. 노론 내에서 동당·남당·중북당(중당)의 명색이 조성되었다는 기록이다.

남당은 사도세자에 대한 부정적 태도를 보이던 홍계희와 김상로 등을 계승한 세력으로, 조영순(趙榮順)·홍경해(洪景海) 등이 주도하였다. 그리고 이들의 우익으로 조종부(趙宗溥)·이담(李潭) 등이 있었다. 동당은 이천보가 주도하던 세력이었다. 중당의 경우 그 실체를 정확히 알 수는 없으나, 아마도 이전에 유척기(俞拓基)가 주도한 세력을 지칭한 것으로 보이며, 유척기와 이천보의 관련으로 인해 동당으로 흡수된 것으로 추정된다. 북당은 홍봉한이 중심이 된 세력이다. 아울러, 노론 측의 세력 분화에 일부 소론 출신들이 연계하였다. 이천보의 동당과 소론 출신의 조재호 등이 연계한 것이 대표적인 사례이다.[15]

1755년 을해옥사 이후 사도세자의 병증이 심해지고, 더하여 영조와 불화의 골이 깊어졌다. 1755년 2월 6일 남당 계열의 지평 조엄(趙曮)은 세자가 서연을 정지하였음을 비판한 바 있으며, 같은 해 9월 11일 김상로는 동궁에게 차자를 올려 "저하께서 춘추가 정성(鼎盛)하시어 만기를 대리한 7년 동안 천심이 응할 만한 무슨 정사가 있으며 성상의 맡기신 바에 부응

---

14 『영조실록』, 영조 34년 7월 9일.
15 이근호, 앞의 책, 84-86쪽.

한 일이 무엇이며, 사방에서 바라는 바에 답한 조치가 무엇이 있습니까"라며 비난한 바 있다.¹⁶ 김상로 등의 세자에 대한 공격은 노골화되었으며, 1757년(영조 33) 11월 24일자 실록에는 김상로가 약방도제조로 입진한 기사를 수록하였는데, 이날 기록에서 사관은 "김상로가 침하(枕下)에 엎드려 삼복(三覆)을 대행하지 않겠다는 뜻으로서 나지막한 목소리로 말하고 이어서 몰래 아뢰는 바가 있었다"라고 하였다.¹⁷

더 이상의 기록이 없어 국왕과 김상로가 만난 자리에서 무슨 말이 오고갔는지는 알 수 없으나, 이로부터 며칠 후 중국 명 태조의 장남이었지만 병사한 뒤 후일 흥종(興宗)으로 추존된 의문태자(懿文太子)의 일을 거론하고 있는 것을 보면 세자와 관련된 논의가 있었을 것임을 짐작해볼 수 있다.¹⁸ 실록에 따르면, 당일 초경(初更) 5점(點)에 거려청(居廬廳)에서 예판 이익정(李益炡), 편집당상 홍계희, 신회(申晦) 등이 입시하였을 때, 좌의정 김상로가 유대(留待)하자 주서를 보내 불러들였다. 김상로는 중국에 보낼 자문초(咨文草)를 가지고 입시하여 의문태자의 일을 거론하였다. 김상로는 홍무제가 송렴(宋濂)을 죽이려고 할 때, 의문태자 주표(朱標)가 간쟁하다가 황제가 화를 내자 태자가 황공해서 우물에 몸을 던지기까지 하였음을 언급하였다. 논의의 출발은 황제에게 간하는 사안으로 언급되었으나, 국왕이 '의문태자'에 대한 관심을 갖는 계기가 되었다. 결국 영조의 의문태자에 대한 관심은 이후 1762년(영조 38) 8월 세손에게 동궁의 위호를 정할 때, 의문태자의 사례를 들어 홍무제가 의문태자의 이자(二子)를 황태손으로 삼았던 전례를 거론한 것으로 확인된다.¹⁹

사도세자에 대한 정치적 공세가 심해지는 상황에서 숙종비인 인원왕후

---

16 『영조실록』, 영조 31년 9월 11일.
17 『영조실록』, 영조 33년 11월 24일.
18 『영조실록』, 영조 33년 11월 29일.
19 『영조실록』, 영조 38년 8월 1일.

와 영조비인 정성왕후의 승하는 사도세자의 정치적 고립을 가중시켰다. 정성왕후와 인원왕후는 사도세자의 후원자 역할을 했던 인물들이었다. 그러나 이들의 승하로 사도세자의 고립은 심해졌으며, 더불어 세자와 장인 홍봉한과의 관계도 정상적인 사위와 장인의 관계가 아니었다. 즉 『한중록』에서는 "경모궁(=사도세자)께서는 아버님을 뵙자 움츠러들어 전에 울던 것도 못 하시고 몸을 굽혀 고개도 못 드시나 … 아무리 아버님이 무서우셔도 두려움을 무릅쓰고 울다 기색(氣塞)하시고 또 마주하여 울부짖고 슬퍼하시어"라 하였다.[20] 세자와 홍봉한 사이의 간극을 확인시켜주는 대목이다. 이런 상황에서 1759년(영조 35) 경주 김씨 김한구(金漢耉)의 딸이 영조의 계비로 책봉되었다. 바로 정순왕후이다. 정순왕후가 계비로 책봉되면서, 동생인 김구주(金龜柱)가 남당의 중심에서 활동하였다. 그러면서 북당의 홍봉한과 정치적 대립이 심해졌다.

세자를 둘러싼 불만이 고조되는 즈음에 국왕과 노론 사이에 세자 이후에 대안이 모색된 것으로 말해진다.[21] 실제로 1758년(영조 34) 8월 12일 밤 국왕은 승정원에 세자 폐위 전교를 내리기도 하였다. 이때 도승지 채제공(蔡濟恭)이 승지와 사관 등을 대동하고 입시하여 간함으로써 철회되기는 하였다. 채제공은 평소 "주상과 세자 양궁 사이에서 주선하면서 일에 따라 보호[公周旋兩宮 隨事輔護]"하는 정치적 입장을 보였다.[22] 즉 "저하께서 재앙을 그치게 하는 도리로서는 빨리 천심을 따르는 것보다 먼저 할 것이 없을 것인데, 대조(大朝)는 곧 저하의 하늘이니, 대조의 마음이 기쁘시면 천심이 반드시 기쁠 것이고 대조의 마음이 기뻐하지 않으시면 천심이 반드시 기뻐하지 않을 것입니다"라 하였다.[23] 채제공이 도승지에 제수되기 직

20 『한중록』.
21 정만조, 앞의 논문, 97쪽.
22 丁範祖, 『海左集』 권24, 비명, 領議政諡文肅蔡公神道碑銘, "是時 壯獻世子代理已十年睿智燭物 疾惡頗嚴 逆臣尙魯啓禧 心懷疑懼 陰爲動搖計 搆煽內外 公周旋兩宮 隨事輔護".

전인 8월 1일에는 명릉 거둥 시 세자가 수행하였는데, 몸 상태가 좋지 않자 돌려보내는 이례적인 일이 있었다.[24] 그리고 같은 달 12일 밤에는 급기야 국왕은 승정원에 세자 폐위 전교를 내렸다. 다음 날 도승지 채제공이 승지와 사관 등을 대동하고 입시하여 간함으로써 철회되기는 했다.[25]

계비인 정순왕후 측에서 양자를 들이는 문제가 논의되기도 하였다고 한다. 그러나 영조는 효종 이래 내려온 삼종혈맥(三宗血脈, 즉 효종-현종-숙종으로 이어지는 혈통)이 왕위를 계승해야 한다는 원칙을 버릴 생각은 없었다. 이 경우 세손(즉 후일의 정조)이 유일한 대안이었다. 1759년 윤6월 22일 원손을 책봉하였다. 그리고 영조는 정기적인 경연이나 차대(次對) 등에 세손이 참석하도록 하였다. "여항(閭巷) 사이 민사(民事)의 질곡 같은 것을 알게 하기 위한 것"으로, 원손으로 책봉한 지 며칠 지나지 않은 윤6월 27일 "백성을 위한 일"을 알게 한다며 원손에게 기우제를 시행하고 돌아오는 국왕을 문밖에 나와서 맞이하게 하였다.

이런 상황에서 1759년 10월, 준천 시행이 결정되고 본격적인 준비에 착수하였다. 준천이 결정되는 시기에는 여전히 세자에 대한 비판 여론이 좋지 않았다. 그럼에도 불구하고 이 시기 준천이 결정된 이유는 무엇인가? 정치적으로 차세대 왕위계승권자를 두고 정치세력 사이에 갈등이 노골화되는 정국 상황 속에서 위민을 표방한 준설 사업이 정력적으로 추진되었다.[26] 더하여 어린 세손에게는 국가 운영의 전범(典範)을 보여주려는 의도도 있지 않았을까 판단된다. 즉 영조는 대리청정하던 사도세자를 둘러싸고 정파 사이에 갈등이 고조되는 상황에서 서로 다른 정치적 입장을 보인 정파의 대표적 인물, 즉 홍계희와 홍봉한을 함께 국가 정책에 참여시

---

23 『영조실록』, 영조 30년 5월 10일.
24 『영조실록』, 영조 34년 8월 1일.
25 『영조실록』, 영조 34년 8월 13일.
26 이근호, 「경진준천의 정치사적 배경」, 『준천, 영조와 백성을 잇다』, 청계천박물관, 2017.

킴으로써 탕평의 효과를 극대화하고자 하였다. 또한, 영조는 자신이 강조하는 "백성을 위한 일"의 실현이 정파 간의 대립과 갈등보다는 우선해야 한다는 것을 상징적으로 보여주려는 의도가 있었을 것으로 판단된다.[27]

세자의 과실 문제가 계속 지적되면서, 정치세력 간에 갈등이 점차 고조되었다. 이런 상황에서 세자 보호를 자처하던 이천보와 이종성, 조재호, 유척기 등은 영조의 지나친 거조를 지적하면서 세자에 대한 포용을 강조하였다. 이에 대해 영조는 이들의 행위가 세자를 일방적으로 편들면서 자신의 잘못만을 지적한다며 부정적인 반응을 보였다. 결국 세자 보호를 자처했던 조재호를 임천군에 부처하고, 유척기를 문외출송하는 조치[28]를 통해 이들을 제압하고자 하였다. 그리고 이들을 두호(斗護)했다는 이유로 수찬 이미(李瀰)를 파직하였다.[29] 이어서 세자 보호를 취했던 이천보와 민백상, 이은 등이 사망하고, 조재호는 입조하지 못하고 춘천에 낙향해 있거나 교외를 왕래하며 정치적 추이를 지켜보고 있었다.

3. '조재호사'와 『봉교엄변록』의 편찬

세자 보호 세력이 위축된 상태에서, 1762년 윤5월 14일 이른바 '조재호사'의 단초가 되는 홍봉한의 고발이 있었다.[30] 묘하게도 전일인 윤5월 13일 세자가 폐해져 서인(庶人)이 되었고 뒤주에 갇히는 임오화변이 발생

---

27 강문식, 앞의 논문, 248-249쪽.
28 『영조실록』, 영조 35년 5월 6일.
29 『영조실록』, 영조 35년 5월 11일.
30 『봉교엄변록』.

하였다. 윤5월 14일 홍봉한은 '천얼(賤孽)' 엄홍복(嚴弘福)이 경향에서 출몰하면서 진신(搢紳)에게 화가 전가될 것이라는 설이 유포되고 있으며, 그 설은 모인(某人)에게 이른다고 하였다. 여기서 모인은 이후에 드러난 조재호이다. 홍봉한은 이 같은 소문을 유신(儒臣) 이미를 통해 전해 들었다며 최초 발설자를 언급하였다. 국왕은 이미를 불러들여 홍봉한의 발언에 대한 진위 여부를 확인하였다. 이미는 엄홍복에 대해 본인과 척분이 있으나 평소 사람이 요악스러움을 알고 있다고 하면서 지난여름 초에 우연히 만났을 때 갑자기 '위파지설(危怕之說)'을 발론하였으나 그 의미를 알 수 없고 놀랍기도 하여 대신, 즉 홍봉한에게 전달하였다고 하였다.

홍봉한은 사건이 발생하기 전인 윤5월 2일, 세자의 대명(待命)을 풀어주려고 했다는 이유로 영의정에서 파직되었다가,[31] 윤5월 7일 다시 좌의정에 제수되어 입조한 상황이었다.[32] 그리고 뒤주에 갇힌 세자에게 국왕이 자진(自盡)을 명하자 신료들이 국왕에게 나아갔을 때, 홍봉한은 진언하지 못한 채 나왔다. 그러나 홍봉한은 다음 날에 한림 윤숙(尹塾) 등의 국문을 요청하는 등 태세를 전환하였다.[33] 윤숙은 세자가 뒤주에 갇히던 윤5월 13일 뜰에 내려가 이마를 찧어 얼굴이 피투성이가 되었고 호위망을 뚫고 나가 의관(醫官)을 불러 약을 가져다 올리도록 하였다. 윤숙은 또한 위사(衛士)들을 물리치고 몸을 빼 뛰어나와서 대신들 손을 잡고 함께 들어와서는 신만(申晩) 등을 책망하며, "이렇게 위급한 때에 대신들이 천폐(天陛)에다 머리를 부수면서라도 죽기를 작정하고 역쟁(力爭)하지 않는다면 대신을 어디에다 쓸 것인가"라고 하였다.[34] 홍봉한의 요청에 따라 윤숙은 해남으로 찬배되었고, 임덕제(林德躋)도 강진으로 찬배되었다. 임덕제 역시 세자를

31 『영조실록』, 영조 38년 윤5월 2일.
32 『영조실록』, 영조 38년 윤5월 7일.
33 『영조실록』, 영조 38년 윤5월 14일.
34 『홍재전서』 권16, 지, 「현륭원지」.

따라 뜰에 엎드려 곁을 떠나지 않은 인물이다.

홍봉한은 이처럼 세자를 옹호하던 인물들에 대한 처리와 함께 윤5월 14일 이미에게 들은 말을 국왕에게 전한 것이었다. 홍봉한에게 말을 전했다는 이미는 소론계 탕평 세력 중 한 명인 이주진(李周鎭)의 아들이며, 외조부가 여흥민씨 민진원(閔鎭遠)이다. 즉 이미의 당색은 소론이지만, 노론계 세력과도 밀접한 관련을 가진 인물이다. 홍봉한 역시 이미의 외가인 여흥민씨와 인척간이기도 하다. 아마도 이 같은 개인적인 네트워크가 작동된 것으로 보인다. 한편 이미에게 조재호의 발언을 전한 엄홍복(1718~1762)의 본관은 영월로, 부친은 엄정(嚴侹)이며, 1753년(영조 29) 진사시에 입격하였다.35 그는 예빈시 참봉과 선공감 봉사, 희릉직장 등을 역임하였다.36 엄홍복이 이미에게 발언을 전하게 된 배경은 그와의 척분이 있었기 때문이다.37

윤5월 15일 국왕 영조는 복정(復政)을 선언하고 국정에 나왔다.38 이어 영조는 홍봉한과 이미의 고발을 통해 "제적(諸賊)이 체포되어 단서가 드러났다"고 하며, 고발이 있은 이틀 뒤인 윤5월 16일 태복시에서 엄홍복에 대한 친국을 진행하였다. 친국 시에 엄홍복은 조재호와 알고 지내는 사이로, 1762년 봄 조재호가 서찰을 보내왔고, 같은 해 4월에 엄홍복이 춘천으로 가서 조재호를 만났다고 하였다. 엄홍복은 조재호를 만났을 때 그 자

---

35 한국역대인물종합정보시스템(people.aks.ac.kr).
36 『승정원일기』, 영조 29년 10월 27일; 영조 31년 3월 25일; 영조 32년 6월 25일.
37 이미와 엄홍복의 인척 관계.

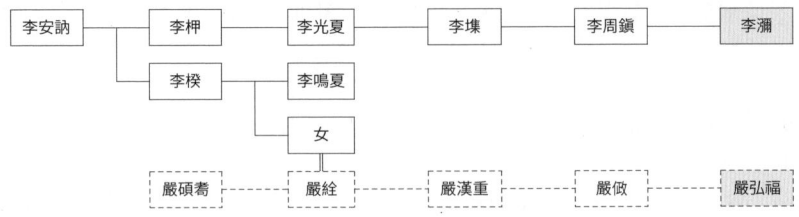

38 『영조실록』, 영조 38년 윤5월 15일.

리에는 약간의 기생과 삼현(三絃) 이외에 손님으로 평릉찰방을 지낸 류채(柳綵)와 이름 모를 남봉사(南奉事)라는 사람이 있었다고 하였다. 이어 내실로 들어가 조재호와 엄홍복이 면담하였는데, 이때 엄홍복은 마음속에 실로 의심스러운 바가 있었다고 하였다. 의구심을 가진 채 서울로 돌아와 동대문으로 들어오면서 이미를 만나 춘천에서 온다고 답하였다고 하였다.

엄홍복의 발언을 듣고 국왕은, 그의 말이 허황된 난언(亂言)에 불과하다고 하면서, 조재호가 이 사람(즉 엄홍복)을 만난 것은 '예(禮)가 아니면 보지 말라'는 뜻이 아니며, 이미가 이 말을 들은 것도 '예가 아니면 듣지 말라'는 뜻이 아니다라며 질책하였다. 그러면서, 조재호가 비록 향리에 있다지만 그 이름을 생각하면 재상인데 은근한 편지를 보냈으니, 이미 재상의 체면을 잃은 것이라고 하였으며, 엄홍복을 친국할 때 '좌우(左右) 삼현(三絃)'이라는 말이 있었으니, 이 말을 듣고서 국왕 자신이 더 부끄러웠다고 하였다. 이어 이미는, 그 아비(즉 李周鎭)의 아들로서 어찌 이처럼 교악(巧惡)한 무리와 친했는가? 귀로는 비록 들었더라도 입으로 어찌 말할 수 있는가? 비록 나라를 위한 고심(苦心)에서라고는 하지만, 만약 엄홍복과 친하지 않았다면 그런 말이 어찌 귀에 들어왔겠는가? 처음 정사의 여신(勵新)하는 도리에 있어 끝내 모른 체하기 어렵다고 하면서 파직을 지시하였다.[39]

이어 언관들의 조재호에 대한 공세가 시작되었다. 윤5월 18일 사간 박기채와 장령 조태상 등이 합계하여, 조재호가 엄홍복의 공초(供招)에서 나왔고, 상신으로서 요얼(妖孼)과 친근하게 지내며 은근하게 편지까지 보내기까지 하였으니 삭직에 그쳐서는 안 되고 변방에 안치하도록 요청하였다. 이에 대해 국왕은 복정(復政)한 때에 대체(臺體)를 얻었다면서 요청대로 조재호를 단천부에 안치하도록 지시하는 한편, 엄홍복의 공초가 나온 뒤에도 쟁집하지 않은 대사간 심관(沈鏎), 장령 정운유(鄭運維)는 파직하고,

39 『영조실록』, 영조 38년 윤5월 17일.

사간 박기채 등의 합계에 이의를 제기한 정언 임희효는 삭직시켰다.[40] 이 중 심관은 1759년 4월부터 춘천현감으로 재직한 바 있는데,[41] 심관이 현감으로 재직하던 시기, 조재호는 정성왕후를 종묘에 부묘할 때 참석하지 않았다는 이유로 임천군에 부처되었다가[42] 얼마 뒤 석방된 뒤[43] 춘천에 물러나 있었던 것으로 보인다. 한편 정운유는 장령으로 재직하던 1762년 윤5월 13일 임오화변이 발생하자 궁궐로 달려갔다가 저지를 당해 궁문으로 진입하지 못한 채 부당하다는 상소를 올리려다가 국왕의 전교를 듣고 중지하였던 인물이었다.[44] 그리고 그날 엄홍복을 수구문 밖에서 참수하였다.

윤5월 21일 사도세자가 사망하면서 이른바 '조재호사'의 처리 방식이 변한 것으로 보인다. 즉 윤5월 26일부터는 변방에 안치한 조재호를 소환해 추국하자는 의견이 나오기 시작하였다. 응교 김응순(金應淳), 장령 이택징(李澤徵) 등 삼사에서 조재호를 잡아다가 추국하여 실정을 알아내자고 요청한 것이다. 이에 대해 영조는 대관(大官)을 잡아다가 신문하는 것은 『속전(續典)』에 어긋나는 것이라고 하면서, 합계를 올린 김응순 등을 파직하도록 하명하였다.[45] 국왕의 강경한 명령이 내렸음에도 윤5월 27일 대사헌 남태회(南泰會) 등이 신문을 요청하였다.[46] 윤5월 29일 대사헌 이규채(李奎采), 사간 송덕중(宋德中) 등은 더 나아가 조재호의 안율(按律)을 요청하였으며,[47] 6월 9일 헌납 박치륭(朴致隆), 정언 신익빈(申益彬) 등은 이규채 등의 논의가

---

40 『영조실록』, 영조 38년 윤5월 18일.
41 『승정원일기』, 영조 35년 4월 3일.
42 『영조실록』, 영조 35년 5월 6일.
43 『영조실록』, 영조 35년 5월 25일.
44 채제공, 『번암집』 권48, 신도비, 「資憲大夫工曹判書兼知義禁府事鄭公神道碑銘」.
45 『영조실록』, 영조 38년 윤5월 26일.
46 『영조실록』, 영조 38년 윤5월 27일.
47 『영조실록』, 영조 38년 윤5월 29일.

공공의 논의라며 지지하고 나서면서 다시 한번 조재호에 대한 처분을 강력하게 요청하였다.⁴⁸

6월 19일에는 대사간 이기경이, 서유량(徐有良)은 연중(筵中)에서 조재호를 기렸다고 하면서 삭직을 요청하였고, 함께 윤광소(尹光紹)는 사나운 사람으로서 스스로 폐고(廢錮)의 죄를 범하였고 성문을 출입하여 발자취가 음비(陰秘)하니, 절도(絶島)에 정배하기를 요청하였다. 윤광소와 엄홍복이 왕래한 편지가 발견되었기 때문이었다.⁴⁹ 또한, 이기경은 엄홍복의 공초에서 나온 류채와 남씨(南氏) 성을 가진 사람을 잡아들여 국청에서 엄히 물을 것을 요청하였다.⁵⁰ 이어 6월 20일에는 정언 윤면동(尹冕東)이 장문의 상소를 올려 신랄하게 조재호를 비난하며 처벌을 요청하였다. 즉 변방에 안치된 조재호는 죽이는 것이 마땅하다고 하면서, 이미 합계 등을 통해서 그의 죄악이 다 드러났다고 하였다. 조재호가 체결하여 음모(陰謀)를 꾸민 것은 비록 진신(搢紳)을 죽이는 데 있었지만, 그가 일념으로 경영한 것을 생각하면 어찌 오로지 시원한 마음으로 살육하는 데 그치려 했겠는가라고 하며 역모로까지 몰아부쳤다. 윤면동은 이 같은 조재호의 처사를 환온(桓溫)의 역절(逆節)과 주전충(朱全忠)의 역모에 비유하며 조재호의 이번 계획은 역절·역모라 하였다.⁵¹

이어 6월 21일에는 헌납 이흥종(李興宗)이 입시한 자리에서, 호조판서 김상복(金相福)의 파직을 요청하였다. 이유는 앞서 사도세자 사건 당시 궁성을 호위할 때에 비록 한사(閑司)·만직(漫職)이라 하더라도 잠시도 자리에서 뜨지 못하였는데, 약원(藥院)의 직임을 띠고 있으면서 보호하는 중임을 생각하지 않고 생기(省記)한 후에 마음대로 금문(禁門)을 나가 대명소(待命

---

48 『영조실록』, 영조 38년 6월 9일.
49 윤광소, 『소곡집』 권22, 부록 「墓誌」(玄孫 相爵撰).
50 『영조실록』, 영조 38년 6월 19일.
51 『영조실록』, 영조 38년 6월 20일.

所)에서 조재호를 만났다는 것이다.[52] 이 일은 다음 날 홍봉한이 차자를 올려 김상복이 대명소에 나간 것은 자신이 권하였기 때문이라고 변호하고 나섰다.[53]

6월 22일에는 국왕이 사복시에 나아가 춘천에 거주하던 류채와[54] 남씨 성을 가진 사람, 즉 남경용(南景容)을 친국하였다. 이 자리에서, 남경용은 "조재호가 항상 말하기를, '한쪽 사람들이 모두 소조(小朝)에 불충하였으나 나는 동궁을 보호하고 있다'라고 하였다"고 하였다. 류채는, "조재호가 항상 말하기를, '동궁을 보호한다'고 하기에 제 마음도 그러하였습니다. 또 말하기를, '남인(南人)이 7, 80년 굶주렸으니, 하늘의 이치로 보아 반드시 남인이 득지(得志)할 것이요, 노론은 반드시 그들 손에 죽을 것이다'라고 하고, 또 '세도(世道)를 조제(調劑)하고자 하나 할 수 없기 때문에 세상을 개탄하며 이곳에 왔다'고 하였다"라고 진술하였다.[55] 그리고 같은 날 결국 조재호가 사사되었다. 영조는 전교를 내려, 조재호가 '기사년(己巳年)의 여당(餘黨)' 즉 남인과 결탁하였고, "무신년과 을해년의 일을 양성(釀成)한 근본"이라고 지목하였다.

같은 날 전 목사(牧使) 김유행(金由行)의 관직을 추삭(追削)하였다. 남경용의 공초에서 김유행이 조재호에게 편지를 보내, '장래에 대감(大監)이 반드시 당국(當國)하게 될 것이니, 여러 아들을 부탁한다'라고 하였고, 조재호는 이를 남들에게 자랑하였다는 이유이다.[56] 계속해서 남경용의 공초에 등장한 조명채(曹命采)·박창윤(朴昌潤)·이만회(李萬恢)와 이만회를 신문하면서 등장한 부사 심관에 대한 신문도 진행하였다. 물론 이들은 모두 석방되

---

52 『영조실록』, 영조 38년 6월 21일.
53 『영조실록』, 영조 38년 6월 22일.
54 한국역대인물종합정보시스템(people.aks.ac.kr).
55 『영조실록』, 영조 38년 6월 22일.
56 위와 같음.

었다.⁵⁷

　6월 24일에는 해당 사건과 관련해서 여죄에 대한 추궁이 계속되었다. 부처(付處)된 죄인 한광조(韓光肇)는 조재호와 가까운 친척으로, 국왕 영조가 복정하고 이를 진하할 때 집에 있으면서 참석하지 않았다고 하여 절도에 위리안치하기를 요청하였고, 장지항은 조재호의 죄가 드러나서 조정의 신하들이 토벌하기를 요청할 때 함께 앙대(仰對)하지 않았다고 하여 정배되었다.⁵⁸

　이어 사복시에서 조재호와 친했다고 하는 춘천에 거주하는 목중도(睦重道)·목조술(睦祖述)·황면(黃冕)·박수유(朴垂裕)의 친국이 진행되었다. 목중도·박수유는 대역부도로 판결문(判決文)을 쓰고, 목조술은 요언(妖言)으로 대중을 미혹시켜 부도죄를 함께 범한 것으로 지만(遲晩)하였으며, 황면만은 불복하였다. 박수유를 국문하면서는 심발(沈墢)과 심관의 이름이 나왔다. 또한 대사헌 정광충에 의해서 조재호의 심복이라고 거론된 전 현감 안이(安履)와 전 만호 강위열(姜渭說)의 정배가 결정되었고, 앞서 언급한 이만회 역시 변방에 정배가 결정되었다.⁵⁹ 이들 이외에도 조태억의 아들인 조갑빈의 찬배가 결정되었는데, 조갑빈은 폐고된 족속들을 모으던 조재호와 결탁된 윤광소와 더불어 왕래하였기 때문이었다.⁶⁰

　이렇게 조재호, 그리고 그와 관련되었다는 이유로 여러 인물에 대한 처벌이 진행되는 와중이던 8월에 집의 박치륭이 임오화변의 처리에 대해 비난하는 공격적인 상소를 제출하였다.⁶¹ 상소에서 박치륭은 먼저, 임오화변 사후 처리 과정에 문제를 제기하였다. 즉 "13일의 처분은 실로 우리 성상

---

57 『영조실록』, 영조 38년 6월 23일.
58 『영조실록』, 영조 38년 6월 24일.
59 『영조실록』, 영조 38년 6월 25일.
60 『영조실록』, 영조 38년 7월 2일.
61 『영조실록』, 영조 38년 8월 10일.

의 천만번 부득이한 거조에서 나온 것이지만, 보도(輔導)를 잘못한 자가 분명히 있고 오늘의 일을 양성(釀成)한 자도 분명히 있는데 감히 말하기를, '만사는 다 끝났다' 하면서 일체를 세자의 죄과로 단정하여 일을 그렇게 양성한 근본을 찾지 않고 시종 처분을 독단(獨斷)한 데로만 돌린다면 장차 나라는 나라 노릇 못하고 사람은 사람 노릇 못할 것이며 사람들은 서로 끌고 금수(禽獸)의 지경에 빠질 것"이라는 것이다. 그러면서 박치륭은 홍봉한과 조재호를 함께 비난하기를, 홍봉한은 "세자가 한 가지도 정직한 말을 듣지 못하게 하고 한 가지도 착하고 어진 간쟁을 보지 못하게" 한 죄 등을 거론하며 종사의 죄인이라고 하였다. 또한 조재호에 대해서는 대역적이라고 하면서, 그 이유는 "몰래 흉모를 꾸미고 왕실을 엿본 것은 실로 무신년의 역적보다도 심하였으니, 빼앗지 않고는 만족하지 못하는" 죄인이라는 것이다.

박치륭의 이 같은 상소에 대해 국왕은 뜰아래로 내려가, 선왕의 혼령께 "이러한 박치륭의 일이 있었던 것은 모두 신이 불충하고 불효한 탓입니다"라고 하였으며, 심지어는 "이는 장차 조선을 그르치려는 징조입니다"라고까지 과한 발언을 하였다. 그러고는 박치륭을 면관(免官)하여 서인(庶人)으로 삼고, 흑산도로 유배를 보내도록 지시하였다. 아울러, 홍봉한은 스스로 자책하면서 상직(相職)의 면직을 요청하자 영조도 이를 허용하였다.

이렇게 박치륭과 같이 임오화변의 처리 과정에 대해서 일부가 의구심을 제기하자, 이에 대한 명분을 만드는 작업이 필요했다. 그 결과로 『봉교엄변록』을 만들게 되었다. 1762년 8월 12일 홍봉한은 '조재호사'에 대해 『천의소감』의 예에 따라 한 책으로 만들기를 요청하였고, 국왕이 이를 허가하면서 편찬 작업이 시작되었다. 『봉교엄변록』은 당초 '수의편(垂義編)'이라는 제명으로 명명되었다.[62] 그러나 며칠 뒤 윤동도(尹東度)가 '수의편'이라는 이름이 가볍다고 하면서 '감변록(戡辨錄)'으로 변경할 것을 건의하였다. 영조는 '수의편'이라는 제명이 가볍고 '감변(戡辨)'도 역시 좋지 않다

표 1 「봉교편집제신」에 등재된 인물

성명	관직	성명	관직
신만(申晩)	영의정	홍인한(洪麟漢)	동지중추부사
홍봉한(洪鳳漢)	좌의정	홍명한(洪名漢)	용양위 부호군
윤동도(尹東度)	우의정	정실(鄭宲)	공조참판
이창의(李昌誼)	판돈녕부사	홍술해(洪述海)	용양위 부사과
이정보(李鼎輔)	판중추부사	이명환(李明煥)	용양위 부사과
홍계희(洪啓禧)	용양위 부호군	이상지(李尙芝)	용양위 부호군
윤급(尹汲)	좌참찬	김노진(金魯鎭)	홍문관 교리
남태제(南泰齊)	용양위 부호군	김상익(金相翊)	세손시강원 문학
김상복(金相福)	이조판서	윤득맹(尹得孟)	용양위 부사직
김양택(金陽澤)	우참찬	강필리(姜必履)	홍문관 교리
정홍순(鄭弘淳)	이조참판	이재간(李在簡)	홍문관 부수찬

며 다시 논의에 부쳤고, 홍계희는 '촉요(燭妖)'라는 이름을 대안으로 제시하기도 하였다. 홍계희가 제안한 제명에 대해서 영조는 소설 『평요전(平妖傳)』의 뜻으로, 제명으로 쓰기에는 기괴하다고 하였다.[63] 이렇게 제명에 대한 논의가 있었으나, 당일에는 결정되지 않은 채 편찬 작업이 진행되다가 8월 22일 홍봉한이 '엄(嚴)' 자로 대안을 제시하였고 윤동도는 '봉교(奉敎)'라 하자 이를 받아들여 완성된 서적에 '봉교엄변록' 5자를 쓰면서 최종 결정되었다.[64]

『봉교엄변록』은 「어제서(御製序)」(홍계희 봉교서)와 「임오팔월이십육일(壬午八月二十六日) 전교(傳敎)」(윤급 봉교서), 홍봉한·윤동도·신만의 전문(箋文), 「봉교엄변록」이라 하여 공초 등을 편성하였으며, 마지막에는 「봉교편집제신(奉敎編輯諸臣)」을 수록하였다. 마지막 「봉교편집제신」조에 수록된 명단은 〈표 1〉과 같다.

62 『영조실록』, 영조 38년 8월 12일.
63 『승정원일기』, 영조 38년 8월 19일.
64 『승정원일기』, 영조 38년 8월 22일.

「봉교편집제신」에 등재된 인물들은 여러 정치 그룹이 포함되었다. 홍봉한의 북당 계열로 분류할 수 있는 신만과 김양택, 김상복, 윤동도, 이창의, 홍인한 등이 참여하였다. 또한 남당 계열인 홍계희와 윤급, 홍계희의 아들인 홍술해와 함께 1761년(영조 37) 이후 세자에 반감을 보였던 소론의 강필리 등이 참여하였다.[65] 이러한 참여 인물들의 정치 성향은 결국 『봉교엄변록』 편찬의 정치적 목적을 가름하게 한다. 즉 반세자 세력의 정치 의리에 정당성을 부여하는 역할을 했다고 볼 수 있지 않을까 판단된다.

완성된 『봉교엄변록』에서 제시하는 조재호의 죄안은 대략 2가지로 정리된다. 하나는 조재호가 사도세자의 보호를 자처했다는 점이다. 즉 임오화변이 발생하기 전에 제신들의 소차(疏箚)는 세자에게는 불리한 반면에 자신은 세자를 보호했다는 것이다[保護不利之說]. 다른 하나는 앞서 언급한 바 기사여당(己巳餘黨)을 속이고 무신년과 을해년의 일을 양성(釀成)하였다는 것이다.

그런 와중에서 1762년(영조 38) 8월 26일 홍봉한의 차자가 제출되었다. 차자에서 홍봉한은 국왕이나 영빈, 그리고 자신을 비롯한 신료들이 모두 애통해하는 마음이 없지는 않았으나, "애통해하는 마음은 애통해하는 것이고 의리는 의리이니 사사로운 애통으로 인하여 공적인 의리를 가릴 수는 없다는 것이 분명합니다"라고 하였다. 이 같은 홍봉한의 차자에 대해 영조는 "종사를 위해 의로써 결단한 것이다"라고 하며 사건 이후 위호를 회복하고 상여를 따라가 애도하며 특별히 신주를 쓴 것은 은의(恩義)를 아울러 베푼 것이라고 하면서, 홍봉한의 차자와 자신의 비답을 사각(史閣)에 간직하도록 명령하였다.[66] 홍봉한의 차자는 영조가 제시한 의리를 전반적으로 수용하여 제출한 것으로, 사건의 수습 과정에 대한 책임을 맡은 홍봉

---

65 이상 인물들의 정치 성향에 대해서는 다음 참조. 이근호, 앞의 책, 90쪽; 최성환, 앞의 책.
66 『영조실록』, 영조 38년 8월 26일.

한의 결과물이었다.[67]

8월에 편찬을 시작한 『봉교엄변록』은 9월 15일 완성되어 국왕에게 올려졌다. 해당 서적의 편찬에 대해서 당일자의 사신은 "지금 이 『엄변록』은 그 근본은 상세하지 아니하고 단지 역적의 초사(招辭)만을 등재(謄載)했으니, 엄변하는 뜻이 어디에 있겠는가? 편집한 여러 신하들이 깊은 식견과 장원(長遠)한 사려가 없는 것이 애석한 일이다"라고 아쉬움을 표하였다.[68]

4. 맺음말

이상에서 1762년에 있었던 '조재호사'가 처리되는 과정과 그 결과로 『봉교엄변록』이 편찬되는 과정을 살펴보았다. 그리고 이에 앞서 '조재호사'의 배경으로, 을해옥사 이후의 정국 동향을 정리하였다.

을해옥사 후 국왕의 주도하에 탕평정국으로 운영되는 가운데, 정국의 주요 변수는 소조(小朝), 즉 세자의 문제였다. 세자를 둘러싸고 정치세력 사이에 갈등을 보이는 가운데, 시간이 경과하면서 세자 보호를 자처했던 이천보, 민백상 등이 사망하고, 조재호는 임천군에 부처되었다가 이후 춘천으로 낙향해 있거나 교외를 왕래하며 정치적 추세를 지켜보고 있는 상황이었다. 세자 보호 세력의 노력에도 불구하고 1762년 윤5월 13일 세자가 폐서인되고 뒤주에 갇혔다. 다음 날 홍봉한이 조재호와 관련된 고발을 하였다. 그리고 약 4일이 지난 윤5월 18일 조재호가 단천부에 안치되고,

---

67 최성환, 앞의 책.
68 『영조실록』, 영조 38년 9월 15일.

또 다른 사건 관련자인 엄홍복이 참수되는 등 사건이 조속하게 마무리되는 듯하였다. 윤5월 21일 세자가 사망하면서 '조재호사'의 처리 과정이 변한 것으로 보인다. 이전까지 조재호는 교악한 무리들과 잘못 교유한 점에 중점이 된 것으로 보인다. 이에 비해 단천부에 안치된 조재호를 소환하여, 그가 여러 인물들과 체결하여 음모를 꾸몄다는 내용으로 치죄 내용이 바뀌었으며, 점차 치죄 논리가 조재호의 세자보호론과 남인과 결탁하였다는 내용으로 귀결되었다. 그리고 이 논리는 『봉교엄변록』의 편찬으로 공식화하기에 이르렀다. 『봉교엄변록』은 임오화변에 대한 의리를 확립하는 과정에서 추진된 결과물 중 하나라 하겠다.

이 글은 대개 사실을 정리하는 수준에서 그쳤다. 이에 대한 이해를 위해서는 정치세력의 동향과 관련해서 정리가 되어야 할 것이다. 차후 이를 보완할 것이다.

영조 대 국가의례 정비와 『국조속오례의보』

이현진

1. 머리말

유교국가에서는 법(法)과 함께 예(禮)가 나라를 다스리는 운영 원리였다. 따라서 유교 국가임을 천명한 조선에서 통치자가 치인(治人)의 주된 매체인 예(禮)를 강조하는 것은 당연하다. 그중 영조가 다른 국왕들에 비해 유독 국가 의례에 많은 관심을 가졌다. 조선 초 『세종실록오례(世宗實錄五禮)』(1451, 문종 1), 『국조오례의(國朝五禮儀)』(1474, 성종 5)가 편찬된 이후 영조 대에 이르러 여러 국가전례서를 편찬한 것에서 입증된다.

영조의 치세 기간에 편찬된 국가전례서를 시기순으로 제시하면 다음과 같다. 『국조속오례의(國朝續五禮儀)』(1744, 영조 20), 『춘관지(春官志)』(1745, 영조 21), 『국조속오례의보(國朝續五禮儀補)』(1751, 영조 27), 『국조상례보편(國朝喪禮補編)』(1752, 영조 28/1758, 영조 34), 『동국문헌비고(東國文獻備考)』(1770, 영조 46)

「예고(禮考)」 등이다.¹

영조가 국가 의례에 관심을 가진 이유는 무엇일까. 국가 의례는 국가 행사에서 행하는 의식 절차이기도 하지만 그 자체로 '정치적인 성격'을 띠기도 한다. 영조는 경종 대에 신임옥사를 겪으며 힘들게 국왕의 자리에 올랐기에 왕위 계승의 정통성이라는 면에서 국가 의례를 강조하는 것은 의심의 여지가 없다.

그동안 영조 대에 편찬된 국가전례서에 대한 연구는 간간이 이루어져 왔다.² 다만, 각 전례서에 의례가 성문화되는 원인이나 과정, 시점이 결여되어 있다. 관찬 자료를 비롯하여 서울대학교 규장각한국학연구원(이하 규장각)과 한국학중앙연구원 장서각(이하 장서각)에 소장된 등록, 의궤까지 검토할 때 제대로 파악될 것이다. 최근 장서각에서 『제례등록(祭禮謄錄)』과 『의주등록(儀註謄錄)』이 출간되었다.³ 인조 대부터 1910년까지 각종 왕실

---

1 국가전례서의 서명에서 『국조오례의』, 『국조속오례의』, 『국조속오례의보』, 『국조상례보편』은 도표에서 서명을 표시하는 경우를 제외하고는 『오례의』, 『속오례의』, 『속오례의보』, 『상례보편』으로 표기하고자 한다. 그리고 오례 체제로 된 국가전례서를 편찬할 때 함께 편찬하는 『國朝五禮序例』, 『國朝續五禮儀序例』, 『國朝續五禮儀補序例』 역시 『오례서례』, 『속오례의서례』, 『속오례의보서례』로 지칭하고자 한다.

2 영조 대에 편찬된 국가전례서에 대한 기존 연구 정리는 이현진, 「정조대 국가전례서의 편찬과 그 성격: 『국조오례통편』과 『춘관통고』의 「흉례」를 중심으로」, 『영·정조대 문예중흥기의 학술과 사상』, 한국학중앙연구원 출판부, 2014, 143쪽 각주 2) 참조. 이후 새로 나온 연구 성과를 보완해서 재정리하면 다음과 같다.
  - 『국조속오례의』: 김문식, 「조선시대 國家典禮書의 편찬 양상」, 『장서각』 21, 한국학중앙연구원, 2009, 3장 3절; 송지원, 「영조대 儀禮 정비와 『國朝續五禮儀』 편찬」, 『한국문화』 50, 서울대학교 규장각한국학연구원, 2010; 이영춘, 「영조대 법제와 예제의 재정비」, 『영조의 국가정책과 정치이념』, 한국학중앙연구원 출판부, 2012, 4장.
  - 춘관지: 김문식, 「『春官志』 필사본의 원문 비교」, 『성호학보』 4, 성호학회, 2007; 이현진, 「『春官志』 해제」, 『春官志』, 서울大學校 奎章閣韓國學研究院, 2013.
  - 『국조상례보편』: 송지원, 「국왕 영조의 국장절차와 『국조상례보편』」, 『朝鮮時代史學報』 51, 조선시대사학회, 2009; 이현진, 「영조대 왕실 喪葬禮의 정비와 『國朝喪禮補編』」, 『韓國思想史學』 37, 한국사상사학회, 2011.
  - 『동국문헌비고』: 朴光用, 「『東國文獻備考』 편찬의 역사적 배경」, 『震檀學報』 104, 진단학회, 2007; 金文植, 「『東國文獻備考』 「禮考」의 자료적 특징」, 『震檀學報』 104, 진단학회, 2007.

3 『祭禮謄錄』은 2011년부터 2013년까지 총 5책, 『儀註謄錄』은 2013년부터 2018년까지 총 10책이 영인본으로 출간되었다.

의례에 관한 내용을 담고 있어 분량이 적지 않지만 두 등록을 확인한다면 조선 후기 왕실 의례의 변화 흐름을 전반적으로 파악하는 데 도움이 될 것이다.

이 글에서는 기존 연구 성과와 새로 출간된 자료를 바탕으로 영조 대에 편찬된 국가전례서 중 『속오례의보』의 대체에 대해 살펴보고자 한다. 그보다 앞서 편찬된 『속오례의』에 대한 연구가 선행되어야 하겠지만 두 전례서가 '속편'의 성격을 띠기에 각각 연구가 진행되더라도 크게 문제될 것이 없다는 판단이다. 아울러 『속오례의보』는 『속오례의』에 비해 분량이 적기에 이 연구를 발판 삼아 『속오례의』에 대한 연구 방향을 잡아보려는 의도도 있다. 따라서 본 연구를 마친 뒤 『속오례의』의 연구를 기약하려 한다.

『속오례의보』에 대한 기존 연구는 매우 소략하다.[4] 따라서 이 글에서는 이 책의 편찬 배경과 경위, 체제와 내용 및 정조 대에 편찬된 국가전례서와의 관계까지 전반적으로 검토하고자 한다. 이를 통해 영조 대에 편찬된 국가전례서가 정조 대에 편찬된 국가전례서에 어떻게 영향을 미치고 있는지를 이해할 수 있기를 기대한다.

---

4   김문식, 2009, 앞의 논문, 92쪽; 이영춘, 2012, 앞의 논문, 285-286쪽; 이현진, 2014, 앞의 논문, 150쪽.

2. 편찬 배경과 경위

1) 사도세자의 대리청정

경종을 이어 즉위한 영조 초반 정국은 을사·정미환국, 무신란, 기유처분, 경신처분 등 노(老)·소(少)의 대립으로 인한 정치세력의 대립과 교체가 급박하게 진행되었다.[5] 이후 어느 정도 정국이 안정되어가는 속에서 영조는 국가 의례의 정비를 명했다. 그 결과물이 바로 1744년에 편찬된 『속오례의』였고, 그 이듬해에는 예조의 관서지로 편찬된 『춘관지』였다.

영조는 여기에 그치지 않고 기존 국가 의례의 수정이나 재검토, 새로운 의례의 제정을 지속적으로 이어나갔다. 이는 곧 다른 국가전례서의 편찬을 예고하는 것이기도 했다. 『속오례의』가 편찬된 후 『속오례의보』가 편찬되기까지 새로 마련한 의주는 3장에서 다시 살펴보겠으나 대개 왕세자와 왕세손·왕세손빈과 관련한 의주들로 구성되었다.

이 시기 왕세자라고 하면 사도세자(思悼世子, 1735~1762)를 가리킨다. 영조는 정비인 정성왕후(貞聖王后, 1692~1757)에게서는 아들을 보지 못했고 정빈 이씨(靖嬪李氏)와의 사이에 태어난 효장세자(孝章世子, 1719~1728)가 첫아들이었다. 그런데 그 아들이 무신란이 일어난 해인 1728년(영조 4) 11월에 훙서했다. 그리고 1744년 『속오례의』가 편찬된 이후에 『속오례의보』가 편찬되었으므로 당시 세자는 틀림없는 사도세자이다.

---

5 영조 대 초반 여러 정치적 사건 및 정치적 동향에 대해서는 다음 참조. 박광용, 『영조와 정조의 나라』, 푸른역사, 1998, 23-24쪽; 정만조, 「영조대 정국추이와 탕평책」, 『영조의 국가정책과 정치이념』, 한국학중앙연구원 출판부, 2012, 21-56쪽; 최성환, 『영·정조대 탕평정치와 군신의리』, 신구문화사, 2020, 39-42쪽.

사도세자는 영조의 두 번째 아들이다. 1735년(영조 11) 1월 영빈 이씨가 그를 낳았고, 영조는 삼종(三宗)의 혈맥이 의탁할 곳이 있게 되었다며 매우 기뻐했다. 이듬해 3월 왕세자 책봉례를 거행하고, 세자가 8세에 입학하는 것이 고례(古禮)라는 예조판서 신사철(申思喆)의 말에 따라[6] 8세가 되는 1742년(영조 18) 3월 태학에 나아가 입학례를 거행했다. 1년 뒤 3월에 관례(冠禮)를 행하고, 1743년(영조 19) 11월에서 1744년 1월에 걸쳐 세마 홍봉한(洪鳳漢)의 딸과 가례를 올렸다.[7]

　왕세자의 책봉(책례), 입학, 관례, 가례 등은 왕세자라면 일반적으로 행하는 통과의례이다.[8] 그리고 이러한 의례는 『오례의』에 모두 재록되어 있기에 그것에 따라 시행하면 되고, 또 이후에 추가한 왕세자와 관련한 의례가 『속오례의』에 실려 있다. 『오례의』와 『속오례의』에 수록된 왕세자와 관련한 의주는 〈표 1〉과 같다. 왕세자의 배우자인 왕세자빈에 관한 의주도 〈표 1〉에 포함시켰다. 단, 『속오례의보』 속 의주의 항목명을 제시한 〈표 2〉를 보면 길례와 가례로 구성되어 있어, 〈표 1〉에 왕세자·왕세자빈 관련 의주 역시 길례와 가례에 한정했다.

　〈표 1〉을 통해 왕세자와 관련하여 더 이상 새로운 의주를 마련할 필요성이 없는 듯 보인다. 그런데 『속오례의』가 편찬된 이후 새 의주를 마련할 계기가 생겼다. 사도세자가 그의 나이 15세(만 14세)에 영조를 대신하여 정무를 처리하는 대리청정(代理聽政)을 행하게 된 것이었다.

　사실 사도세자 이전의 세자 중에서도 대리청정을 한 세자가 있었고 그 이후에도 있었다.[9] 그럼에도 영조는 다른 국왕들과 달리 사도세자가 대

6　『승정원일기』, 영조 17년 11월 20일; 『영조실록』, 영조 17년 11월 20일.

7　삼간택을 시작으로 사도세자의 혼례 과정은 『思悼世子嘉禮都監儀軌』(奎 13109) 禮曹謄呈秩 참조.

8　세자의 통과의례로서의 冊封禮, 入學禮, 冠禮, 嘉禮는 효명세자를 사례로 든 연구가 참조된다. 박나연, 「純祖代 孝明世子 관련 王室儀禮 연구」, 단국대학교 박사학위논문, 2021, 2장.

9　조선 전 시기 世弟·世孫을 포함하여 대리청정을 한 사례는 최형보, 「肅宗代 王世子 代理聽政

표 1 『국조오례의』·『국조속오례의』 속 왕세자·왕세자빈 관련 의주 [10]

국조오례의			국조속오례의		
길례	권2	• 왕세자작헌문선왕입학의(王世子酌獻文宣王入學儀) • 왕세자석전문선왕의(王世子釋奠文宣王儀)	길례	권1	• 왕세자알종묘영녕전의(王世子謁宗廟永寧殿儀) • 왕세자빈알종묘영녕전의(王世子嬪謁宗廟永寧殿儀)
가례	권3	• 정지왕세자백관조하의(正至王世子百官朝賀儀) • 정지왕세자빈조하의(正至王世子嬪朝賀儀) • 중궁정지왕세자조하의(中宮正至王世子朝賀儀) • 중궁정지왕세자빈조하의(中宮正至王世子嬪朝賀儀) • 정지백관하왕세자의(正至百官賀王世子儀) • 삭망왕세자백관조하의(朔望王世子百官朝賀儀) • 왕세자관의(王世子冠儀)	가례	권3	• 왕세자수조참의(王世子受朝參儀) • 왕세자입궐의(부왕세자빈입궐의)(王世子入闕儀(附王世子嬪入闕儀)) • 왕세자지수훈서의(王世子祗受訓書儀)
	권4	• 책왕세자의(冊王世子儀) • 책왕세자빈의(冊王世子嬪儀) • 왕세자납빈의(王世子納嬪儀) • 왕세자여사부빈객상견의(王世子與師傅賓客相見儀) • 서연회강의(書筵會講儀) • 왕세자입학의(王世子入學儀)			

리(代理)하는 동안 그와 관련한 새로운 의례의 제정에 적극적이었다. 대리청정한 시기는 1749년(영조 25) 1월부터 그가 죽는 1762년(영조 38) 윤5월까지 14년간이다. 『속오례의보』가 1751년에 편찬되었으므로 그가 대리청정을 시작한 지 얼마 지나지 않은 시점에 이 책이 편찬되었음을 알 수 있다.

研究」, 『韓國史論』 60, 서울대학교 국사학과, 2014, 112쪽 〈표 1〉 참조. 조선 전 시기 대리청정을 다룬 연구는 김종필, 「조선시대 국왕권력 이양 사례 연구: 禪位와 代理聽政을 중심으로」, 건국대학교 박사학위논문, 2022 참조.

[10] 『國朝五禮儀』 권1~4; 『國朝續五禮儀』 권1~3. 〈표 1〉은 국왕이 주관하는 의례에 왕세자가 참여하는 경우는 제외하고, 왕세자·왕세자빈이 의례의 주체가 되는 의주를 위주로 작성했다. 단, 『국조오례의』 가례에서 「書筵會講儀」는 왕세자를 위한 의례이므로 〈표 1〉에 포함시켰다.

주의할 점은 『속오례의보』 속 의주 항목명(표 2)에 대리청정과 직접적으로 관련되는 의주도 있지만 그렇지 않은 의주도 있다는 사실이다. 오히려 의주명만 보면 대리청정과 무관한 의주가 더 많은 것처럼 보인다. 그렇다면 『속오례의보』는 『오례의』와 『속오례의』에 성문화되어 있지 않은 '세자가 대리청정하지 않더라도 행하는 의례' 및 '대리청정과 유관한 의례'가 수록된 전례서로 귀결된다. 『속오례의보』의 범례(凡例)에 이러한 사실을 보여주는 한 조목이 있는데 소개하면 다음과 같다.

> 원편(原編)·속편(續編)의 길례(吉禮) 중에 「친림성생기의(親臨省牲器儀)」 및 「왕세자섭사성생기의(王世子攝事省牲器儀)」가 실려 있지 않고, 「친림서계(親臨誓戒)」 및 「진전친향의(眞殿親享儀)」·「문묘친향의(文廟親享儀)」에는 「왕세자입참지절(王世子入參之節)」 및 「왕세자아헌지절(王世子亞獻之節)」이 기재되어 있지 않다. 속편의 가례(嘉禮) 중에 「왕세자청정후수조참의(王世子聽政後受朝參儀)」가 있을 뿐 「왕세자청정후수상참의(王世子聽政後受常參儀)」 및 「왕세자청정후정지백관하의(王世子聽政後正至百官賀儀)」가 실려 있지 않다. 그러한 까닭에 지금 편집했다.[11]

『오례의』와 『속오례의』에 실려 있지 않은 의례를 추가로 마련하고 이를 『속오례의보』에 편입한다는 내용이다. 그리고 그 실려 있지 않은 의례는 '청정' 두 글자의 유무에 따라 청정과 관련 있는 의례도 있지만 그렇지 않는 의례도 있음을 알려준다. 〈표 2〉를 보면 범례에서 언급한 새로 마련한 의주가 『속오례의보』에 모두 들어가 있음이 확인된다.

다만, 〈표 2〉에서 주요 제사의 참여만이 아니라 '섭사의(攝事儀)'가 마련

---

[11] 『國朝續五禮儀補』 凡例, "一 原續編吉禮中不載親臨省牲器儀及王世子攝事省牲器儀, 而親臨誓戒及眞殿文廟親享儀不載王世子入參及亞獻之節, 續編嘉禮中只有王世子聽政後受朝參儀, 而不載王世子聽政後受常參儀及王世子聽政後正至百官賀儀. 故今因編輯."

된 것을 볼 수 있는데 이는 『속오례의보』 속 왕세자 관련 의주가 '청정'이라는 두 글자가 없는 의주도 사도세자의 대리청정과 매우 밀접하게 관련되어 있음을 시사한다. 『속오례의보』 속 의주가 사도세자의 대리청정과 관련지을 수 있는지의 여부는 3장 2절의 '의주 마련의 시점'에서 구체적으로 확인할 수 있을 것이다.

이상으로 『속오례의보』가 세상에 나오게 된 한 축이 형성되었다. 나머지 한 축은 다음의 2절에서 살펴보고자 한다.

2) 의소세손의 탄생

1750년(영조 26) 8월 사도세자와 세자빈(혜경궁)과의 사이에 의소세손(懿昭世孫)이 태어났다. 이듬해 1751년 5월 그를 왕세손으로 천명하는 책례(冊禮)를 행했다.[12] 다음은 세손의 성균관 입학례를 거행할 차례이다. 그의 입학에 대해서는 그가 태어난 해 11월에 논의하기 시작했다. 그에 따라 세손이 입학하는 규정을 정했고, 이듬해 1751년 1월 세손이 입학하는 의주도 마련하여 『속오례의보』에 입록(入錄)하기로 결정했다.[13]

이때 세손의 나이 겨우 2세였고 실제 입학하려면 6년을 더 기다려야 했다.[14] 세도세자가 8세에 입학한 것처럼 세손 역시 이 규정을 적용했다. 관례와 가례에 대한 논의도 있었다.[15] 그러나 의소세손은 태학에 입학하지 못하고 관례와 가례도 행하지 못한 채 1752년(영조 28) 3월 4일에 세상을 떠났다.[16]

---

[12] 원손을 왕세손으로 책봉하는 과정은 『懿昭世孫冊禮都監儀軌』(奎 13199) 참조.
[13] 『승정원일기』, 영조 27년 1월 17일.
[14] 『승정원일기』, 영조 27년 4월 15일.
[15] 『승정원일기』, 영조 27년 1월 17일.
[16] 의소세손의 죽음과 그의 禮葬 과정은 이현진, 『조선 왕실의 상장례』, 신구문화사, 2017, 제4장 참조.

이렇듯 의소세손은 통과의례 중 책봉(책례)을 제외한 입학, 관례, 가례를 거행하지 못했다. 그런데 그가 죽기 전 1751년 1월 17일자 『승정원일기』를 보면, 왕세손이라면 일반적으로 행하는 이러한 통과의례를 포함하여 왕세손 단독 혹은 왕세손빈과 함께 종묘나 영녕전, 문선왕묘 등을 비롯한 이들이 행례할 여러 의절을 제정하여 『속오례의보』에 성문화하기로 했다.[17]

이날 제정한 의절 중 왕세손과 관련한 것은 왕세손급왕세손빈알종묘영녕전의주(王世孫及王世孫嬪謁宗廟永寧殿儀注), 왕세손알문선왕묘급입학지의(王世孫謁文宣王廟及入學之儀), 정지백관하왕세손지의(正至百官賀王世孫之儀), 책봉왕세손급세손빈지의(冊封王世孫及世孫嬪之儀), 왕세손서연회강지의(王世孫書筵會講之儀) 등이다. 〈표 2〉를 보면 이 여러 의주가 『속오례의보』에 반영되었음을 볼 수 있다.

『속오례의보』에 수록된 의주명을 제시하면 〈표 2〉와 같다. 단, 〈표 2〉는 『속오례의보』 '의주목록'이 아닌 본문에 기재된 의주명으로 표기했다.

『속오례의보』에 수록된 의주를 보면, 국왕이 의례의 주체가 되어 행하는 「친향종묘시성생기의(親享宗廟時省牲器儀)」를 제외하면 왕세자 및 왕세손·왕세손빈이 행하는 의주들이 대부분이다. 그중 왕세자와 왕세손이 주체가 되는 의주가 압도적으로 많다. 이 역시 『속오례의보』의 편찬이 사도세자와 의소세손과 무관하지 않음을 입증한다.

특히 왕세손·왕세손빈 관련 의주는 『속오례의보』보다 앞서 편찬된 국가전례서에서는 볼 수 없다. 처음으로 의주를 제정하여 『속오례의보』에 편입한 것이었다. 그런 까닭에 왕세자·왕세자빈과 달리 책봉(책례), 입학, 관례, 가례 등 통과의례 위주의 의주가 다수이다.

참고로 『속오례의보』의 편찬 시기이다. 『속오례의보』는 1751년 2월

---

17 『승정원일기』, 영조 27년 1월 17일.

표 2 『국조속오례의보』 의주의 구성

권1 길례	권2 가례
친향종묘시성생기의(親享宗廟時省牲器儀)	왕세자청정후정지백관하의(王世子聽政後正至百官賀儀)
친림서계시왕세자입참의(親臨誓戒時王世子入參儀)	왕세자청정후수상참의(王世子聽政後受常參儀)
친향영희전시왕세자아헌의(親享永禧殿時王世子亞獻儀)	정지백관하왕세손의(正至百官賀王世孫儀)
작헌문선왕문무시취시왕세자입참의(酌獻文宣王文武試取時王世子入參儀)	왕세손관의(王世孫冠儀)
향종묘왕세자섭사시성생기의(享宗廟王世子攝事時省牲器儀)	책왕세손의(冊王世孫儀)
향종묘왕세자섭사의(享宗廟王世子攝事儀)	책왕세손빈의(冊王世孫嬪儀)
제사직왕세자섭사의(祭社稷王世子攝事儀)	왕세손납빈의(王世孫納嬪儀)
향영희전왕세자섭사의(享永禧殿王世子攝事儀)	왕세손여사부상견의(王世孫與師傅相見儀)
왕세손알종묘영녕전의(王世孫謁宗廟永寧殿儀)	왕세손서연회강의(王世孫書筵會講儀)
왕세손빈알종묘영녕전의(王世孫嬪謁宗廟永寧殿儀)	왕세손입학의(王世孫入學儀)
왕세손작헌문선왕입학의(王世孫酌獻文宣王入學儀)	

25일 영조가 『속오례의보』의 초출(草出) 시기에 대해 묻자 도승지 조명리(趙明履)가 지금 초출한 것을 정사(淨寫)하고자 한다는 대답이 있었다.[18] 이후 세손의 책봉을 앞두고 논의하는 4월 15일에 의절(儀節)·장복(章服)·의장(儀仗)은 이미 강정하여 『속오례보(續五禮補)』에 재록했으니 해조로 하여금 살펴서 행하라는 내용이 나온다.[19] 『속오례보』는 『속오례의보』로 간주된다. 이로써 『속오례의보』의 편찬은 '2월 25일 이후 4월 15일 이전'에 완료된 것으로 보인다.

『속오례의보』의 편찬 시기와 관련하여 1751년에 편찬된 『영희전지(永禧殿志)』가 주목된다.[20] 『영희전지』에 수록된 제향의주(祭享儀註) 중 「친향본전시왕세자아헌의(親享本殿時王世子亞獻儀)」가 있는데[21] 의주명이 『속오례의보』

18 『승정원일기』, 영조 27년 2월 25일.
19 『승정원일기』, 영조 27년 4월 15일.
20 이 글에서 참고한 『영희전지』는 장서각 소장본으로 청구기호는 〈藏 K2-2471〉이다.
21 『永禧殿志』(藏 K2-2471) 祭享儀註, 「親享本殿時王世子亞獻儀」.

「친향영희전시왕세자아헌의(親享永禧殿時王世子亞獻儀)」와 동일하여[22] 확인이 필요하다. 『영희전지』의 마지막에 이 책을 편찬한 영희전 참봉 김용겸(金用謙)이 쓴 발문이 있다. 그것에 따르면 '상(上)의 27년 신미(辛未) 계춘일(季春日)에 참봉 안동(安東) 김용겸이 삼가 쓰다'라고 되어 있어,[23] 이 책의 편찬 시점이 1751년 3월 즈음으로 예상된다.

그렇다면 『속오례의보』의 편찬 시기는 '1751년 2월 25일 이후 4월 15일 이전'에서 '이해 2월 25일 이후 3월 즈음'으로 범위가 좁혀질 수도 있다. 편찬 시기 역시 사도세자 대리청정과 의소세손 탄생과 무관하지 않다. 더구나 '세손의 책봉을 앞두고 논의하는 4월 15일'에서의 세손은 의소세손을 가리킨다.

『속오례의보』는 왕세손으로의 책례만을 치른 의소세손이 세상을 떠나기 이전에 편찬되었다. 이 전례서 속에 있는 왕세손 관련 의주는 책례 이외에도 여러 의주가 있고, 그것이 왕세손이라면 누구나 행하게 될 통과의례로 그가 성장하면서 시행하게 될 것을 전제로 마련되었다. 범례에 '왕세손을 책례한 뒤 응당 행해야 하는 여러 의주를 아울러 기록했다'는 조항에서 입증된다.[24] 『속오례의보』가 세상에 나오게 된 나머지 한 축이 이로써 완성되었다.

---

22 『國朝續五禮儀補』 권1, 吉禮, 「親享永禧殿時王世子亞獻儀」.
23 『永禧殿志』(藏 K2-2471) [跋], "上之二十七年辛未季春日, 參奉安東金用謙謹識."
24 『國朝續五禮儀補』 凡例, "王世孫冊禮後應行諸儀而竝錄之."

3. 구성과 의주 마련의 시점

1) 체제와 내용

현재 국내의 모든 기관을 조사한 것은 아니지만 적어도 규장각과 장서각, 국립중앙도서관에 『속오례의보』가 소장되어 있는 것을 확인했다. 그 결과 규장각에 〈奎 1270〉, 〈奎 2948〉, 〈奎 3181〉, 〈奎 3503〉 등 4종이,[25] 장서각에 〈藏 K2-2103〉, 〈藏 K2-2104〉, 〈藏 K2-2105〉 등 3종이 각각 소장되어 있다.[26] 규장각 소장본은 4종이 모두 활자본이지만 장서각 소장본은 〈藏 K2-2103〉본만 활자본이고 나머지 2종은 필사본이다.

내용은 7종이 모두 동일한데 장서각 소장 필사본 2종에는 권말에 '봉교증수(奉敎增修)'한 사람들의 명단이 없다. 또 〈奎 1270〉본은 소지(小識), 의주목록(儀註目錄), 서례목록(序例目錄), 범례(凡例), 서례(序例), 의주(儀註)의 순서로 편재되어 있고 나머지 6종은 이와 다르다. 〈奎 1270〉본을 제외한 6종은 모두 소지, 범례, 서례목록, 서례, 의주목록, 의주로 편재되어 있다. 6종의 체제가 〈奎 1270〉본보다 더 정연하며, 〈奎 1270〉본은 편집하는 과정에서 착오가 있었던 것 같다. 여기서 살펴볼 체제는 〈奎 1270〉본을 제외한 6종을 중심으로 하며, '봉교증수'도 검토 대상에 넣었다.

한편, 영조 대에 들어서면서 국가전례서의 체제가 본격적으로 두 방향으로 전개되기 시작했다. 하나는 『오례의』와 『속오례의』를 잇는 '서례와

---

[25] 현재 규장각 홈페이지에는 〈奎 1270〉본만 원문 이미지와 원문 텍스트 파일을 제공하고 있다. 따라서 본고에서 부득이하게 규장각 소장본을 참고해야 할 경우 〈奎 1270〉본을 검토 대상으로 삼았다.

[26] 현재 장서각 홈페이지에는 〈藏 K2-2103〉본, 〈藏 K2-2104〉본, 〈藏 K2-2105〉본 등 3종 모두 원문 이미지 파일을 제공하고 있다. 이 글에서는 주로 〈藏 K2-2103〉본을 검토 대상으로 삼았다.

의주'로 구성되는 체제이다. 다른 하나는『춘관지』와『동국문헌비고』「예고」로 이어지는 각 예제의 역사적 변천 사실을 담는 체제이다. 후자는 1706년(숙종 32)에 편찬된『종묘의궤(宗廟儀軌)』부터 검토할 때 영조 대에 편찬된 전례서와의 연결이 자연스럽게 이어질 것으로 예상된다.[27]

『속오례의보』는 전체 체제가 서례와 의주로 구성되어 전자에 해당한다. 『오례의』는 서례인『오례서례』와 의주인『오례의』가 각각의 책자로 만들어졌으나 서례와 의주 체제로 구성되었다.[28]『속오례의』는『오례서례』·『오례의』와 달리『속오례의』안에 서례와 의주가 모두 들어가 있다.[29]『속오례의보』는『속오례의』처럼『속오례의보』안에 서례와 의주가 모두 들어가 있다.

『속오례의보』는 오례 중 빈례(賓禮)·군례(軍禮)·흉례(凶禮)를 제외한 길례(吉禮)와 가례(嘉禮) 관련 서례와 의주로 구성된 국가전례서이다. 그리고 '권수'에 소지와 범례, '본문'에 서례와 의주, '권말'에 봉교증수한 사람들의 명단까지 국가전례서가 갖추어야 할 기본 체제로서는 손색이 없다.

먼저 권수 중 신미년(1751, 영조 27) '정월 하순'에 도승지 조명리가 쓴 「어제속오례의보소지(御製續五禮儀補小識)」(이상 「소지」)이다. 첫머리에 "책이 있으면 속편(續編)·보편(補編)을 두는 것이 많다. 하물며 의문(儀文)에 있어서랴"라고 시작한다.[30]『속오례의보』가 세상에 나오게 된 이유가 설명되어 있다. 이는 곧『속오례의보』역시『오례의』와『속오례의』를 잇는 전례서이자 '서례와 의주'의 체제에서 벗어나지 않는다는 뜻이기도 하다.

다음은『속오례의보』의 체제 및 내용의 전반을 소개하는 범례이다. 모

---

27 영조 대 국가전례서 체제의 두 방향에 대한 대체는 이현진, 2014, 앞의 논문, 2-3장 및 211쪽 참조. 그중 3장에서는 이러한 양상이 정조 대에 편찬된 국가전례서에까지 영향이 미쳤다고 보았다.

28 『國朝五禮儀』,「進國朝五禮儀箋」.

29 『國朝續五禮儀』,「進國朝續五禮儀箋」.

30 『國朝續五禮儀補』,「御製續五禮儀補小識」, "夫有書, 則有續編補編者多, 況儀文乎."

두 7조항이 재록되어 있다.³¹ 도설, 왕실 직계 구성원들의 복(服)이나 연제(輦制), 의장(儀仗) 등의 서례 및 『오례의』·『속오례의』에 기재되어 있지 않은 의주를 위주로 『속오례의보』를 편찬했다는 사실이 소개되어 있다.

다음은 본문 중 서례이다. 일반적으로 서례는 의례를 행할 때 갖추어야 할 제도나 규례, 참고 사항이 기록되어 있다. 『속오례의보서례』에는 '권1 길례'와 '권2 가례'로 이루어져 있다. 『속오례의보서례』 역시 기본적으로 『오례서례』·『속오례의서례』에 실려 있는 규정에서 보완하거나 새롭게 마련한 제도로 채워져 있다. 국왕과 왕비를 대상으로 한 것도 있으나 대부분 왕세자·왕세자빈, 왕세손·왕세손빈을 대상으로 했음이 한 눈에 파악된다. 목록에 있는 항목명으로 대체하면 〈표 3〉과 같다.

다음은 의주이다. 행사의 구체적인 절차를 시간 순서에 따라 설명한 의주는 〈표 2〉에서 보듯 길례에 11개 항목, 가례에 10개 항목이 있다.

마지막으로 권말에 수록된 '봉교증수'이다. 장서각에 소장된 필사본 2종만 이 부분이 없다. 영조의 명을 받들어 증수한 세 사람의 직책과 이름이 쓰여 있다. 예조판서 신만(申晚), 호조판서 김상로(金尙魯), 도승지 조명리 등이다.

『속오례의보』가 비록 길례와 가례로 구성되어 있으나 『오례의』와 『속오례의』의 계보를 잇는 서례와 의주로 구성되는 체제를 따랐다. 내용은 왕세자, 왕세손·왕세손빈이 행하는 의례가 대부분을 차지한다. 왕세자는 왕세자빈과 함께 통과의례에 해당하는 의례가 『오례의』와 『속오례의』에 수록되어 있어서 여기서는 국왕이 행하는 의주에 입참하거나 아헌하는 정도가 추가되었다. 물론 대리청정 후 행하는 의주가 추가된 점이 눈에

---

31 〈奎 1270〉본에 따르면 범례는 총 6조항을, 〈藏 K2-2103〉본에는 모두 7조항을 실었다. 장서각 소장본의 나머지 〈藏 K2-2104〉·〈藏 K2-2105〉본도 〈藏 K2-2103〉본과 동일하게 7조항이 있다. 〈奎 1270〉본과 장서각 소장본의 조항 수가 다른 것은 〈奎 1270〉본의 맨 마지막에 나오는 '凡序例與儀注所當高書處 一依原續編例連書 此亦經棄'의 앞에 각 조항이 시작할 때 쓰는 '一'이라는 표시가 없어서 한 조항이 부족한 것처럼 된 것 같다.

표 3 『국조속오례의보서례』 목록

권1 길례	권2 가례
사의재관(四儀齊官)	육의집사관(六儀執事官)
진전도설(眞殿圖說)	전하시사복도설(殿下視事服圖說)
왕비예복제도(王妃禮服制度)	왕세자원유관복도설(王世子遠遊冠服圖說)
왕세자빈예복제도(王世子嬪禮服制度)	왕세자서연복제도(王世子書筵服制度)
왕세손면복도설(王世孫冕服圖說)	왕세자관례전책복제도(王世子冠禮前幘服制度)
왕세손빈예복제도(王世孫嬪禮服制度)	왕세손강서복제도(王世孫講書服制度)
	왕세자빈연제도(王世子嬪輦制度)
	왕세손연제도(王世孫輦制度)
	왕세손의장(王世孫儀仗)
	왕세손빈연제도(王世孫嬪輦制度)
	왕세손빈의장(王世孫嬪儀仗)

띤다. 그에 비해 왕세손·왕세손빈과 관련한 의례는 이번에 처음 제정되었기에 전반적으로 통과의례로 구성되어 있다.

2) 의주 마련의 시점

이 절에서는 의식 절차 자체를 분석하는 것이 아닌 '권1 길례' 11개 의주와 '권2 가례' 10개 의주에서 각각의 의주가 마련되는 '시점'을 중심으로 정리하고자 한다. 아울러 이러한 작업은 『속오례의보』의 편찬 배경이 되었던 '사도세자 대리청정'과 '의소세손 탄생'이 『속오례의보』의 편찬에 직접적인 계기가 되었는지 확인하는 방편이 될 것으로 예상된다.

길례에 편재된 의주 중 「친향종묘시성생기의(親享宗廟時省牲器儀)」와 「향종묘왕세자섭사시성생기의(享宗廟王世子攝事時省牲器儀)」이다. 범례에는 「친림성생기의(親臨省牲器儀)」 및 「왕세자섭사성생기의(王世子攝事省牲器儀)」가 『오례의』와 『속오례의』의 길례에 실려 있지 않기에 『속오례의보』에 편집하게 되었다는 이유가 밝혀져 있다.[32]

종묘에 직접 제향을 지낼 때 희생과 제기를 살피는「친향종묘시성생기의」는『속오례의보』에 수록된 의주 가운데 유일하게 의주의 끝에 이 의주가 정비된 연대와 당시 영조의 명령이 부기(附記)되어 있다. 영조 을축년(1745, 영조 21)에 처음 이 의례를 시행했으며, 친향하든 섭행하든 희생과 제기를 살피라는 내용이다.[33]『제례등록』과『영조실록』,『승정원일기』에 따르면, 1745년 3월에 논의가 시작하여 4월 7일에 처음으로 이 의례를 시행한 것으로 되어 있다.『제례등록』에 친림성생기(親臨省牲器) 절목이 있다.[34] 이때 왕세자는 따라가서 참여하지만 의식 절차에서 어떤 역할을 담당하지는 않는다.

「친향종묘시성생기의」는 이처럼 의주가 마련되는 시점이 구체적으로 나오는 사례이다. 그러나 그렇지 않은 경우도 많다. 관찬 자료를 보면, 의례를 논의하는 자리에 논의 과정만 나와 결정의 유무를 알기 어려운 경우도 있고, 하나의 의주를 논의할 때도 있지만 여러 의주를 함께 논의하는 사례도 있다. 따라서 이 절에서는 가능한 한 의주가 마련되는 시점이 어느 정도 구체화되는 것부터 정리하며, 만약 한꺼번에 여러 의례를 논의하면 묶어서 제시하고자 한다. 그럴 경우『속오례의보』에 기재된 의주의 순서대로 작성되지 않을 가능성이 있다.

종묘와 사직, 영희전 제향에 왕세자가 섭행하는「향종묘왕세자섭사의(享宗廟王世子攝事儀)」,「제사직왕세자섭사의(祭社稷王世子攝事儀)」,「향영희전왕세자섭사의(享永禧殿王世子攝事儀)」이다. 조선의 국가전례는 태종 대부터 정비하기 시작하여 세종 대에 본격적으로 정리되었다. 국가전례 중 제사는 국왕이 친히 제사를 지내는 의주와 섭행하는 의주가 각각 마련되었다. 친제는 국왕이 직접 초헌관이 되어 제사를 주관하고, 국왕을 대신하여 다른

---

32   각주 11 참조.
33   『國朝續五禮儀補』권1, 吉禮,「親享宗廟時省牲器儀」.
34   『祭禮謄錄』2(계제사 편),「乙丑三月二十八日」, "宗廟展謁及省器省牲節目". 영인본 366-369쪽.

이가 제사를 섭행할 때에는 초헌관은 종묘와 사직의 경우 정1품이 담당했다.[35]

조선시대에 기본적으로 국가 제사를 주관하는 이는 국왕이다. 다만, 그를 대신하여 세자가 대리청정하면 국가 제사는 세자가 담당하게 된다. 〈표 1〉에서 보듯『오례의』와『속오례의』에는 세자가 국가 제사를 주관하는 의주가 마련되어 있지 않고『오례서례』와『속오례의서례』에도 이와 관련한 규정이 기재되어 있지 않다.

1744년에 편찬된『속오례의』와『속오례의서례』에 없으면서 세자가 국왕을 대신하여 종묘와 사직의 제사를 주관하는 초헌관이 된다는 것은 그가 대리청정할 때 가능하다. 그렇다면「향종묘왕세자섭사의」와「제사직왕세자섭사의」는 사도세자의 대리청정기에 마련되었음이 분명하다.

다음은「향영희전왕세자섭사의」이다. 영희전에서 행하는 의식 절차가 처음으로 등재된 국가전례서는『속오례의』이다. 이때 마련한 의주는「작헌영희전의(酌獻永禧殿儀)」와「친향영희전의(親享永禧殿儀)」이다.[36] 이 중 이 글과는「친향영희전의」가 관련된다. 이처럼 영희전에서의 제향 역시 친향만 있었다가 세자가 섭행한다는 것은 대리청정기에 가능하므로「향영희전왕세자섭사의」도 사도세자의 대리청정기에 마련되었음을 알 수 있다.

청정절목에 사전(祀典)은 왕세자가 섭행하되 모든 제향은 전례(前例)를 따라 계품하여 거행한다는 조항이 있다.[37] 계품하여 거행한다고 했으나 종묘, 사직, 영희전에서의 제향은 다른 제향에 비해 비중이 다른 만큼 세

---

35 • 종묘:『世宗實錄五禮』권128, 吉禮序例 獻官,「宗廟親享行事執事官」;『世宗實錄五禮』권128, 吉禮序例 獻官,「有司攝事行事執事官」;『國朝五禮序例』권1, 吉禮 齊官,「宗廟」;『國朝五禮序例』권1, 吉禮 齊官,「宗廟四時及臘攝事」.
• 사직:『世宗實錄五禮』권128, 吉禮序例 獻官,「社稷親祭行事執事官」;『世宗實錄五禮』권128, 吉禮序例 獻官,「有司攝事行事執事官」;『國朝五禮序例』권1, 吉禮 齊官,「社稷」;『國朝五禮序例』권1, 吉禮 齊官,「社稷攝事」.

36 『國朝續五禮儀』권1, 吉禮,「酌獻永禧殿儀」;『國朝續五禮儀』권1, 吉禮,「親享永禧殿儀」.

37 『영조실록』, 영조 25년 1월 23일.

'섭사의'의 마련은 청정이 시작된 초창기일 것으로 짐작된다.

뿐만 아니라 왕세자가 대리청정한 후 정조(正朝)와 동지(冬至)에 백관이 하례하는「왕세자청정후정지백관하의(王世子聽政後正至百官賀儀)」와 역시 왕세자가 청정한 뒤 상참을 받는「왕세자청정후수상참의(王世子聽政後受常參儀)」는 의주명을 통해 대리청정 이후에 행하는 의주임이 분명하므로 같은 시기에 제정한 의주로 판단된다. 이 중에서 상참(常參)은 청정절목에 '규례대로 날마다 품달한다'는 규정이 있어 이 시기에 마련한 의주임이 더욱 분명해진다.[38]

국왕이 영희전에 친향할 때 왕세자가 아헌하는「친향영희전시왕세자아헌의(親享永禧殿時王世子亞獻儀)」는 1750년 2월에 영조가 하교하고,[39] 2월 10일에 행례했다.[40] 이 의주는『속오례의보』와 편찬 시점이 거의 비슷한『영희전지』에도 실려 있다.[41] 영희전은 처음에 정전(正殿) 3칸이었다가 1748년(영조 24)에 2칸을 첨건(添建)하여 이 당시에는 모두 5칸이었다.[42] 『속오례의보』에 그림이 전한다(그림 1).

문묘에서 작헌례를 거행한 뒤 문무과에서 인재를 선발할 때 왕세자가 입참하는「작헌문선왕문무시취시왕세자입참의(酌獻文宣王文武試取時王世子入參儀)」는 1750년 3월에 영조가 원량(元良)과 함께 문묘에서 알성(謁聖)하고자 했으나[43] 무지개의 변괴[虹變]로 인해 미루었다가[44] 마침내 이해 9월에 시행했다.[45]

---

38 『영조실록』, 영조 25년 1월 23일.
39 『祭禮謄錄』5(전향사 편),「庚午二月初三日」, "永禧殿奉安祭 世子亞獻爲之". 영인본 447쪽.
40 『영조실록』, 영조 26년 2월 10일.
41 각주 21 참조.
42 『國朝續五禮儀補』國朝續五禮儀補序例 권1, 吉禮,「眞殿圖說」.
43 『승정원일기』, 영조 26년 3월 11일.
44 『영조실록』, 영조 26년 3월 9일.
45 『승정원일기』, 영조 26년 9월 10일.

국왕이 직접 서계를 행할 때 왕세자가 입참하는 「친림서계시왕세자입참의(親臨誓戒時王世子入參儀)」와 왕세자가 종묘 제향에 섭행할 때 희생과 제기를 살피는 「향종묘왕세자섭사시성생기의(享宗廟王世子攝事時省牲器儀)」, 왕세손이 종묘와 영녕전에 알현하는 「왕세손알종묘영녕전의(王世孫謁宗廟永寧殿儀)」, 왕세손빈이 종묘와 영녕전에 알현하는 「왕세손빈알종묘영녕전의(王世孫嬪謁宗廟永寧殿

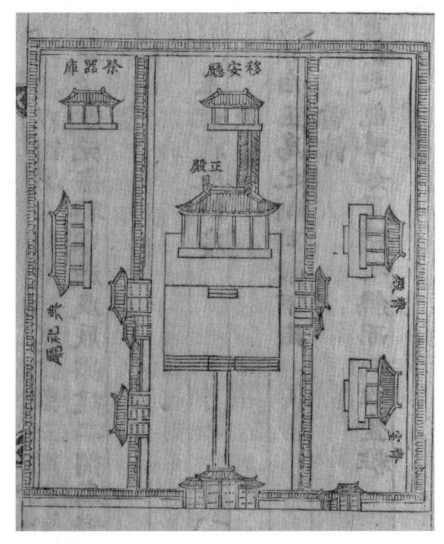

그림 1 영희전(한국학중앙연구원 장서각)

儀)」, 왕세손이 문선왕에게 작헌례를 행한 뒤 성균관에 입학하는 「왕세손작헌문선왕입학의(王世孫酌獻文宣王入學儀)」, 정조와 동지에 백관이 왕세손에게 하례하는 「정지백관하왕세손의(正至百官賀王世孫儀)」, 왕세손을 책봉하는 「책왕세손의(冊王世孫儀)」, 왕세손빈을 책봉하는 「책왕세손빈의(冊王世孫嬪儀)」, 왕세손이 서연에서 스승과 강론하는 「왕세손서연회강의(王世孫書筵會講儀)」, 왕세손이 성균관에 입학하는 「왕세손입학의(王世孫入學儀)」 등은 1751년 1월에 입록하기로 결정한 의주들이다.[46] 같은 날 왕세손이 왕세손빈을 맞아들이는 「왕세손납빈의(王世孫納嬪儀)」를 논의하는 내용도 나온다.[47]

왕세손이 스승과 상견하는 「왕세손여사부상견의(王世孫與師傅相見儀)」는 1750년 11월에 사(師)와 부(傅)의 차출 규정을 정하고[48] 1751년 1월에 입

---

46 『승정원일기』, 영조 27년 1월 17일.
47 『승정원일기』, 영조 27년 1월 17일. 왕세손의 冠婚에 대해 함께 논의하고 있다.
48 『승정원일기』, 영조 26년 11월 11일.

학하는 의주를 정하는 것으로 보아 「왕세손여사부상견의」 역시 그 사이에 제정한 것으로 추정된다. 왕세손이 관례를 올리는 「왕세손관의(王世孫冠儀)」는 이해 2월에 영조가 첨입(添入)해야 한다고 주장했다.[49]

왕세자가 대리청정을 하면서 『오례의』와 『속오례의』에 규정되어 있지 않은 의주를 추가로 마련하고, 왕세손과 관련한 의주는 통과의례 및 종묘와 영녕전, 문묘 등 주요 제소(祭所)에서 행하는 의주로 구성했음을 볼 수 있다. 왕세손과 관련한 의주는 처음 마련되어 『속오례의보』에 성문화되었음이 다시 한 번 더 확인된다.

특히 왕세손과 관련한 의주는 의주명을 제시하고 의주명 아래에 '왕세자가 행하는 의주와 같다'고 한 뒤 약간의 차이점만 제시되어 있다. 전반적으로는 왕세자의 의례에 준하되 왕세자와 왕세손이라는 신분의 차이로 인하여 행사 참여자가 약간 달라진 것을 뜻한다. 시강원관(侍講院官)은 강서원관(講書院官)이, 익위사관(翊衛司官)은 위종사관(衛從司官)이, 상례(相禮)는 익례(翊禮)가 담당한다는 내용이다. 왕세손빈 역시 왕세자빈 의례에 준하는 것으로 기록되어 있다.

이상으로 「친향종묘시성생기의」가 1745년에 마련된 것을 제외한 나머지 의주들은 사도세자가 대리청정을 시작한 1749년 1월부터 의소세손이 태어난 이후인 1751년 2월 사이에 마련되었음을 알 수 있다. 따라서 『속오례의보』 속 의주의 대부분을 차지하는 왕세자 및 왕세손·왕세손빈 관련 의주가 사도세자의 대리청정과 의소세손의 탄생으로 인해 제정되었다고 하더라도 과언이 아니다. 『속오례의보』가 편찬된 결정적인 계기가 바로 사도세자의 대리청정과 의소세손의 탄생임이 분명하다.

---

49 『승정원일기』, 영조 27년 2월 25일. 이 기사에서 世孫冊儀와 王世子冊儀를 언급한 뒤 世孫醮禮儀를 거론한다. '醮禮'는 冠婚에 모두 해당하지만 여기서는 내용상 관례를 가리킨다고 보았다.

4. 정조 대 국가전례서와의 관계

일반적으로 『오례의』를 비롯하여 『속오례의』, 『속오례의보』, 『상례보편』(1752·1758) 등의 국가전례서는 대부분 1788년(정조 12)에 편찬된 『국조오례통편(國朝五禮通編)』과 『춘관통고(春官通考)』에 반영되었을 것으로 막연하게 추정한다. 정조 대에 편찬된 두 전례서가 기존 국가전례서를 총정리 및 집대성한 성격을 띤다고 판단해서이다. 그중 『상례보편』은 1758년에 편찬된 본이 두 전례서에 고스란히 반영되었음이 기존 연구에서 밝혀졌다.[50]

문제는 과연 『오례의』와 『속오례의』, 『속오례의보』의 내용이 실제로 『국조오례통편』과 『춘관통고』에 모두 들어갔느냐이다. 여기에 대해서는 아직 연구가 되어 있지 않다. 적어도 다섯 국가전례서의 의주를 일일이 비교 검토하는 작업이 수행되어야 한다는 난점이 있기 때문이다. 그럼에도 4장에서는 『속오례의보』를 중심으로 『국조오례통편』과 『춘관통고』에 반영되었는지의 여부를 확인하는 작업에 도전해보고자 한다. 단, 분량상의 제한으로 『속오례의보서례』가 『국조오례통편』과 『춘관통고』에 반영되었느냐의 여부는 추후를 기약하고자 한다.

『속오례의보』 속 의주가 『국조오례통편』과 『춘관통고』에 반영되었는지의 여부를 검토하기 위해서는 『오례의』와 『속오례의』 역시 검토 대상에 들어가야 한다. 『속오례의보』 속 의주 중 의주명만 있고 의주 내용이 없는 경우가 있는데, 예를 들면 「책왕세손의(冊王世孫儀)」이다. 이러한 의주는 부득이하게 책봉과 관련한 의주를 수록한 『오례의』 혹은 『속오례의』를 참고

---

[50] 이현진, 2014, 앞의 논문, 4장 참조.

해야 하기 때문이다.

「책왕세손의」는 의주명 아래에 '책왕세자의(冊王世子儀)와 같다'고 부주되어 있을 뿐 의주 내용이 없다.[51] 부주에서 언급한 「책왕세자의」는 〈표 1〉을 보면 『오례의』에 재록되어 있다. 따라서 『속오례의보』「책왕세손의」는 『오례의』「책왕세자의」와 같다는 뜻이다.[52] 이러한 경우 『오례의』「책왕세자의」가 『국조오례통편』과 『춘관통고』에 수록되어 있는지를 확인한 후 만약 재록되어 있다면 차이가 있는지, 차이가 있다면 어떠한 지점에서 차이가 있는지를 일일이 확인해야 한다.

이와 같은 방식으로 『속오례의보』 속 의주를 『오례의』와 『속오례의』, 『국조오례통편』, 『춘관통고』에 수록된 의주와 일일이 대조했다. 간혹 성균관대학교에서 영인한 『춘관통고』와 규장각에 소장된 『춘관통고』가 다른 부분이 있을 때에는 두 책 모두 검토했다. 의주명을 포함하여 의주 내용까지 확인한 것은 물론이다. 그 결과는 〈표 4〉와 같다.

우선 〈표 4〉에 제시한 '원(原)', '속(續)', '증(增)', '금의(今儀)', '원의잉구(原儀仍舊)'가 가리키는 것에 대한 설명부터 필요하다. 『국조오례통편』의 범례에 "『오례의』는 '원(原)', 『속오례의』는 '속(續)', 『보편』은 '보(補)', 늘어난 의례[증의(增儀)]는 '증(增)'으로 일컫되 원(原)·속(續)·보(補)·증(增) 4자를 표시한다"고 규정되어 있다.[53] 『춘관통고』에는 원의(原儀), 속의(續儀), 보편(補編), 금의(今儀)로 표기되어 있다.

참고로 『춘관통고』에는 『국조오례통편』에 없는 '원의잉구'가 간혹 등장한다. '원의잉구'는 그야말로 『오례의』에 있는 의주 전문(全文)을 그대로 수록했다는 뜻이다.[54] 그렇다면 『춘관통고』에 '원의'라고 표기되어 있는 경우

---

51 『國朝續五禮儀補』권2, 嘉禮, 「冊王世孫儀」(與冊王世子儀同).
52 『國朝五禮儀』권4, 嘉禮, 「冊王世子儀」.
53 『國朝五禮通編』凡例.
54 『춘관통고』에 등장하는 '원의잉구'에 대해서는 이현진, 2014, 앞의 논문, 202쪽 참조. 여기서는

표 4 『국조속오례의보』 의주의 『국조오례통편』·『춘관통고』 반영 여부[55]

	국조속오례의보	국조오례통편	춘관통고
권1 길례	친향종묘시성생기의(親享宗廟時省牲器儀)	미반영	미반영
	친림서계시왕세자입참의(親臨誓戒時王世子入參儀)	반영(增)	미반영
	친향영희전시왕세자아헌의(親享永禧殿時王世子亞獻儀)	미반영	반영(今儀)
	작헌문선왕문무시취시왕세자입참의(酌獻文宣王文武試取時王世子入參儀)	미반영	미반영
	향종묘왕세자섭사시성생기의(享宗廟王世子攝事時省牲器儀)	미반영	미반영
	향종묘왕세자섭사의(享宗廟王世子攝事儀)	미반영	미반영
	제사직왕세자섭사의(祭社稷王世子攝事儀)	미반영	미반영
	향영희전왕세자섭사의(享永禧殿王世子攝事儀)	미반영	미반영
	왕세손알종묘영녕전의(王世孫謁宗廟永寧殿儀)	반영(增)	반영(今儀)
	왕세손빈알종묘영녕전의(王世孫嬪謁宗廟永寧殿儀)	반영(增)	반영(今儀)
	왕세손작헌문선왕입학의(王世孫酌獻文宣王入學儀)	반영(增)	반영(今儀)
권2 가례	왕세자청정후정지백관하의(王世子聽政後正至百官賀儀)	미반영	미반영
	왕세자청정후수상참의(王世子聽政後受常參儀)	미반영	미반영
	정지백관하왕세손의(正至百官賀王世孫儀)	반영(續) → (增)	미반영
	왕세손관의(王世孫冠儀)	반영(增)	반영(今儀)
	책왕세손의(冊王世孫儀)	반영(增)	반영(今儀)
	책왕세손빈의(冊王世孫嬪儀)	반영(增)	반영(今儀)
	왕세손납빈의(王世孫納嬪儀)	판단유보	판단유보
	왕세손여사부상견의(王世孫與師傅相見儀)	반영[增]	반영(今儀)
	왕세손서연회강의(王世孫書筵會講儀)	반영(原)	반영(原儀仍舊)
	왕세손입학의(王世孫入學儀)	반영(增)	반영(今儀)

「흉례」에 실린 의주만 확인했다. 최근 길례와 가례, 빈례에 있는 의주도 마찬가지로 『오례의』 속 의주의 全文을 그대로 수록한 의주에 한하여 '원의잉구'라고 표기되어 있음을 확인했다(국사편찬위원회에서 제공하는 웹 사이트 중 한국사데이터베이스 속 '조선시대 법령자료' 사이트 참고).

55 현재 『국조오례통편』은 이화여자대학교 도서관과 장서각, 규장각에 각각 분산되어 있는데, 세 기관에 소장된 필사본을 합하면 완질본을 이룬다. 『속오례의보』에 수록된 의주가 길례와 가례뿐이므로 흉례를 담고 있는 규장각 소장본을 제외하면 이 글에서 참고하는 『국조오례통편』은 이화여자대학교 도서관 소장본과 장서각 소장본이다. 두 본을 함께 언급할 때 이외에는 대부분 이화여자대학교 도서관 소장본을 참조했다. 뿐만 아니라 『춘관통고』는 성균관대학교 대동문화연구원 영인본(이하 성균관대 영인본)과 규장각 소장본 두 본이 널리 알려져 있다. 두 본의 내용이 달라 함께 언급할 때를 제외하면 대부분 성균관대 영인본을 참조했다.

『오례의』에 수록된 의주 내용을 그대로 수록한 것이 아닌 변화된 곳이 있다는 뜻이기도 하다. 『국조오례통편』에는 이러한 구분이 없어서 '원'이 라는 표기가 나오면 『오례의』의 전문을 그대로 실었는지, 아니면 변화가 있었는지 의주 내용을 모두 확인해야 알 수 있다.

〈표 4〉에서 반영과 미반영에 대해서는 너무 많은 설명을 수반해야 한다. '미반영'이라고 한 의주는 『국조오례통편』과 『춘관통고』에 없으니까 넘어갈 수 있다손 치더라도 반영된 의주는 대개 '증', '금의'로 표기되어 있다. 이를 통해 『속오례의보』 속 의주는 '증', '금의'에 해당하며, '증', '금의'라고 한 의주는 정조 대에 마련된 의주만이 아닌 『속오례의보』 속 의주부터 해당한다는 사실을 알 수 있다. 그리고 이는 기존 연구에서도 밝혀졌다.[56] 참고로 〈표 4〉를 작성하면서 확인하지 못한 것이 하나 있다. 의주 중 「책왕세손의」처럼 『국조오례통편』 반영(增)과 『춘관통고』 반영(今儀)에 해당할 때 두 책의 의주가 동일한지의 여부이다. 이 또한 추후를 기약하고자 한다.

〈표 4〉에서 중요한 것은 『속오례의보』 속 의주가 『국조오례통편』과 『춘관통고』에 반영되기도 하고 반영되지 않기도 하는 과정에서 한 번 정리를 거쳤다는 사실이다. 반영된 것은 대개 『국조오례통편』에 (원)이라고 한 의주와 『춘관통고』에 (원의)라고 한 의주이다. 이는 『오례의』 속 의주의 전문을 실으면서 부분적으로 내용이 바뀐 곳에 '증' 혹은 '금의'를 첨입하여 변화를 보여주는 증주(增註)가 있는 경우이다. 이런 의주는 『오례의』의 의주를 가리키는 '원', '원의'이지만 실제는 『오례의』에서 변화된 내용을 담고 있다는 점에서 '증', '금의'가 된다.

단, 주의를 요하는 의주가 있다. 정조 대에 편찬된 국가전례서에 왕세자와 왕세손 관련 의주가 『속오례의보』 속 의주와 의주명이 같은데 의주를

---

[56] 이현진, 2014, 앞의 논문, 208-210쪽.

아예 새로 작성한 것도 있다는 사실이다. 이러한 의주 역시 '증', '금의'라고 표기되어 있다. 이러한 의주는 의주 공간이 창덕궁 전각이 아닌 경희궁 전각이라고 되어 있다. 영조가 경희궁에 거처할 때 사도세자와 의소세손을 위해 편찬한 『속오례의보』를 사도세자와 왕세손 정조 시절에 재정비한 의주로 보는 것이 합리적이다.

1761년(영조 37) '『속오례의보』에서 혹 그릇되고 잘못된 곳이 있으니 예판과 제조는 품정하여 이개(釐改)한 뒤 인출(印出)하라',[57] '종전에 갖추어지지 않은 의절을 『속오례의보』의 말단에 첨입하라'는 하교[58] 등등의 기사가 발견된다. 이를 통해 『속오례의보』의 내용 중 달라진 곳이 있다거나 권말에 의절을 추가한 『속오례의보』가 있을 수 있다. 그중 후자의 경우 현전하는 규장각·장서각 소장 『속오례의보』를 확인한 결과 권말에 부록된 의주가 있지 않다. 특히 장서각에 소장된 『속오례의보』 중 필사본 2종이 있으나 이 역시 권말에 부가된 내용이 있지 않다.

이때 재정비된 『속오례의보』가 『국조오례통편』과 『춘관통고』에 모두 반영되었다고 확언할 수는 없다. 그러나 적어도 동일한 의주명이 경희궁이라는 공간에서 행례하거나 '금의'라고 하여 비슷한 의주를 더 많이 양산한 경우는 사도세자와 왕세손 정조 시절에 만들어졌고, 이러한 의주들이 상당수 『국조오례통편』과 『춘관통고』에 성문화되었다는 사실은 중요하다.

마지막으로 <표 4>를 작성하는 과정을 보여주기 위해 하나의 사례를 들고자 한다. 『속오례의보』 「왕세손관의(王世孫冠儀)」이다.

『속오례의보』 「왕세손관의」에는 의주 내용이 없고 의주명 아래에 '왕세자관의(王世子冠儀)'와 같다고 부주되어 있다. 『속오례의』에는 「왕세자관의」

---

[57] 『승정원일기』, 영조 37년 5월 21일. 이 기사에서 『續五禮儀補編』과 『補編』은 모두 『속오례의보』를 가리킨다.

[58] 『영조실록』, 영조 37년 10월 24일.

가 없기에 이는 『국조오례의』「왕세자관의」를 가리킨다.[59]

먼저 『국조오례통편』이다. 『국조오례통편』에서 「왕세손관의」는 의주 내용은 없이 '왕세손관의'라는 의주명만 있다. 다만, 의주명 아래에 '동상의(同上儀) 유강서원관위집사(惟講書院官爲執事) 위종사관배종(衛從司官陪從) 익례찬청(翊禮贊請) 증(增)'이라고 쓰여 있다.[60] '위의 의식과 같다'는 '동상의'는 『국조오례통편』「왕세손관의」의 바로 앞에 있는 「왕세자관의」와 같다는 뜻이다.[61] 그렇다면 『국조오례통편』「왕세자관의」를 살펴보아야 한다.

『국조오례통편』「왕세자관의」에는 '원'이라고 하여 『국조오례의』「왕세자관의」의 전문을 실으면서도 의주 곳곳에 增을 표시하여 변화된 내용을 주(註)로 처리했다. 『국조오례의』「왕세자관의」와 달라진 것을 알 수 있다. 결국 『국조오례의』「왕세자관의」에서 달라진 내용을 담고 있는 『국조오례통편』「왕세자관의」가 『국조오례통편』「왕세손관의」와 같다는 것으로 귀결된다. 『국조오례의』「왕세자관의」에서 변화된 내용이 반영되어 있기에 『국조오례통편』「왕세손관의」는 『국조오례의』를 가리키는 '원'이 아닌 새로운 의주가 되어 '증'으로 표기되었다.

의주명 아래에 부주된 내용 중 '동상의'와 '증'은 이로써 해결되었다. 그 밖의 '유강서원관위집사(惟講書院官爲執事) 위종사관배종(衛從司官陪從) 익례찬청(翊禮贊請)'이라는 내용은 『국조오례통편』「왕세자관의」가 『국조오례통편』「왕세손관의」와 의주 내용이 같지만 왕세자와 왕세손은 신분이 다르기에 그에 따라 부연 설명한 내용을 가리킨다. 풀이하면 '강서원관이 집사가 되고 위종사관이 배종하며, 익례가 찬청한다'이다.

---

59 『國朝五禮儀』 권3, 嘉禮, 「王世子冠儀」.
60 『國朝五禮通編』 권9, 嘉禮, 「王世孫冠儀」(同上儀 惟講書院官爲執事 衛從司官陪從 翊禮贊請 增).
61 『國朝五禮通編』 권9, 嘉禮, 「王世子冠儀」(原).

다음은 『춘관통고』이다. 『춘관통고』에는 「왕세자관의」와 「왕세손관의」 둘 다 수록되어 있다. 전자부터 보면, 『춘관통고』 「왕세자관의」는 '원의(原儀)'라고 하여 『국조오례의』 「왕세자관의」의 전문을 재록했다. 다만, 여기에 그치지 않고 의주 곳곳에 '금의(今儀)'를 표시하여 변화된 내용을 주처리하여 차별화했다.[62] 『춘관통고』 「왕세자관의」는 『국조오례의』 「왕세자관의」에서 변화를 준 것이었다. 그렇다면 『춘관통고』 「왕세자관의」가 『속오례의보』 「왕세손관의」를 반영한 것으로 볼 수 있다. 여기까지는 『국조오례통편』 「왕세손관의」를 설명하는 방식과 다르지 않다.

문제는 『춘관통고』에는 '금의'라고 하면서 의주 내용을 담고 있는 「왕세손관의」가 단독으로 마련되어 있다는 사실이다.[63] 단독으로 있는 「왕세손관의」는 『속오례의보』가 편찬된 이후 다시 마련한, 곧 왕세손 정조를 위해 마련한 의주로 추정된다. 의례 공간이 「왕세자관의」가 창덕궁 인정전(仁政殿)인 반면, 「왕세손관의」는 경희궁 숭정전(崇政殿)이기 때문이다.

5. 맺음말

『속오례의보』는 1744년 『속오례의』를 편찬한 이후 새로이 제정한 의례가 반영되어 있는 국가전례서이다. 사도세자 대리청정과 의소세손 탄생이 계기가 되어, 이들을 위해 새롭게 만든 의례의 성문화 필요성이 『속오례의보』의 편찬으로 이어졌다. 그런 까닭에 오례 중 빈례·군례·흉례를 제외

---

[62] 『春官通考』 권55, 嘉禮, 「王世子冠儀」(原儀).
[63] 『春官通考』 권55, 嘉禮, 「王世孫冠儀」(今儀).

한 길례와 가례에 해당하는 의주로 채워졌다. 편찬 시기는 '1751년 2월 25일 이후 3월 즈음'이다.

체제는 『오례의』와 『속오례의』의 계보를 잇는 서례와 의주로 구성되었다. 내용은 왕세자, 왕세손·왕세손빈이 행하는 의례가 대부분을 차지한다. 왕세자는 왕세자빈과 함께 통과의례에 해당하는 의례가 『오례의』와 『속오례의』에 수록되어 있어서 여기서는 국왕이 행하는 의주에 입참 혹은 아헌하거나 종묘와 사직, 영희전, 문묘 등 주요 제소(祭所)에서 섭사하는 의주가 추가되었다. 그중 의주명에 '청정' 두 글자가 들어간 의주는 특히 눈에 띄었다.

그에 비해 왕세손은 왕세손빈과 함께 종묘와 영녕전에 알현하는 의례 이외에는 책봉(책례), 입학, 관례, 가례 등의 통과의례가 대부분이었다. 이들과 관련된 의주는 처음 제정되어 통과의례 위주로 의주를 만든 것으로 볼 수 있다.

『속오례의보』의 편찬 배경과 시기를 고려한다면 길례 11개 의주와 가례 10개 의주 중 길례에서 하나의 의주를 제외한 나머지 의주는 사도세자가 대리청정을 시작한 1749년 1월부터 『속오례의보』의 편찬이 완료되는 1751년 3월 사이에 마련되어야 한다. 검토한 결과 1749년 1월부터 1751년 2월 사이에 마련되었다. 그 하나의 의주는 1745년에 마련되었다.

한편, 『속오례의보』에 수록된 의주 중 절반에 가까운 의주가 정조 대에 편찬된 『국조오례통편』과 『춘관통고』에 들어가 있다. 『국조오례통편』과 『춘관통고』에는 또 『속오례의보』에 없는 새로운 왕세자·왕세손 관련 의주가 재록되어 있다. 사도세자와 왕세손 정조 시절에 왕세자·왕세손 의례가 재정비된 결과로 보여진다.

『오례의』가 편찬된 이후 서례와 의주로 구성되는 속편의 성격을 띠는 『속오례의』가 편찬되었다. 여기에 그치지 않고 영조는 다시 그러한 성격을 띤 『속오례의보』를 편찬했다. 이후 그의 당대에는 새로 마련한 의례를 중심으로 서례와 의주로 구성되는 국가전례서는 더 이상 편찬하지 않았고 『속오례의보』가 마지막이었다. 또 왕세자·왕세손 중심의 의례서가 『속오례의보』 이후 더 이상 발간되지 않았다. 이러한 점은 『속오례의보』의 의의이기도 하다.

영조 대 중반 재정정책의 방향과 정례서의 편찬
『각사정례』를 중심으로

최주희

1. 머리말

『탁지정례(度支定例)』는 영조 대 중반 손상익하(損上益下)의 재정 이념을 기초로, 왕실공상에서부터 각사공물에 이르기까지 불필요한 경비물자를 대대적으로 이정하기 위해 작성된 호조의 지출례이다. 기존 연구를 통해 정례서의 내용적 특성과 편찬 배경이 대략적으로 밝혀지기는 했지만,[1] 왕

---

1   최주희, 「18세기 중반 『탁지정례(度支定例)』류(類) 간행의 재정적 특성과 정치적 의도」, 『역사와 현실』 81, 한국역사연구회, 2011; 최주희, 「18세기 중반 定例類에 나타난 王室供上의 범위와 성격」, 『장서각』 27, 한국학중앙연구원, 2012; 김덕진, 「영조대 정례서 편찬의 재정사적 의의」, 『장서각』 27, 한국학중앙연구원, 2012; 이민주, 「『尚方定例』의 편찬 과정과 특징: 왕실복식의 用節을 중심으로」, 『장서각』 27, 한국학중앙연구원, 2012; 최주희, 「영조대 중반 균역법 시행논의와 〈宣惠廳定例〉의 간행」, 『한국사연구』 164, 한국사연구회, 2014a; 김지영, 「조선후기 왕자녀의 '혼례용품'과 그 상징성에 관한 일고찰: 1749년 『국혼정례(國婚定例)』 이전 '가례등록(嘉禮謄錄)'을 중심으로」, 『민족문화논총』 65, 영남대학교 민족문화연구소, 2017; 나영훈, 「순조대 明溫公主 婚禮의 재원과 前例·定例의 준수」, 『조선시대사학보』 83, 조선시대사학회, 2017; 최주희,

실 각 전궁에 대한 경비 삭감과 그에 담긴 정치적 의도를 밝히는 내용이 주를 이루었기에, 중앙 각사의 지출 구조를 파악할 수 있는 『각사정례(各司定例)』에 대해서는 검토가 제대로 이루어지지 못했다.

이에 이 글에서는 영조 대 중반 간행된 『탁지정례』류 가운데 가장 오랜 기간에 걸쳐 가장 많은 분량으로 작성된 『각사정례』에 대해 살펴보고자 한다. 구체적으로는 정례서 간행의 직간접적인 배경이 되었던 영조 대 전반기의 재정 상황과 재정적자 요인을 검토하고, 이를 통해 『각사정례』의 작업이 실제 어떠한 방식으로 전개되었는지, 항목 구성에 담긴 재정사적 의미가 무엇인지 차례대로 살펴보기로 하겠다.

2. 영조 대 전반 중앙의 수입: 지출 구조와 재정적자의 요인

영조가 즉위한 직후 중앙의 재정 상황은 경종 대보다 악화된 상태였다. 영조 대 초반 재정 부족의 원인은 크게 세 가지로 진단할 수 있다.

첫째, 세입 면에서 지속된 가뭄으로 세입 감소가 장기화된 점, 왜은 수입의 감소와 주전 보류로 국내 통화량이 줄어든 점을 들 수 있다. 영조 즉위년(1724) 11월 영의정 이광좌(李光佐)는 입시한 자리에서, 1695년(숙종 21) 이래 연이어 기근이 들었으며, 을유년(1705) 이후로는 더욱 심해져 해마다 거르지 않고 흉년이 든 것이 16~17년간 이어지고 있다고 했다.[2] 영조가 즉위한 해(1724)는 물론 이듬해(1725)까지 가뭄이 심하게 들었으며,[3] 1731년

「1826년 『예식통고(例式通攷)』의 편찬과 왕실재정의 정비 노력」, 『역사와 현실』 107, 한국역사연구회, 2018.

2　『승정원일기』, 영조 즉위년 11월 1일.

(영조 7)에는 앞선 두 해보다 심각한 흉년이 들었다. 이어 1732~1733년(영조 8~9)에도 기근이 심하게 들었는데, 특히 1733년에는 사람이 서로를 잡아먹는[人相食] 지경이라는 보고까지 올라왔다.[4] 이어 1739년(영조 15), 1742년(영조 18)에도 기근이 심하게 들었으며, 1742년에는 여역(癘疫)이 크게 번져 열 집 중 아홉 집이 비는 상황에 이르렀기에 중앙에서 세입을 거두기 매우 어려운 상황에 처했다.[5]

영조 즉위년부터 이미 호조의 1년 수입이 지출하는 데 매번 부족해 이리저리 빌려 쓰고 있는 데다가, 선혜청의 재원은 1724년 9월을 기준으로 이듬해 봄까지 예상 지출을 감당하기도 빠듯한 상태였다. 더욱이 강화와 남한산성의 비축곡도 여러 해 동안의 기근으로 이리저리 옮겨쓴 탓에 빈 장부로만 존재한 상태였다.[6] 1727년(영조 3) 당시 호조판서 권이진(權以鎭)의 보고에 따르면, 호조의 한 해 쌀 수입은 11만 석, 지출은 12만 석이며 동전 2~3천 냥에 못 미치는데 지출은 5천 냥 수준이며, 은의 경우 봉부동(封不動)은 5만 냥뿐인데, 3~4년 후에는 모두 탕진할 것이라고 했다.[7] 이처럼 빠듯한 수입-지출 구조에 간혹 조운선의 침몰로 중앙에 상납될 세곡이 바다에 침수되는 해난사고를 만나게 되면 그해 세입은 큰 타격을 입을 수밖에 없었다. 1728년(영조 4) 7월에는 호조와 선혜청의 패선된 곡물 수가 4만 7천여 석이고, 군문의 패선된 수도 많아 9월, 10월 이후 반급할 녹봉이 떨어질 상황에 놓였다.[8]

한편 18세기 초 왜은의 수입 감소로[9] 호조에서 비축한 은화도 1731년

---

3   『영조실록』, 영조 8년 1월 12일.
4   『영조실록』, 영조 8년 8월 20일; 9년 1월 27일.
5   『영조실록』, 영조 15년 4월 17일; 18년 5월 20일.
6   『승정원일기』, 영조 즉위년 9월 24일.
7   『승정원일기』, 영조 3년 11월 11일.
8   『영조실록』, 영조 4년 7월 29일.
9   영조가 즉위한 1724~1726년 사이 일본과의 사무역으로 국내에 들어온 은은 17세기 후반

(영조 7) 무렵 바닥이 났다. 호조판서 김동필은 함경도 정평의 은 광산과 안변의 동 산지에 은점을 설치하고 세를 거두어 경비에 사용토록 제안했으나, 영조는 주전할 때에만 안변에 점을 설치하고 주전을 마치면 곧바로 폐하여 간민들이 몰래 캐 교역하는 폐단을 금지토록 했다.[10] 왜은 수입이 줄어든 상태에서 중국 사행의 무역 결제 대금으로 은이 지속적으로 필요했기 때문에 정부에서는 국내 은광에 점을 설치하고 광은을 확보하고자 했으나 1년에 얻는 광은은 700~800냥에 불과했다.[11] 반면 영조 대 사행단이 가져가는 은은 한번에 은 10만~15만 냥에 달하고 연경에 가기도 전에 심양과 관시(關市)에서 소비함에 따라 국내 은 보유량은 갈수록 줄어드는 추세였다. 이에 1711년(숙종 37) 국내 보유 은은 20여만 냥이었으나, 1724년(경종 4)에는 11만 냥으로 줄었고, 1727년(영조 3) 무렵에는 앞서 언급한 대로 봉부동 5만 냥 수준으로 급격히 줄었다.[12] 이처럼 국내산 광은의 개발은 그 양도 미미한 데다가 국내산 은을 유출시키고 중국산 소비재 수입을 촉진해 국내의 사치풍조를 조장하게 되는 문제를 낳았다.[13]

한편 동전 주조를 통해 세입을 보충하는 데 있어서도 영조는 매우 보수적이었다. 실제로 이때 영조가 크게 두려워한 폐단은 '붕당(朋黨)'과 '전화(錢貨)', '양역(良役)'이었다.[14] 1725년(영조 1) 진휼청당상 민진원(閔鎭遠)은 동전 주조를 중단하면 다음 해 봄의 진휼 밑천을 마련할 수 없다고 우려했으나, 영조는 동전 주조로 인한 폐단이 진휼청의 재원이 바닥나는 것보다 많다고 비판하며, 돈은 먹거나 입을 수 있는 것이 아니어서 돈의 가치는 떨어

   (1680~1690년대)에 20~30만 냥에서 급격히 줄어든 4~7만 냥 수준이었다. 권내현, 「17~18세기 조선의 화폐 유통과 은」, 『민족문화연구』 74, 고려대학교 민족문화연구원, 2017, 286쪽 참조.
10 『영조실록』, 영조 7년 10월 10일.
11 『영조실록』, 영조 15년 3월 28일.
12 『승정원일기』, 영조 3년 11월 11일.
13 『승정원일기』, 영조 11년 12월 5일; 권내현, 앞의 논문, 289쪽 참조.
14 『영조실록』, 영조 3년 5월 29일, "又敎曰, 我國之弊大可畏者, 朋黨也, 錢貨也, 良役也…."

지고 물가만 오를 것이라고 진단했다.¹⁵ 실제로 민간에서 동전을 사사로이 주조하는 문제와 부민들이 시중에서 동전을 한꺼번에 사들여 이익을 꾀하는 문제로 다수의 백성들이 동전을 없애기를 바라고 있었다. 이에 대해 우의정 심수현(沈壽賢)은 1670~1671년(현종 11~12)의 경신대기근과 1674년(숙종 즉위) 국휼이 겹쳐 국가 재정이 크게 줄었을 때 만과(萬科) 시행과 더불어 동전을 주조했고, 1677~1678년(숙종 3~4)에 주전으로 10여 년을 지탱했으며, 1695년(숙종 21) 상신 남구만(南九萬)이 동전을 더 주조하자는 의견을 내어 3년간 이어진 재해를 구제할 수 있었으나 이후로 돈을 주조하지 않아 현재와 같은 문제가 야기되었다고 보고했다.

영의정 이광좌(李光佐) 역시 30년간 동전이 주조되지 않아 통화량이 적어진 탓에 부유한 백성들이 동전을 저장해두고 가격차를 이용해 이득을 보는 문제가 있기는 하지만, 동전을 일방적으로 폐지할 경우 군문과 각사에 저장한 10여만 냥의 재원을 상실하게 되는 우려를 표하였다. 다수의 신료들이 영조 대 초반 주전을 재개하자는 의견에 동조하고 있었음에도 당시 동전을 주조할 물력이 부족했기에, 영조는 결국 현재 통용되는 동전만 유통시키고 더 이상의 주전은 하지 않는 것으로 결론지었다. 1731년(영조 7) 가뭄으로 인한 세수 부족이 장기화되고 내탕으로 보유한 동전마저 고갈되기에 이르자, 일시적으로 주전을 재개해 15만 냥을 확보했으나, 1696년(숙종 22) 60만 냥을 주조한 것에 비하면 25퍼센트 수준에 그치는 조치였다. 결국 영조가 본격적으로 재개한 것은 1750년(영조 26) 무렵으로, 호조·선혜청·삼군문이 번갈아가며 주전을 하는 원칙이 이때에 마련되었다.¹⁶

---

15 『승정원일기』, 영조 1년 10월 19일. 기존 연구에 따르면, 조선 후기 동전의 주조량은 1678~1697년 약 450만 냥, 18세기 전반 108만 냥, 18세기 후반 410만 냥 정도가 주조되었다고 한다. 이헌창, 「1678~1865년간 화폐량과 화폐가치의 추이」, 『경제사학』 27, 경제사학회, 1999, 7쪽; 권내현, 앞의 논문, 284쪽 참조.

16 최주희, 『조선후기 宣惠廳의 운영과 중앙재정구조의 변화: 재정기구의 합설과 지출정비를 중심으로』, 고려대학교 박사학위논문, 2014b, 3장; 임성수, 「18세기 전반 폐전론의 전개와 주전 재

영조는 긴축재정의 기조를 유지하기 위해 즉위년에는 숙종 대에 이어 공물재감을 단행했으며,[17] 1728년부터는 외방진상의 물종을 대대적으로 줄이는 「진상별단등록(進上別單謄錄)」을 작성했다.[18] 동전 주조를 통한 세입의 일시적인 확보를 꾀하기보다는, 현물재정에 기반한 안정된 재분배체제를 회복시키려는 것이 영조 대 초반 재정정책의 기본 방향성이었던 것이다. 따라서 한정된 세입으로 늘어나는 경비 지출에 대응하는 방법은 경상 지출을 전반적으로 줄여나가는 것 외에 다른 도리가 없었다.

영조 대 재정 부족이 야기된 두 번째 요인은 경종의 국장을 비롯한 연이은 국장, 의례 비용이 늘어난 점을 들 수 있다. 물론 영조 대 의례 비용이 선왕 대보다 비약적으로 늘었다고 보기는 어렵지만 제향 대상인 열성조의 물리적 수가 늘고, 복위와 추숭을 통해 왕실 구성원의 위상을 높이는 조치들은 경비 지출을 늘리는 배경이 되었다.

영조 즉위 직후 이미 호조에서는 군문과 진휼청, 평안감영에 쌀 4만 5천 석, 돈 7만 60냥, 무명 70동, 은 3천 냥을 빌린 상태였으며, 산릉과 칙사 접대에 쓰일 비용을 다른 관서에서 빌려야 할 처지였다. 당시 호조의 재정적자는 총 21만 8,060냥, 쌀로는 7만 2,686석 정도의 규모로 대사헌 이명언(李明彦)은 호조의 재정 상황을 '추위에 떠는 걸인의 살림'과 같다고 표현했다.[19] 호조판서 조태억(趙泰億)은 경종의 국장을 치르기 위해, 경자년

개」, 『역사문화연구』 83, 평택대학교, 2022. 영조가 1750년(영조 26) 호조·선혜청·삼군문에서 주전을 재개하는 원칙을 반포한 것은 『탁지정례』의 간행으로 중앙의 경비 지출이 큰 폭으로 이정된 데다 균역법 시행을 통해 각 군문의 군포 수입이 절반으로 줄어든 상황을 타개하기 위한 조처였던 것으로 이해된다(최주희, 2014b, 앞의 논문, 149-150쪽).

[17] 『비변사등록』, 영조 1년 12월 27일. 1725년(영조 1) 공물재감별단의 작성으로 선혜청에서 줄인 공물가액은 1만 6,524석 6두 5승이었다. 이는 1716년(숙종 42) 공물재감별단에 수록된 1만 5,979석 3두 5승에서 약간 늘어나는 수치였다.

[18] 전상욱, 「18세기 전반 물선진상 관련 자료 분석: 『진상별단등록』을 중심으로」, 『문화재』 47-4, 국립문화유산연구원, 2014; 최주희, 「대동법 시행기 進上制의 정비와 영조대 초반 『進上別單謄錄』의 작성」, 『한국사학보』 86, 고려사학회, 2022 참조.

[19] 『영조실록』, 영조 즉위년 9월 24일.

(1720) 예에 따라 삼군문 즉 어영청전 1만 냥, 금위영전 1만 냥, 훈련도감의 은 5천 냥을 이획해 서울에서 물품을 마련하고, 이를 각도에 분정해 천천히 갚아가는 방식으로 가까스로 상장례를 치렀다.[20] 그러나 이는 일시적인 미봉책으로서, 지속되는 흉년으로 세입이 불안정한 상황에서 경비 부담을 지방에 전가하는 조치에 다름 아니었다. 그런데 영조 대 전반에는 선왕인 경종뿐 아니라 정빈 이씨 소생인 효장세자가 1728년에 갑자기 죽고, 1730년(영조 6)에는 왕실의 큰 어른인 선의왕후(경종의 계비)가 사망함으로써 연이은 국장 비용이 발생했다.

영조는 선의왕후의 국상을 준비하며, "연달아 국상을 만나 경비가 고갈되었다"고 하면서, 자성(慈聖)의 유언에 따라 제사에 쓸 은그릇 일부만 제외하고 갑진년 국상 때 쓰던 것을 그대로 쓰도록 지시했다.[21] 그러나 기명을 재사용하는 것만으로 국휼 시 설치되는 3도감의 경비를 줄이기에는 턱없이 부족했다. 국장을 치르고 난 후에는 능침제와 종묘제사도 연례로 치러야 했기 때문에 제사 비용 역시 늘어날 수밖에 없었다. 1731년(영조 7) 진휼청당상 김재로(金在魯)는 능침과 종묘의 제사가 조종조에 비해 더 많아졌고, 여러 가지 향사가 거의 빈 날이 없어 경비가 옛날보다 배나 증가했다고 지적했다.[22] 이에 조정 신료들은 경비 절감의 대책으로 영조에게 왕실 경비의 삭감을 우선적으로 요구했다.

1724년 대사헌 이명언은 상소를 올려 명성왕후와 장렬왕후의 궁인이었다가 왕비 사망 후 각전으로 이속된 2백 명의 궁인들에게 음식·의복·땔감을 지급하는 비용을 없앨 것을 요청했다. 사간원 정언 조명교(曺命敎) 역시 상례 때 궁인에게 내리는 상포(喪布) 중 근래 늘어난 3백 필을 삭감하고 불필요한 궁인을 출궁시키는 한편, 시어소(時御所)의 차비인(差備人)과 전

20 『승정원일기』, 영조 즉위년 9월 1일.
21 『영조실록』, 영조 6년 6월 29일.
22 『영조실록』, 영조 7년 12월 26일.

원문(殿院門)의 고용군 240명에게 지급하는 5,760필의 베도 삭감할 것을 아뢰었다.²³ 영의정 이광좌는 근래 재정이 너무 고갈되어 절약하는 방도 외에는 계책이 없다고 하면서 궐내에서 쓰는 지의(紙衣)와 포진(鋪陳)도 꿰매 쓰도록 했으며, 교서관에서 책을 인쇄하는 것도 경연 시 사자관으로 하여금 베껴 써 바치도록 했다. 호조판서 오명항(吳命恒)은 어막에 쓰는 차일(遮日)도 전례에 따라 쓰던 것을 꿰매 쓰도록 하는 안까지 진달했다.²⁴

영조는 이 같은 조정 신료들의 경비 삭감안을 수용하면서도 왕실의 권위를 최소한으로 지키는 선에서 경비 지출의 원칙을 천명했다. 왕실에서 쓰는 차일은 장례 시 상여가 멈추는 곳과 인산할 때 쓰는 것은 새것으로 하고, 『선원보략』의 개수에 있어서도 고쳐야 할 판을 따로 제작해 넣도록 했다.²⁵ 또 경의군(효장세자)에게 지급할 경비도 「을해정식」에 명시된 액수를 절반으로 줄여 은자 2천 냥, 쌀 1백 석을 수송해주도록 했다.²⁶

영조는 심각한 재정난 속에서 후궁을 봉작하는 일에도 신료들의 눈치를 봤다. 영중추부사 민진원은 즉위 후 영조가 영빈 이씨를 새 후궁에 봉작한 것과 그녀의 임신 사실을 언급하며, 색을 경계할 것과 출생하는 왕자(혹은 공주)에게 절수지 분급을 금지하고, 가사 규모도 사대부가의 규모로 제한할 것을 요청했다. 영조는 민진원의 노골적인 지적과 요구에 대해 새 궁의 가사를 본궁에서 직접 사도록 하고 호조에서 궁가에 보내는 1백 석의 쌀도 보내지 말도록 했다.²⁷

1729년(영조 5)에는 궁방에 정해준 면세전 외의 토지에 대해서는 세금을 내도록 했다. 이에 수진궁·명례궁·용동궁·어의궁·창의궁의 면세전

---

23 『승정원일기』, 영조 즉위년 10월 2일.
24 『영조실록』, 영조 즉위년 10월 20일.
25 『승정원일기』, 영조 즉위년 10월 26일.
26 『승정원일기』, 영조 즉위년 11월 4일.
27 『영조실록』, 영조 2년 11월 21일.

1천 결을 표준으로 삼고, 명례궁·용동궁은 1,500결을 한도로 면세를 허용해주었으며, 사묘의 제전(祭田)은 5백 결로 한정하고, 세자 사친의 제전은 3백 결로 제한해 면세하되, 정해진 액수 이외의 전토는 모두 전세를 받아 경비에 보충하게 했다. 또 각 아문 둔전도 전세를 면제받는 경우, 모두 전세를 내도록 하고 서원의 위전도 사액서원 외에는 전세를 모두 바치도록 했다. 이밖에 병조에서는, 명목이 긴요하지 않은 고립군의 수를 줄이고, 주현의 은루결도 금제를 엄중히 적용하도록 했다.[28] 그러나 영조는 신료들의 요구대로 왕실 경비를 일방적으로 줄이지만은 않았다. 관행적으로 지출돼온 왕실 경비의 삭감 요구는 수용하거나 솔선하는 행보를 보였지만, 왕실 및 국왕의 권위를 드러낼 수 있는 대민의례와 열성조 추숭에는 자신의 의지를 관철시킴으로써 추가적인 경비 부담을 야기했다.

영조는 1739년(영조 15) 봄 가뭄이 심해 가을 수확량 감소가 예견된 상황에서도 병술년(숙종 32)의 예를 들어, 경외의 노인에게 음식[宴需]을 나눠주도록 했다.[29] 또 같은 해 중종의 원비인 단경왕후 신씨를 복위시켜 시호를 '단경'이라 하고 능호를 '온릉'으로 정하였으며,[30] 양주 불암산에 소재한 덕흥대원군묘의 제사에도 물력을 지원하도록 했다.[31] 이는 전해에 탁지의 세입이 6만 8천 석으로 크게 줄어든 상태에서 두 차례의 칙사 대접과 화평옹주의 가례에 비용을 대기 위해 선혜청의 쌀 3만 석을 빌려 온 이후의 조치였다.[32] 1743년(영조 19)에는 덕흥대원군의 예에 따라 인빈김씨의 별묘를 다시 세우도록 했으며, 현종의 셋째 딸인 명안공주의 사우도 새로 짓도록 경비를 지원하게 했다.[33]

---

28 『승정원일기』, 영조 5년 1월 9일.
29 『영조실록』, 영조 15년 4월 17일.
30 『승정원일기』, 영조 15년 3월 28일.
31 『승정원일기』, 영조 15년 5월 28일.
32 『영조실록』, 영조 14년 2월 29일.

1745년(영조 21)에는 종묘제례에 친림해 희생을 직접 살피기까지 했다. 이는 이전 국왕들은 행하지 않던 의례였다. 영조는 장생령(掌牲令)이 희생의 무리를 이끌고 동쪽으로 조금 나와 손을 들어 살폈다고 고하고 다시 자리로 돌아가는 의례를 행하자, 직접 소를 살피고 '살지지 못하였다'고 지적했다. 이어서 헌관을 파직하고 예조당상과 전생서 제조를 삭직시키고 면전에서 임금을 속인 장생령도 도배(徒配)의 법으로 처벌하도록 했다.[34] 또 제관들의 재숙을 명하고, 전생서의 희생을 기르는 데 쓰는 곡식의 양을 회복시키도록 했다. 이후 1753년(영조 29)에는 자신의 사친인 숙빈 최씨의 사우와 묘를 육상궁과 소령원으로, 1755년(영조 31)에는 인빈 김씨의 사우와 묘를 저경궁과 순강원으로 격상시킴으로써, 사친추숭을 위한 예제도 정비하였다.[35]

요컨대, 영조는 재위 전반기 재정 궁핍의 위기 상황에서도 왕실의 정통성을 공고히 하기 위해 단경왕후의 복위와 온릉 조성, 덕흥대원군 제사 지원과 인빈김씨 별묘 건립, 명안공주의 사우 설립, 종묘의 희생 검토와 제관의 재숙 명령 등의 조치를 취했다. 왕실 계보의 정통성을 공고히 하는 한편, 사친의 신분적 결함을 제도적으로 보완하려 한 것이다. 이에 영조는 연례적으로 쓰이는 제향, 의례 비용은 줄이면서도 왕실의 권위를 드러내고 사친을 추숭하는 데 드는 비용은 감내하는 재정 지출의 양면성을 드러냈다. 긴축재정을 이어가야 하는 현실 여건 속에서 제향의례의 정비와 능묘 격상에는 과감히 경비를 지출하는 한편, 왕실공상에 있어서는 대대적인 감액 조치를 병행하였던 것이다.

마지막으로, 지출 면에서 영조 대 재정난이 야기된 또 하나의 요인은,

33　『영조실록』, 영조 19년 6월 20일.
34　『영조실록』, 영조 21년 4월 7일.
35　영조 대 궁원제 시행에 대해서는 정경희, 「조선후기 궁원제의 성립과 변천」, 『서울학연구』 23, 서울역사편찬원, 2004 참조.

관서에 불필요한 경비 지출을 통제할 문서 행정 시스템이 제대로 작동하지 않은 점을 지적할 수 있다. 1725년 사헌부 장령 최도문은 국가의 경비가 쓸데없이 소비되는 원인이, 직무를 맡아보는 관사에 중기(重記)가 없어 하리들이 경비를 늘였다 줄였다 하기 때문이라고 보고했다. 주지하다시피 1708년(숙종 34) 황해도 상정법 시행을 계기로 전국에 대동·상정법이 시행됨에 따라 중앙의 선혜청에서 각도의 대동·상정세를 수취해 시중에 공물가로 지급하는 시장 조달 시스템이 마련되었고, 매년 24~25만 석 규모의 경비를 선혜청의 하리들이 출납하는 구조가 만들어졌다.[36]

1727년 필선 임광필(林光弼) 역시 전포를 관장하는 아문에 중기(重記)를 새로 만들어 인사 이동 시 전장(傳掌)하여 농간을 막아야 하며, 각사에 속한 이서와 원역의 수도 근래 액수가 거의 1만 명에 이르기 때문에, 용관(冗官)을 혁파해야 한다는 안을 제기했다.[37]

대체로 지방에는 감영이나 병영 및 군읍을 따질 것 없이 모두 중기 문서가 있어서 모든 공적으로나 사적으로 일 년 동안 쓸 비용의 총수를 먼저 기록한 뒤에 매일 내준 내역을 기록합니다. 그러므로 교체될 때 비록 명석한 관리가 아니라 하더라도 한 번 보면 환하게 알 수 있는데, 유독 전포를 관장하는 서울 아문에서는 처음부터 중기(重記)하는 법이 없어서 문서가 어지러워 하리가 농간을 부릴 수 있도록 버려두고 있습니다. 그러니 이루(離婁)처럼 눈이 밝은 사람이라 한들 어찌 그 간사하고 거짓된 짓을 못하게 할 수 있으며, 그들이 훔쳐 먹는 것을 막을 수 있겠습니까. 이렇게 계속 놓아둔다면 얼마 가지 않아서 재물이 텅 비게 되어 따라서 나라가 망하지 않겠습니까. 선묘조(宣廟朝)에 처사 조식(曺植)이 '우리나라는

---

36 『영조실록』, 영조 14년 10월 15일.
37 『영조실록』, 영조 1년 8월 5일.

반드시 이서 때문에 망할 것이다'라고 한 말은 바로 이런 일을 가리킨 것입니다. 조정에서도 이 문제에 대해 염려하여 따로 구입하는 법을 만들었으나 끝내 그 효과를 보지 못하였는데, 그것은 사람이 총명한 데는 한계가 있는 데다 근거로 삼을 만한 문서가 없었기 때문입니다. 신은, 전과 포를 맡은 아문은 모조리 지방의 사례에 따라 새로 중기하도록 하여 관리가 바뀔 때 관장하는 것을 전하게 함으로써 농간을 막는 것이 나라 살림을 넉넉하게 하고 재물을 만들어내는 도리에 합당하다고 생각합니다.[38]

중기는 관서물품을 기록한 재정장부로, 지방관 교체 시 해유문서와 함께 인수인계해야 할 문건으로 알려져 있으나, 전포(錢布)를 관장하는 선혜청·병조에서는 중기를 제대로 작성하지 않고 있었다. 이 때문에 헌납 임광필은 오늘날 국가의 재용이 텅빈 이유를 전포아문의 서리가 문서를 농간해 전곡을 포흠하는 문제에서 찾았다.[39] 임광필의 기억에 10년 전 경상도 어느 고을에서 대동작목을 상납해 올리고 자문[영수증]을 받아간 후 선혜청 서리들이 다시 고을에 관문을 보내 대동세를 독촉하는 일이 있었는데, 본군의 자문을 대조한 결과 서리배가 해당 고을의 대동세를 전부 훔쳐먹은 정상이 발각되었는가 하면, 근래에는 병조 서리가 각 고을에 군포를 분배해 훔쳐먹은 문서가 발각돼 포도청에서 수색해 잡기까지 했는데도 별다른 처벌을 받지 않고 넘어가 전포아문의 회계 절차가 매우 소루해진 점을 지적했다.

공물 조달이 빈번한 공상아문의 경우에도 중기 작성이 제대로 이루어지지 않았다. 1727년 행병조판서 이태좌(李台佐) 역시 호조의 폐단이 상의원, 내의원, 사약방, 제용감에서 나온다고 하면서 특히 상의원에서는 중기

---

38 『승정원일기』, 영조 3년 11월 13일.
39 『승정원일기』, 영조 3년 12월 14일.

를 만들지 않고 한 장의 공사나 전교 내의 사연에 따라 물품을 직접 바쳐야 하며, 내의원에 들어가는 것은 수천 냥이 되고, 제용감에서는 매일 공상하는 백저포가 1자 반이 된다고 했다. 또 사약방의 차일과 장막으로 호조에서 쓰는 비용이 한량이 없다고 하였다.[40]

실제로 『탁지정례』의 편찬에 대한 사관의 논평을 살펴보면, 왕실에서 각사에 취용할 것이 있으면 중관이 종이 조각에 물명을 써서 호조의 하리를 불러서 보이고 상납할 것을 책임 지우는 관행이 커졌고, 심지어 원각(苑閣)을 개수한다고 중관이 이례와 짜고 2천 꾸러미의 돈을 훔치는 일까지 있었기 때문에 박문수(朴文秀)가 정제를 만들게 되었다고 평하였다.[41]

결국 영조 대 초반 중앙 각사의 재정출납을 효과적으로 관리할 수 있는 회계문서의 고도화와 이서층의 중간 수탈을 막을 수 있는 하급원역의 통제 시스템이 요구되고 있었다. 이를 실현하기 위해서는 첫째, 전포아문의 회계문서가 체계적으로 관리되고 각사의 경비 지출 근거도 정확히 마련될 필요가 있었다. 둘째, 각사 재원을 중간 수탈하는 이서배들을 감수, 정액화하는 조치도 수반되어야 했다. 영조 대 중반 이와 관련된 대책이 마련되었는데, 그 첫 번째는 『탁지정례』류 간행과 선혜청의 회계법 마련이었으며,[42] 두 번째는 「각사원역존감별단(各司員役存減別單)」의 작성이었다.[43]

요컨대, 정례서는 국왕 영조가 재위 전반기 열악한 재정 환경 속에서 다년간의 국정 운영을 통해 체득한 노하우를 지출 매뉴얼로 정리한 것이라 하겠다. 영조는 『각전각궁례(各殿各宮例)』와 『국혼정례(國婚定例)』, 『상방

---

40 『승정원일기』, 영조 3년 10월 24일.
41 『영조실록』, 영조 25년 9월 21일.
42 『영조실록』, 영조 25년 4월 19일.
43 영조는 1756년(영조 32) 「各司員役存減別單」을 작성토록 해 각사의 서리·서원은 물론 사령과 고직·군사와 같은 하급 원역의 수까지 대대적으로 감축하였다. 별단을 통해 각사 원역의 수는 3,454명에서 3,186명으로 조정되었으며, 이 중 서리·서원 수는 1,349명에서 1,221명으로 삭감되었다(최주희, 2020, 앞의 논문).

정례(尙房定例)』를 편찬함으로써 왕실이 솔선하는 재정 절감의 방향성을 대외에 천명했으며, 이를 통해 연간 10만 냥에 이르는 중앙 경비의 절감 효과를 불러일으켰다.[44] 또한 감필급대(減匹給代)로 군포 수입이 줄어든 군문과 각사의 불만을 잠재우고자 왕실에 진배되는 현물 진상을 추가로 이정하는 작업을 병행했고, 그 결과 『선혜청정례』가 간행되었다. 이처럼 영조 대 정례서의 간행은 왕실 재정을 삭감하는 방향으로 전개되었지만, 왕실 경비의 이정을 일단락하고 영조가 호조판서 박문수를 통해 실현하고자 한 재정개혁은 『각사정례』의 편찬으로 구현되었다.

다음 장에서는 『각사정례』 12권을 중심으로 국왕 영조와 호조판서 박문수가 중앙관서의 경비를 어떠한 방향으로 줄이고자 했는지 살펴보기로 하겠다.

3. 영조 대 중반 정례서의 간행과 중앙 각사의 지출 구조

주지하다시피 『탁지정례』류로 분류되는 정례서는 『각전각궁례』와 『국혼정례』, 『각사정례』, 『상방정례』로 이루어져 있다.[45] 1752년(영조 28)에 편찬된 『선혜청정례』는 명칭은 다르지만, 같은 정례서로서 『각전각궁례』와 형식이 동일하다. 다만, 각 전궁마다 진배해야 하는 공상가 총액을 적어놓음으로써 선혜청에서 각 전궁의 공상가와 진상가로 지출할 최대 액수를 파악할 수 있도록 하였다.[46] 정조 대 이후로 작성된 정례서로는 『공선

---

[44] 『영조실록』, 영조 25년 2월 14일.
[45] 『만기요람』 재용편 4, 호조각장사례, 정례 참조.
[46] 『선혜청정례』의 간행에 대해서는 최주희, 2014a, 앞의 논문 참조.

표 1 『탁지정례』류의 구성

서명(성격)	편찬 시기	주요 내용	책수
각전각궁례(왕실)	1749년(영조 25) 3월	왕실 각 전궁 19처 공상물자 정비	6권
국혼정례(왕실)	1749년(영조 25) 10월	왕비 이하 군현주 가례물자 정비	2권
각사정례(각사)	1751년(영조 27) 7월	중앙 각사 소납 공물 정비	12권
상방정례(왕실)	1752년(영조 28)	왕실 법복, 의복, 장신구 등 정비	3권
선혜청정례(왕실)	1752년(영조 28)	왕실 각 전궁 진상물자 정비	1권
공선정례(왕실)	1766년(정조 즉위) 7월	왕실 각 전궁 (외방)진상물자 정비	1권
예식통고(왕실)	1826년(순조 26)	왕실공상 및 친제, 제향, 과장, 국기·사기, 거둥	1권
호남공선정례(왕실)	19세기	전라도 외방진상물자 정비	1권

정례』와 『호남공선정례부편』이 현존하는데, 이 역시 각 전궁에 상납하는 현물 진상을 정비한 지출례에 해당한다.

1826년(순조 26)에 작성된 『예식통고』는 기존의 정례와 항목 구성에 차이를 보이는데, 이는 호조의 전례방에서 왕실의 공상과 친제와 제향, 과장, 국기·사기, 거둥에 쓰이는 물목을 정비한 성책 자료이기 때문이다.[47] 이들 정례서들이 주로 왕실 경비를 줄이기 위해 작성되었다고 한다면, 『각사정례』는 120여 처의 관서 경비를 줄이기 위해 편찬되었으며 그 양도 12권으로 정례서 중 가장 많다.

영조는 『각전각궁례』와 『국혼정례』의 편찬에 이어 호조판서 박문수로 하여금 중앙관서의 경비를 줄이는 작업을 추진하도록 했으며, 2년 반의 시간 끝에 『각사정례』가 완성되었다. 영조는 『각전각궁례』에서 『각사정례』에 이르는 정례서 편찬의 전 과정을 박문수에게 위임하고 밤낮 가릴 것 없이 정례서 편찬 과정을 박문수에게 하문했다.[48] 특히 『각사정례』는 『각전각궁례』, 『국혼정례』보다 시간이 많이 소요되었는데, 영조가 『각사

---

47 『예식통고』의 간행에 대해서는 최주희, 2018, 앞의 논문 참조.
48 『영조실록』, 영조 25년 3월 12일.

정례』의 작업이 지연되는 이유를 묻자, 박문수는 각사의 정례를 작성하기 위해 관서의 경비를 상확하는 데 하루에 한두 관서밖에 다룰 수 없고,[49] 수년간의 등록을 가져다 살펴보고 일일이 계산하여 감액해야 했기 때문에 일을 급하게 마무리할 수 없다고 아뢰었다.[50] 문제는 영조가 1750년 당시 감필급대를 단행하기 전, 박문수가 호조판서의 신분으로 호전론을 주장하며 조재호(趙載浩)와 과격하게 싸우다 충주목사로 좌천되었고, 이로 인해『각사정례』를 마무리하지 못하는 상황에 처하게 된 것이다.[51]

이때 영조는 호조판서 박문수의 재능을 아까워하며[予之惜卿者 惜戶曹也], 호조판서의 일을 대신할 사람을 물색하는 데 매우 신중한 태도를 보였다. 조현명(趙顯命)이 박문수의 후임으로 정형복(鄭亨復)과 김상성(金尙星)을 아뢰면서 이들을 품계는 못 미치지만 청렴하고 정밀한 자로 평했다. 영조는 둘 중 김상성을 언급하며 탁지의 중임은 매우 신중히 택해야 하는데『각사정례』의 작업과 공물이정을 마치지 못했으니 더욱 가려 뽑아야 한다고 전교했다. 그런데 영조는 새로 지명한 호조판서 김상성에게『각사정례』의 일을 넘기지 않고, 60세의 나이로 충주목사에 제배되어 내려갈 박문수에게,『각사정례』와 공물어린(貢物魚鱗)의 일을 마치고 내려가도록 했다. 이는 영조의 뜻이기도 했지만, 박문수의 의지이기도 했다.

박문수는 충주로 내려가기 전『각사정례』를 마무리할 수 있도록 겨를을 받아 이정하겠노라고 하면서 이는 새로운 당상이 논의해 품정할 수 있는 일이 아니며 수년간 구획한 일이 자칫 허사로 돌아갈 수 있음을 우려했다. 그러나 박문수에게는 충주에 내려가 해야 할 일이 따로 있었다. 영조는 그를 충주목사뿐 아니라 어염사로 임명해 삼남의 어염(魚鹽)을 관장

---

49 『승정원일기』, 영조 25년 12월 21일.
50 『승정원일기』, 영조 26년 3월 16일.
51 『승정원일기』, 영조 26년 7월 9일.

하도록 했다.[52] 사조(辭朝)하기 전 영조가 박문수에게 삼남에서 얻을 수 있는 어염이 얼마나 되는지 묻자, 10여만 냥 이하로 내려가지 않는다고 답했다. 영조는 감필에 따른 급대 재원의 확보 방안을 마련하는 데에도 박문수의 역할을 기대하였다. 당시 박문수와 대립하고 있던 조재호조차도 그를 '양역을 주관하는 중신[良役主事之重臣]'으로 평가할 정도였다.[53]

결국 박문수는 『각사정례』의 작업을 마무리하지 못한 채, 충주로 내려가게 되었고, 이후 호조판서 김상성과 참판 홍봉한(洪鳳漢)이 작업을 이어가다가 1751년(영조 27) 7월 이후에 작업이 마무리되었다.[54] 그러면 이토록 박문수가 끈질기게 과업을 완수하고자 했던 『각사정례』는 어떠한 체제와 구성을 띠고 있을까. 우선 『각사정례』의 범례를 살펴보면, 영조가 『각사정례』를 편찬하고자 한 의도를 엿볼 수 있다.

하나. 각전과 각궁에 들이는 정례는 이미 간행·반포하였고 이어 각사정례의 명이 있었다. 대개 각사의 진배는 일찍이 항식으로 정해진 것이 없어서, 과거에는 없었는데 지금 생겨난 것이 있고 전에는 적었는데 후에 많아진 것이 있다. 마땅히 지급해야 하나 지급하지 않는 것이 있고, 지급하면 안 되는데 지급하는 것이 있다. 이를 조율하는 것은 한때의 판서·당상의 뜻에서 나오고, 조종하는 바는 또한 중간의 교활한 이서들의 손아귀에 달려 있으니, 이들이 해사에 거짓되게 보고하고 공인들에게 쓸데없이 지급하는 경비를 이루 다 말할 수 없다. 상께서 이러한 폐단을 깊이 진념하시고 유사에게 명하시어 한결같이 진배의 실 수효를 이정하고 또 각사 관원으로 하여금 직접 본조로 가서 본조의 당상, 낭청과 함께 서로 살피고 완결지어 정례로 삼게 하셨으니, 무릇 변통에 관계된 것은 반드

---

52 『영조실록』, 영조 26년 8월 5일.
53 『영조실록』, 영조 26년 8월 11일.
54 『승정원일기』, 영조 27년 5월 23일.

시 분명히 밝히고 가다듬어 임금의 뜻을 받들어 시행해야 할 것이다. 지금 모든 조항을 아래에 열거한다.[55]

범례의 첫 조항을 살펴보면, 각사에 진배하는 공물은 항식으로 정해진 것이 없어서 과거에는 없었는데 현재에는 있고, 전에는 적었는데 후에는 많아진 것이 있다고 했다. 이로 인해 공물가를 지급해야 하는데도 지급하지 않는 것이 있고, 지급해서는 안 되는데도 지급하는 것이 있다는 것이다. 문제는 시임 판서와 각사의 제조당상이 이러한 문제를 개선하려 하기보다, 필요에 따라 이를 조정해 쓰면서 이서들까지도 진배 물자를 착복하는 문제가 장기간 누적돼오고 있었다. 대동법 시행기 중앙 각사에 비치된 공안(貢案)을 현실에 맞게 수정하고 가감하는 절차를 거쳐야 했으나, 찬반 논란 속에 대동법이 도 단위로 시행되고 있었기 때문에 정부 차원에서 대동법 체제에 맞는 공안을 새로 작성하기 어려웠고, 각사의 진배에 항식이 정해지지 않은 상태에서 전례나 등록에 근거한 진배 요구가 관행적으로 이어져오고 있었던 것이다. 물론 지출 준거를 마련하려는 노력이 아예 없었던 것은 아니다.

영조는 1727년 연이은 기근과 재정 부족으로 대책을 논의하던 상황에서 무신년(현종 9)의 등록을 준행하도록 했다.[56] 『무신등록(戊申謄錄)』은 1668~1669년(현종 9~10) 사이에 김좌명(金佐明)과 정태화(鄭太和)가 궁중 내외의 용도를 절약해 만든 식례의 일종이다. 영조는 『탁지정례』를 간행하

55 『탁지정례(각사정례)』 권1, 범례, "一 各殿各宮內入定例 旣刊頒繼有各司定例之命 盖各司進排 曾無恒定 有古無而今有者 前少而後多者 有當給而不給者 不當給而給者 其所關狹專出於一時 判堂之意 其所操縱又在於中間猾吏之手 以之該司之瞞報 貢人之浮費殆不可勝言 自上深軫此 弊 爰命有司一倂釐整其進排實數又令 各司官員躬進本曹與本曹堂郎商確完結爲此定例 而凡 係變通者必經睿裁奉旨施行 今皆條列于下."
56 『영조실록』, 영조 3년 11월 10일, "備邊司啓曰 國用罄竭 明年經費不足 無以取資 請自今各司堂 上以上官丘價 盡數會錄 堂下官丘價 量宜會錄 戶曹經用 一遵戊申謄錄 各軍門之藥房及新營 并皆停罷 凡會錄之數 移送宣惠廳 以補經費 而其出納 皆令關由于廟堂 仍爲定式 上可之."

기 전, 경비를 줄여야 할 일이 있을 때마다 『무신등록』을 강조했으나, 현실에서는 그다지 잘 지켜지지 못했다.⁵⁷

결국 당대 현실에 맞는 지출 준거가 마련되지 못한 상태에서, 공물 주인이 언제, 어떤 물종을, 얼마 정도를 각사에 진배해야 하는지는 오직 제조당상과 서리의 뜻에 좌우될 수밖에 없었다. 이에 각사에 진배하는 물품의 종류와 수량을 각사 관원과 호조의 당상·낭청이 함께 이정해 정례를 작성하게 된 것이다. 그러나 정례서 편찬 작업은 각 관서의 재정 운영을 제약하는 일이었고, 관서의 실제 경비를 일일이 재산정하는 일 또한 쉽지 않았다. 이에 『각사정례』의 편찬에 중앙 각사를 모두 포함시키지는 못했다. 〈표 2〉는 호조판서 박문수가 시작해 후임 호조판서인 김상성이 마무리한 『각사정례』상의 120여 개 관서를 정리한 것이다.

권1~3까지는 사직·종묘·영녕전·영희전·황단·성균관(문묘 등)·소현묘·효장묘·독소·동관왕묘·남관왕묘·선무사·봉상시·종부시·종학청·선원록청 등 왕실 제향에 관련된 전(殿)·묘(廟)·시(寺)가 주를 이룬다. 권4에도 종친부를 비롯해 소위 5상사(五上司)로 불리는 의정부·중추부·충훈부·의빈부·돈녕부 등 왕실 종친과 외척, 공신 들을 관리하는 각사가 포함되어 있다. 여기에 권11~12 역시 왕실 공상을 담당하는 궐내 각사들로만 구성되어 있다. 반면 국가 행정을 주관하는 궐내외 각사의 지출례는 권5~10에 수록되어 있다.

육조의 속사 중에는 누락된 관서도 없지 않다. 예컨대, 영조 대 초반 폐지와 합설 논의가 있었던⁵⁸ 혜민서, 전의감은 정례상에 빠져 있다. 그러면

---

57 『영조실록』, 영조 13년 10월 13일, "上引見大臣備堂 戶曹判書朴師洙曰 顯廟朝戊申 己酉 宰相 金佐明 鄭太和節酌內外用度 作爲式例 名曰戊申謄錄 伊時上奉兩東朝 下有諸公主 而國家節 約 猶能如是 于後需用漸加 戊申式例廢而不用 今則用度不啻數十倍 請就其中 更加裁定 以爲 節用之道焉 上命廟堂裁酌稟定."

58 『승정원일기』, 영조 즉위년 10월 20일.

표 2 『각사정례』의 구성

권	기재 항목	성격
1	어제어필(御製御筆), 범례, 사직, 종묘(영녕전), 영희전, 황단, 성균관(문묘, 계성사, 숭절사), 소현묘, 효장묘, 독소, 동관왕묘(남관왕묘도 동일함), 선무사	제향
2	봉상시 상(元貢, 各祭圖)	제향
3	봉상시 하(각방·묘, 각제향소용, 동적전, 서적전) 종부시(종학청, 선원록청)	제향·왕실
4	종친부, 의정부, 중추부, 충훈부, 의빈부, 돈녕부	왕실·공훈
5	비변사(빈청), 기로소, 훈련도감, 금위영, 어영청, 호위청, 의금부	정치·군사·형률
6	승문원, 사옹원, 내의원, 내주방, 향실	외교·왕실·제향
7	승정원, 도총부(중일청) 홍문관, 예문관(춘추관), 상서원, 시강원, 익위사	정치·군사
8	이조, 호조, 예조(각묘·각릉, 장령전, 만녕전), 장생전, 숭의전, 문시소, 병조, 선전관청(충장충익위청, 별군직청, 팔천수문장청, 무겸청, 숙위장사청, 사소위장청, 국출신청, 좌우순청) 무시소, 형조, 공조, 한성부, 사헌부, 사간원	정치·제향·재정·의례·공사·형률
9	사복시, 군기시, 장악원, 교서관, 내자시, 내섬시, 사도시, 예빈시, 제용감, 사재감, 선공감(외선공감), 자문감	정치·공물·서적·의례
10	관상감, 금루, 전설사, 의영고(촉정례), 장흥고, 내빙고, 양현고, 장원서, 사포서, 전생서, 사축서, 조지서, 와서, 사학, 내농포, 전연사	정치·공물·교육
11	내반원(대전, 대왕대비전, 중궁전, 세자궁소원, 학청, 빈궁 등) 내수사, 내궁방, 액정서	왕실
12	대전수라간(주다방, 등촉방, 수사간), 대왕대비전수라간(주다방, 등촉방, 수사간), 중궁전수라간(주다방, 등촉방, 수사간), 세자궁수라간(주다방, 등촉방, 수사간), 빈궁수라간(주다방, 등촉방, 수사간)	왕실

이들 관서의 경비는 어떠한 원칙하에 정례에 실리게 되었을까? 우선 『각사정례』의 범례에 수록된 각 관서의 경비 이정 방향을 정리하면 〈표 3〉과 같다.

범례의 각 조항은 영성군 박문수가 『각사정례』를 작성하는 과정에서 문제로 파악한 관행을 일일이 이정해, 호조와 각사에서 해당 조항을 지킬 수 있도록 명시한 것이다. 범례의 마지막 조항을 살펴보면, 국왕의 전교에 따라 각사 관원이 몸소 호조에 나아가 경비를 이정하고, 호조에서 이를 성책해 각사에 보냈다고 하였는데, 이를 통해 『각사정례』가 호조와 각사에 동일하게 보관되고 이를 근거로 물품의 진배와 경비 지출이 이루어지게 되었음을 알 수 있다. 다만, 정례에 없더라도 별도로 진배해야 하는 물품

표 3 『각사정례』의 범례

해당 관서 및 물품	범례의 조치 사항
선원록	하나. 선원록청·족보청을 설치할 때와 선원록청의 (서적을) 포쇄할 때, 춘추관·실록청의 (문서를) 포쇄할 때 발생하는 번잡한 비용이 매우 많기 때문에 이후로는 종묘·사직의 봉심례에 의거해 호조와 함께 봉심하고 새로 만들거나 수리할 때는 서로 합의해 거행한다.
종묘	하나. 태묘의 고유제가 (의식이) 불경하고 (제수가) 깨끗하지 못하므로 빨리 거행하지 않을 수 없다. 이외에 크고 작은 제사는 삭망에 반드시 겸하여 행한다.
봉상시	하나. 봉상시에서 신실(神室)의 비가 새는 곳에 고환안제(告還安祭)를 시행하는 것이 매년 늘어나는데, 과거에는 5~6년에 한 번이었으나 지금은 1년에 2~3번을 행하며 불경하기가 매우 심하므로 이후로는 비가 새는 곳은 본시 관원이 각별히 간심하고, 착실히 수리하되 만약 전의 폐단이 있으면 해당 관원을 중죄로 힐문한다.
춘추관	하나. 춘추관에 있는 실록 보관함에 들어가는 물종은 2년에 한 번 바꾸는데, 안에 싸는 보자기는 5년에 한 번 바꾸고, 형지안으로 들이는 물종도 5년에 한 번 바꾼다. 정족산성의 실록 보관함에 들어가는 물종은 한결같이 춘추관의 예에 따라 거행하되 궁궁이가루 포대 등의 물종은 강화부에서 마련하므로 호조에서는 진배하지 말도록 한다.
선원록청 돈녕부	하나. 선원록청의 『선원록』과 『선원보략』을 담는 함과 돈녕부의 족보함에 들어가는 등 양처의 물종은 개수하는 연한이 같지 않다. 선원록청의 병풍은 돈녕부의 예에 따라 3식년에 한 번 바꾼다. 돈녕부의 유둔, 궁궁이가루 포대는 1년에 두 번 바꾸는데 너무 잦고, 선원록청의 유둔, 궁궁이가루 포대는 10년에 한 번 바꾸는데 너무 소홀하다. 모두 5년에 한 번 정식으로 한다. 돈녕부의 초향(草香)과 소뇌(小腦)는 선원록에 없는 것이니 없앤다.
	하나. 당대 『선원록』의 다섯 봉안처에 들이는 책지는 하품 도련지로서 전에 쓰던 것과 같이 하고, 『선원가현록』의 다섯 봉안처에 들이는 책지는 도련저주지로 바꿔 쓴다.
황단	하나. 황단의 전각 내 제사상은 전과 같이 당주홍칠을 하되 싸는 베는 없앤다. 전각 밖의 준상(樽床) 이하는 모두 상주홍칠을 하고 능침제사상, 준소아가상(樽所阿架床) 칠은 전과 같이 하되 싸는 베는 없앤다. 그 나머지는 모두 상주홍칠을 한다. 이후로는 연회와 제사의 상과 탁자를 물론하고 왜주홍칠을 했던 것은 모두 싸는 베를 없애고 당주홍칠을 한다. 묘·전·사직제에 쓰이는 상과 탁자, 상건(床巾)은 그 수대로 제작해두고 보수해 쓰되, 때맞춰 진배하는 것은 모두 없앤다.
	하나. 황단의 탁의(卓衣) 등의 물품은 나견(羅絹)을 쓰지 말고 면주를 쓰도록 하며, 태묘의 탁의도 면주를 쓰도록 한다.
묘단	하나. 종묘와 사직, 영희전·황단·문묘·소현묘·효장묘의 각 능침과 묘에 진배하는 물종으로 연한이 있는 것은 뽑아서 정례로 하고, 연한을 정할 수 없는 것은 전과 같이 탈이 난 것을 봉심한 후 보수한다.
–	하나. 중사(中使)가 전교를 듣고 호조의 집리에게 분부한 것이 아니면 절대 거행하지 말도록 한다.
보자기	하나. 승정원의 입계문서를 싸는 보자기와 홍문관에 들이는 책보자기, 시강원에 들이는 책보자기, 교서관의 진상책자 보자기는 모두 제용감에서 구입한 비단으로 진배한다.
	하나. 구례에 교서관[藝閣]의 진상책자를 담은 함만 유독 겉을 싸는 보자기가 있었는데, 승정원과 옥당, 시강원은 없으니 이후로는 일체 사용하지 말도록 한다.
	하나. 무릇 보자기로 들이는 것은 무늬가 있는 비단을 금한 후 다홍색 수주로 대신 써왔는데, 무늬 있는 비단보다 도리어 값이 비싸졌으니 지금부터는 무늬 없는 홍화방주로 진배하고 다홍수주는 사용하지 말도록 한다.

궤자	하나. 승문원과 옥당·시강원·교서관에 들이는 서책과 문서를 담는 함궤(函櫃)는 구례를 복구해 하나의 함[隻函]으로 바꾸되, 대조(大朝)의 홍함은 반홍으로 칠하고 동궁의 흑함은 송연으로 칠한다. 무릇 담는 함은 그 크기가 담는 것의 대소에 따라 크기를 거의 비슷하게 만든다. 하나. 무릇 진배하는 궤자는 전에는 크기와 모양이 크지 않았기 때문에 하나의 목판으로 만들었는데, 지금은 여러 상사와 승정원, 예문관 등에서 모두 넓고 길고 큰 궤자를 책납시켜 큰 목판이 아닌 것은 제외시켜 책납할 수 없으니 이 때문에 공인들이 지탱할 수 없다. 이후로는 판을 붙여서 궤자를 만들고 큰 궤자를 억지로 징수하는 일을 경계한다.
관안	하나. 어람용 관안은 옛것을 그대로 쓰고 동궁의 관안도 똑같이 시행한다.
그릇 [器皿]	하나. 각전각궁의 수라간에 오랫동안 보관해둔 기명(器皿)과 행용하는 기명의 수는 호조에서 두루 알기 어려우므로, 행용하는 수효를 성책하고 수본으로 만든 후 산원, 서리를 정해 행용하는 실수를 맞춰보고 훼손되는 대로 수보하되 수본에 맞게 거행한다.
과거장 물품 마련	하나. 대소 과장에 들어가는 황촉(黃燭)·등유(燈油)·용지(龍脂)·지지(紙地)·공석(空石) 등은 진배가 자못 한절이 없어 공인들이 지탱하고 감당할 수 없다. 주장관(主掌官)에서 작정하고 획급해서 주장관의 하인과 공인으로 하여금 함께 거행하게 하고, 만약 전과 같이 남용하는 폐단이 있으면 주장관과 차비관은 중률로 죄를 다스린다.
관상감	하나. 관상감의 서적은 비록 기이하고 신묘한 책이라 해도 지필묵을 지급해 베껴두도록 하되 간인(刊印)할 수는 없다. 상역방서(象譯方書)에 있어서는 일찍이 간인한 일이 없는데 근래 연품하여 다수 간행했으니 이는 매우 뜻이 없다. 관상감의 예대로 한결같이 허락해주어서는 안 된다.
지의·등매·방석·우산 등 물품	하나. 여러 상사의 지의(地衣)·등매(登每)·방석(方席)·우산(雨傘) 등의 물품은 수량을 참작해 수를 정하고 당해에 한 해 모두 지급하되 전에 진배했던 것을 옮겨 쓰지 않도록 한다. 이 중에는 모두 지급하지 않고 훼손되는 대로 수보해주는 것이 있다. 쓰고 돌려주지 않을 수 없는 것[用還]에 있어서도 신칙하여 쓰고 돌려주도록 한다.
산천 제향 물종	하나. 제 산천 제향에 쓰이는 물종은 제향 후 매번 쓰고 돌려주기 때문에 실로 공인이 견디지 못하는 폐단이 된다. 이에 한 해에 쓸 것을 정해 각사에 모두 지급해 공인으로 하여금 옮겨 진배하게 한다.
각사 진배 물종	하나. 각사에 진배하는 물종의 수효는 각항마다 써넣되, 감결(甘結)에 의거해 진배하는 부류는 조항에 써넣지 말고 수량을 계산하고 따져서 시행한다. 하나. 각사에 진배하는 물종 중 이미 '모두 (값을) 지급하는 것[都下]'으로 정했으면, 전과 같이 쓰고 (공인에게) 돌려줄 수 없으니 그대로 본사에 보관해두었다가 기한이 찰 때까지 기다린 후 호조에 보고하고 바꿔 마련한다.
진배 방식	하나. 정례 중 동일한 물종인데 어떤 것은 수리 보수해 쓰고 어떤 것은 모두 지급하는 것은, 해당 관서에서 물품을 쓰는 긴요함의 정도에 따라 연한을 정해 참작하여 마련했기 때문이다. 무릇 모두 지급하는 연한이 1년인 것은 매년, 2년인 것은 간년(間年), 3년인 것은 간(間) 2년으로 한다. 모두 지급하는 물종은 각기 2월 내 지급해서 겨울이 지나기까지를 연한으로 한다. 지지 및 털 종류, 토화로 등의 물품은 9~10월 내에 지급해서 선후가 뒤바뀌는 폐단이 없도록 한다.
유기	하나. 여러 상사의 유기(鍮器)는 호조에서 간심하여 훼손되는 대로 수보하되 각 관서의 이름을 새겨 사가(私家)에서 내어 쓸 수 없도록 하고 만약 발각되면 해당 전수인(典守人)은 중률의 죄를 부과한다.
별례 물품	하나. 각사의 물종은 정례 외에, 수십 년에 한 번 별례로 진배해야 하는 부류와 같은 것은 **별등록(別謄錄)**에 기입한다.
공조의 물품	하나. 공조의 항식에 필묵(筆墨)과 도기(陶器), 사복시의 곡초(穀草), 양창(군자창·광흥창)의 공석(空石), 차양(遮陽), 초둔(草芚)은 본조에서 이감하는 것이 아닌데 각사에서 함부로 거두는 소치가 공인들의 폐단이 되고 있기 때문에 지금은 정례에 첨입해둔다.
위반 시 처벌	하나. 지금 이 정례는 전교에 따라 각사 관원이 몸소 호조에 나아가 (각사 진배물자에) 문란함을 파악해 바로잡았으며, 호조에서는 또한 성책한 것을 각사에 보내 물종이 정례에 어긋나고 누락된 것이 있으면 각사로 하여금 첨지를 붙여 오게 해서 정례에 첨입하였다. 이후로 혹 추가해서 함부로 거두는 일이 있으면 해당 관리는 중률을 부과해 죄를 다스리도록 한다.

의 경우 별등록을 작성해 진배하도록 함으로써 추가 징수의 여지를 열어 둔 점은 경비 지출이 다시 방만해지는 계기를 낳았다.

그러면 『각사정례』 내에 각종 물품은 어떠한 방식으로 이정되고, 각사에는 이러한 물품이 어떻게 진배되었을까? 『각사정례』 1권에 수록된 사직(社稷)의 물목을 바탕으로 『각사정례』의 항목 구성에 대해 살펴보기로 하겠다. 〈표 3〉에 근거해 한 해 동안 사직에 진배된 물자를 계산해보면 총 136항목으로 파악된다(표 4).

사직(서)에서는 매달 장흥고와 호조, 기인으로부터 공사백지 1권과 땔감·기름값으로 주는 누르스름한 무명[시유채현목] 1필, 빗자루로 쓸 싸리나무[추축목] 6속을 진배받았다. 또 춘추대제와 납향제, 기곡제, 국왕친림대제에 쓰이는 물품과 희생을 살필 때 소비되는 물품, 전각을 수보하고 지내는 고유제[수개고제진배] 물품도 『각사정례』에 근거해 공인들에게 진배받았다. 이밖에 화재 방지용 두명[물을 담아두는 큰 독]과 물을 섞은 소금[화수염], 볏짚으로 만든 자리[고방석], 볏짚, 나무표주박[목표] 등도 공조와 사재감, 사복시, 사도시 공인에게 진배받았다.

사직의 제사 때 내정(內井)의 물이 말라 외정(外井)을 사용해야 될 때에도 초바자와 잡장목, 사립 만드는 데 쓰는 초바자 등을 선공감 공인으로부터 제공받았으며, 제사의 수복 8인이 입을 홍의 옷감과 이 가운데 숙수 세 명이 입을 비단 의복, 치마도 제용감과 봉상시 공인에게서 진배받았다. 마지막으로 사직의 건물 도배는 (사직서에서) 자체적으로 수보하도록 했으며, 각종 방석[鋪陳], 그릇[器皿] 역시 (사직서에서) 직접 마련하도록 했다. 이처럼 사직의 제향의례를 수행하는 데 필요한 물품은 『각사정례』에 수록된 물목의 범주 내에서 마련되었으며, 진배 시기와 횟수도 정례에 준하여 계량화되었다.

매삭항식의 물품은 매달 정기적으로 사직에 진배되었으며, 춘추대제와 납향·기곡제 때 쓸 물품 역시 제사 설행에 맞춰 물품이 조달되었다. 희생

표 4 『각사정례』 권1 사직(왕실제향기구)

항목(물종 수)	진배 방식	진배 물종	진배처
매삭항식 (每朔恒式) (3종)		공사백지(公事白紙) 1권	장흥고
		시유채현목(柴油債玄木) 1필	호조
		추축목(箒杻木) 6속	기인
춘추대제· 납향제·기곡제 (22)		신위행로촉(神位行路燭) 4쌍, 진설대룡지(陳設大龍脂) 30병	의영고
		가자회(茄子灰) 매위(每位) 3승	사포서
		전축황필(塡祝黃筆) 1병, 진묵(眞墨) 1정	공조
		병개유지(餠盖油紙) 5장, 상족저주지(床足楮注紙) 2장, 양준 소상좌면유지(兩樽所床座面油紙) 8장, 홀기도련저주지(笏記 擣鍊楮注紙) 1장	장흥고
		황필(黃筆) 1병, 진묵(眞墨) 1정	공조
		진상단자저주지(進上單子楮注紙) 3장(*승정원도단자지(承政 院都單子紙) 포함) 유지(油紙) 2장(*羊肝 쌀 것 포함)	장흥고
		복주병(福酒甁) 4개	내섬시
		조소(條所) 1간의, 소삭(小索) 4파	선공감
		번육단자(膰肉單子)와 공사백지 10장	장흥고
		교말(膠末) 5홉	예빈시
	쓰고 돌려줌 [用還]	사잔대구(沙盞臺具) 5개	사기계
		병계축목(餠階杻木)	기인
		제기수정공석(祭器修淨空石) 10립, 제정수정망구공석(祭井 修井網具空石) 5립	군자감, 광흥창
친림대제 (23)		침향(沈香) 매위(每位) 양(兩) 2잔(盞)	향실
	쓰고 돌려줌 [用還]	어목욕소용사유둔(御沐浴所用肆油芚) 1번	장흥고
		목욕탕자(沐浴湯子) 1부, 담통(擔桶) 1부, 목관자(木貫子) 1개, 마미사(馬尾篩) 1부	선공감
		목표(木瓢) 1개, 초성(草省) 1개	사도시
		백세저포수건(白細苧布手巾) 1건	제용감
	수복에게 지급 하는 데 포함	일병삼낭촉(壹柄參兩燭) 1쌍	의영고
	쓰고 돌려줌	어관세위소용홍세저포휘건(御盥洗位所用紅細苧布揮巾) 1건, 백세저포수건(白細苧布手巾) 1건, 상건(床巾) 1건	제용감
		곡수유지(曲水油紙) 1장	장흥고
	수복에게 지급 하는 데 포함	판위일병삼낭촉(版位壹柄參兩燭) 2쌍 단상단하집례일병삼낭촉(壇上壇下執禮壹柄參兩燭) 2쌍	의영고

	쓰고 돌려줌	배설대룡지(排設大龍脂) 70병	
		헌관제집사승지목욕백포수건(獻官諸執事承旨沐浴白布手巾) 19건 관세백포수건(盥洗白布手巾) 19건	제용감
		관세상유지(盥洗床油紙) 2장	장흥고
	먼저 진배한 뒤 쓰고 돌려줌	목표 1개	사도시
		담통 2부, 목관자 1개	선공감
희생을 살필 때 [省牲時進排] (2종)		생방목(牲榜目) 1개, 홍소삭(紅小索) 4파	선공감
수개고제 (修改告祭) (13종)		신위행로일병삼냥촉(神位行路壹柄參兩燭) 4쌍, 진설대룡지(陳設大龍脂) 30병	의영고
		전축황필 1병, 진묵 1정	공조
		상족저주지 2장, 준소상좌면유지 8장, 홀기도련저주지 1/2장	장흥고
		황필 1병, 진묵 1정	공조
		번육단자와 공사백지 10장	장흥고
		교말 5홉	예빈시
		제기수정공석 10립, 제정수정공석 5립	군자창 광흥창
도하질(都下秩) (54종)	봄, 가을 지급	도옹(陶甕) 1좌, 도동해(陶東海) 4좌, 도전소라(陶前所羅) 4좌, 도소라(陶所羅) 4좌	공조
	봄, 가을 나눠 지급	미추(尾箒) 12병, 노기(蘆器) 12개	
	1년에 두번 교체	세마미사(細馬尾篩) 4부, 마미사(馬尾篩) 4부, 죽사(竹篩) 2부	선공감
		작세건(爵洗巾) 4건, 증개포(甑蓋布) 2건, 증대포(甑帶布) 2건, 장위포대대(腸胃布大帒) 4건, 향로수건(香爐手巾) 2건, 헌관제집사목욕백포수건(獻官諸執事沐浴白布手巾) 4건, 양준소위배초둔(兩樽所圍排草芚) 2번	군자감 광흥창
		목가내 2개, 노점(蘆簟) 3부, 담통 2부, 소통 1부	선공감
	1년에 모두 지급	목관자 1개, 줄조소 1간의	
		목표 3개, 과표 3개, 초성 2개	사도시
		토화로(土火爐) 4개	와서
		관세백포수건 4건, 행자포(行子布) 5척	제용감
		희생개복사유둔(犧牲蓋覆肆油芚) 2번, 제기세척사유둔(祭器洗滌肆油芚) 1번, 구사유둔(臼肆油芚) 1번, 제정개복사유둔(祭井蓋覆肆油芚) 1번, 유사(柳笥) 2부, 유오(柳筽) 2부, 유기(柳箕) 2개	장흥고
		양단상소배초둔(兩壇上所排草芚) 12번, 위배둔(圍排草芚) 4번, 음복상사첩시(飮福常沙貼匙) 3죽	3시[사도시, 내섬시, 예빈시]

	2년에 한번 지급	대부앙배사유둔(大釜仰排肆油芚) 2번, 제물봉상사유둔(祭物捧上四油芚)	장흥고
		축롱(杻籠) 4척	평시서
		제기개복사유둔사유둔(祭器盖覆四油芚) 1번, 전사청앙배사유둔(典祀廳仰拜四油芚) 1번, 구간앙배사유둔(臼間仰拜四油芚) 1번	장흥고
	3년에 한번 지급	진상단자협판(進上單子挾板) 1부, 전판(前板) 1부, 도자(刀子) 1개	선공감
		연려석(軟礪石), 강려석(強礪石)	군기시
	5년에 한번 지급	향로반(香爐盤) 4립	3寺
	5년에 한번 수리 보수	부자(斧子) 1개	
	훼손되는 대로 수리 보수	목광명대(木光明臺) 1좌, 구금(灸金) 1부	선공감
		연갑(硯匣) 1부	공조
금화소용 (禁火所用) (5종)	1년에 한번 지급	두멍[豆毛] 3좌	공조
		화수염(和水鹽) 매좌 4두	사재감
		고방석(藁方席) 매좌 2립, 곡초(穀草) 매좌 1속	사복시
	5년에 한번 지급	목표 2개	사도시
외정대봉시위배소입(外井代封時圍排所入) (3종)		초바자[草把子] 6부, 잡장목(雜長木) 24개, 사립차초바자[沙立次草把子] 2부	선공감
수복팔인소착홍의차매인(守僕捌人所着紅衣次每人) (7종)	매년 지급	정포(正布) 1필, 단목(丹木) 5냥, 백반(白磻) 5전, 두건(頭巾) 1건, 정수(淨袖) 1건	제용감
	봉상시 지급에 포함	숙수삼명소착정의정주정상(熟手參名所着淨衣淨袖淨裳) 각 3건	봉상시
	–	본서행용각양포진기명(本署行用各樣鋪陳器皿)	사직서
도배질 (4종)	훼손되는 대로 수리 보수	재실창호(齋室窓戶), 재실벽도(壁塗), 헌관제집사방창호(獻官諸執事房窓戶), 벽도(壁塗)	훼손되는 대로 수보 할 것

을 살필 때 소요되는 물품이나 건물 수리 후 지내는 고유제 물품은 봄·가을로 진배되었으며, 사직에 비치해두고 제향 때마다 쓰는 각종 물품은 1·2·3·5년마다 진배되었다. 다만, 친림대제에서 보듯이 각사에서 쓰고 돌려주는 물품도 있었는데[用還], 이 경우는 공인에게 물품을 돌려줄 때 수

량이 부족하거나 물품이 파손된 경우가 많아 공폐(貢弊)를 야기하기도 했다.[59]

요컨대, 『각사정례』의 작성으로 각사에 진배되어야 할 물품의 종류와 수량이 정액화되고, 시기별 행사와 업무에 따른 소요물품이 체계적으로 정리되었다. 그러면 공물아문의 경우 『각사정례』 내에 물목이 어떻게 기재되었을까?

〈표 5〉의 사도시 사례에서 보듯이 공물아문의 물종은 선혜청에서 공가를 지급하는 원공물(元貢物) 위주로 기재되었으며, 일부 호조의 별무가로 마련되는 수시 진배 물종이 포함되었다. 사도시 소속 공인들은 선혜청과 호조에서 공물가를 지급받아 때에 맞춰 위의 물종을 각 전궁과 각사에 조달했으며, 사도시 관원들은 공인들이 질 좋은 물품을 제때 진배하는지를 관리, 감독했다. 사도시에 책정된 원공가(별무가 포함)는 선혜청과 호조에서 공인에게 직접 지급하였고 진배 업무 역시 공인들이 직접 수행하였기 때문에 사도시 관원의 업무는 소속 공인들의 공물 진배 업무를 관리, 감독하는 수준을 넘어서지 않았다. 대동법 시행 이후 공물아문의 진배 업무를 이처럼 공물 주인에게 전담시킴으로써 선혜청·호조-공물 주인 사이에 공가 수납과 진배 확인의 절차는 강조되었던 반면, 공물아문 소속 관원의 진배 업무는 사실상 축소되었다. 정례서에 공물아문의 원공가가 명시되고 선혜청과 호조를 통해 왕실과 각사에 진배되는 수량이 정해지면서 공물아문 소속 관원, 서리의 재량권이 줄어들게 된 것이다.

조선 전기에는 지방에서 올라오는 공물을 검수하는 청대(請臺)와 공물아문 소속 창고의 물품을 점검하는 회창(會倉), 지방에서 올라오는 진성(陳

---

59 『공폐』 사도시공인, "一本寺所納瓢省一年應進排外各處進排自是用還之物而盡皆破傷闕失云初不還下浮費不貲終不會減極爲寃悶今後各處進排一一會減俾無浪費之弊事 瓢省用還乃是法例而貢人進排之各司所屬輒皆私用終不還下其習誠極痛駭此後若踵前習 則當該官員論責下屬移法司科治."

표 5 『각사정례』 권9 사도시(공물아문)

항목	진배 물종	수량 및 방식	비고
원공	갱미(粳米)	110석 2두 9승 7홉	
	중미(中米)	1,794석	
	무신가정별무(戊申加定別貿)	1,175석	
	황두(黃豆)	1,032석 14두	
	무신가정별무(戊申加定別貿)	595석	
	직미(稷米)	7석 4승	
	황대두(黃大豆)	9석 6두 1승	
	말장(末醬)	367석 2두	
	염(鹽)	139석	
	개자(芥子)	7석 13두 9승	
	표자(瓢子)	190개	
	솔[箚]	82개	
	대전(大殿) 진상타락심갱미(進上駝駱心粳米)	매일 각 8홉씩	10월 초1일~이듬해 2월 15일까지 진배 기한이 차지 않았더라도 전교가 있으면 정지함.
	대왕대비전(大王大妃殿)	매일 각 8홉씩	
	중궁전(中宮殿)	매일 각 8홉씩	
	세자궁(世子宮)	매일 각 8홉씩	
	타락심도말소용건말탄(駝駱心擣末所用乾末炭)	3일마다 1두 5승씩	
	초사(綃紗)	1부	1년에 한 번 지급
	마미사(馬尾篩)	1부	1년에 한 번 지급
수시 진배	갱미음차갱미	수시 진배	
	백설고차갱미	수시 진배	

箚)을 호조에서 확인하는 업무까지 모두 공물아문 소속 관원이 담당했다.[60] 그러나 대동법 시행 이후로는, 왕실의 물선진상의 경우 각사 관원이 사옹원을 통해 궐내에 직접 진배했지만, 그렇지 않은 일상적인 공상과 각사 공물들은 공인들이 이를 전담하였다. 영조 대 의영고 봉사를 지낸 이재(頤齋) 황윤석(黃胤錫)의 일기를 살펴보면, 중궁전에서 상궁, 시녀들이 취

---

[60] 이에 대해서는 장흥고 봉사를 지낸 성재(惺齋) 금난수(琴蘭秀)의 일기를 통해 확인할 수 있다. 최주희, 「육조거리 주변 공물아문의 역할과 일상 업무」, 『한양의 중심, 육조거리』, 서울역사박물관, 2020b, 260쪽 〈표 2〉 참조.

급하는 상곽(常藿), 진법유(眞法油), 반미(飯米) 등의 물품이 모두 품질이 좋지 않다는 전교가 내려오자 공물아문 관원들이 소속 공인을 불러 매달 바치는 물자를 정밀하게 할 것을 신칙하는 내용이 담겨 있다.[61] 청대(淸臺) 권상일(權相一)의 일기에는, 그가 봉상시 정으로 근무할 당시, 정가재라는 건물을 새로 짓고 제물을 담은 상자를 보관했는데, 전에는 제물을 공인의 집에 보관해두었다가 공인이 사람과 말을 부려 능소로 옮기는 바람에 제물이 깨끗하지 못한 문제가 발생했기 때문이라고 했다.[62] 두 일기 기사는 대동법 시행 이후 공물아문 소속 공인이 진배 업무를 전담하고 있던 정황을 보여준다.

공물 관원의 업무가 공인들의 진배를 관리, 감독하는 수준으로 축소되면서, 공물아문에서 근무하는 관원의 수도 줄어들었다. 『속대전』 편찬 당시 정3품 아문인 봉상시의 경우 부정·첨정 각 1원과 판관 1원이 감액되었으며, 사옹원은 판관·주부 1원, 봉사·참봉 1원이 감액되었다. 내자시의 경우도 정·부정·첨정·판관이 감원되었으며, 사도시도 정·부정이 감축되었다.[63] 이처럼 공물아문의 행정 기능이 축소되고 내부 관원의 숫자가 줄어드는 상황은 대동법 시행에 따른 중장기적 효과로 이해할 수 있을 것이다. 반면 왕실공상과 각사공물을 시장에서 조달하는 방식은 정부지출[원공가+별무가]을 늘리는 효과를 낳았고, 각사에서 이를 통제할 지출 준거가 마련되지 않은 상황에서 중앙의 재정 부족은 가시화될 수밖에 없었다. 이에 『각사정례』를 편찬해 중앙 각사의 경비 물자를 일일이 이정하고 공물아문의 원공과 여타 아문의 진배 물종을 일목요연하게 정리해놓음으로써 각사 관원 및 서리의 중간 수탈을 막고, 경비 운영의 안정성을 도모한 것이다.

61 『이재난고』, 영조 44년(1768) 10월 17일.
62 『청대일기』 권3, 영조 21년(1745) 4월 20일.
63 최주희, 2020b, 앞의 논문, 257쪽 〈표 1〉 참조.

이처럼 영조 대 중반『각사정례』의 편찬은 각사 행정의 지출 구조를 대대적으로 정비하기 위해 마련된 조치로서, 여러 한계에도 불구하고 19세기 중반까지 왕조 국가가 겪게 될 재정상의 위기에 최소한의 안전판 기능을 수행했다고 평가할 수 있을 것이다.

4. 맺음말

지금까지 영조 대 중반에 간행된『탁지정례』류 중 가장 많은 분량을 차지하는『각사정례』의 편찬 배경과 내용 구성에 대해 살펴보았다.

『각사정례』는 각사 관원과 이서배들이 중앙 세입을 좀먹고, 공인을 침탈하는 폐단을 개선하기 위해 마련된 정례서의 일종이다.『각사정례』의 편찬으로 공물아문의 진배 물종과 수량이 정액화되고, 진배 시기와 횟수도 계량화됐다. 그런데『각사정례』가 반포되고 얼마 지나지 않아 정례상에 규정되지 않은 과외 침탈이 자행되었으며,[64] 정례 대신 감결(甘結), 수본(手本)으로 공인들에게 물품 조달을 강요하는 폐단이 야기됐다.[65]

정조 대 초반에는『각사정례』의 준용에도 불구하고 경비 누수 현상이 심화되고 있었다. 당시 정조는 박문수가 정례를 만든 것이 수십 년도 되지 않았는데 밑 빠진 독에 물이 새듯, 폐단이 한두 가지가 아니라고 하면서 이는 호조판서가 법을 제대로 지키지 못한 탓이라고 지적했다.[66] 영조 대

---

64 이에 대해서는 1753년(영조 29)에 비변사에서 작성한『공폐』를 참고할 수 있다.
65 『일성록』, 정조 2년 8월 2일; 정조 5년 1월 8일.
66 『정조실록』, 정조 1년 9월 18일, "上曰: 昨見度支定例, 朴文秀之定例 在於甲戌年間, 不過數十年事, 而尾閭之弊, 不一而足, 此專由於戶判不能守法之致也. 所謂元貢中許多名目, 多有不可不

중반 거질의 정례서가 어렵게 간행되었음에도 불구하고, 정부의 정책 실천 의지와 관리체계가 뒷받침되지 못함에 따라 정례서에 담긴 절용의 이념은 20여 년이 지난 시점에 퇴색될 위기에 놓여 있었다. 정조는 이에 대한 타개책으로 각도의 물선진상을 정비한 『공선정례』를 편찬해 정례서의 위상을 재확인했으며, 『대전통편』 편찬 시 횡간의 참용례로서 정례서를 성문화했다. 이후로도 재정개혁의 필요성이 제기될 때마다 『각사정례』를 비롯한 일련의 정례서들이 논의 과정에서 꾸준히 회자되었으며[67] 고종 대에는 『육전조례』상에 지출 준거로 재인용되었다.

요컨대, 영조 대 간행된 정례서들은 여러 시행상의 한계에도 불구하고, 조선왕조의 재정 이념을 가장 효과적으로 보여주는 개혁안으로 기억됨으로써 19세기까지 그 역할과 위상을 이어갔다고 하겠다.

釐正者, 如欲修擧, 豈無其道, 而今人無一箇挺身任怨者, 此而抛置, 國不可爲國矣."
[67] 『정조실록』, 정조 11년 10월 3일, "領議政金致仁啓言…又啓言 戶曹定例 卽故重臣朴文秀之稟裁撰成者也. 苟能遵而行之, 則可防尾閭之洩, 而近聞違越不用者多, 此後擅自闊狹者, 隨現重勘, 則可爲救弊之一道矣. 上曰: 令該曹 相考稟處."

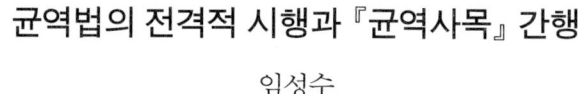

균역법의 전격적 시행과 『균역사목』 간행

임성수

1. 머리말

　균역법은 대동법과 비견되는 조선 후기 최대 개혁이었다. 양역의 문제는 연원이 오래되고 백성이 가장 감당하기 힘든 영역이었지만, 국가 운영 전반에 복잡하게 연관되어 쉽사리 손대기 어려웠다. 역(役)은 국가에 필요한 병력을 징발하고 노동력을 동원하는 제도로 출발하였다. 그러나 직접 입역(立役)하는 방식에서 대립(代立)을 거쳐 납포(納布)가 점차 군역 운영의 주된 방식으로 자리 잡으면서 군역은 국가 재정의 필수적인 수입 수단이 되어갔다.[1]

---

[1] 김종수, 「17세기 군역제의 추이와 개혁론」, 『한국사론』 22, 서울대학교 국사학과, 1990; 백승철, 「17~18세기 군역제의 변동과 운영」, 『이재룡박사환력기념한국학논총』, 한울, 1990.

군역이 재정에 활용되기 시작하면서 군역제는 빠르게 변질되었다. 왜란 이후 새로운 군문이 설립되고 정부의 통제 밖에서 지방관청과 군문의 자의적인 군역 수취와 사모속(私募屬)이 이루어지면서 역총(役摠)이 폭발적으로 증가하였다. 중앙 오군영의 군액은 17세기 후반에서 18세기 초까지 7만 명 이상 증가하였고, 속오군의 군액은 17세기 전반보다 10만 명 이상 급증하였다.[2] 이러한 상황에서 역종(役種)에 따라 납포가(納布價)에 차등이 생기자 헐역(歇役)에 투속(投屬)하기 위한 백성의 열망은 군포 재정 확충에 몰두한 기관과 만나 각종 폐단을 양산하였다.

더구나 16세기 이래 사적 토지 소유에 입각한 지주제의 발달을 배경으로 특권화한 지주·사족 세력은 급격한 인구 증가와 상품화폐 경제의 발달에 따라 충분한 노역 자원이 공급될 수 있는 여건이 조성되자 군역에서 이탈해갔다. 사족 세력의 군역 이탈은 사실상 '양인개병제(良人皆兵制)'의 원칙을 무너뜨리는 것이었고, 왕조 초기부터 이어져온 토지를 매개로 한 '균부균세(均賦均稅)'의 원칙을 무의미하게 만드는 것이었다.[3] 그들이 이탈하면서 발생한 군역 부담은 고스란히 힘없는 백성에게 더 큰 부담으로 돌아갈 수밖에 없었다.

17세기 후반 본격적으로 제기된 군역 문제의 핵심은 크게 역가(役價)의 불균(不均)과 역총의 과다(過多)로 정리할 수 있다. 중앙정부의 통제 없이 늘어난 역총은 지역에 따라서는 남정(男丁)의 수보다도 많아져서 '군다민소(軍多民少)'라는 신조어를 만들어내며 이중삼중의 첩역(疊役)을 양산하였다. 불균한 역가는 고역(苦役)에 대한 사회적 차별과 군역제 전반에 대한 백성의 불신을 야기하였다.

양역변통 논의는 크게 두 가지 방향에서 전개되었다. 당면한 문제를 직

---

2 송양섭, 「균역법의 실시와 군역제 운영」, 『한국군사사』 8, 육군본부, 2012, 198-199쪽.
3 송양섭, 위의 논문, 195쪽.

접 해결하는 방법으로 군액감축(軍額減縮)과 군제이정(軍制釐正), 양정수괄(良丁搜括), 감필균역(減匹均役) 등의 소변통론과 기존 양역을 완전히 폐지한 뒤 호(戶), 구(口), 결(結) 등의 새로운 부과 대상에 삼베나 동전을 징수하는 대변통론이 그것이다.[4] 양역변통의 성과는 1702년(숙종 28) 양역이정청(良役釐正廳)이 설치되면서부터 조금씩 결실이 나왔다. 종래 무질서한 편제·군액 및 입번제도 등을 정리하여 이에 대해 통일성을 부여하는 한편, 각 군영의 규모를 조금씩 축소하고 군영 간 통일성을 부여하여 훈련도감·금위영·어영청 삼군문 체제라는 새로운 수비체제를 갖추도록 하였다.[5]

이정청은 과도한 군액을 감축하고 도망·물고자(物故者) 등으로 부족해진 군액을 채우는 작업도 추진하였다. 1704년(숙종 30)부터 1705년(숙종 31)까지 「조선변통절목(漕船變通節目)」, 「오군문개군제변통절목(五軍門改軍制變通節目)」, 「양남수군변통절목(兩南水軍變通節目)」, 「교생고강절목(校生考講節目)」, 「해서수군변통절목(海西水軍變通節目)」, 「군포균역절목(軍布均役節目)」 등이 확정되었다. 일련의 조치로 오군문의 정액을 3만 5,365명 감액하였고, 고역(苦役)이었던 일부 역종에 관한 조정이 있었지만, 근본적인 해결책이 되지는 못하였다.[6] 영조 즉위 이후 군역을 감액(減額)·정액(定額)하려는 노력은 지속되어 1743년(영조 19)에 『양역실총(良役實摠)』이 완성되면서 군액 부문의 변통은 일단락되었다.[7] 대변통론인 유포(遊布, 儒布), 호포(戶布)·호전(戶錢), 구포(口布)·구전(口錢), 결포(結布)·결전(結錢) 등의 논의는 17세기 중반부터 꾸준히 제기되었지만, 의미 있는 결론을 내지 못하였다.

---

4   정만조, 「조선후기의 양역변통논의에 대한 검토」, 『동대논총』 7, 동덕여자대학교, 1977; 정만조, 「숙종조 양역변통론의 전개와 양역대책」, 『국사관논총』 17, 국사편찬위원회, 1990; 정연식, 『조선후기 '역총'의 운영과 양역변통』, 서울대학교 박사학위논문, 1993; 송양섭, 앞의 논문.

5   이태진, 『조선후기의 정치와 군영제 변천』, 한국연구원, 1985, 225-232쪽; 송양섭, 앞의 논문, 242쪽 재인용.

6   송양섭, 앞의 논문, 242-254쪽.

7   정연식, 앞의 논문, 95-109쪽.

양역변통 논의가 완전히 중단되었다고는 할 수 없지만, 『양역실총』의 간행으로 소변통론의 핵심이라 할 수 있는 군액 문제가 해결되면서 논의는 소강상태가 되었다. 이따금 양역제의 근본적 문제를 다루는 대변통론이 제기되었지만, 7여 년간 구체적 논의는 이루어지지 못하였다. 이러한 상황에서 1750년(영조 26) 균역법의 시행은 전격적이었다. 조선왕조 수백 년을 통시적으로 보는 현재의 관점에서는 7년의 공백 기간이 연속선상으로 보일 수 있지만, 당시 논의 과정을 보면 매우 갑작스럽고 의외의 결정이었다.

균역법은 소변통과 대변통의 절충안으로 모든 양역을 1필로 감액하는 감필급대(減疋給代)가 핵심이었다. 17세기 이래 다양하게 제기된 양역변통 논의가 균역법[減疋給代]으로 귀결될 것이라고 예상한 관료는 많지 않았을 것이다. 양역 문제를 해결하기 어려웠던 가장 큰 이유는 양역이 중앙과 지방의 각급 관청에 중요한 재원이기 때문이었다. 대동법의 경우는 기존 공납제와 요역제로 제공하던 중앙과 지방의 재정 수요를 대동미로 모두 충당하면서도 백성의 부담을 줄여줄 수 있었기 때문에 반발이 적었지만, 양역은 어떠한 정책을 취하더라도 정부 재정에는 상당한 손실이 불가피했다. 정부와 백성에게 끼치는 정책의 결과가 극단적으로 갈렸기 때문에 이 점이 해결되어야만 진전된 논의가 가능했다.

『양역실총』으로 군액의 정수(定數)·감액(減額)이 이루어진 상황에서 영조는 왜 대규모 손실을 감수하면서까지 균역법을 시행하였을까? 균역법은 전격적으로 시행된 제도였던 만큼 고려하지 못한 내용이 많았다. 특히 감필로 인한 급대 재원을 마련하는 과정은 오랜 진통을 겪었다. 실제 정책 결정이 1750년에 이루어졌음에도 온전한 시행까지 1년 이상 소요된 이유도 해결되지 않은 재정 문제 때문이었다. 이 때문에 균역법은 대동법에 비해 많은 절목과 별단이 반포되었다. 미비한 부분을 해결하는 과정에서 다양한 흔적을 남긴 것이다.

이 글에서는 1750년 균역법이 전격적으로 결정된 이유와 안정적으로 제도가 시행되기까지 정부가 취한 조치들을 당시 생산된 문서들을 중심으로 살펴보고자 한다. 영조가 준비되지 않은 균역법을 갑자기 시행한 이유와 추후에 이를 해결해가는 과정은 균역법 시기 조선의 사회경제적 배경과 함께 균역법의 본질적 성격을 이해하는 중요한 단서가 될 것이다.

2. 여역의 확산과 균역법의 전격적 시행

17세기 이래로 양역에 관한 문제제기와 개선 요구는 꾸준히 제기되었다. 숙종 연간 역가 차이가 심하거나, 군총이 과다한 곳의 조정이 이루어졌지만, 양역 문제의 근본적 해결책은 여전히 마련되지 못한 상태였다. 영조가 즉위하자 양역변통의 기대감은 다시 한번 부풀어올랐고, 다양한 논의들이 쏟아져 나왔다.

양역제의 여러 문제 중에서도 백성들이 가장 어렵게 생각하는 문제는 기본적으로 역가가 무겁다는 점이다. 지난 양역변통 과정에서 고역(苦役)으로 기피 대상이었던 일부 3필역을 2필로 감필하였지만, 백성에게는 여전히 2필도 무겁고, 힘겨웠다. 1724년(영조 즉위) 수찬 김홍석(金弘錫)은 양역 문제를 해결하지 못하는 이유를 다음과 같이 설명하였다.

> 양역의 폐단은 역의 불균에 있습니다. 균역을 하려 하면 반드시 감필이 필요합니다. 감필을 하려 하면 반드시 부족함이 있습니다. 부족하지만 채울 방법이 없으니, 이 일을 담당한 신하들이 지혜와 생각을 다하여도 계책을 세울 수 없는 것입니다.[8]

양역의 폐단이 불균에 있다고 주장하지만, 결국 무거운 역가가 문제였다. 백성이 감당할 수 있는 수준으로 역가를 줄여주면 간단히 해결할 수 있는 문제였지만, 감필을 하면 수입도 감소한다는 것이 문제였다. 각급 기관의 사모속이 시작된 이유도 재정 부족에 있었기 때문에 줄여주는 역가만큼의 재정을 정부가 보전해줄 수 없다면 결국 또 다른 방식으로 문제는 반복될 뿐이었다. 각 관서와 군문의 경비 지출을 줄이거나, 줄일 수 없다면 감필로 줄어드는 재정을 채워줄 방법이 필요했다. 현실적으로 현재 지출되는 비용을 극적으로 줄이는 것은 매우 어려운 문제였기 때문에 관심은 감필로 인한 수입 감소분을 채워주는 방법에 집중되었다. 즉 '급대(給代)'는 양역변통의 최대 난제였다. 김홍석은 감필 뒤 부족분을 사족(士族)에게도 1필씩 징수하여 채우는 방법을 제안하였다. 그간 많이 논의되었던 호포(戶布)였다. 같은 시기 유생 정세갑(鄭世甲)도 군포를 반으로 줄이고, 호전(戶錢) 시행을 건의하였다.[9] 그러나 호포(戶布), 유포(游布), 구전(口錢) 등의 대변통론은 거론될 때마다 논쟁만 치열할 뿐, 오랜 기간 진전된 대안이 나오지 않았기 때문에 이렇다 할 반향을 일으키지 못하였다.

대사헌 이명언(李明彦)은 백성들이 양역을 사지(死地)로 가는 것처럼 여기기 때문에 헐역(歇役)에 투속하거나 도피하여 결국 가난한 하호(下戶)들이 군역을 전부 채운다고 보았다. 해결책은 백성이 굳이 헐역을 찾지 않도록 2필역을 모두 1필로 바꾸는 것이었다. 모든 역이 1필역이 된다면 백성은 대안을 찾을 필요가 없게 되고, 군액은 저절로 채워질 것이라고 주장하였다. 또한 감필을 주장하는 사람들이 아무런 대책 없이 팔짱 끼고 성공을 바라지만, 재정은 귀신이 가져다주는 것이 아니라고 비판하며 제도개혁을 통한 적극적인 재정 대책을 제시하였다. 오위제(五衛制)를 폐지한 이후 순

---

8 『영조실록』, 영조 즉위년 10월 3일, "良役之弊, 在乎役之不均, 將欲均之, 必有所減, 將欲減之, 必有所不足, 不足而無以充之, 此任事之臣, 殫竭智慮, 不知爲計者也."
9 『영조실록』, 영조 즉위년 11월 29일.

차적으로 신설된 오군영(五軍營)의 군액이 늘어난 것이 양역 운영을 방만하게 만든 주된 요인이라고 지목하며, 가장 늦게 신설한 금위영을 혁파하여 상번군은 훈련도감과 어영청에 분속시키고, 수어사와 총융사가 각각 광주부윤과 수원부사를 겸임하게 하여 세 군문을 모두 폐지한다면 지출은 줄고 백성은 편안해질 것이라고 주장하였다.[10] 일부 군영을 폐지하여 불필요한 군병[冗兵]을 줄이자는 논의는 숙종 대 양역이정청(良役釐正廳)에서도 제기된 대안이었고,[11] 영조 때에도 이따금 거론되었지만,[12] 도성 방어체제와 관련된 일이었기 때문에 쉽게 채택하기 어려웠다.

1736년(영조 12) 부수찬 조상명(趙尚命)은 양역을 변통하는 일이 백성에게 급선무인데도 대책을 논의할 때마다 서로 의견이 어긋나기 때문에 결정을 못하고 고통만 가중된다고 지적하였다. 굶주릴 때는 요리를 계획만 하다가 죽은 뒤에 시행하는 꼴이라고 것이다.[13] 조상명의 발언은 당시 하루가 급한 백성과 달리 더 이상 진전이 없던 양역변통 논의에 대한 신랄한 비판이었다. 백성의 고통을 줄일 해결책은 모두가 알고 있었지만, 그다음을 책임질 자신 있는 대안도 용기도 없는 상황이었다.

긴 정체기를 지나 1742년(영조 18) 11월, 교리 김한철(金漢喆)과 수찬 윤광의(尹光毅)가 차자를 올렸다. 그들은 양역사정(良役查正)의 필요성을 말하였다. 발언의 취지는 조금 달랐지만, 이는 다시 한번 양역변통 논의가 활발해지는 계기가 되었다. 다음 달 영조는 양역사정을 지시하였고,[14] 이듬해(1743) 7월 양역사정안을 정리하여 『양역실총』이라는 이름으로 완성하고, 전국에 반포하라는 지시가 내려졌다.[15] 좌의정 송인명(宋寅明)은 조정된

---

10 『승정원일기』, 영조 즉위년 9월 24일.
11 송양섭, 앞의 논문, 241-242쪽.
12 『영조실록』, 영조 즉위년 10월 9일.
13 『영조실록』, 영조 12년 10월 17일.
14 『영조실록』, 영조 18년 12월 23일.

군액(軍額)이 각읍 군민(軍民)의 다소에 따라 대략 옮겨놓은 것에 불과하여 정액(定額)도, 균액(均額)도 아니라고 강하게 비판하였다. 백성이 적고, 군액이 많은 군현에는 반드시 실효가 있을 것이라고 장담할 수 없다는 것이다. 이에 그는 군액이 많은 군현에서 적은 군현으로 군액을 옮겨줄 것을 추가로 요청하였고, 영조가 이를 승인하였다.[16] 영조의 지시로 경외(京外)에서 3만여 명을 감액한 최종 결과물은 1745년(영조 21) 반포되었다.[17]

양역사정은 과다한 역총을 줄이고, 군현별 역총을 균등하게 하는 방법으로 소변통 중에서도 가장 낮은 수준의 변통이었다. 『양역실총』이 반포된 이후에도 양역의 문제는 여러 지역에서 다양한 양상으로 전개되었다. 일부 군액의 조정만으로는 오랜 기간 광범위하게 진행된 사모속의 결과를 해소할 수 없었다. 군다민소(軍多民少)는 일부 지역의 문제가 아니라 국가적, 전국적 문제가 되어 있었다.

『양역실총』이 반포된 이후에도 양역변통 작업이 완전히 중단된 것은 아니었지만, 전보다 추진력이 떨어진 것은 사실이었다. 이전에도 그랬던 것처럼 양역변통 논의는 양역 문제의 심각성을 고발하는 간절한 목소리와 신하들마다 제각각 주장하는 공허한 대변통론이 반복될 뿐이었다. 지금 양역의 백골(白骨)·황구(黃口)·인징(隣徵)·족징(族徵) 등의 문제는 임금께서 통촉하여 이미 수년간 묘당에 대책 마련을 지시하였지만, 변통 방법을 찾지 못했다는 결성현감 오명수(吳命修)의 상소는 당시 양역 문제의 현주소였다. 그는 실현 가능성 없는 대변통을 주장하지 않고, 당장의 문제해결을 위해 수령이 누정(漏丁)을 조사하여 도고(逃故)자와 나이 들어 군역을 면한 군정을 빠짐없이 충원하는 방법을 제안하였다.[18] 영조는 오명수의 상

---

15 『영조실록』, 영조 19년 7월 5일.
16 『영조실록』, 영조 19년 7월 5일.
17 『영조실록』, 영조 21년 6월 14일.
18 『승정원일기』, 영조 21년 9월 4일.

소를 받아들여 도고를 착실히 대정(代定)하기 위해 매년 연말 수령이 대정한 결과를 보고하도록 특별히 비망기를 내렸다. 그리고 이듬해에는 평안도를 제외하고 한 곳도 초계(抄啓)한 곳이 없자 지시를 따르지 않은 지방관을 추고할 것을 지시하였다.[19]

1746년(영조 22)에는 태어나지도 않은 복중(腹中) 태아가 군안(軍案)에 오른 일이 보고되었다. 영조는 황구첨정도 가슴 아픈 일인데, 복중 태아의 일은 믿을 수 없다며 놀라워했다. 동부승지 홍계희(洪啟禧)는 군정은 고질적인 폐단이라서 어사를 보낸다 해도 변통할 수 없다고 보았다. 근본적으로 바르지 않은 제도에서 기인하였기 때문에 쉽게 변통할 수 없다는 것이다. 그는 고(故) 상신(相臣) 김육(金堉)이 대동법을 시행하여 영구히 민폐를 제거한 사례처럼 그와 같이 훌륭한 인재를 얻는다면 군정을 변통할 방법이 있을 것이라고 막연한 주장을 하였다. 즉, 어디선가 현인이 나타나 이상적인 제도를 만들고, 적극적으로 추진하면 문제가 해결된다는 막연하고도 의미 없는 의견이었다.

영조는 양역제의 근본적인 개혁을 원했다. 기존의 양역제를 폐지하고, 새로운 부과 방식을 통해 양역으로 얻는 수입을 대체하고자 했다. 이미 제시되었던 여러 대변통론 가운데 영조는 호포에 마음을 두고 있었다. 오래 전부터 영조는 결역(結役)을 추가하는 방법에는 부정적이었다. 송(宋)의 청묘법(青苗法)처럼 좋은 의도로 시행한 법이 백성에게 세금만 추가하는 결과를 가져올 수 있다는 것이 이유였다. 이미 대동법으로 토지세가 무거워졌기 때문에 호역이 농민의 부담을 가중하지 않는 최선이라고 판단하였다.[20] 호포를 시행하고자 해도 그 부과액이 문제였다. 일전에 이광좌(李光佐)는 호포를 반 필 부과하는 방법을 제안하였고, 박문수(朴文秀)는 2필을

---

19 『승정원일기』, 영조 22년 1월 18일.
20 『영조실록』, 영조 21년 4월 5일.

주장한 바가 있었다.²¹ 정확한 급대 규모를 파악하지 못한 상황에서 논의가 진행되면서 징수액의 편차가 컸던 것이다.

1749년(영조 25) 입동(立冬)을 앞둔 조선에는 여역(癘疫)이 돌기 시작하였다. 도성 내 여역이 빠르게 퍼져 금표(禁標) 안에까지 이르자, 영조는 한성부에 철저한 관리를 지시하고 동서활인서에도 환자 구휼에 힘쓸 것을 지시하였다.²² 결과적으로 이 역질은 조선이 여태껏 경험하지 못한 참혹한 수준으로 확산되었다. 12월이 되자 경기와 평안도에서는 온 가족이 전부 사망한 집에 속출할 정도로 사망자가 급증하였다.²³ 도성 안에는 매장하지 못한 시신들이 길가에 즐비했다.²⁴ 충청도와 강원도의 상황도 마찬가지라는 보고가 접수되고 전국적으로 여제(厲祭)가 시행되었다.²⁵

이듬해 대사간 남태온(南泰溫)은 기근과 역병이 겹쳐 십실구공(十室九空)으로 전국에서 군액(軍額)의 태반이 망실되었고, 장정을 수괄할 수 없어서 황구로 채우거나 인징, 족징, 백골징포가 벌어지고 있다고 보고하였다.²⁶ 사망자가 폭증하면서 군역에도 큰 문제가 발생한 것이다. 양역 대상자인 남정들이 대거 사망하자 이를 대정하는 과정에서 이미 심각했던 각종 폐단이 걷잡을 수 없게 되었다. 8도에 여제를 실시하였지만, 사망자 10만 명을 넘어섰다.²⁷

교리 임집(任㻐)은 금년 여역이 전에 없던 일로서 사망이 꾸준히 이어져 군액이 크게 줄었으니 별도의 변통이 있어야 한다고 건의하였다. 이에 동부승지 이응협(李應協)도 군정이 태반이 감축되어 매우 걱정스러운 상황임

---

21 『승정원일기』, 영조 22년 3월 12일.
22 『승정원일기』, 영조 25년 10월 29일.
23 『승정원일기』, 영조 25년 12월 4일.
24 『승정원일기』, 영조 25년 12월 10일.
25 『승정원일기』, 영조 25년 12월 7일, 12월 12일, 12월 19일.
26 『승정원일기』, 영조 26년 3월 11일.
27 『영조실록』, 영조 26년 3월 23일.

을 설명하며 충청감사가 올린 결포의 논의에 대해 대부분 시행할 수 없다고 하니, 유수(遊手)를 수괄하여 궐액을 채워서 인징, 족징을 제거할 것을 촉구하였다. 그는 결포, 호포, 구전 등은 양역의 폐단을 논할 때마다 나오는 일상적인 이야기지만, 그중에서 호포가 가장 좋다고 뜻을 전했다. 영조도 호포에 동의하면서 갑작스럽게 양역변통 논의가 뜨겁게 재기되었다.[28]

호조판서 박문수는 팔도의 사망자 수십만 명에 이르고 장문한 것 외에도 누락된 자가 많다고 보고하였다.[29] 5월에는 이미 보고된 사망자의 수가 12만 4천여 명에 이르고, 그중에 포함되지 않은 부녀(婦女)와 유치(幼稚), 적외유개(籍外流丐)까지 합치면 사망자가 30여만 명 이하가 아닐 것이라는 주장도 제기되었다.[30] 영조는 금년의 역질이 병란보다도 심하여 이대로 종식되지 않는다면 백성이 다 죽어버릴 것이라고 우려하였다.[31]

급박한 상황에서 호포, 결포 논의는 수시로 진행되었다. 영조는 홍화문 앞에서 사서인에게 양역변통 방안을 질의하였다. 양역은 수백 년 동안 생민의 고질적 폐단이었는데, 호포나 결포는 둘째 치고 현재 역질로 백성들이 다 죽게 되어 호구가 크게 줄어 이러한 큰 경장을 하기에는 좋은 시기가 아니라는 주장도 있었지만, 영조나 조정의 입장에서는 무엇이든 해야 하는 상황이었다.[32]

조정의 논의는 몇 달간 쉬지 않고 계속되었다. 결국 호포로 결정되는 듯했지만, 대변통의 부담은 작지 않았다. 다양하고 상세한 논의 과정이 무색하게 결론은 영조가 가장 하고 싶지 않았던 소변통, 감필로 귀결되었다. 하지만 이조차도 참혹한 여역이 없었다면 불가능한 일이었다. 참혹한 여

---

28 『승정원일기』, 영조 26년 3월 25일.
29 『승정원일기』, 영조 26년 4월 15일.
30 『승정원일기』, 영조 26년 5월 15일.
31 『영조실록』, 영조 26년 5월 10일.
32 『영조실록』, 영조 26년 5월 22일.

역의 결과로 전격적인 감필이 결정된 것이다. 그러나 조정에는 감필 이후 벌어질 일들에 대한 구체적인 대안이 없었다. 새로운 논의의 출발이었다.

3. 다양한 후속 조치와 그 흔적들

균역법은 급하게 진행되었다. 1750년 7월 9일, 명정전에 나아가 시·원임 대신, 비변사 당상, 육조 당상, 양사(兩司) 제신(諸臣)을 불러놓고 양역가를 2필에서 1필로 줄이는 감필론을 최종 발표하였다.[33] 두 달가량 치열하게 진행되었던 양역변통 논의가 결론을 낸 것이다. 기존의 양역제를 완전히 폐지하고 호포나 결포를 시행하려던 대변통 구상은 무산되었지만, 수십 년간 공전되던 논의에 마침표를 찍었다는 것만으로도 큰 성과였다.

양역 감필을 공식적으로 선포하였지만, 새 제도가 온전히 정착하는 데는 긴 시간이 필요했다. 감필로 인한 결손분 보전, 즉 급대(給代)를 위한 대책을 마련해야 했다. 균역법은 전염병의 확산에 떠밀려 급하게 시행된 법이었기 때문에 체계적인 준비가 부족했다. 어떤 방식으로 양역변통을 추진할지 결정되지 않은 상황에서 결손분 계산은 시작도 할 수 없었고, 결손분을 모르니 급대책도 제대로 된 논의가 힘들었다.

1751년(영조 28) 6월 7일, 『균역사목(均役事目)』이 반포될 때까지 약 1년 반의 시간 동안 조정에서는 균역법의 후속 조치를 위한 논의가 이어졌다.[34] 이 과정에서 다양한 절목이 제정되었는데, 그 내용은 〈표 1〉과 같다.

---

[33] 『영조실록』, 영조 26년 7월 9일.
[34] 『영조실록』, 영조 28년 3월 30일, 6월 7일.

표 1 「균역사목」 제정 전 각종 절목들

순번	명칭	제정 시기	현존
1	설청절목(設廳節目)	영조 26년 7월	×
2	양역변통조목홀기(良役變通條目笏記)	영조 26년 7월	○
3	균역청절목(均役廳節目)	영조 26년 8월	×
4	균역청별단(均役廳別單)	영조 26년 8월	○
5	균세사재거절목(均稅使齎去節目)	영조 26년 8월	○
6	균세추절목(均稅追節目)	영조 26년 9월	○
7	수어경청혁파절목(守禦京廳革罷節目)	영조 26년 8월	○
8	수어청이영남한절목(守禦廳移領南漢節目)	영조 26년 8월	○
9	총융청변통절목(摠戎廳變通節目)	영조 26년 8월	○
10	진전권경절목(陳田勸耕節目)	영조 26년 8월	×
11	미보환작목보절목(米保換作木保節目)	영조 26년 12월	○
12	양남진보변통절목(兩南鎭堡變通節目)	영조 27년 2월	○
13	선무군관절목(選武軍官節目)	영조 27년 2월	○
14	균역개정절목(均役改定節目)	영조 27년 6월	○
15	균역청결미절목(均役廳結米節目)	영조 27년 10월	○

이 장에서는 균역법의 감필을 선언하고 세부적인 급대 방안을 담은 「균역사목」이 나오기까지 2년간 생산된 각종 절목류의 내용과 그 취지를 간략하게 살펴보도록 하겠다. 이 작업은 균역법의 시행 과정과 문제점을 파악하는 중요한 과정이 될 것이다.

1) 「양역변통조목홀기」(영조 26년 7월)

감필을 선언한 뒤 가장 먼저 나온 절목은 「설청절목(設廳節目)」이었다.[35] 이 절목은 감필 이후에 발생할 여러 일들을 전담할 기관의 조직과 역할을 정리한 문서로 추정되지만 현재 전하지 않는다. 「설청절목」이 나오고 약

---
[35] 『승정원일기』, 영조 26년 7월 14일.

열흘 뒤, 영의정 조현명(趙顯命)은 「양역변통조목홀기(良役變通條目笏記)」를 만들어 올렸다.³⁶ 「양역변통조목홀기」는 모두 17가지 조목으로 구성되어 있는데, 감필 이후 시행할 각종 제도와 재정 대책을 조현명이 제시하면 영조가 승인하는 방식으로 만들어졌다. 조현명은 홀기를 '균역절목(均役節目)'이라 부르기도 하였는데, 구체적인 내용은 다음과 같다.

1. 기보병(騎步兵)은 번차(番次)를 줄이고, 4번(番)이 수포(收布)하는 수효를 급대한다.
2. 별기병(別騎兵)도 원기병(元騎兵)의 예에 따라 하고, 4번은 급대한다.
3. 6도의 봉군(烽軍)은 급대하지 않고, 호보(戶保)가 함께 윤회입번(輪回立番)한다.
4. 6도의 수군보포(水軍保布)는 급대하지 않고, 매 명당 양미(糧米)로 4두씩 각도에서 마련하여 첨급(添給)한다.
5. 금위영과 어영청의 미보(米保) 5만 9,943명 내 3만 8,638명을 목보(木保)로 변경하고, 대신 미보와 여미보(餘米保) 6두 급대는 모두 다른 조목의 미곡(米穀)으로 구획한다.
6. 금위영과 어영청의 자보(資保)는 1보(保)를 추가로 정해준다.
7. 금위영과 어영청의 기사(騎士)와 자보를 좋은 방향으로 변통한다.
8. 삼군문의 정군(正軍) 외 잡명색(雜名色)은 여보(餘保)로 만들어 본영(本營)에 주고 목보의 급대에 보태는 문제
9. 경각사 장보(匠保)와 청파역·노원역의 역보(驛保)는 스스로 망정(望定) 하도록 하고 급대하지 않는 문제
10. 선혜청의 저치곡 중 상정대미(詳定大米) 1만 5천 석, 6도의 군향모미(軍餉耗米) 3천 석, 상진모미(常賑耗米) 2천 석, 관서소미(關西小米) 1만

---

36 『승정원일기』, 영조 26년 7월 23일.

석, 각 영수미(營需米) 1천 석, 수어청미(守禦廳米) 1,500석, 총융청미(摠戎廳米) 5백 석, 영영삼국납미(嶺營三局納米) 232석 6두로 삼군문 미보를 급대하는 수효에 보태어 채운다.

11. 삼남과 경기 등 4도의 군작미(軍作米) 10만 석은 본도의 군향(軍餉)으로 만들고 절반을 취모(取耗)하여 5천 석을 향미(餉米)를 급대하는 데 첨보(添補)한다.

12. 8도 감병영(監兵營)의 재곡(財穀)은 일체 건마다 수효를 기록하고, 매년 취용(取用)하여 급대하는 바탕으로 삼는다.

13. 목(木) 급대에 부족한 수는 본도 감사에게 어염(漁鹽) 소출과 각 영읍의 수포군관(收布軍官) 등 제반 명색으로 보태어 채운다.

14. 경외(京外) 군제(軍制) 및 경비조(經費條)의 명목과 액수의 유지되고 줄어든 수효는 모두 본청 책자에 기록하고, 이것에 따라 거행한다.

15. 수어청 수미(需米) 1,500석, 총융청 수미 5백 석을 덜어내어 금위영과 어영청에 나눠 보낸다.

16. 양포(良布)를 1필 줄였으니 수미군(收米軍)도 마땅히 반을 줄여 납미(納米) 12두는 양군(良軍)은 6두를 줄이고, 납미 6두는 노군(奴軍)은 3두로 줄인다. 수어청과 총융청도 이 예에 따라 수미한다.

17. 각도 수군의 윤포(閏布)는 이전에 수봉(收捧)하던 것에 따르고, 방노(防奴)는 이미 1필로 줄인 뒤에 윤포를 줄여주는 것은 부당하여 원수군(元水軍)과 일체 수봉한다.

조현명은 추가로 순청(巡廳)을 혁파하는 방안을 건의하였지만 순장(巡將)이 패(牌)를 받아 출입하는 것에 위의(威儀)가 없을 수 없다는 이유로 영조가 반대하여 시행되지 않았다. 전체적으로 「양역변통조목홀기」는 감필 이후에 직접적으로 재정적 손실을 보는 각 군문의 급대 문제를 해결하고자 만들어졌다는 사실을 알 수 있다. 가능한 경우에는 군문의 규모를 줄이고,

급대가 필요한 곳에는 불필요한 군액을 줄인 곳에서 지원하거나 각급 기관에서 융통이 가능한 곡식을 사용하도록 조치하였다. 우참찬 원경하(元景夏)는 선혜청의 미(米) 1만 5천 석을 획급하는 것이 흉년이 들면 문제가 될 수 있다는 이유를 들어 우려하였지만, 홀기의 내용이 변경되지는 않았다. 조현명은 이 홀기가 모두 아무 것도 없는 곳에서[空中]에서 판출(辦出)하려다 보니 자질구레한 것들을 모아 합쳤기 때문에 영구히 폐단이 없을 수는 없다고 판단하였다. 이에 반드시 뽑히지 않는 기틀을 세워야만 만세토록 이어질 법식이 될 것이라고 주장하였다. 그가 말한 뽑히지 않는 기틀이란 토지에서 나오는 미곡 중 규정을 어기고 면세되는 부분이었다. 예컨대, 면세복호(免稅復戶) 가운데 연한을 넘겼거나 거짓으로 면세되는 것들이나, 양전 당시에 진전(陳田)으로 기록되었지만 개간한 곳 등이었다. 불법적인 토지와 은여결을 찾아 급대 재원으로 사용하자는 주장이었다. 이 제안은 이후에 전국적으로 은여결을 색출하는 중요한 계기가 되었다.[37]

2) 「균역청별단」(영조 26년 8월)

8월 초 「균역청절목」과 「균역청별단(均役廳別單)」이 완성되어 인쇄까지 마무리되었다. 「균역청절목」에는 급대 재원의 추가 확보 여부가 기록되었을 것으로 추정되지만, 현재 전해지지 않는다. 재곡(財穀)을 추가한 것이 있느냐는 영조의 질문에 홍계희는 전목(錢木)은 변동이 없지만, 미곡은 호남의 검영미(檢營米)와 북관의 진여미(賑餘米)가 추가로 기록하였다고 답하였다.[38] 두 지역의 미곡을 추가하였지만 전체적인 급대 수효와 비교하면 미미한 수준이었다. 영의정 조현명은 「균역청절목」이 자질구레하고 보잘

---

[37] 『승정원일기』, 영조 26년 7월 23일.
[38] 『승정원일기』, 영조 26년 8월 4일; 『영조실록』, 영조 26년 8월 5일.

것없어서 여기저기서 모은 것으로는 하나의 기틀도 되지 않는다고 우려하였다. 그는 팔도의 은결이 매우 많기 때문에 그것을 조사하여 균역청에 소속시킨다면 가장 좋은 방법이 될 것이라고 주장하였다. 이에 우의정 정우량(鄭羽良)은 은결(隱結)은 공용(公用)이나 사용(私用)을 막론하고 엄중히 처벌한다는 법이 『속대전(續大典)』에 명시되어 있으니 각도에 지시하여 모든 수령에게 은결을 보고하도록 조치할 것을 건의하였고, 영조가 이를 승인하면서 전국적인 은결 조사가 시작되었다.[39]

「균역청별단」은 군제(軍制)를 변통하면서 줄어든 군액과 급대 수효를 각 군문별, 중앙 관청별로 상세히 정리한 문서이다. 문서는 크게 군제조와 경비조로 구분되어 있다. 군문에는 훈련도감·금위영·어영청 등 도성 삼군문과 병조, 경상도·전라도·충청도·황해도·강원도·경기 등 6도의 지방군이 포함되었고, 중앙관청에는 호조, 병조, 장악원, 상의원, 사옹원, 사복시, 내의원, 의정부, 중추원, 이조, 군기시, 선공감, 자문감, 전설사, 교서관, 조지서, 내원 등이 포함되었다.[40]

훈련도감은 포보(砲保) 3만 7천 명 중에서 4백 명을 줄이고, 남은 군액이 3만 6,600명이었다. 균역법 이전에는 2필씩 1,464동을 징수하였지만, 감필 이후 수입이 732동으로 줄었다. 이에 남은 군액 중 970명에게 받은 목(木) 19동 20필은 급대에 보충하도록 하고, 부족한 712동 30필은 추가로 급대하였다. 군향보(軍餉保) 7천 명에게 12두씩 5,600석을 거두던 것이 감필 이후 6두씩 거두어 부족해진 2,800석도 전량 급대하였다. 금위영에는 같은 방식으로 목 57동 2필과 미 1만 7,796석을 급대하였고, 어영청에는 목 61동 40필과 미 1만 6,984석 6두를 급대하였다. 이상 3군문에 급대한 미는 3만 7,580석을 두었다. 병조의 기병(騎兵)에는 1,286동 10필 20척을 급

39 『승정원일기』, 영조 26년 8월 11일.
40 「均役廳別單」.

대하였다. 경상도·전라도·충청도·황해도·강원도·경기의 수군을 모두 합친 9만 9,332명 반에게는 양미(糧米) 2만 6,488석 10두를 급대하였다. 각 관청의 경비조로는 호조 목 20동 38필, 장악원 목 74동 2필, 상의원 목 3동 7필, 사옹원 목 11동 35필, 사복시 목 57동 40필, 내의원 목 2동 32필, 의정부 목 1동, 중추원 목 2동, 이조 목 6동 10필, 공조 목 52동 40필, 군기시 목 4동 30필, 선공감 목 16필, 자문감 목 20필, 전설사 목 10동, 교서관 목 33동 23필, 조지서 목 1동 10필, 내원 목 2동 등을 급대하였다. 군제조와 경비조에 급대하는 목을 합친 2,463동 41필 20척을 급대할 재원은 다음과 같다. 선혜청, 충훈부, 평안감영, 평안병영, 평안도 각 읍, 황해감영, 황해병영, 경상감영, 경상우병영, 통영, 전라감영, 전라병영, 충청감영, 충청병영, 강원감영, 경기감영, 경기발여(京畿撥餘), 함경감영에서 모두 1,344동을 마련하고, 부족한 1,118동 41필 20척은 어염세와 영읍에서 제반 명목으로 거두는 것으로 보충하도록 하였다. 경군문과 지방 수군의 양미로 급대하는 도합 6만 4,069석 1두는 선혜청, 상진청, 수어청, 총융청 등 중앙기관과 각도의 곡식으로 마련하였다. 별단에는 감필을 하였지만, 급대하지 않는 항목과 이전부터 1필을 징수하여 급대할 필요가 없는 항목도 상세히 기록하여 추후 발생할 혼란을 방지하였다. 「균역청별단」은 감필 시행 초기에 재원 부족으로 문제가 될 수 있는 기관을 우선적으로 선별하여 급대하고, 그 재원을 정리한 문서였다.

3) 「균세사재거절목」(영조 26년 8월)

균세사(均稅使)는 감필을 결정하는 과정에서 급대 재원을 마련하기 위해 임시로 만든 관직이었다. 영성군 박문수는 각 지방에서 거두는 어염 수입이 매우 많다고 추정하고 가장 확실한 급대 수단이 될 것이라 믿었다. 이에 우선적으로 전국의 어염세 실태를 파악하기 위해 균세사를 파견하기로 하였다. 어염을 조사하는 관리지만 어염사(漁鹽使)라는 명칭은 면목이 좋지 않다는 이유로 영조가 정한 이름이 균세사였다. 균세라는 명칭이 균역의 뜻과 일치한다고 본 것이다. 논의 초기에는 삼남에만 파견하려 하였지만, 전국으로 범위가 확대되었다.[41] 그러나 이후에 평안도와 함경도는 어염세가 다른 도에 비해 크지 않다는 이유로 균세사를 파견하지 않고 관찰사가 균세사가 거행하는 규례에 따라 조사하여 보고하도록 재차 계획이 수정되었다.[42] 균세사에는 박문수·김상적(金尙迪)·이후(李珝) 등 3인이 선발되었다.[43]

「균세사재거절목(均稅使齎去節目)」은 크게 두 가지 목적을 담고 있다. 첫째는 그간 어염선세와 관련하여 발생한 민폐를 제거하는 것이고, 둘째는 어염선세의 여유분을 파악하여 급대 재원에 귀속하는 것이었다. 절목은 "지금 이 제도(諸道)의 어염을 심찰(審察)하라는 명은 오로지 해부(海夫)들을 진념(軫念)하는 성상의 뜻에서 나온 것"이라고 시작하며 균세사의 파견 취지가 백성을 위한 것임을 분명히 하였다. 해부들이 육지의 백성보다 힘든 점은 선척이 있으면 지토세(地土稅)를 내면서도 각종 추가 세금을 내야 하기 때문이었다. 염세의 경우에는 한번 세안(稅案)에 오르면 이후 상황과 무관하게 자손까지 징세가 이어졌다. 이에 절목에서는 선척(船隻), 염분(鹽盆), 어조(漁條), 어기(漁基), 어전(漁箭) 등에 모두 일정한 세금을 정하여 백성과 나라가 모두 편하게 하도록 규정하였다. 민폐를 해소한다는 명분을 삼았지만, 중요한 목적은 어염선세 각 항목에 일정한 세금을 정하는 일이었던 것이다. 절목에는 균세사에게 인신(印信)을 호조에서 마련해주는 일, 마패를 3마패로 지급하는 일, 군관 3인을 균세사가 자망(自望)한 자로 선발하

---

41 『승정원일기』, 영조 26년 7월 23일, 8월 5일.
42 『승정원일기』, 영조 26년 8월 11일.
43 『승정원일기』, 영조 26년 8월 23일.

여 수행하게 하는 일 등이 포함되었다.⁴⁴ 전체적으로 균세사 파견을 위한 제반 사항을 정리한 문서라고 할 수 있다.

4) 「균세추절목」(영조 26년 9월)

「균세추절목(均稅追節目)」은 균세사 파견 이후 발생한 사안들을 정리하기 위해 추가로 만든 절목이다. 먼저 안으로는 각아문(各衙門)과 제궁가(諸宮家), 밖으로는 각영(各營), 각읍(各邑), 각진(各鎭), 교원각청(校院各廳) 및 사가(私家)에 속한 선척이나 가마 중에 문서에 누락되거나 변경된 것을 균세사와 각도의 관찰사 및 수령이 일일이 조사하여 바로잡도록 하였다. 또한 지토선(地土船), 상선(商船), 어선(漁船), 망선(網船), 염분(鹽盆), 어전(漁箭), 어기(漁基), 어조(漁條) 등을 막론하고 거두는 세금의 규모를 균세사가 조사하여 조정에서 종합적으로 관리할 수 있도록 하였다. 구체적으로 세금을 징수하는 주체도 정하였다. 지토선은 배가 속한 지방에서 정해진 규례에 따라 지토세를 징수하고, 상선은 상인이 무판(貿販)하는 곳에 해당하는 지방에서 1번 상세(商稅)를 거두도록 하였다. 어선과 망선은 선인이 물고기를 잡으면 1번 세금을 징수하고 다시 거두지 않는 곳이 있고, 매번 징수하는 곳이 있으니 고을마다 다른 사정을 균세사가 자세히 살펴 조정에 보고하고 세금을 정하도록 하였다. 상선이나 망선이 한 읍에서 세금을 낸 뒤에 다른 읍으로 가서 이익을 얻었다면 똑같이 세금을 거두도록 하였다. 어전과 어기에는 각각 물주(物主)가 있고, 거두는 이익이 매년 차이가 있으니 균세사가 물정을 자세히 살펴 잘 조정하도록 하였다. 선척이 왕래하는 것은 본래 정해진 곳이 없는데 경유하는 여러 곳에서 세금을 거두어 선인들이 견디지 못하니 조정에서 장표(掌標) 1곳을 성급해주면 그 외 지역에서는 세금

---

44 「均稅使齎去節目」(국립중앙도서관, 古683-7).

을 거두지 못하게 하였다. 장표는 매년 연말에 모두 거두었다가 신년에 갱신해주도록 하였다. 이외에도 절목에는 장표를 발급하면서 발생하는 세세한 사항들을 규정하고 있다.[45] 「균세추절목」은 어염선세 각 분야별로 부당한 관행을 철폐하여 백성들의 안정을 도모하는 동시에 조정에서 세금을 정확히 파악하여 급대 재원으로 사용하려는 의도를 담고 있었다.

5) 「수어경청혁파절목」(영조 26년 8월)

수어청은 이전까지 전영·중영·후영 등 3영과 좌부·우부 등 2부로 구성되어 있었다. 이 중 좌부와 우부는 경청(京廳)을 두고 도성에 입번하였고, 3영은 남한산성을 관할하였다. 균역법을 시행하면서 방만한 군액을 감축해야 한다는 논의가 제기되었고, 좌의정 김약로(金若魯)가 수어경청의 혁파를 주장하였다.[46] 「수어경청혁파절목(守禦京廳革罷節目)」은 수어경청의 혁파와 후속 조치 등 제반 사항을 정리한 절목이다.

절목의 첫 번째 조목은 경청을 혁파한다는 내용이다. 이후에는 경청에 소속된 군병들의 처리 문제를 다루었다. 좌우부 아병과 각 둔전의 아병은 모두 남한산성과도 관련되어 있고, 각각 신지(信地)가 있으니 좌우부아병과 별장, 친아병, 천총은 혁파하지 않았다. 이어서 둔아병의 파총, 초관 경별파진 초관, 교련관 등을 감축하거나 삼군문에 분속하는 내용을 규정하였다. 또한 서리(書吏), 서원(書員), 사령(使令) 등을 감축하는 인원과 삼군문에 분속하는 인원을 정리하였고, 방자(房子), 문서직, 수직군, 염초청, 화약고 등을 정리하는 내용이 실려 있다.[47]

---

45 「均稅追節目」(국립중앙도서관, 古683-7).
46 『승정원일기』, 영조 26년 6월 19일.
47 『御營廳謄錄』 53책, 영조 26년 8월, 「守禦京廳革罷節目」.

6) 「수어청이영남한절목」(영조 26년 8월)

「수어청이영남한절목(守禦廳移領南漢節目)」은 경청을 혁파하면서 수어청을 남한산성으로 옮기고 광주부윤에게 수어사를 겸하게 하는 일원적 체제를 구축하며 만든 절목이다. 우선 광주부윤을 광주유수로 승격하였고, 유수와 경력은 모든 일을 경아문의 예에 따라 거행하도록 규정하였다. 수어사의 인신은 그대로 사용하게 하였고, 수어사가 공간(公幹)을 돌며 왕래할 때는 품마(品馬)를 입파(入把)하도록 하였다. 수어사에게는 유배 이하의 죄는 스스로 처리한 뒤 계문할 수 있는 권한도 주었다. 이외에도 종사관 파견과 경력의 삭료 및 각종 부대 비용들을 처리하는 내용, 별장을 혁파하고, 중군(中軍)의 업무를 조정하는 내용, 군관(軍官)과 산성의 하리(下吏)들에 관한 내용 등이 수록되어 있다.[48]

7) 「총융청변통절목」(영조 26년 8월)

「총융청변통절목(摠戎廳變通節目)」은 총융사가 경기 3진과 병마절도사, 조련 등의 업무를 겸직하도록 조정하면서 제반 사항을 정리한 문서이다. 절도사의 인신(印信)과 병부(兵符)는 모두 만들어주게 하였다. 이어 총융사가 삼진을 순조(巡操)할 때는 그 부근 속오군도 일체 조련하게 하였고, 평시에는 신미(身米)를 양인은 6두, 노(奴)는 3두를 전례에 따라 수봉하고, 부조(赴操) 시에는 해당 연도의 신미는 반으로 줄여주도록 하였다. 총융청에는 향표하(鄕標下)가 없기 때문에 남한산성의 예에 따라 북한산성 탕춘대에 거주하는 사람들을 차정(差定)하도록 하였고, 이후에 경군에 궐액이 생기면 북한산성 탕춘대에 입접(入接)한 자를 궐액에 맞게 차정하도록 하였다.

---

[48] 『御營廳謄錄』 53책, 영조 26년 8월, 「守禦廳移領南漢節目」.

종사관은 감하였고, 중군과 천총은 그대로 유지하였다. 총융사는 본영에 머무르고, 경성(京城)은 일에 따라 왕래하도록 하였다. 이외에 초관과 교련관, 서리 등의 인원을 조정하는 내용이 실려 있다.[49]

이상 「수어경청혁파절목」, 「수어청이령남한절목」, 「총융청변통절목」 등 3개 절목은 균역법 시행 직후 중앙 군문을 축소하고, 인력을 조정하여 급대 소요를 최소화하려는 목적에서 만들어진 절목이다.

8) 「진전권경절목」(영조 26년 8월)

「진전권경절목(陳田勸耕節目)」은 혹독한 여역으로 인한 피해를 극복하고 균역법 시행 이후 급대 재원을 확보하려는 차원에서 진전 개간을 권장하기 위해 만든 절목이다. 행부호군 홍계희는 감필 이후 재원 마련과 절약의 필요성을 다음과 같이 역설하였다.

> 진전(陳田)의 경작을 권장하는 등의 사항은 앞서 미리 방법을 마련하였습니다. 신이 삼가 생각건대, 천하의 재물은 단지 정해진 수효가 있어서 이곳이 남으면 저곳이 부족하고, 이곳에 태우면 저곳에서 덜어야 합니다. 이미 감필의 정사를 시행하였으니 이것은 그 수입이 줄어든 것입니다. 반드시 그 지출도 줄인 뒤에야 서로가 마땅합니다. 동쪽에서 찾고, 서쪽에서 찾아 그 수를 채우는 계책으로 삼는 것은 결국에는 이룰 수 없는 일입니다. 고로 신은 군문을 줄이고, 용관(冗官)을 덜어내고, 군현을 병합하는 것을 제일 급무로 생각합니다.[50]

---

49 『御營廳謄錄』 53책, 영조 26년 8월, 「摠戎廳變通節目」.
50 『승정원일기』, 영조 26년 8월 4일.

감필 이후 군포 수입이 줄어드는 것은 자명한 일이었다. 홍계희는 줄어든 수입을 지출을 줄여 상쇄하는 것이 최선이라고 보았다. 여기저기서 재원을 끌어오는 것은 장기적으로 한계가 있다고 판단한 것이다. 그럼에도 불구하고 농사를 권하는 일은 명분이 바르고 백성에게도 이로운 일이었기 때문에 소홀히 할 수 없었다. 또한 당시 진전(陳田)은 실제로 경작하고 있을 가능성이 매우 높다고 추정되고 있었다. 이에 여러 관료들이 진전 조사를 통해 급대 재원을 마련하는 방법을 제안하였다.[51] 「진전권경절목」은 바로 이러한 배경에서 만들어진 문서이다. 현재 전하지는 않지만, 조정의 논의를 통해 대략을 추정하자면 절목에는 크게 두 가지 내용이 담겼을 것으로 보인다. 하나는 현재 진전을 적극적으로 경작하기를 권장하며 경작 시 주어지는 세제 혜택이나 지원책이 담겼을 것이다. 다른 하나는 이미 진전을 경작하고 있으면서 신고하지 않은 은결(隱結)을 자수할 것과 미신고자를 처벌하는 내용이 포함되었을 것이다. 홍계희의 발언이 있고 얼마 뒤, 영의정 조현명은 진전 조사를 시행하는 일에 대해 소견을 밝혔다. 그는 진전 조사가 매우 엄중한 일이기 때문에 단순히 지시하면 관찰사나 수령이 착실히 거행할 수 없을 것이라고 밝히며 절목을 만들어 계하(啓下)한 뒤에 도신에게 나눠줄 것을 제안하였다.[52] 진전 즉 은결을 조사하는 것은 민심의 이반과 지방 관청의 재정에도 영향을 줄 수 있는 중요한 사안이었다. 따라서 조현명은 신중하게 절차와 내용을 정리하고자 한 것이었다. 그리고 약 2주가 지난 뒤 절목이 완성되었다. 조현명의 제안이 반영된 것으로 추정할 수 있는데, 따라서 주요 내용도 권경(勸耕)을 명분으로 한 진전 조사였을 가능성이 높다.

---

51 『승정원일기』, 영조 26년 7월 23일.
52 『승정원일기』, 영조 26년 8월 11일.

9) 「미보환작목보절목(영조 26년 12월)

「미보환작목보절목(米保換作木保節目)」은 감필 이후 금위영과 어영청의 가포(價布)와 보미(保米)의 감소분을 균역청에서 충급(充給)하는 과정에서 양영(兩營)과 균역청이 합의한 내용을 정리한 문서이다. 양영에서 줄어든 가포와 보미를 균역청에서 그대로 채워주는 것은 한계가 있었기 때문에 미와 포의 수량을 서로 바꾸어 조정하고, 그에 따른 후속 조치를 정리하였다. 그 내용은 다음과 같다.

1. 지금 특교(特敎)로 인하여 각양 신미포(身米布)를 감반(減半)한 뒤 균역청에서 양영의 군보(軍保) 중에 영구히 감할 수가 또한 매우 많을 뿐만 아니라 목보(木保)를 감반하는 대신 미보(米保)로 추이(推移)하여 충급(充給)하였다. 충급하는 대신과 원보미(元保米)에서 감반(減半)한 수(數)는 저치(儲置) 등의 미(米)로 이획(移劃)하거니와 미목보(米木保)를 환작(換作)하는 곳은 철애(掣礙)의 단서가 많이 있으니 균역청에서 정한 원수(元數)로 편의에 따라 변통하지 않을 수 없다. 또한 변경(變更)의 일을 구획(區劃)하는 일은 정식에서 불가함으로 응행(應行) 절목조(節目條)를 뒤에 나열한다.
2. 영남과 호서의 협읍(峽邑), 호남의 좌도(左道), 해서의 장산(長山) 이북은 선로(船路)가 가장 멀고 험한 바다를 지나야 하기에 취재(臭載)의 걱정이 많다. 비단 군향의 모축(耗縮)과 열미(劣米)로 다시 백성에게 거두는 폐단이 적지 않다. 영남과 호서의 협읍, 호남의 좌도, 해서의 장산 이북은 균역청에서 마련한 것에 따라 모두 목보(木保)로 삼는다.
3. 호서 연강(沿江)의 해읍(海邑), 호남 우도(右道) 연해(沿海) 중에서 선로가 편한 읍, 해서의 장산 이남과 경기도와 강원도 등의 각읍(各邑)의 미보 중에서 균역청에서 비록 목보로 만들었지만 조운이 편하여 전례

대로 미보로 그냥 두는 것이 좋다. 공주에 대해서는 상납하는 수가 많으나 선척이 매우 적어 매년 포흠(逋欠)이 이미 고질적인 폐단이 되어 변통을 하지 않을 수 없다. 이곳은 목보로 환작한다.

4. 가포(價布)의 태가(駄價)는 어영청의 전례(前例)에 따라 후전(後錢) 중에서 제급(除給)한다. 보미는 감반한 뒤에 이전과 차이가 있으니 그 선가(船價)는 또한 가포의 예에 따라 후미(後米) 중에서 제급한다.

5. 균역청에서 급대한 양서소미(兩西小米)는 이미 선운(船運)의 길이 없을 뿐만 아니라 또한 군향(軍餉)에 합하지 않으므로 매년 작전(作錢)하여 취래(取來)하고 서울에서 편의에 따라 작목(作木)하거나 무미(貿米)하여 계용(繼用)한다.

6. 균역청에서 이미 급대(給代)를 구획(區劃)한 뒤에 각읍에서 빨리 수납하지 않으면 해당 수령은 원가포원보미불납(元價布元保米不納)의 예에 따라 해유(解由)를 구애(拘礙)한다.

7. 산군읍(山郡邑)이 작포(作布)하고 작소미(作小米)하는 것은 본래 정식이 있는데 근래 조령(朝令)이 엄하지 않아 야읍(野邑)이 또한 산군(山郡)의 예를 인습(因襲)하니 일이 심히 놀랍니다. 하나같이 호조에 납부하는 예에 따라 이정(釐正) 시행한다.

8. 미보 중 태(太)를 납부하는 자가 목보를 환정(換定)하는 데 많이 들어갔을 뿐만 아니라, 허다한 마태(馬太)는 매번 구간(苟艱)함을 걱정한다. 협읍(峽邑) 중에서 조금 선로(船路)와 가까운 읍의 보인(保人)은 태(太)를 납부하게 하여 수용(需用)하는 바탕으로 삼는다.

9. 군향과 군포를 사체(事體)가 매우 중하나 근래 외읍(外邑)은 오로지 정밀하게 보지 않아 목품(木品)이 점차 떨어지고 미색(米色)이 점차 거칠어져 사세가 심히 한심하다. 지금은 이미 감반(減半)한 이후로 민력(民力)이 조금은 풀렸으니 전과 같이 인순(因循)할 수 없다. 사목에 따라 정밀하게 받아 납부하는 일은 과조(科條)를 엄히 세운다.[53]

이 절목은 지역에 따른 미와 포의 운송 문제를 고려하여 징수 방식을 변경하고, 납부하는 미포의 품질을 온전히 하여 추가적인 손실을 최소화하는 데 목적을 두었다. 그간 백성들이 제기한 불편을 해소하면서도 장기 지속 가능한 급대 제도를 마련하여 균역법의 안정적 운영을 도모한 것이다.

10) 「양남진보변통절목」(영조 27년 2월)

「양남진보변통절목(兩南鎭堡變通節目)」은 균역법 시행 이후 급대 수요를 줄이기 위해 군사기관을 축소하는 일환으로 마련된 절목이다. 1750년 7월, 감필이 결정되기 직전 호조판서 박문수는 양역변통을 위한 몇 가지 방안을 상소하였다. 그중 반드시 해야 할 정책으로 뽑은 것이 성용관(省冗官)·병주현(並州縣)·감진보(減鎭堡)·태용병(汰冗兵) 등 4가지였다. 그는 진보를 줄여야 하는 이유에 대해 우리나라는 진보가 매우 많아서 삼남으로 설명하면, 5리, 10리, 20리마다 소소한 진보가 누누이 서로 이어져 있다고 하였다. 변장들은 단지 민폐를 끼치고 있을 뿐 실제 적을 방어하는 방도는 전적으로 장수에게 달려 있다고 주장하였다. 박문수는 통제사 이순신과 원균을 비교하며 통영 같은 큰 군대도 장수에 따라 승패가 좌우되는데 소소한 진보는 존치가 무의미하다고 보았다. 긴요하지 않은 40~50개 진보를 혁파하고, 가장 요해처에 대진(大鎭)을 두어 방어의 바탕으로 삼는 것이 타당하다는 주장이었다.[54] 그의 제안 가운데 주현을 병합하는 사안은 관리를 우대하는 방도가 아니라는 영조의 반대로 시행되지 못했지만, 나머지 제안은 일부라도 추진되었다. 감진보를 시행하기 위한 절목이 바로 이

---

53 『御營廳謄錄』 53책, 영조 26년 12월 28일, 「米保換作木保節目」.
54 『승정원일기』, 영조 26년 7월 3일.

절목인 것이다. 절목은 모두 7개 조목으로 되어 있으며, 그 내용은 아래와 같다.

1. 경상좌도의 감포(甘浦)·칠포(柒浦)·축산포(·丑山浦)와 우도(右道)의 영등포(永登浦)·상주포(尙州浦)·곡포(曲浦)·풍덕포(豊德浦) 등의 7진은 한결같이 연석에서 정탈한 대로 영구히 혁파한다.
2. 긴요치 않은 진보를 폐지하자는 논의는 그 유래가 벌써 오래이나 이제야 비로소 7진을 폐지하였다. 그러나 이는 모두 구근과(久勤窠)이니 구근을 천전(遷轉)할 때에 자리가 적어서 원망하는 일이 없지 않을 것이다. 그러므로 연석에서 정탈한 대로 호남의 위도(蝟島)·법성포(法聖浦)·가리포(加里浦)·군산(群山) 등 제진(諸鎭)의 첨사(僉使)와 영남의 산산(蒜山)·포항(浦項), 호남의 흑산도(黑山島) 등의 별장(別將)을 구근과(久勤窠)에 속하게 한다.
3. 위도·법성포·가리포·군산 등의 4진은 예전부터 이력과(履歷窠)로 만든 것은 그 위치가 긴중하여 책임이 가볍지 않기 때문이다. 울산·포항·흑산도 등도 당초에 설치한 것은 깊은 뜻이 있는 바인데 구근이라고 칭하고 만일 가려 보내지 않으면 앞으로의 폐단을 우려하지 않을 수 없다. 각각 구근 중에 다소의 경력이 있고 합당한 사람으로 각별히 차정하도록 병조에 신칙한다.
4. 7진을 기왕 폐지하기로 하면 각 진에 남아 있는 군향(軍餉)과 군기(軍器)·전선(戰船) 등의 물건은 헤아려서 처분하지 않을 수 없다. 이는 도신에게 형편을 자세히 헤아려 혹 본 읍이나 이웃 진영 중 군기가 제일 적은 곳에 형편 닿는 대로 헤아려서 처분한 뒤에 즉시 장계하게 하고, 각 항의 수효는 성책하여 비변사와 병조에 보고하여 빙고(憑考)하도록 한다.
5. 7진에서 사용하던 인신(印信)은 해조(該曹)로 올려 보내고, 4진의 만호

(萬戶)가 차던 병부(兵符)는 위에서 정리한 건들과 구분하여 함께 승정원으로 올려 보내되 모두 도신으로 하여금 취합하여 올려 보내게 한다.

6. 7진에서 상납하던 방군포(防軍布)는 전례대로 수봉(收捧)한 후에 수효를 균역청에 보고하고 본청의 지휘에 따라 거행한다.

7. 미진한 조건은 추후 마련한다.[55]

절목을 통해 경상도에서 모두 7진이 혁파되었고, 해당 진에 납부하던 방군포를 균역청에서 확보하였다. 급대의 수요를 줄이는 동시에 급대 재원을 확보할 수 있는 방법이 진보의 혁파였던 것이다. 비록 박문수의 제안에 훨씬 못 미치는 조치였지만, 일부나마 폐지를 시작했다는 점에서 의미가 있었다.

11) 「선무군관절목」(영조 27년 2월)

선무군관은 호포(戶布)의 취지를 최대한 살려 급대 재원을 확보하고자 만든 역종이었다. 사족이 아니면서도 갖가지 제도적 허점을 이용하여 양역에서 제외된 부민(富民)들에게 군포를 징수하기 위해 고안한 제도였다. 「선무군관절목(選武軍官節目)」은 14가지 조목으로 구성되었는데, 그 내용은 아래와 같다.

1. 6도의 새로 뽑은 별군관(別軍官)은 정탈한 대로 '선무군관'이라고 고쳐 부른다.

2. 각도, 각읍의 액수(額數)가 많고 적은 것은 모두 합당한 사람이 많고

[55] 『비변사등록』, 영조 27년 2월 11일.

적음에 따라 정하되 형편에 따라 늘리고 줄이고 한다.

3. 초정(抄定)하는 규칙은 사족(士族)이 아니고, 유음자손(有蔭子孫)이 아닌 한산(閑散)은 중에서 군보(軍保)에는 아깝고 군관에 가합한 무리로 가려 뽑아 정한다. 취사(取捨)할 때에는 십분 공평하게 하되 수령이 직접 거행하여 이서(吏胥)들이 빙자하여 농간부리지 못하게 한다. 이보다 나은 처지에 있는 자가 만일 도시(都試)에 나가기 위하여 들어가기를 원하면 이를 허락한다.

4. 연령 한도는 15세 이상이면 입속(入屬)하여 60세가 넘으면 군안에서 제한다.

5. 지금 이 선무군관을 창설하는 것은 군보와는 크게 다르니 상중(喪中)에 있는 자는 감해주지 않을 수 없다. 별도로 합당한 사람을 얻어 감원되는 대로 즉시 대충(代充)하여 정원에서 모자람이 없게 한다. 상중에 있는 사람은 책자에 따로 기록했다가 상을 마친 후에는 궐액(闕額)이 생긴 대로 다시 충정한다.

6. 성안(成案)한 규례는 경사(京司)에 올리는 것은 각읍마다 도수(都數)만 적고, 읍(邑)과 영문(營門)에 올리는 것은 성명과 나이를 적되 아버지 이름은 적지 않는다. 성안한 책자를 다시 수정하여 영문에 올려 보낼 때에는 마감(磨勘)하는 예를 사용하지 말고 가지고 있는 자에게 부쳐 정채(情債)의 폐단을 막는다.

7. 많은 사람들이 모두 알고 있는 폐질(廢疾)로 응당 면제되는 자 외에 혹 인연하여 부당하게 탈(頉)로 잡는 폐단이 있으면 감영에서 특별히 적간(摘奸)하여 당사자는 군역(軍役)에 강정(降定)하고 수령은 논죄(論罪)한다.

8. 우리나라 수령은 애당초 수하(手下)에 수종(隨從)하는 사람이 없으니 혹 위급한 일이 있게 되면 누구와 더불어 지키겠는가? 이는 식자(識者)들이 걱정하고 탄식하는 바이다. 이번 이 선무군관은 평시에는 입

번하거나 조련(操鍊)에 참여하게 하지 않고 포(布) 1필만 받다가 유사시에 각 해당 수령이 단속하고 통솔하여 방수(防守)에 대비한다.

9. 선무군관은 기왕에 수령이 직접 통솔하고 위급할 때에 힘을 얻도록 책임 지우는 것이니 그러려면 반드시 격려하고 권장하는 도리가 있어야 하므로 1년에 한 차례씩 특별히 시재(試才)하되 그 고을 수령이 각자 시재하여 유엽전(柳葉箭)으로 1순(巡)에 1중(中) 이상인 자를 취하여 감영에 보고하면 감영에서는 각 고을의 보고를 취합하여 가을 순시 때에 형편대로 도회처(都會處) 3~4곳이나 혹은 5~6곳을 정하여 부근 읍을 시재하게 하여 거기에서 뽑힌 자를 소집하여 다시 시재하되 유엽전으로 1순하여 과녁에 맞은 실수(矢數)를 기록하여 한 도(道)를 통틀어 획수(劃數)를 계산하여 장계하면 거수(居首)는 직부전시(直赴殿試)하고 지차(之次) 1명은 직부회시(直赴會試)하고 당년포를 면제해주며, 또 지차 5명은 당년포만 면제해주되 새로 들어와 무예를 익히지 않아서 응시를 원하지 않을 경우에는 응시하지 말도록 허가하여 한결같이 자신이 원하는 대로 따른다.

10. 도신이 다시 시험을 보일 때에 획수가 같은 자가 있으면 도신이 다시 유엽전으로 비교하여 등수(等數)를 정한다.

11. 시재할 때에 만약 선무군관이 아닌데 이름을 빌려 부당하게 시사(試射)하여 직부를 도모하는 자가 있으면 본인은 과장용정률(科場用情律)을 적용하여 수군(水軍)으로 강정하고 살피지 못한 도신과 수령도 엄히 처단한다.

12. 지금 이 명색(名色)은 처음으로 창설한 것이기 때문에 처음에는 소요할 염려가 없지 않으나 군오(軍伍)의 천역(賤役)과는 다르고 또 벼슬에 나갈 수 있는 길이 있으니 앞으로 반드시 들어오기를 원하는 사람이 많이 있을 것이므로 의당 참작하여 정원 수를 늘려야 할 터이나 굳이 많이 뽑으려고 할 것이 없이 오직 적당하게 하고 군역에 합

당한 자가 인연(夤緣)하여 투속(投屬)하는 일이 없게 한다.

13. 군포를 거두어 상납할 때에 태가(駄價)는 원수(元數) 중에서 계감(計減)한다.

14. 미진한 조건은 추후에 마련한다.

선무군관은 양역과 마찬가지로 15세에서 60세까지의 남성이 선발되었다. 다만, 조정에서는 선무군관 대상자인 나름 재력이 있는 가문의 반발을 여러 면에서 고려하였다. 상중(喪中)에는 군포를 감면하였고, 병에 걸려도 마찬가지였다. 또한 시재에서 우수한 성적을 거둔 자에게는 군포 면제 혜택이 주어졌다. 과거시험에도 응시할 수 있도록 허용하면서 해당 계층의 소요를 최대한 줄이고자 하였다. 이후에 선무군관은 균역청의 급대에서도 매우 중요한 비중을 차지하였다. 6도에서 목(木) 5,084필, 포(布) 319필, 전(錢) 2만 9,066냥 등을 징수하여 전체 급대 재원의 6.4퍼센트가량을 책임졌다.[56]

12) 「균역개정절목」(영조 27년 6월)

「균역개정절목(均役改定節目)」은 감필 이후에 1년간 운영 과정에서의 미비점을 보완하는 한편, 새롭게 추가된 급대 재원을 정리하여 만든 절목이다. 이 절목에서 가장 눈에 띄는 변화는 결미(結米)를 징수하기 시작했다는 점이다. 1751년 6월 21일, 시임·원임 대신과 비국당상, 균역청 당상을 인견하는 자리에서 영조는 결미 징수를 결정하였다. 영조는 감필한 뒤에 항상 마음이 불안하였지만, 이제는 결미를 결정하여 마음 거의 놓을 수 있을 것이라고 안도하였다. 또한 결미를 징수한 이후에 궁방전의 도장이

---

[56] 『萬機要覽』財用篇3, 均役.

지정된 수량 이외에 추가로 징수하여 백성에게 피해를 끼치거나 지방관이 잡역을 이유로 과도한 징수를 하지 않도록 각별히 주의하여 절목을 만들 것을 지시하였다.[57] 그로 인해 만들어진 절목이 바로 「균역개정절목」이었다. 절목은 모두 14개 조목으로 구성되었는데, 그 내용은 아래와 같다.

1. 당초 감필 후에 급대의 수(數)는 반드시 민간에서 거두지 말고자 하였다. 그러므로 호결(戶結)의 여러 조목은 모두 거론하지 않는다. 다만 미려지대(尾閭之滯)를 수습(收拾)하여 그 수를 채우고자 하였다. 그러나 보잘것없는 것을 하나로 모았으나 도리어 다소의 폐단이 있어 민결(民結)에서 약간 거두어 부족을 보충하지 않을 수 없었다. 민결에서 거두는 일은 사체가 중대하여 하나같이 경외양병(京外養兵)의 수요에 속하게 하였다.
2. 신미조(영조 27) 급대는 진실로 마땅히 작년 균역청에서 마련한 것으로 거행하고 임신조(영조 28) 이후부터는 지금 이 마련한 절목으로 거행한다.
3. 행용전결(行用田結)은 매결에 미(米) 2두를 거두는 것으로 정한다. 목(木)으로는 10척(尺)이 되고 전(錢)으로는 5전이 된다. 미(米)는 수납봉상(輸納捧上)할 때에 점퇴가 다단(多端)하고 미비(糜費)가 한절이 없다. 목(木)은 장단(長短)과 정추(精麤)의 사이에 조등(刁蹬)이 더욱 심하여 간폐가 또한 생긴다. 전(錢)은 운납(運納)의 편리함이 있고 조종(操縱)의 폐단이 없다. 비록 말하기를 소민의 난변(難辨)은 역시 민심이 원하는 바라고 하오니 연해(沿海)의 약간읍은 납미(納米)하고 그 나머지는 모두 납전(納錢)하도록 하되 미전(米錢)의 수효는 매년 각읍 수조안을 반포한 후에 균역청에서 마련하여 지위(知委)하고 도신으로 하여금 종변

---

57 『영조실록』, 영조 27년 6월 21일.

(從便)으로 각읍에 분정한다.

4. 면세전답의 작자(作者)는 비록 편고(偏苦)하다고 말하나 납부하는 바가 또한 불과 전세, 대동, 삼수량의 수이니 이미 지금 이는 일국이 통용하는 역(役)으로 유독 면할 수 없다. 또한 편고한 바는 단지 도장배와 연결되어 법 밖으로 남징하는 것이니 해당 도와 읍이 능이 엄금하지 못한 것이다. 지금 이후 엄히 조제(條制)를 세워서 만약 거두는 데 원결과 한 터럭이라도 다름이 있으면 엄형으로 정배하고 각 아문, 각 궁방과 각항 면세를 막론하고 일체 미 2두를 거둔다.

5. 각항 복호는 다소(多少)가 가지런하지 않아 만약 본청에서 정식으로 억측하면 반드시 체주난편(掣肘難便)의 단서가 있으니 하나같이 도신에게 맡겨 허실을 조사하고 거둘 수 있는 것을 가려서 먼저 성책하여 본청에 보고하면 일체 수미(收米)한다.

6. 결미(結米)를 거두는데 풍년이면 반드시 남음이 있고, 흉년이면 반드시 감축하는 바가 있되 일찍이 감포(減布)하기 전에는 만약 흉년을 만나면 비록 군보소봉(軍保所捧)은 혹 우심읍 재감의 규례가 있었다. 지금 이 각처급대(各處給代)는 만약 큰 흉년을 만나는 전과 같이 재감의 예대로 감수(減數)를 양의(量宜)하여 상하(上下)한다.

7. 작년「균역청절목」중에서 각처에 분정(分定)이 있었다. 미목전(米木錢)은 임신조 이후부터 하나같이 모두 혁파하되 각도의 은결, 선무제번군관, 어염선세의 3조만 조금 이정(釐正)을 가하여 수봉(收捧)한다.

8. 각 아문의 경비조급대(經費條給代)는 어염조에서 상하(上下)한다.

9. 외방급대는 비록 거론할 수 없으나 부산진(釜山鎭)의 탄사부(炭射夫)와 안흥진(安興鎭)의 기병(騎兵)의 부류는 급대하지 않을 수 없다. 본청에서 상량(商量)하여 마련하며, 통병수영은 진상이 있어 긴급 수용하지 않을 수 없는 곳이니 또한 본청에서 참작하여 구획한다.

10. 영남 7진의 방군은 금위영과 어영청으로 이작(移作)하여 미보(米保)를

급대하되 연해에서 거리가 조금 먼 곳에 있는 자는 도신으로 하여금 추이하여 연해읍에 환정(換定)하고 궐(闕)에 따라 대정(代定)하여 다른 미보의 예를 부(俯)하여 수미(收米)는 양영에 상송(上送)한다.

11. 결미를 수봉(收捧)한 후에 각읍 잡역으로 거두는 것을 대균(大均)하지 않을 수 없으니 절제하여 민력을 느슨하게 하되 도신으로 하여금 양의재감(量宜裁減)하여 남봉(濫捧)이 없게 한다.

12. 각읍 잡역으로 거두는 것은 이미 양감(量減)하라 한 후에 만약 능히 감당하지 못하는 읍이 있으면 도신과 해읍 수령이 사세를 양탁(量度)하여 종편(從便)으로 변통(變通)하고 본청에 보고하여 거행하되 병민(病民)을 빙자한 자는 각별히 엄징한다.

13. 원결응납(元結應納)은 정수(定數)가 있으니 양호(養戶)의 부류는 매결에 수조(收租)가 90~100두(斗)로 수응(酬應)한다. 결역(結役) 이후 그 영여(嬴餘)를 취하여 궁민이 곤궁함을 받는 것은 오로지 여기에서 연유한다. 양호의 부류를 일체 통금하면 농민으로 결역에 응하는 자는 매결에 비록 조(租)를 60~70두를 내니 족히 종전의 응납(應納)의 수를 준비할 수 있다. 또한 이 결미를 납부하면 부족한 걱정이 없게 된다. 지금 이후 비로소 전(田)이 많은 백성은 비록 10결도 진실로 마땅히 그들이 스스로 영납(領納)하나 1결 미만의 자들은 가좌(家座)에 따라 작부(作夫)하여 1결마다 각기 호수를 내어 자납(自納)한다. 만약 전과 같이 양호(養戶)한 자가 있으면 법전에 따라 형추하여 정배하고 너그럽게 용서하지 않는다.

14. 각처 분정(分定)은 이미 혁파했으나 수한풍상(水旱風霜)의 재해는 또한 걱정하지 않을 수 없다. 영곤(營閫) 중 물력에 여유가 있는 곳은 종략(從略)으로 분배(分排)하고 그것으로 하여금 매년 회록한다. 군작미는 본청에 붙여서 매년 수를 정해 조적하여 일체 회록하고 양의취래(量宜取來)한다. 아울러 본청급대여수(本廳給代餘數)와 더불어 매년

저적(儲積)하여 불시의 수용에 대비한다.[58]

본 절목은 1조부터 6조까지는 모두 새롭게 징수하는 결미에 관한 내용이다. 백성의 불만을 최소화하기 위해 추가적인 폐단을 억제하는 방안을 마련하는 데 집중하였다. 또한 흉년에 재감하는 규정을 결미에도 동일하게 적용하여 부담을 덜어줬다. 결미를 징수한 뒤로는 분정(分定)을 폐지하였다. 감필 이후 1년 동안 재원 확보를 위해 노력한 결과였다. 절목의 끝에는 추가로「급대개마련별단(給代改磨鍊別單)」이 실렸다. 결미를 징수하면서 바뀐 급대 재원을 정리한 것이다. 결미는 6도의 출세실결 56만 결과 면세결 6만 결 등 도합 62만 결에서 2두씩 총 8만 2,666석 10두를 징수하는 것을 원칙으로 하여, 1만 6천 석은 미(米)로 징수하고 나머지 6만 6,666석 10두는 절전(折錢)하여 징수하였다. 이밖에 선혜청 세작목(稅作木) 100동의 대전 1만 냥과 은여결, 선무군관에게 징수하는 수입 등이 추가되었다. 비로소 온전히 균역법을 시행할 기반을 마련한 것이었다.

13)「균역청결미절목」(영조 27년 10월)

「균역청결미절목(均役廳結米節目)」은 결미를 제정한 뒤 결미를 징수하고 운송하는 방식을 상세히 규정한 절목이다. 모두 11개 조목으로 구성되었는데, 그 내용은 다음과 같다.

1. 양포(良布)를 반으로 줄인 것은 성상(聖上)께서 백성들을 측은하게 생각하는 뜻을 진념(軫念)하는 데에서 나온 것이다. 감한 수를 계산하면 총 50여만 필이다. 전문(錢文)으로 하면 1백여만 냥이다. 안으로는 각

58「均役改定節目」.

아문, 밖으로는 각 영읍에서 수용(需用)하는 것을 강확(講確)하여 줄인 것이 50여만 냥이고, 군수와 경비로 급대하지 않을 수 없는 것이 40여만 냥이다. 그러므로 작년 절목에서 계하할 때에 요량(料量)한 바가 어염선세, 선무군관, 숨은 것을 거둔 것 등이 합하여 십수만 냥에 상당하다. 그러나 오히려 부족함이 있어서 또한 각 영읍에 분정하여 채웠다. 여러 논의들이 이어져 일치하지 않았다. 전목(錢木)의 분정을 정파(停罷)하면 모을 방법이 없다. 성상께서 소간(宵旰)의 우로(憂勞)를 미조(弭措)하고자 했다. 또한 다시 임문(臨門)하고 부순(俯詢)하여 결포의 논의가 이어진 지 오래다. 약수(畧收)의 논의가 중외에 하나로 모아졌다. 부득이 서북 양도 외에 6도의 전결에서 매 1결당 미 2두 혹은 전 5전을 거두기로 정하였다. 상년(常年) 전결을 계산하여 미전을 막론하여 전으로 계산하여 30여만 냥에 이른다. 요령껏 부족한 수를 습대(拾代)하는데 대략 상당하다.

2. 금년부터 시작하여 각도 연분을 마감한 후에 수조의 총수를 수정하여 본청에 상송(相送)하면 본청에서 반강(頒降)을 마련하여 대동의 예에 따라서 수봉(收捧)한다. 연읍은 미 2두를 거두고, 산읍은 전목(錢木) 5전식 수봉하되 납미(納米)는 영중(營中)에서 원하는 대로 전문(錢文)을 상납하는 자 또한 우시(憂施)한다.

3. 각양 면세와 각양 복호 전결은 또한 일체(一體) 수봉(收捧)하되, 공해, 향교, 사원, 사찰의 기지(基址)는 면세로 현이(懸頉)한다.

4. 경오년에 조사하여 확보한 은여결의 전답은 이미 본청에 속하였다. 전세와 대동, 삼수량과 지금 이 2두미로 납부하는 것이 모두 본청에서 일체 수봉(收捧)한다. 매읍의 원전답총수 아래에 별도로 재록(載錄)하며, 항진전(降陳田)으로 신기(新起)한 것은 지금 이 2두미를 3년에 한하여 논하지 않는다.

5. 각읍에서 잡역미로 거두는 수의 다소는 하나같지 않다. 민폐가 적지

않다. 지금 마땅히 결미를 수봉하는 때에 의일(宜一)에 따라서 증손(增損)하여 제정(齊整)하게 한다. 여러 읍의 소소한 수용(需用)은 조가에서 지휘할 수 있는 것이 아니다. 그러므로 지금 여러 읍은 제돈(齊頓)하게 할 수 없다. 그러므로 거두는 바가 소용(所用)하는 것보다 많은 것은 이정하지 않을 수 없다. 본도의 도신이 여러 읍에서 거두는 것과 쓰는 것을 확인하고 상세하게 작량(酌量)하여 그중에서 조금 넘는 것은 일체 감생(減省)한다. 비록 본읍이 거두는 것이 만약 전결에서 나온 것이면 또한 이 예에 따라서 전과 같이 남봉(濫捧)하는 폐단이 없게 하며 감삭한 수효는 본청에 별도로 첩보하여 빙고(憑考)의 바탕으로 삼는다. 이후에 만약 스스로 가감하는 것이 있으면 해당 수령은 장오율(贓汚律)을 시행한다.

6. 여러 궁가와 각 아문의 민결 면세는 미(米) 23두로 수봉(收捧)하는 일은 『속대전』에 실려 있다. 해당 궁가와 해당 아문이 거두는 실수는 불과 11~12두에 불과하다. 23두라고 말하는 정식은 선마가와 도장배가 왕래하는 부비(浮費)가 족히 그중에서 판출될 수 있고 남음이 있다. 각처의 도장은 조령을 준수하지 않고 자의로 남봉하여 미(米)로 24~24두에서 30두까지 거두며 전문(錢文)으로 8~9냥에서 10여냥을 거둔다. 이외에 각양으로 남봉(濫捧)하는 것이 또한 지극히 놀랍다. 지금까지 옛 법의 엄한 뜻을 거듭 밝히지 않을 수 없었다. 해당 읍의 수령은 금년부터 시작하여 직접 거두어서 도장에게 출급(出給)하고 미(米)는 23두를 거두고 전부터 전문(錢文)으로 수봉한 읍은 호조의 영저전세작전 1석에 5냥 하는 규례와 선혜청 대동 작목의 제도(諸道) 중 최고가 6두에 1필하는 규례를 따른다. 통계(通計)로 23두 중에서 매 3두당 전(錢) 1냥씩 수봉하여 지급하고 소미와 태의 경우 전세는 호조 정식, 해서의 상정, 관동의 대동, 또한 선혜청 정식의 예에 따라서 시행하다가 정식 후에는 도장배가 혹은 사사로 스스로 징봉(徵捧)하거나

혹은 법외로 구하게 되면 해당 도장은 엄형정배하고 수령은 또한 장문(狀聞)하여 논죄하는 일을 도신에게 분부(分付)한다

7. 양호부(養戶夫)는 예부터 국법에서 금하는 것으로 지금 만약 하나같이 이 폐단을 금하고 영구히 혁파하면 비록 이 2두를 거두는 농민이 납부하는 것과 전과 같이 더 징수하는 것은 아니다. 이 일절은 각별하게 엄금하다가 범죄가 있으면 해당 읍의 수령은 영문에 보고하여 엄형도배(嚴刑徒配)하고 만약에 곧 발각되지 않고 암행어사나 도신이 염찰하다가 발각되면 해당 수령도 종중논죄한다.

8. 지금 이 결미는 본래 있던 부세(賦稅)와 다음이 없다. 도지와 병작 등은 전주와 전객이 담당하는 규례가 단지 원세(元稅)의 예에 따라서 시행하여 분운(紛紜)의 폐단이 없게 한다.

9. 미조 선마가는 원수 중에서 계감하고 그 수는 대동의 예에 따라서 하고, 전조 쇄가는 호조의 정식에 따라서 시행하며 봉상(捧上)할 때에 결미는 또한 대동의 예에 따라서 거행한다.

10. 발선의 기한과 장재(裝載)의 수효가 수령의 해유에 구애되는 등의 일은 하나같이 대동의 예에 따라서 시행한다. 발선의 기한이 늦어지고 장재가 수량을 넘기면 해당 읍의 수령은 본청에서 일일이 초기로 논죄한다.

11. 신미조 급대는 하나같이 작년 절목에 따라 구획하고 지금 이 절목은 임신조부터 거행한다.[59]

결미의 징수는 온전한 균역법 시행의 거의 마지막 단계였다. 결미(結米, 結錢)는 매년 약 36만 9,317냥이 징수되어 전체 급대 재원의 59.4퍼센트를 차지하였다. 압도적으로 많은 급대를 책임지는 것이 결미였던 셈이다.

---

[59] 『訓局謄錄』 32책, 영조 27년 10월 2일, 「均役廳結米節目」.

결미 징수는 그만큼 부담도 컸다. 감필의 결손분을 다시 백성에게 전가하는 모양새가 될 수 있었기 때문에 부작용을 최소화하기 위해 상세하게 추가로 절목을 마련하였던 것이다. 절목에는 결미를 거두는 곳과 결전을 거두는 곳을 규정하였고, 사정에 따라 결전을 내는 것을 최대한 허용하였다. 면세결과 복호에도 결미를 징수하였고, 새롭게 파악한 은결에도 부과하였다. 특히 면세결에서 거두는 결미는 자의적으로 징수하지 않도록 정확한 징수 규정과 처벌 규정을 마련하였다. 운송비는 대동미의 규정에 따라 시행하도록 하여 중간 과정에서 혼선을 방지하였다.

　결미절목이 마련되면서 전격적인 감필 이후에 혼란했던 재정 상황을 정리할 수 있었다. 결미는 영조가 가장 하고 싶지 않는 방식이었지만, 현실적으로 재정을 마련할 대안이 없었기 때문에 불가피한 선택이었다. 애초에 구상했던 어염선세를 통한 급대는 분명한 한계가 있었다. 어염선세는 결미 다음으로 많은 급대 재원이었지만, 전체 급대 재원에서 14.4퍼센트밖에 책임질 수 없었다. 조정의 기대가 무너진 상황에서 분정과 같은 임시 대책에 의존하게 되면서 자칫하면 균역법은 졸속으로 시행한 실패한 정책이 될 상황이었다. 사실 균역법이 시행된 이후에도 1필의 군포 부담이 남았고, 결미까지 추가로 부과되었기 때문에 농민들의 부담이 얼마나 줄었는지는 평가하기 어려운 부분이 있다. 19세기 이후 군역이 심각한 삼정 문제의 하나로 대두되는 것도 균역법의 미진한 변통에 책임이 없지 않다. 다만, 당시 가장 큰 백성의 고통이었던 양역이 감필되어 일시적으로 부담을 줄여준 것은 분명하다. 1년간의 치열한 논의 과정과 다양한 절목류는 당시 조선의 재정 상황과 부세 징수 현황, 그리고 균역법의 성격을 보여주는 가장 확실한 근거라고 할 수 있다.

4. 맺음말

이 글은 균역법이 시행되는 결정적 배경과 감필 시행 이후 약 1년 반 사이의 후속 조치들을 살펴보았다. 양역변통은 17세기 후반부터 지속적으로 제기된 오랜 숙제였다. 전세와 공납제가 영정법과 대동법을 통해 일정 부분 해소된 상황에서 양역은 백성들에게 가장 큰 고통이었다. 양역사정과 『양역실총』의 반포, 일부 3필역의 감필 등 여러 조치에도 불구하고 근본적인 문제를 해결하지는 못하였다. 양역 문제가 해결하기 어려웠던 이유는 납포(納布)가 시작된 이래로 중앙과 지방의 각급 기관이 양역을 통해 재정의 상당 부분을 채우고 있었기 때문이다. 따라서 양역변통은 각급 기관의 재정에 직접적인 영향을 주는 문제였다. 이에 대한 대안이 마련되지 않는 한, 어떠한 변화도 어려웠다.

국가의 재정 규모가 커질수록 양역의 의존도는 높아졌다. 사모속이 확대되면서 백성의 수는 적고, 양역은 많은 '군다민소(軍多民少)'가 전국적인 현상이 되었다. 경제력이 약한 빈농들은 각종 첩역(疊役)으로 고통을 받았고, 이들이 이탈한 자리를 더 약한 이들이 채우면서 인징·족징·황구첨정·백골징포 등 갖가지 폐단이 성행하였다. 양역을 변통할 방법으로 호포, 결포, 유포, 구전 등 다양한 방법이 제기되었지만, 각 제도마다 이해관계가 분명했기 때문에 항상 논의에서 그칠 뿐이었다.

양역변통 논의가 지지부진한 상황에서 1749년 겨울, 조선에는 여역이 퍼지기 시작하였다. 이듬해 여역은 참혹한 수준으로 확대되어 전국적으로 30만 명 이상의 사망자가 발생하였다. 병란보다 심각한 상황에서 군역을 채울 사람은 사라져갔다. 이는 이전보다 더 가혹한 첩역으로 이어질 소지가 농후했다. 민심이 완전히 돌아설 수 있었기에 조정에서는 어떻게든 대안을 마련해야 했다. 갑작스럽게 양역변통 논의가 재개되었고, 이전보다 빠르고 깊게 해답을 찾아나갔다. 결과적으로 애초에 계획했던 대변통은 좌절되었지만, 감필이라는 대안을 마련할 수 있었다.

전격적인 감필 결정은 여러 문제를 남겨놓았다. 감필 이후에 각급 기관의 재정을 보전할 재원을 마련해야 했던 것이다. 조정에서는 군제를 개편하여 관련 비용을 줄이고, 급대 재원을 마련하였다. 또한 이전부터 확실한 재정 대책으로 믿었던 어염세를 구하기 위해 균세사를 파견하였다. 하지만 결과는 기대 이하였다. 어염세로 급대 재원을 충당할 수 없게 되자 부족한 재정을 분정(分定)이라는 방식으로 각급 기관에서 끌어모았다. 추가로 불필요한 진보를 혁파하고 선무군관을 신설하여 재원을 확충하였다. 진전권경(陳田勸耕)이라는 명목으로 은결도 색출하였지만, 역부족이었다. 마침내 결미(結米)를 부과하여 절반 이상의 급대 재원을 충당하였다. 1년 반 동안 진행된 급대 재원 마련 과정은 결미절목(結米節目)이 마련되면서 일단락되었다. 이 과정에서 다양한 절목이 생산되었다. 이는 균역법의 성격과 당시 조선의 재정 관련 상황을 파악하는 중요한 자료이다.

이 글에서는 13건의 절목류를 소개하며 대략적인 급대 재원 마련 과정을 살펴보았다. 비록 상세한 분석에까지 미치지 못하였지만, 향후 본문에서 소개한 절목류를 종합적으로 고찰하여 균역법의 시행 과정과 성격을 분명히 밝힐 수 있기를 기대한다.

1771년 영조의 '명기집략 사건' 처리와 조선 왕실 계통의 재정립
『황명통기집략』·『속광국지경록』·『신묘중광록』을 중심으로

김우진

1. 머리말

영조는 재위 기간 동안 선대 국왕들의 다양한 사업을 계승하고 재현하며 기념함으로써 왕실의 권위를 강화하고 자신의 정통성과 왕권의 정당성을 증명하는 수단으로 삼아왔다. 그런 영조에게 1771년(영조 47) 『명기집략(明紀緝略)』에서 선조의 무어(誣語)를 확인하면서 시작된 '명기집략 사건'은 크게는 조선 왕실, 작게는 자신에 대한 권위를 위협하는 것으로 해석될 수 있었다.

영조 대 '명기집략 사건'과 관련해서는 다양한 연구가 선행되었다. 영조가 관련자들을 과도하게 색출하고 처벌하는 과정에서의 정치적 명분 확보와 개인적 감정 차원에서 분석하거나 금서(禁書) 소지자 가운데 노론계 인사들을 연구함으로써 영조와 기득권 세력 간의 정치적·문화적 대결로 해석하는 연구들이 있었다.¹ 한편 국문학계에서는 유통자인 역관과 책쾌[冊儈]에 주목하여 그들의 역할이나 당시의 서적 유통 양상을 밝히는 등 문화사적인 측면에서 설명하였다.² 최근에는 영조 대에 있었던 사서(史書)의 변무(辨誣) 외교를 종합적으로 다루면서 사신·역관들의 외교적 활약을 분석한 논문도 눈에 띈다.³ 서지학 분야에서도 다양한 연구가 진행되었다. 『광국지경록(光國志慶錄)』과 『속광국지경록(續光國志慶錄)』에 대한 편찬·체제·간행 등을 비롯해 책판, 교감 등 서지학적 형태를 분석하였으며, 『황명통기(皇明通紀)』의 계열서를 정리하고, 조선의 전통적 화이관과 성리학적 인식을 바탕으로 『황명통기집요(皇明通紀輯要)』 등을 수정한 의의를 밝혔다.⁴

이상의 다양한 분야에서 진행된 연구들로 '명기집략 사건' 자체와 『황명통기집요』의 판본에 대해서는 상당 부분 해결이 된 것으로 파악된다. 다만, '명기집략 사건'에만 초점을 맞추어 전개하다 보니 이 사건을 시작하고 확대한 주체자인 영조의 인식에 대해서 여전히 미흡한 측면이 있다고 판단된다. 뿐만 아니라 '명기집략 사건'의 대표적인 결과물인 『속광국지경록』에 대해서는 단순히 『광국지경록』을 계승하여 편찬되었다는 설명에 그쳤고, 다른 결과물인 『신묘중광록(辛卯重光錄)』에 대해서는 전혀 주목

---

1 이성규, 「명청사서의 조선 곡필과 조선의 변무」, 『오송이공범교수정년기념 동양사논총』, 지식산업사, 1993; 장민영, 「朝鮮 英祖代 '明紀輯略事件'의 政治的 性格」, 서강대학교 석사학위논문, 2010; 정병설, 「조선시대 대중국 역사변무의 의미」, 『역사비평』 116, 역사비평사, 2016; 이하경, 「조선후기 변무사건 연구: 영조 47년 고세양 사건을 중심으로」, 『한국정치연구』 28, 서울대학교 한국정치연구소, 2019.

2 강명관, 「조선후기 서적의 수입·유통과 장서가의 출현」, 『민족문학사연구』 9, 민족문학사연구소, 1996; 이민희, 「서적 중개인의 역할과 소설 발달에 관한 연구시론」, 『관악어문연구』 29, 서울대학교, 2004.

3 안소라, 「英祖代 史冊辨誣에 관한 연구: 『明史』의 朝鮮記事를 中心으로」, 성균관대학교 박사학위논문, 2018.

4 김호용, 「『光國志慶錄』에 관한 연구」, 충주대학교 석사학위논문, 2007; 박문열·김동환, 「『光國志慶錄』의 校勘에 관한 연구」, 『서지학연구』 38, 한국서지학회, 2007; 김대경, 「조선후기 『皇明通紀輯要』의 간행과 유통」, 한국학중앙연구원 한국학대학원 석사학위논문, 2018; 김대경, 「『皇明通紀』 수록 곡필의 변무에 대한 연구」, 『서지학연구』 83, 한국서지학회, 2020.

된 바 없다. 한편 '조경묘의 건립'은 그 자체로 이미 심도 있는 연구 성과가 있으나, 아쉽게도 '명기집략 사건'과의 연관성은 분명하지 않다.[5] 이에 영조의 시각에서 '명기집략 사건'과 '조경묘의 건립'을 일관성 있게 고찰하면서 상호 어떻게 유기적으로 연동하는지에 대한 분석이 필요하다고 판단된다.

이 글에서는 기존의 연구 성과를 적극 반영하여 영조가 '명기집략 사건'과 '조경묘의 건립'을 어떻게 주도해가는지 다루면서 두 사안이 갖는 시대사적 의의를 밝히고자 한다. 우선 배경으로서 명기집략 사건의 전개와 조경묘의 설립을 살펴보고, 이와 관련된 대표적인 결과물인『황명통기집요』와『속광국지경록』그리고『신묘중광록』을 분석하려고 한다. 그리고 최종적으로 두 사안을 거치면서 영조가 이루어낸 조선 왕실 계통의 재정립과 그 성격을 함께 고찰하고자 한다. 이를 위해서 기본적으로 실록과『승정원일기』등과 같은 관찬서를 통해 사전의 전개를 파악하고, 이 시기 어명에 의해 편찬된 사료들과 함께 그가 남긴 다양한 어제(御製)를 주요 사료로 활용할 계획이다. 이를 통해 그 이면에 내포되어 있는 영조의 인식과 의도를 유추하여 인간 영조에 대한 일면을 확인할 수 있기를 기대한다.

---

[5] 이욱, 「조선시대 왕실의 始祖와 肇慶廟 건립」, 『조선시대사학보』 38, 조선시대사학회, 2006; 유영옥, 「영조조 肇慶廟 건립에 관한 禮學的 고찰」, 『한국민족문화』 77, 부산대학교 한국민족문화연구소, 2020.

2. '명기집략 사건'의 전개와 조경묘의 설립

1) '명기집략 사건'의 전개와 결과

1771년 5월 20일, '명기집략 사건'은 박필순(朴弼淳)의 상소로 시작했다. 그는 상소에서 청 태학사 주린(朱璘)이 지은 『명기집략[강감회찬(綱鑑會纂)]』[6]에서 태조와 인조 등 선계(璿系)에 대한 무어가 기재되어 있다고 언급하였다.[7] 정사(正史)가 아닌 만큼 대신들 사이에서 변무의 필요성을 둘러싼 이견이 있었으나 그래도 종계와 관계된 민감한 사안이었다.

영조 대 종계변무는 이번이 처음이 아니었다. 1726년(영조 2) 청에서 『명사』를 다시 수찬한다는 소식이 들려오자, 영조는 「본기(本紀)」와 「열전(列傳)」에 선계와 관련된 역사가 제대로 반영되도록 사신을 파견하기 시작했고, 옹정제(雍正帝)로부터 재촉한다는 비난을 받으면서도 10여 년 동안 꾸준히 관리한 결과, 1739년(영조 15)에서야 비로소 완수할 수 있었다.[8] 그런데 무설(誣說)이 깨끗이 해결되었다고 믿어 의심치 않았던 영조에게 『명기집략』의 존재는 주린의 가죽을 베개 삼고 살점을 먹고 싶을 정도의 충격적인 사안이었다.[9] 5월 27일 그는 서둘러 진주사를 파견하였다.[10]

그 사이 영조는 국내에 있는 모든 『명기집략』을 압수하고 이를 유입·유

---

6   『綱鑑會纂』은 王世貞이 편찬한 중국 역사서이며, 이 책 안에 1695년 朱璘이 편찬한 『明紀輯略』이 부록으로 포함되어 이본으로 유통되었다. 여기서는 이해의 편의상 '명기집략'으로 통일해 지칭하도록 하겠다(정병설, 앞의 논문, 265쪽).
7   『승정원일기』, 영조 47년 5월 20일.
8   안소라, 앞의 논문.
9   『御製封畀日心萬倍』(K4-2440).
10 『승정원일기』, 영조 47년 5월 21일, 5월 27일.

통시킨 관계자들을 발본색원하여 주청의 명분을 삼고자 하였다.[11] 소지자인 종신에서부터 사대부, 중인, 서얼에 이르기까지 자수하면 참작하겠다는 신칙을 내려 자진 납부를 유도했으며, 유통자인 역관과 책쾌 등을 대상으로 심문하여 처벌하였고, 북경에서 더 이상의 신서(新書)를 매매해 오는 일을 엄금시켰다. 그 과정에서『명기집략』은 물론이고 '강감'이라고 칭하는 것들까지 모두 분서·세초하게 하였으며,[12] 경연에 활용했던 이현석(李玄錫)의 저작『명사강목(明史綱目)』에 주린의 평이 있다는 사실을 확인하고 해당 부분을 세초하게 하는 등 당시 조선 내에 있던 명의 역사책들이 거의 망라되어 사라졌다.[13]

하지만 예상보다 국문의 기간이 길어졌고 처벌자는 늘어갔다. 공초를 이어가던 중 주린의 별호가 '청암(青菴)'[14]이라는 것이 밝혀지면서 그 대상 범위가 확대되었다. 특히 영조는『청암집(青巖集)』과 관련하여 광국공신(光國功臣)의 후손인 정림(鄭霖)이 거론되자 크게 분노하며 정림을 즉시 효시(梟示)하고 처자식을 종으로 삼도록 하였다.[15] 그리고 한문과 언문으로 번역해서『청암집』에 상금을 걸고 수색하게 하였으며, 사행 기간을 10년에서 30년으로 확대하여 그동안 파견되었던 역관들을 색출하였다. 장기간 수라도 물리치고 잠도 제대로 못 잔 영조는 존재하지도 않는『청암집』에 심하게 집착하였고, 이에 따라 연좌된 역관과 책쾌가 1백 명에 가까워졌다.[16]

여기에 더해 역관 고세양(高世讓)을 공초하는 과정에서 새로운 무서(誣書)

---

11 이하경, 앞의 논문, 67-69쪽.
12 당시 회수된 서적은『明紀緝略』,『綱鑑會纂』,『綱鑑綱成』,『玉堂綱鑑』,『綱鑑』,『鳳洲綱鑑』,『綱鑑易知錄』,『綱鑑會編』,『綱鑑正史』,『龍門綱鑑』,『綱鑑大全』,『綱鑑統一』,『綱鑑大成』,『綱鑑會要』등으로 확인된다.『승정원일기』, 영조 47년 5월 27일, 5월 28일.
13 정병설, 앞의 논문, 267쪽.
14 朱璘의 호는 青巖으로, 青菴은 오기이다.
15 『승정원일기』, 영조 47년 6월 1일, 6월 2일.
16 『승정원일기』, 영조 47년 6월 1일, 6월 2일, 6월 3일, 6월 5일;『영조실록』, 영조 47년 6월 2일.

로 『황명통기』가 거론되었다.¹⁷ 『황명통기』는 명대 진건(陳建)이 편찬한 것으로, 『명기집략』 속의 곡필이 바로 이 『황명통기』를 근거로 한 것이었다. 변무해야 할 서적이 추가된 것이다. 대신들은 명대에 이미 변무 성과의 산물인 『대명회전』이 있는 데다, 명대의 『황명통기』를 청에게 수정해달라고 하는 것을 꺼렸다. 하지만 영조는 '『대명회전』이나 『국조오례의』와는 달리 『명기집략』과 『황명통기』는 사기(史記)여서 만국(萬國)에서 볼 것'이라고 여기고 고집을 꺾지 않았다.¹⁸ 결국 의주(義州)에서 대기하던 진주사에게 새로운 주문(奏文)이 전달되었다. 그 내용은 『명기집략』과 함께 『황명통기』까지 거론되었고, 해당 서적들을 분서하고 훼판(毀板)하는 것에서 단순히 조선 선계의 무어와 관련된 내용을 삭거해주길 요청하는 것으로 수정·완화되었다.¹⁹

영조는 친국을 이어나가며 조선 내의 금서 유통자들을 추적하였다. 하지만 『청암집』의 존재는 찾을 수 없었고, 동일한 『황명통기』여도 곡필이 있는 것도 있고 없는 것도 있었다.²⁰ 영조는 사태에 별다른 진전이 보이지 않고 국사를 담당할 역관이 부족할 것을 우려하여 결국 추국을 중지하였다. 하지만 소지자와 유통자에 대한 형정(刑政)이 매우 공정하지 못했다는 사관의 평에서 벗어나지 못했다.²¹

한편 지나친 금서 색출은 국내의 명사 관련 서적이 소멸되는 결과를 초래하였다.²² 동일한 금서여도 그 가치까지 동일한 것은 아니었다. 특히 명대에 명인(明人) 진건이 편찬한 『황명통기』는 숙종과 영조가 진강했던 서

---

17 김우철 역주, 『推案及鞫案』 66, 「죄인 高世謙 등 추안」, 흐름출판사, 2014.
18 『승정원일기』, 영조 47년 6월 6일, 6월 7일.
19 『辛卯重光錄』(K2-232), 「陳奏文」; 『승정원일기』, 영조 47년 6월 7일.
20 『승정원일기』, 영조 47년 6월 11일.
21 장민영, 앞의 논문, 14-18쪽.
22 『승정원일기』, 영조 47년 6월 6일.

적이었고, 조선인 이현석이 찬술한『명사강목』은 숙종의 면려(勉勵)와 영조의 윤허에 의해 간행된 역사서였다. 다행히 창덕궁 보문각(寶文閣)에 저장해둔 진강용『황명통기』가 남아 있어 해당 곡필을 삭제하는 선에서『황명통기집요』로 재간행하게 하였고,『명사강목』은 주린의 논평만 제외하고 구본 그대로 간행하게 하였다.[23]

이후 영조가 할 수 있는 것은 사신들의 소식을 기다리는 것뿐이었다. 그는『통문관지(通文館志)』를 통해 연경까지의 노정을 확인하며 사신들의 위치를 예상하고,『월사집(月沙集)』을 읽으면서 1598년(선조 31) 명의 병부주사(兵部主事) 정응태(丁應泰)가 조선을 무고했던 사건을 변무한 이정구(李廷龜)를 추모하였다.[24] 그리고 광국공신의 자손들을 입시하게 하여 함께『광국지경록』을 읽으며, 밤낮으로 노심초사하였다.[25]

9월 24일, 초조하게 기다리던 영조에게 드디어 진주사로부터 소식이 도착했다.「선래장계(先來狀啓)」에 따르면, '주린의『명기집략』은 이미 중원에서 훼판되어 흔적이 없고, 진건의『황명통기』역시 매매하는 곳이 없는 데다, 옹정제의 황지(皇旨)를 반영하여 편찬된『명사』「조선열전」에는 태조·인조의 종계를 정확히 기술하고 있기 때문에 걱정할 것이 없다'는 내용이었다. 나아가 '조선 내에서 두 책에 관한 처분의 자유권을 보장해주었을 뿐만 아니라 17개 직성(直省)의 각 독무(督撫)에게 행문(行文)하여 중원에서 사적 소장과 유통을 금지하겠다'고 약속하였다.[26] 이러한 결과는 영조

---

[23] 애초에 洪啓禧 등 사학에 조예가 깊은 이들에게 明史를 편찬하게 하였으나, 결국 기존의 서적에서 선계의 誣語와 관련된 내용을 삭제하는 것으로 변통되었다. 서명도『皇明通紀』는『皇明通鑑』에서『皇明通紀輯要』가 되었으며,『明史綱目』역시『明史通鑑』·『明史付錄』이 거론되었으나 그대로 유지되었다(『영조실록』, 영조 47년 6월 6일, 6월 22일;『승정원일기』, 영조 47년 7월 6일).

[24] 『승정원일기』, 영조 47년 5월 22일, 6월 15일, 6월 20일, 6월 28일, 7월 2일, 7월 15일.

[25] 『御製今日殿中問答』(K4-1454);『御製今日何日於予異事』(K4-1465);『御製紀懷示冲子』(K4-1622);『御製夙宵此心專對先來』(K4-2834).

[26] 『辛卯重光志』(K2-232)「禮部回咨文」;『同文彙考』原編 권34,「禮部准請咨」;「禮部爲申禁十七省文」.

대에 조선과 청국의 관계가 안착되어 있었기에 가능했다.²⁷

자문의 내용은 매우 긍정적이었고, 특히 후자의 약속은 영조의 예상을 뛰어넘는 것이었다. 이튿날 영조는 경봉각(敬奉閣)에 익선관(翼善冠)과 곤룡포(袞龍袍)를 갖추고 전배례(展拜禮)를 한 후, 모두 황은(皇恩)이 미친 결과로 돌리며 이에 대한 송(頌)·잠(箴)을 쓰게 하였다.²⁸ 이런 기념비적인 경사를 기념하기 위해 고묘(告廟)·반교(頒敎)·경과정시(慶科庭試)를 거행하기로 하고,『광국지경록』을 재차 간인하게 하였으며, 선조 대에『대명회전(大明會典)』을 받아 오는 데 결정적인 역할을 했던 역관 홍순원(洪淳彦)과 유홍(俞泓)의 봉사손을 수소문하였다. 그리고『광국지경록』을 따라 신하들에게 시를 내리며 갱진(賡進)하도록 명하고 이를 모아『속광국지경록』을 편찬하였다.²⁹ 하지만 이 '명기집략 사건'는 여기서 그치지 않았다.

2) 조경묘의 설립

진주사의「선래장계」를 들은 지 약 10일 후인 10월 5일, 칠도(七道)에 거주하는 이득리(李得履) 등 전주이씨 유생과 생원 575명의 상소가 올라왔다. 소장은 '주(周)의 전례(典禮)를 따르는 조선이 하(夏)에서 전욱(顓頊)·은(殷)에서 현왕(玄王)·주에서 후직(后稷)을 제사하는 것처럼 시조 사공공(司空公) 이한(李翰)³⁰을 제사지내야 한다'는 주장이 골자를 이루었다. 다만, 연대가 멀어서 조역(兆域)이 적확하지 못하므로, 묘(廟)를 세워 제사지내는 것

---

27 연갑수,「영조대 對淸使行의 운영과 對淸關係에 대한 인식」,『한국문화』51, 서울대학교 규장각 한국학연구원, 2010, 34쪽.
28 『승정원일기』, 영조 47년 9월 25일;『御製示意箴【並小序】』(K4-2913).
29 『승정원일기』, 영조 47년 9월 27일, 10월 3일.
30 司空公 李翰은 태조 李成桂의 21대 시조로, 신라에서 벼슬하여 司空이 되었고, 武烈王의 10세손인 軍尹 金殷義의 딸과 혼인하여 侍中 自延을 낳았다. 이후 대가 이어져 18세 穆祖에게로 계승되었다.『승정원일기』, 영조 47년 10월 18일.

으로 제안하였다.³¹

이한에 대한 추향 논의는 이전에도 있었다. 1765년(영조 41) 학림군(鶴林君) 이육(李焴)이 전주 건지산(乾止山)의 이한 묘소에 봉축(封築)을 더해 동지제(冬至祭)를 주장하였고, 명기집략 사건이 있던 1771년 1월에 봉상사정 이정중(李廷重)이 단(壇)을 세워 시제를 지내도록 건의하였다. 하지만 당시에는 이한의 묘소 위치가 불명확하고, 단의 형식 등이 시조에 대한 적절한 예법이 아니며, 비례(非禮)인 원묘(原廟)가 되기 때문에 신중하게 처리해야 한다는 중론이 지배적이었다.³² 영조도 이에 수긍하며 논의가 중지되었지만, 조경묘 설치의 단초가 되기에는 충분했다.³³ 그리고 전주이씨들은 명기집략 사건이 해결된 바로 이 시기가 적당한 때라고 판단한 것이었다.

승지 홍검(洪檢)에 의해 막혔던 본 소장은 요행히 영조에게 도달하였다. 소유(疏儒)들을 소대한 영조는 당시 문중들이 시조를 둘러싸고 송산(訟山) 분쟁을 일으키고 선대를 찾아 규명하던 풍속을 떠올리며,³⁴ 신자(臣子)가 자신들의 집안과 관련해서는 앞장서면서 정작 국가의 일에는 소홀히 하는 태도를 비난하였다.

아! 하루 사이에 사신이 강을 건너고, 또 이 소장을 듣게 되어 한편으로는 조선에 의리(義理)를 환하게 비추고 다른 한편으로는 후세에 선조[祖先]를 더욱 환히 드러낼 수 있게 되었으니, 이것이 어찌 우연한 일이겠으며, 또 어찌 예사롭지 않겠는가? … 아! 오늘날 조정에 있는 신하들은 국군(國君)의 추모하는 뜻을 돌아보고 그 선조들이 대대로 녹(祿)을 받은 의리를 생각하여 조금이나마 대수롭지 않게 여기지 말도록 하라. 자기 조

---

31   유영옥, 앞의 논문.
32   이욱, 앞의 논문, 168-173쪽.
33   『승정원일기』, 영조 41년 4월 14일; 영조 47년 1월 5일.
34   『영조실록』, 영조 41년 윤2월 23일.

상을 소홀히 하면서 무슨 낯으로 우리 열성조에게 절하겠는가.³⁵

마침 사신의 도강(渡江) 소식에 크게 안심하고 있던 영조였다.³⁶ 그런데 기이하게도 1천에 가까운 국성(國姓)의 유생들이 시조의 제향을 건의한 것이었다. 하물며 고구려와 신라의 시조묘도 세웠는데 굳이 이한의 제사를 거부할 이유가 없었다. 물론 이는 선원계파 후손인 전주이씨들의 조직적인 움직임의 결과이며, 고구려와 신라는 태조에 해당하는 개창 군주를 제사할 뿐이었다.³⁷ 하지만 영조는 이 상소를 결코 우연이나 예사로운 일로 치부하지 않고, 모두 황시조(皇始祖)의 덕으로 여겼다. 그리고 이렇게 중요한 일을 기각시킨 홍검에 대해 사판(仕板) 삭제와 서용(敍用) 금지를 명하고, 종신과 대신들에게 세신(世臣)의 위치에서 군국을 추모하는 뜻을 돌아보도록 요구하며 널리 순문하게 하였다.³⁸

사실 이 단계에서 '순문'은 명분을 쌓기 위한 단계적 절차일 뿐이었다. 이튿날 오전[辰時] 시·원임 대신을 소견하는 자리에서 영조는 '과거 두 차례나 문의한 상황이니 다른 의논이 없을 것이며, 만약 불만의 뜻이 있다면 이는 해동(海東)의 신자(臣子)가 아니다'라고 단언하였다. 그런 영조의 앞에서 신중해야 한다는 영의정 김치인(金致仁)의 답변 이외에 감히 국왕의 결정에 반대하는 이는 없었다. 하지만 영조는 다시 쐐기를 박았다. 바로 교리 박상악(朴相岳)이 "이것은 막중하고도 막대한 일이므로, 지극히 마땅하고도 좋은 데로 귀착되도록 힘써야 합니다."라고 언급하자, "연소한 젖내나는 무리가 어떻게 알겠는가?"라며 크게 노한 것이다. 그리고 입시한 삼사(三司)를 모두 사판에서 삭제하고, 옥당(玉堂)의 봉록을 감하도록 명한 다

---

35 『승정원일기』, 영조 47년 10월 6일.
36 『御製, 幾月用心, 今日少舒』(K4-1569).
37 이욱, 앞의 논문, 180-182쪽.
38 『승정원일기』, 영조 47년 10월 7일.

음 곤룡포도 착용하지도 않은 채 창의궁으로 가버렸다. 영조가 다시 대내로 돌아온 것은 오후 유시(酉時)가 지난 시각이었다. 그는 박상악의 말이 발칙했다고 평가하고, 이내 조경묘의 장소·묘제(廟制)·위판(位版)·제사 양식 등 세세한 절목을 결정했다. 모든 논의가 마쳤을 때는 이미 자정[三更五點]을 넘긴 시간이었다.[39] 10월 7일, 이득리 등의 상소를 확인한 지 고작 3일 만의 일이었다.

이후 조경묘의 설립 과정도 큰 문제 없이 진행되었다. 일련의 과정은 도감(都監)에서 담당하였고, 모든 의절은 1748년(영조 24) 경기전에서 영정을 모시고 왕복했을 때의 예대로 거행하였다.[40] 10월 16일, 면복(冕服)을 갖춘 영조는 자정전(資政殿)에 나아가 자신이 먼저 쓰고 세손이 덧쓰는 방식으로 위판에 제주(題主)한 후 작헌례(酌獻禮)를 거행하였으며,[41] 약 6일에 걸쳐 새벽마다 신혼례(晨昏禮)를 거행하였다.[42]

10월 22일, 영조는 세손과 함께 위판에 작헌례를 시행한 후 신련(神輦)을 배종하여 서빙고 나루까지 지송(祗送)하였다. 나루터에는 진선(津船) 4척과 협선(挾船) 30척을 연결한 용주(龍舟)가 대기하고 있었다.[43] 그는 용주에 신련을 봉안한 다음 자신도 승선해 배종하였는데, 강을 건넌 뒤 신련

39 『位版造成都監儀軌』(奎 14250), 「啓辭秩·辛卯十月初七日」; 「啓辭秩·辛卯十月初八日」; 「啓辭秩·辛卯十月十四日」; 『肇慶廟春秋享祀祝式』(K2-2488).

항목	내용	항목	내용
場所	全州 慶基殿 옆	廟號	肇慶廟
廟制	三國의 始祖廟制	祭祀	2월·8월 三國의 始祖禮를 따름
床卓·祭物	慶基殿을 따름	廟官	慶基殿에 따라 서울에서 差送
服色·拜禮	黑團領, 四拜	祭禮品數	各設로 마련
位版	始祖(始祖考新羅司空神位), 始祖妃(始祖妣新羅慶州金氏)		

40 『승정원일기』, 영조 47년 10월 15일.
41 『位版造成都監儀軌』(奎 14250), 「儀註秩·神位版奉安資政殿後親祭儀」.
42 『御製建明門問答』(K4-1015); 『御製晨昏殿中』(K4-2977).
43 『位版造成都監儀軌』(奎 14250), 「儀註秩·肇慶廟神位版奉詣告由酌獻禮儀」; 「儀註秩·肇慶廟神位版奉詣時 大駕隨 至江頭祗送 出還宮儀」.

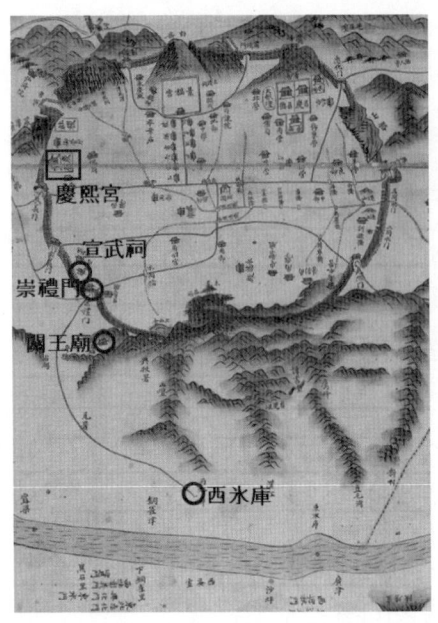

그림 1 영조의 이동 경로

이 출발하자 배에서 내려 사배(四拜)하고는 모래밭에 부복(俯伏)한 채 목이 메어 한동안 울었다.[44] 이윽고 용주를 타고 건너와 첨망(瞻望)하다가 돌아오는 길에 남관왕묘(南關王廟)와 선무사(宣武祠)에 들러 전배(展拜)하였으며, 제문을 지어 정동관군사(征東官軍祠)·개국공신 조준·광국공신 유홍·신라의 시조묘를 치제하게 하였다.[45]

조경묘의 신주 봉안 및 제사는 11월 26일에 거행되었다. 조경묘는 경기전의 북쪽 동남향[壬坐丙向] 대량(大梁) 3칸의 규모로 구성되었는데, 7일에 기주(起柱)한 것을 고려했을 때 상당히 빠른 시일 내에 역사가 완료된 것을 알 수 있다.[46] 이는 영조가 사전에 좌향과 길일을 정하고, 서울에서 미리 제기 등을 보냈으며, 역사 도중에 탄핵된 전라감사 윤동승(尹東昇)을 대신해 『광국지경록』 편찬의 참여자였던 홍이상(洪履祥)의 후손 홍낙성(洪樂性)을 곧장 차출하는 등 행사에 차질 없도록 조치한 결과였다.[47]

이런 드물고 큰 경사를 맞이하여 영조는 신료 및 백성들과 함께 기쁨

---

44 배종했던 세손 정조는 영조의 행차를 묘사한 시 〈祗奉肇慶廟神輦 詣津頭祗送 因成一律〉(RD02484)을 남겼다.

45 『승정원일기』, 영조 47년 10월 21일, 10월 22일, 10월 23일; 『御製宣武祠憶皇恩』(K4-2607).

46 『肇慶廟誌及所排儀物區別成冊』(K2-2487).

47 『영조실록』, 영조 47년 11월 1일, 1월 10일. 참고로, 洪樂性은 '마침' 영조가 庶人으로 삼으라는 명을 탕척하도록 한 洪鳳漢의 5촌 조카로, 명분은 역시 『광국지경록』의 참여자였던 洪履祥의 후손이었기 때문이었다.

을 공유하고자 하였다. 두 경사를 합해 하례를 받은 후 반사(頒赦)하였으며, '사행이 순조롭게 이루어지고, 묘례가 새로이 정해졌다[專對順成, 廟禮新定]'라는 것으로 양경정시(兩慶庭試)를 거행하였다.⁴⁸ 신주를 봉송하고 환궁할 때 서빙고에서 숭례문까지 상언(上言)을 받도록 하였으며, 조경묘 건설에 백성들을 동원하지 않고 오로지 저치미(儲置米)로 해결하게 하였다. 그리고 전주·경주 등 조경묘와 관련된 지역의 세금을 탕감하고 전주의 장인과 종가(鍾街)의 걸인에게 죽을 끓여 먹였다.⁴⁹ 이렇듯 영조는 경외(京外)의 백성들에게 실질적이고도 가시적인 혜택을 제공함으로써 왕실의 경사에서 국가의 경사로 확장시켰다.

3. 『황명통기집요』의 개수와 『속광국지경록』·『신묘중광록』의 편찬

1) 『황명통기집요』의 개수

개국 초기부터 명을 대상으로 장기간 변무 활동한 결과는 선조 대에 『대명회전』에 반영되면서 일단락되었고, 영조 집권 초기부터 청을 대상으로 10여 년간 진행한 변무 활동의 결과는 『명사』로 편찬되었다. 그런데 전혀 뜻밖에, 그것도 조선 내에서 곡필이 기술된 명사가 버젓이 유통되고 있었다. 영조는 선대와 자신이 이루었던 변무의 성과가 무색해지게 둘 수

---

48 『영조실록』, 영조 47년 10월 1일; 『御製戒太康』(K4-1099).
49 『승정원일기』, 영조 47년 11월 12일, 11월 17일.

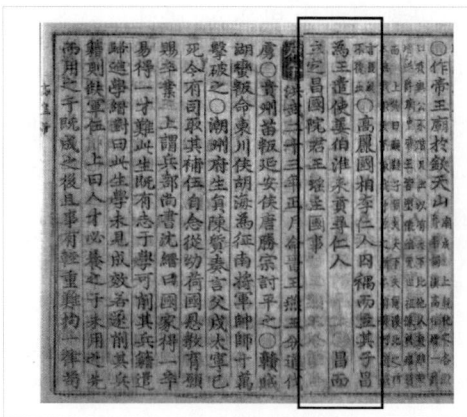

(A) 숙종 대 『황명통기』(국립중앙도서관, 古2255-5)   (B) 영조 대 『황명통기집요』(장서각, K2-140)

는 없었다. 그는 소장자로부터 자의적이든 타의적이든 무어가 쓰인 모든 명사를 압수해 제거하였다.

하지만 『황명통기』 같은 책은 없어서는 안 되는 역사서였다. 전술한 대로, 명인(明人)이 작성한 국사이면서 숙종 대부터 내려오는 진강 목록이었기 때문이다. 영조는 창덕궁 보문각에서 겨우 발견한 진강용 『황명통기』를 저본으로 하되 다음과 같은 수정을 더하였다.

숙종 대의 『황명통기』와 영조 대 개수된 『황명통기집요』의 가장 큰 차이점은 단연 태조의 등극 부분이다.

태조와 관련된 종계 오기(宗系誤記)는 명의 『태조실록』·『대명회전』에 '태조가 정적이면서 우왕(禑王)의 권신(權臣)인 이인임(李仁任)의 아들'이라는 내용이 수록되었다는 점이었다. 그리고 이러한 오류의 흔적이 숙종 대의 『황명통기』에 네 글자가 누락된 채로 남아 있었다.[50] (A)를 살펴보면, 고려국 재상 이인인(李仁人)이 우왕을 가두고, 그 아들 창(昌)을 세워 왕으로 삼았으며, 이윽고 '尋仁人□□□□昌' 하고, 정창국원군 왕요(王瑤)를 세워

---

50 『승정원일기』, 영조 47년 6월 5일.

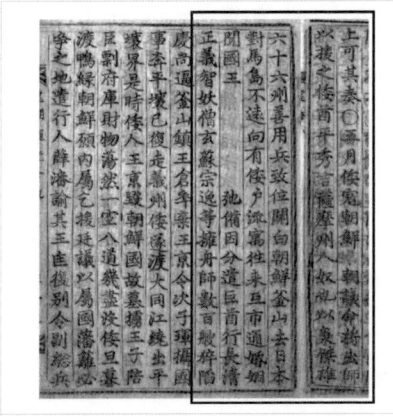
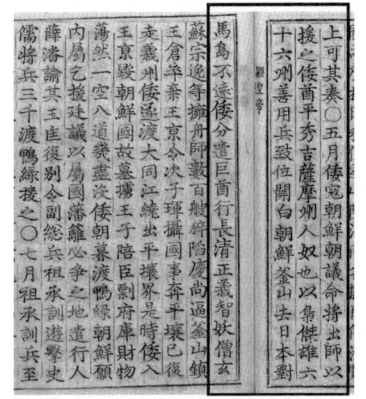

(C) 숙종 대 『황명통기』(국립중앙도서관, 古2255-5)   (D) 영조 대 『황명통기집요』(장서각, K2-140)

국사를 주관하였다[51]는 고려에 관한 정보가 기재되어 있다. 여기서 '尋仁人□□□□昌'은 바로 '尋仁人**子成桂廢**昌'으로, '이인임의 <u>아들 이성계가 창을 폐하였다</u>'는 네 글자가 삭제된 흔적이었다.[52] 이러한 곡필에 대해 영조는 권점(圈點)을 쳐서 삭제하도록 하였는데, 실제 (B)에서 이와 관련된 정보가 전부 제거되어 있다는 점을 확인할 수 있다.[53]

다음은 임진왜란 및 조일관계에 대한 설명이다.

(C)의 임진왜란 관련 부분을 살펴보면 다음과 같다.

5월에 왜가 조선을 침략하자, 조정[명]에서 논의하여 장차 출병해 조선을 구원하도록 명하였다. 왜추(倭酋) 평수길(平秀吉)은 살마주(薩摩州)의 인노(人奴)였는데, 영웅호걸로 66주를 거느리고 용병(用兵)을 잘하여 관백(關白)

---

51 『皇明通紀輯要』(古2255-5) 권4, 「洪武21年」, "高麗國相李仁人, 囚禑而立其子昌爲王, 遣使姜伯淮來貢. 尋仁人□□□□昌, 而立定昌國院君王瑤主國事." 『皇明紀輯要』에는 '李仁人'으로 되어 있으나, 원래 이름은 '李仁任'이다.

52 김대경, 2018, 앞의 논문, 49쪽.

53 『皇明通紀輯要』(K2-140) 권4, 「洪武21年」.

의 지위에 올랐다. 조선의 부산은 일본 대마도와 멀지 않은데, 과거 왜호(倭戶)가 떠돌다가 정착하고 왕래하면서 서로 교역을 하고 혼인을 맺었다. 국왕이 □□□□□하여 국방에 해이하였음을 듣고는 인하여 거추(巨酋)를 나누어 파견하였다.[54]

(C)에서는 왜가 조선을 침략하자 명에서 출병하였다는 전제와 함께 도요토미 히데요시(豐臣秀吉, 平秀吉)가 일본을 통일하고 관백이 되었다고 설명하였다. 이어서 조선과 일본이 일찍부터 서로 교역하고 혼인을 맺는 등 우호적인 교류가 이어졌으나, 선조 대에 국방이 해이해져서 마침내 전쟁이 시작되었다는 발병의 배경이 기술되어 있다. 이 가운데 '國王□□□□□弛備'가 삭제되어 있는데, 홍대용(洪大容)이 『명기집략』을 변설한 부분에서 '조선왕 휘(諱)가 술에 빠져 국방에 해이하였다[朝鮮王**諱沉湎於酒**弛備]'라는 내용이 확인된다.[55] 다시 말해, 생략된 5글자는 '眐沉湎於酒[연(眐): 선조 이름]이 술에 빠져'이거나 적어도 조선의 국방이 해이해진 원인이 선조에게 있음을 지적하는 내용일 것으로 추측된다.

그렇다면 영조 대에는 해당 내용이 어떻게 수정되어 있을까?

5월에 왜가 조선을 침략하자, 조정[명]에서 논의하여 장차 출병해 조선을 구원하도록 명하였다. 왜추 평수길은 살마주의 인노였는데, 영웅호걸로 66주를 거느리고 용병을 잘하여 관백의 지위에 올랐다. 조선의 부산은 일본 대마도와 멀지 않은데, 왜가 거추를 나누어 파견하였다.[56]

---

54 『皇明通紀輯要』(古2255-5) 권19, 「萬曆20年」, "五月, 倭寇朝鮮, 朝議命將出師以援之. 倭酋平秀吉薩摩州人奴也, 以梟傑雄六十六州, 善用兵, 致位關白. 朝鮮釜山, 去日本對馬島不遠, 向有倭戶流寓往來, 互市婚姻. 聞國王□□□□□弛備, 因分遣巨酋."

55 『湛軒書』外集 권1, 「與秋㢼書」.

56 『皇明通紀輯要』(K2-140) 권19, 「萬曆20年」, "五月, 倭寇朝鮮, 朝議命將出師以援之. 倭酋平秀吉薩摩州人奴也, 以梟傑雄六十六州, 善用兵, 致位關白. 朝鮮釜山, 去日本對馬島不遠. 倭分遣

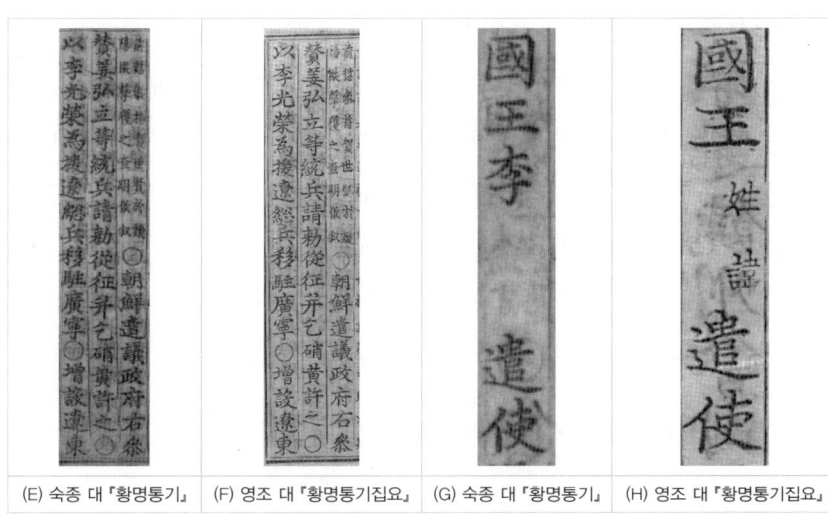

(E) 숙종 대 『황명통기』 (F) 영조 대 『황명통기집요』 (G) 숙종 대 『황명통기』 (H) 영조 대 『황명통기집요』

　(D)를 (C)와 비교했을 때 일본의 조선 침략, 명의 출병 그리고 도요토미의 일본 통일까지는 동일하지만 교역·혼인 같은 우호적인 조일관계와 선조의 전쟁 책임론이 추론되는 부분은 일괄 삭제되었다. 즉, 임진왜란의 전개와 같이 객관적인 사건에 대해서는 유지하되 발병의 책임이 선조와 조선에게 돌아갈 수 있는 주관적인 평가와 관련된 설명은 의도적으로 누락되었다.

　한편, 조선에 있어서 배명(排明)의 의미일지라도 그대로 남겨둔 부분도 있었다. 예를 들어, 1619년 사르후 전투에 참전하기 위해 파견되었다가 광해군의 밀명을 받고 후금군에 투항한 강홍립(姜弘立)의 경우이다. (E)에서는 "조선에서 의정부 좌참찬 강홍립 등을 보내 병사를 통솔해서 정벌하도록 명하시고 아울러 화약[硝黃]을 요청하니 허락하였다."[57]라고 기술되어 있다. 이에 대해 영조는 강홍립의 이름이 있는 것 자체가 매우 비루하다고

巨酋."

[57] 『皇明通紀輯要』(古2255-5) 권21, 「萬曆47年」; 『皇明通紀輯要』(K2-140) 권21, 「萬曆47年」, "朝鮮遣議政府右參贊姜弘立等統兵, 請勅從征幷乞硝黃, 許之."

여기며 삭제하고자 하였다. 하지만 대신들은 파병이 명을 위한 국가적 사안이었고, 김응하(金應河)와 같이 절개를 지킨 인물도 있기 때문에 후세에 근거가 되고, 명사(明史)에도 영광이 될 것이라며 반대하였다.[58] 결국 (F)에서 확인되는 바와 같이 명에 원군 파병과 관련된 기록이 그대로 유지되었다. 이외에도 조선 국왕의 '이(李)'자는 생략되고 성휘(姓諱)'가 소주(小註)로 대체되어(G·H) 조종을 존숭하는 의미를 더하였다.[59]

2) 『속광국지경록』과 『신묘중광록』의 편찬과 특징

『광국지경록』의 연장선상에 있는『속광국지경록』은 종계변무의 성공을 기념하기 위해 편찬되었다는 동일한 찬술 배경을 지니고 있다. 그런 의미에서『속광국지경록』은『광국지경록』처럼 황은에 대한 감사를 기본으로 하고 있다.

> 오호라. 황은이여!『광국지경록』의 기록은 밝음이 일성(日星)과 같아 백대에 어긋남이 없었는데, 주린·진건과 같은 조무래기가 패설을 주워 모았습니다. 이미 그 책을 보았는데 감히 어찌 먹고 잘 수 있었겠습니까. 사신을 보낸 지 5개월 만에 일이 잘 해결되었을 뿐만 아니라 온 세상에서 깨끗이 씻겼으니 이것은 무슨 이유였겠습니까. 황조의 남아 있는 은택으로 그것을 감히 민몰(泯沒)시킬 수 있었습니다.『광국지경록』이 다시 이어지고, 일이 전보다 밝아져 천억 년토록 영원히 드리워질 것이니 그 명(銘)을 친히 지어 간행합니다.[60]

---

58 『승정원일기』, 영조 47년 6월 23일.
59 김대경, 2018, 앞의 논문, 46쪽.
60 『續光國志慶錄』(K4-119)「御製銘【小序】」, "嗚呼皇恩. 光國一錄, 昭如日星, 百代不忒, 朱陳小竪, 捃拾悖說. 旣見此書, 敢安宿食. 纔遣專對, 其間五朔, 奚特順成, 宇宙快滌, 是何由乎. 皇朝

영조는 어제명(御製銘)에서 사신을 보낸 지 5개월 만에 우려했던 것에 비해 일이 원만하게 잘 해결되었을 뿐만 아니라 중원에 두 책이 금지된 것은 모두 명의 남아 있는 은택이라고 여겼다. 그래서 과거의 『광국지경록』이 다시 이어졌고, 지금은 더욱 밝아졌으며, 앞으로 영원히 이어지리라 확신하였다. 명에 대한 이러한 영조의 인식은 그가 차운하도록 내린 시 '나라를 빛내는 황은이 지금 이후로도 빛나리니[光國皇恩今復明] / 저 멀리 북경을 바라보며 만 가지 소회가 간절하누나[遙瞻燕薊萬懷切]'[61]에서도 확인할 수 있다. 이에 대해 왕세손 정조는 '지금에서야 황제가 내린 깨달음 더욱 빛나니[到今皇賜覺增明] / 옛날의 감회를 담은 신장(宸章) 진실로 더욱 간절하네[感舊宸章誠更切]'라고 호응하였다. 그리고 120명의 신료들 역시 '황은으로 종계가 다시 일월처럼 밝아진 것을 찬양'하거나 『대명회전』을 소환하며 '명과 만력제(萬曆帝)를 추모'하고, '효성이 뛰어난 임금에게 공을 돌리는' 등의 차운시를 지어 영조의 기대에 부응하였다.

하지만 동시에 『속광국지경록』은 『광국지경록』과는 다른 점도 있었다. 우선 구성이다. 『광국지경록』은 기본적으로 산해관주사(山海關主事) 마유명(馬維銘)과 『대명회전』을 받아온 유홍이 나눈 시를 선조가 신료들에게 차운하도록 하면서 시작되었다. 그러던 1701년(숙종 27) 영원정(靈原正) 이헌(李櫶)이 이를 수집하여 올리자, 숙종이 차운시를 남기며 책으로 엮어졌다. 이때 '선조·숙종의 어제시-마유명의 시-신료들의 차운시-반교시 전교(頒敎時傳敎)-반사 교문(頒赦敎文)-사은표(謝恩表)-태학유생 헌축(太學儒生獻軸)-어제시 축발(御製詩軸跋)-이여(李畬)의 후서(後序)'로 구성되었다. 그리고 1744년(영조 20)에 이 책을 다시 중간하면서 영조의 어제시가 추가되었다. 반면, 『속광국지경록』은 '영조의 어제명[소서(小序)]-어제 묘사 고유문(御製廟社告由

遺澤, 豈敢泯焉. 本錄復續, 事光于前, 永垂千億, 親製其銘, 付諸剞劂."

61 『승정원일기』에는 '遙瞻燕薊萬慕切'로 나오나, 『續光國志慶錄』에 따라 '遙瞻燕薊萬懷切'로 수정하였다.

文)-어제 고묘후 반사문(御製告廟後頒赦文)-어제 어필(御製御筆)-왕세손·신료의 차운시'로 이루어졌다. 이 구성은 영조의 의도가 담긴 것으로, 갱진시 앞에 고묘문과 반사문을 두어서 먼저 황조의 은택에 감사를 표하고, 그 의지가 천추토록 전해지도록 하였던 것이다.[62]

다음으로 시를 올린 신료들의 구성이다. 『광국지경록』은 모두 34명의 신료들이 마유명의 시를 차운하였는데, 〈부록 2〉를 참고하면 7명을 제외한 모두가 광국공신 혹은 광국원종공신(光國原從功臣)이었다. 이는 『대명회전』의 반사를 기념하여 선조가 광국공신·광국원공종신을 녹훈하였고, 마침 마유명의 증별시가 전래되었기 때문에 그동안 본 변무 사건과 관련이 깊은 신료들이 갱진에 참여했다고 판단하는 것이 타당할 것으로 보인다.

반면, 『속광국지경록』은 보다 복잡하고 다양한 인적 구성을 지니고 있다. 〈부록 3〉에 따르면, 『속광국지경록』에 갱진시를 수록한 사람들은 영조의 명에 따른 시·원임, 봉조하(奉朝賀), 삼사(三使), 2품 이상, 8도 도신(道臣), 양도 유수(兩都留守), 승정원·홍문관·춘방·예문관 등 소속 관원으로, 무려 120명이나 된다. 그리고 다음의 몇 가지로도 그 성격을 분류할 수 있다. 첫째로 왕실과의 관계이다. 여기에는 약 40퍼센트가 넘는 50명이 선조와 원친(遠親)이었으며, 영조의 부마(駙馬)와 도위(都尉), 그리고 왕후와 친소관계를 맺고 있는 외척들이다. 물론 조선 후기 왕실과 혼인 관계를 맺고 있는 가문은 상당히 제한적이며, 그들과 연계된 친족들이 다시 상호 복잡하게 혼인하면서 이른바 '명문 사대부'로서 위상을 유지하고 국정을 운영하는 데 참여하였음은 주지의 사실이다. 그럼에도 총 120명 가운데 83명이 왕실과 원친 관계를 맺고 있고, 그 가운데 50명이 선조와의 인연이 있다면 이 행사는 더욱 의미 있게 다가왔을 것임이 틀림없다.

둘째로, 본인 혹은 선대가 과거 변무 활동과 관련이 있는 사람들이다.

---

[62] 『續光國志慶錄』(K4-119) 「御製銘【小序】」.

예를 들어, 한익모(韓翼謩)·윤득양(尹得養)·유언민(兪彦民)·권도(權噵)는 광국공신이나 광국원종공신의 후손이며, 홍명한(洪名漢)·홍낙성·홍중일(洪重一) 등은 『광국지경록』에 갱진시를 올렸던 홍이상의 후손이다. 그리고 정홍순(鄭弘淳)의 부친 정석삼(鄭錫三)·정운유(鄭運維)의 부친 정필녕(鄭必寧)·조엄(趙曮)의 부친인 조상경(趙尙絅) 그리고 심성진(沈星鎭) 본인은 영조 초기 청에 대한 『명사』 변무 활동을 위해 파견되었으며, 그 가운데 조상경은 1732년 옹정제로부터 『명사』「조선열전」 사본을 직접 받아오기도 하였다. 이외에도 이담(李潭)은 숙종 대 『광국지경록』의 발문을 썼던 이여의 족손이며, 이춘보(李春輔)는 『월사집』의 저자 이정구의 후손이었다.

셋째로, '명기집략 사건'과 관련하여 영조에게 부채의식을 지닌 인물들이다. 120명 가운데 김상복(金相福)·김상철(金尙喆)·한광회(韓光會)·홍명한·서명응(徐命膺)·홍낙성·윤득우(尹得雨)·정광한(鄭光漢)·김화진(金華鎭)·안집(安㠎)·홍양한(洪良漢)은 당시 주린의 서적이나 강목이 들어간 금서를 소지하고 있다가 자진해서 국가에 반납하였다. 후술하겠지만 특히 영조의 부마 박명원(朴明源)은 박필순에게 처음 『명기집략』을 빌려주었으며, 해당 책에는 서명응의 숙부 서종벽(徐宗璧)의 인문(印文)이 찍혀 있었다는 점도 주목할 만하다.

이렇듯 『속광국지경록』에 포함된 이들은 비록 영조가 의도적으로 지목하여 선정한 것은 아니었다. 하지만 결과적으로 보았을 때 선조의 원친이거나 명사집략 사건에서 부채의식을 지닌 인물이거나 종계변무와 관련된 사람들이 다수를 차지하고 있다. 다시 말해, 이들은 영조의 시를 차운하면서 영조의 행위를 찬양할 수밖에 없는 위치에 있었다.

한편 영조는 『속광국지경록』과 함께 『신묘중광록』을 편찬하게 했다. 『신묘중광록』은 '명기집략 사건'과 관련된 외교 문서집으로, 『명기집략』과 『황명통기』의 곡필을 변무하는 「진주문(陳奏文)」, 북경에서 진주사가 예부에 올린 「초정예부문(初呈禮部文)」·「재정예부문(再呈禮部文)」·「삼정예부문(三

呈禮部文)」, 예부가 건륭제에게 올린「예부주황제문(禮部奏皇帝文)」, 예부가 조선에 보낸「예부회자문(禮部回咨文)」, 예부에서 각 성에 보낸「예부신금십칠성문(禮部申禁十七省文)」을 비롯하여, 영조가 하례하고 수고한 사람들에게 상을 내리는「반상전교(頒賞傳敎)」와「진하반사문(陳賀頒赦文)」이 수록되었다. 영조가 직접 서명을 '신묘중광록'으로 정하고, 어제서문(御製序文)을 지어서 권수에 두었으며, 황경원(黃景源)에게 발문을 짓도록 하였다.[63]

4. 조선 왕실 계통의 재정립과 그 성격

1) 하자 없는 유구한 조선의 정통성 확립

명기집략 사건은 하자 없는 조선의 역사를 완성하게 하는 계기가 되었다고 할 수 있겠다. 태조와 인조에 대한 무어는 조선 개국 이래 선조와 영조가 이룬 성과를 부정하는 것인 동시에 조선 왕실의 근본을 뒤흔드는 사안이었다. 명의『대명회전』과 청의『명사』에 바르게 기재되어 있다고 하더라도, 영조는 국내는 물론 중원에서 선대에 대한 굴욕적인 설명이 담긴 역사서가 버젓이 유통되고 있다는 점을 참을 수가 없었다. 이에 영조가 가장 우선시한 대처는 대외적으로 청에게『명기집략』·『황명통기』에 기재된 선대의 곡필을 삭제해주기를 요청하는 것이었고, 대내적으로는 국내에 소장·유통되는 금서들을 색출하고 관련자들을 처벌하여 왕실의 위엄을 되찾는 것이었다. 이에 따라 청에서는 해당 서적들이 소지·유통되기 어려

63『승정원일기』, 영조 48년 1월 26일, 2월 4일.

울 것으로 기대되었으며, 국내에서도 영조의 집요한 추적을 통해 더 이상 발견되지 않았다. 그리고 영조는 필요에 의해 『황명통기』를 국내에 잔존시키면서 태조의 종계와 관련된 내용뿐만 아니라 가치 판단이나 평가에 있어서 조선에 불리한 내용도 함께 삭거하도록 하였다. 즉, 중원과 조선에 유통되는 명사에서 조선과 관계된 항목 가운데 조선의 왕실 계통과 행적에 하자가 없도록 재조정하였다.

한편 '조경묘'는 조선의 선계를 고려시대 목조(穆祖)에서 신라시대 이한까지 끌어올리면서 유구한 역사성을 담보하였다.

사실 이한의 존재는 태조 초부터 거론되었으나, 전거의 한계와 추숭의 방식을 둘러싸고 논란이 이어지면서 제향의 범주에는 속하지 않았다. 하지만 조선 후기 문중들의 조직력 강화와 가계 의식이 고조되는 분위기 속에 영조는 조선 왕실에 이를 접목시켜 정당성을 확보하였고,[64] 조경묘라는 공간을 기념화하며 이한을 공식적으로 제사하기 시작한 것이다. 이후 수정된 『선원보략(璿源譜略)』에는 이한에서 시작하여 18대 목조까지의 선계가 추가되면서 결과적으로 조선 왕실의 계통은 사공공 이한과 경주김씨를 시조·시조비로 삼는 것으로 최종 재정립되었다.

이 과정에서 흥미로운 점은 영조가 시조·시조비를 자신과 정순왕후로 연결시켰다는 것이다.

> 천여 년 전에 시조와 고비를 『주례(周禮)』에 본받아 예를 이루었다. 더욱 신기한 것은 선공(先公)은 나에게 시조가 되고, 아! 시조비는 나의 자성(慈聖, 인원왕후)과 내전(內殿, 정순왕후)의 모든 시조가 된다.[65]

---

64 이욱, 앞의 논문, 181-182쪽.
65 『御製望果川記懷』(K4-1912), "千有餘年前, 始祖考妣效周禮禮成. 而其愈奇者, 先公於予爲始祖, 始祖妣, 嗚呼! 我慈聖及內殿, 俱爲始祖."

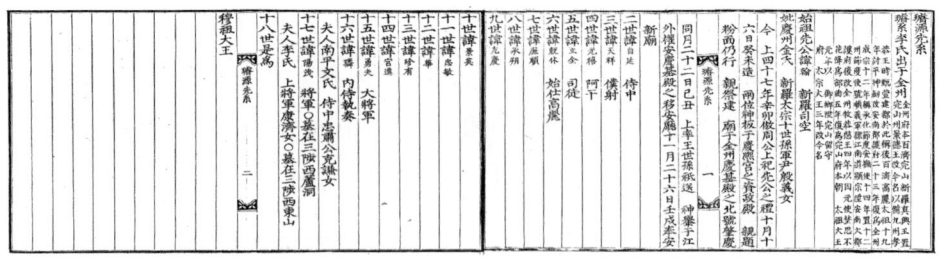

그림 2 『선원계보기략』(K2-990)의 시조 이한에서 목조까지의 선계

물론 시조비가 정순왕후와 같은 경주김씨라는 점은 우연이었다. 그러나 영조는 조경묘를 기념하는 행사에 전주이씨와 경주김씨를 함께 거론하며 강조하였다. 예를 들어, 조경묘의 위판을 받들고 서빙고에 나아간 다음 승지를 보내 신라의 시조묘에 치제하게 하였으며, 세금을 탕감하는 지역으로 경주까지 포함시켰다. 또한 양경정시에서 전주이씨와 경주김씨의 후손이 모두 궐방(闕榜)하자 다음 날 두 성씨의 선비를 취하고자 일부러 완경과(完慶科)를 별도로 시행하였다. 여기서 참방(參榜)한 이는 정순왕후의 숙부인 김한로(金漢老)와 선조의 6대 후손인 이면수(李勉修) 등 4인이었다.[66]

이렇듯 영조는 '명기집략 사건'이라는 위기를 기회로 삼아 명사에서 조선 관련 역사를 재정비하고, 조경묘를 건립하여 시조 이한으로 시작하는 조선 왕실의 선계를 재정립하였으며, 시조-시조비와 영조-정순왕후의 관계로 치환하는 등 자신과 왕실의 권위를 강화하는 데 힘썼다.

2) 왕실 구성원의 유기적인 단합과 공신들에 대한 충성심 도모

전술한 대로 '명기집략 사건' 당시 가장 큰 피해를 본 세력은 서적을 매매하고 유통한 역관과 책쾌일 뿐 정작 소지자에 대해서는 상대적으로 엄

---

[66] 『영조실록』, 영조 47년 10월 22일, 10월 28일; 『승정원일기』, 영조 47년 10월 27일, 11월 12일.

한 책형이 행해지지 않았다.⁶⁷ 상식적으로 생각했을 때, 조선 후기 중원으로부터 유입된 서적을 소지할 수 있는 그룹은 상당히 제한되어 있었다. 다시 말해, 청에 사신으로 갔던 경험이 많거나 집안의 부가 넉넉하거나 학문적 수양을 추구했던 사대부 계급이라고 할 수 있겠다. 사행원은 몇 개월에 걸친 여정에서 역관들과 자연히 친분을 맺었고, 필요할 경우 이들을 통해 청에서 도서를 구입할 수 있었다. 또한 비교적 거질의 외국 역사서를 소지할 수 있을 만큼 상대적으로 경제적인 부도 뒷받침되어 있었으며, 과거와 교양 등을 위해 다양한 서적을 섭렵해야 하는 위치에 있었다. 그리고 그 가운데에는 왕실 구성원들이 상당수 포함되어 있었다. 조선에서는 종친을 사신으로 차출하기를 바라는 청의 요구에 조응해 왕실 인물들을 상당수 사신으로 파견하였기 때문이었다.⁶⁸

이런 측면에서 고려했을 때, 영조가 금서의 소지자들을 추적하고 탐문하여 형벌을 내리는 것은 쉽지 않았을 것이다. 자칫 금서를 소지한 근원을 올라가면 선대의 종친 혹은 대신들까지 형정의 범주로 확대될 수 있기 때문이었다. 가장 단적인 예로, 부마인 금성위 박명원과 서종벽의 손자 서명민(徐命敏)을 들 수 있다. '명기집략 사건'의 시작이 된『명기집략』을 박필순에게 빌려준 것이 박명원이었고, 거기에 찍힌 도서(圖署)의 주인이 선조의 외고손(外高孫)인 서종벽이었다. 두려움에 떨던 박명원은 자신 역시 다른 집에서 빌려왔고 읽어보지 못한 채 박필순에게 빌려주었다고 항변하였다. 그러자 영조는 박명원에게 '어찌 이 장(章)을 보았겠는가? 내가 이미 헤아렸다'라며 매우 부드러운 답변을 내렸다. 서종벽의 손자인 서명민도 옥에 갇혔지만, 전혀 모른다고 공초하자 역시 석방하도록 윤허하였다.⁶⁹

67 장민영, 앞의 논문, 16-18쪽.
68 영조 연간의 87회 사행 중 正使로 종친을 삼은 경우가 60회인 69퍼센트나 차지하면서 이전 효종 대(44%)·현종 대(29%)·숙종 대(54%)에 비해 현저히 높은 것을 확인할 수 있다. 김수경, 「17세기 후반 宗親의 정치적 활동과 위상」,『梨大史苑』30, 이화여자대학교, 1997, 42쪽.

구매자와 유통자를 대상으로 한 심문과 비교했을 때 매우 너그러운 처사였다.

이러한 형벌의 불공정은 누구보다 영조가 가장 잘 인식하고 있었을 가능성이 농후한데, 이는 조경묘의 건립 논의 당시 박상악에게 지나치게 민감하게 반응했던 것에서 유추할 수 있다. 사실 신중론을 제안했던 영의정 김치인과 비교했을 때 박상악의 답변은 입시했던 사람들과 크게 다르지 않았다. 문제는 그의 답변이 아닌 그의 출신에 있었던 것으로 보인다. 즉, 박상악이 호성공신(扈聖功臣) 금계군(錦溪君) 박동량(朴東亮)의 후손인 동시에 금성위 박명원의 조카였기 때문이었다. 조경묘는 '명기집략 사건'으로 실추된 왕실의 위상을 회복하고, 시조 이한을 구심점으로 하는 왕실 구성원들을 단합시킬 수 있는 좋은 기회였다. 박상악 같은 인물로 인해 이 기회를 놓칠 수 없었다. 영조는 며칠 동안 박상악의 태도에 분풀이를 하며 박동량의 후손은 문무과를 불문하고 모두 정거하게 하였다.[70] 그리고 그는 조경묘를 건립하면서 후직이 주나라를 창건한 뒤 천 년이 지나 주의 문왕이 수명(受命)한 것과 같이 조선의 창업에는 수덕(樹德)을 이루었던 시조가 있었음을 강조하며 『어제수덕전편(御製樹德全編)』을 편찬하였다. 『어제수덕전편』은 어명에 따라 서울과 지방의 직명(職名)이 있는 조경묘의 자손 모두에게 지급되었다.[71]

한편 '명기집략 사건'과 '조경묘 설립'은 광국·개국공신의 존재를 다시 소환시키는 계기가 되었다. 앞서 영조가 금서 소지자들을 심문하는 과정에서 광국공신의 후손 정림이 거론되었을 때 가장 분노했다는 점은 설명한 바 있다. 이후 그는 광국공신을 석강에 참여시켜서 『광국지경록』을 읽도록 하였으며, 조경묘를 건립하는 것으로 결정한 후 70여 인의 개국공신

69 『승정원일기』, 영조 47년 5월 20일, 5월 25일; 『영조실록』, 영조 47년 5월 26일.
70 『승정원일기』, 영조 47년 10월 8일, 10월 9일, 10월 11일.
71 『御製樹德全編』(K3-82); 『승정원일기』, 영조 47년 12월 10일.

자손들을 입시하게 하였다. 그리고 조경묘 참봉으로 두 공신의 후손을 의망하게 하였는데, 2망(望)인 개국공신 조준(趙浚)의 후손 조무(趙懋)와 3망인 광국공신 유홍(俞泓)의 후손 유한장(俞漢章)을 특별히 1망으로 낙점하고,[72] 추후에 조준과 유홍의 집에 치제하도록 하였다.

이렇듯 영조는 명기집략 사건과 조경묘를 통해 왕실 구성원들을 대상으로 이한의 후손들이라는 유대감을 강조하고, 선대 이래 내려오는 왕실의 복과 덕이 영원히 계속되길 기원하는 마음을 공유하였다. 동시에 광국·개국공신들의 후손들을 소대하고 등용함으로써, 자신들의 선조가 조선 왕실을 위해 얼마나 큰 공로가 있었는지 다시 한 번 상기시키고 왕실에 대한 충성심을 고취시키는 계기로 삼았다.

3) 대명의리의 재천명과 청에 대한 다중적 포석

조선시대 종계변무의 열쇠는 어디까지나 조선이 아닌 명이나 청이 쥐고 있었다. 그래서 선조는 이 사안을 해결해준 명에 대한 감사의 의미로 마유명의 시구를 차운하여 자신은 물론 신료들에게 갱진시를 짓도록 하였다. 자연히 『광국지경록』에는 명을 찬양하는 내용이 다수 포함되었다.

그런데 영조 대 '명기집략 사건'은 변무의 대상이 명이 아닌 청이었음에도 불구하고 여전히 명에 대한 은혜를 기리며 그 영광을 모두 명에게 돌리는 등 대명의리에 대한 기조가 노골적으로 표명되었다.

(I) 이번 진주사를 보낸 일은 처음에는 『명기집략』으로 가슴이 무너지고 쓸개가 떨어지는 것이었는데, 이는 『황명통기』로 말미암은 것이다 … 다시 생각해보니, 헤아리기 어려운[叵測] 말은 비록 씻어내었으나 본문은

---

[72] 『승정원일기』, 영조 47년 10월 16일; 『정조실록』, 정조 22년 7월 28일.

황조(皇朝)의 사적이라 … 내 눈으로는 차마 보지 못하고 이를 교정하여 인쇄하도록 하니, 지금 내가 작은 정성을 추모한 것이 어찌 만 배가 되겠는가.⁷³

(J) 『속광국지경록』이라고 이름하고 명과 서문을 직접 지었으며, 지난날을 대략 본받아 시로써 사례하고자 하였다. … 이는 내가 늘그막에 『광국지경록』에 이어 천추토록 전해지고자 하는 뜻이다.⁷⁴

(I)는 『황명통기집요』의 서문으로, 영조는 『황명통기』가 『명기집략』의 근원이 되었음에도 불구하고 명의 사적이라는 점에서 그대로 유지하게 했음을 밝혔다.⁷⁵ 또 『황명통기집요』를 개찬하는 과정에서 명말과 남명 황제들의 행적을 확인하고, 명의 멸망을 안타까워하면서 그 심정을 『어제풍천록(御製風泉錄)』에 담았다. 『어제풍천록』에서 그는 명과 조선의 건국에서 시작하여 신종(神宗)·광종(光宗)·희종(熹宗)·의종(毅宗)의 공덕을 찬양하고, 1637년(인조 15) 의종에게 정삭(定朔)을 받아온 것을 언급하여 남명에 이르기까지 조명관계가 이어졌음을 기록하였다. 또한 명 태조의 건국이 무신년(1368), 조선 태조의 개국이 임신년(1392), 마지막 황제 의종의 몰년이 갑신년(1644), 자신이 『어제풍천록』을 쓴 달의 간지가 신월(申月, 7월)임을 언급하면서 이러한 우연에 대해 감회를 표하였다.⁷⁶ 그리고 변무 성과에 크게 만족하며 『속광국지경록』의 서문과 명을 짓고(J) 황은에 사례하며 『광국지경록』과 함께 영원히 전하고자 하는 의지를 거듭 강조하였다.

---

73 『皇明通紀輯要』(K2-140) 권1, 「御製皇明通紀小識」.
74 『續光國志慶錄』(K4-119) 「御製銘【小序】」, "名曰: 續光國志慶錄, 自銘弁卷, 略效昔年, 而詩已謝. … 此予暮年續其本錄, 流傳千禩之意也."
75 김대경, 2018, 앞의 논문, 63-66쪽; 김대형, 2020, 앞의 논문, 212-213쪽.
76 『御製風泉錄』(K4-5265).

그의 재조지은의 표명은 공식적인 의례를 통해서도 구현되었다. 서빙고까지 배종하고 돌아오는 길에 관왕묘·선무사·정동관군사에 치제하도록 한 것이 그것이다. 주지하는 바와 같이 이곳은 모두 명군과 관련된 장소로, 임진왜란 당시 조선을 지원한 신종과 장수 그리고 참전한 군사들의 업적을 기리고 추모할 수 있는 대표적인 공간이었다.

종계가 다시 바루어진 것은 신종이 내린 은혜일세	宗系復正 紳皇垂恩
하물며 금년의 패설을 어찌 말하리오	其況今年 豈云悖說
일월이 다시 밝아짐은 황은이 남긴 은택이로다.	日月復明 皇恩遺澤
늘그막에 와서 참배하니 이내 마음 어찌 억누르리오	暮年來拜 予懷何抑
멀리 옛 북경을 바라보니 심장과 간담이 철렁 떨어지누나	瞻望舊燕 心隕膽墜[77]

이 시는 영조가 선무사를 치제하면서 황은을 떠올리며 지은 것이다. 여기에서도 그는 명 덕분에 종계변무가 해결되었다고 평가하면서 멀리 북경을 바라보고 가슴 아파하는 자신의 모습을 그렸다. 이렇듯 전후 영조가 남긴 어제, 발언, 사료들은 일관되게 명에 대한 그리움과 안타까움 그리고 감사한 마음을 표현하고 있다.

그렇다면 과연 영조는 청에 대해 어떤 입장이었을까? 이와 관련해서는 『신묘중광록』을 주목할 필요가 있다. 안타깝게도 현존하는 『신묘중광록』에는 영조의 서문이나 황경원의 발문이 확인되지 않아 그 의도를 정확하게 파악하는 데에는 한계가 있다. 다만, 영조는 『신묘중광록』의 편찬을 명하면서 '이번 주청은 관계된 바가 막중하니 어찌 훗날 없어지게 할 수 있겠는가[今番奏請, 關係莫重, 豈可泯於後]'라는 명분을 거론하였다. 즉, 이후에 만

---

[77] 『御製宣武祠憶皇恩』(K4-2607).

약 '명기집략 사건'과 유사한 일이 발생할 경우 주요한 전거 자료로 활용하기 위해서였다. 하지만 이것만으로는 설명이 부족하다.

하나는 청에 대비하기 위한 자료로도 볼 수 있다. 다음은 1732년(영조 8) 영조의 언급이다.

> 유홍이 (사신으로) 갔을 때 산해관(山海關)의 마유명이 시를 지어 선물한 것을 계기로『광국지경록』을 간행하였는데, 이번에 저들이 그 시를 구하는 일도 있었으나 사신이 다른 일로 거절하였다. 이것으로 보건대, 저들은 그때의 옛 규례를 모두 알고 있다.[78]

등극 초기『명사』를 편찬하는 청에게 종계변무를 이어오던 영조는『광국지경록』의 간행 계기를 언급하며, 청인들이 그 존재에 대해 알고 있다고 확신하였다. 그리고 1739년(영조 15)『명사』에 선계에 대한 기술에 문제가 없다고 판단하고 나서 5년이 지난 1744년(영조 20)에야 비로소 자신의 서문을 수록한『광국지경록』을 중간하게 하였다.[79] 이후 약 40년 뒤 예상치 못한 '명기집략 사건'이 일어났고 발 빠른 변무 활동을 통해 무사히 해결되었다. 그런데 이번에 곧장 편찬된『속광국지경록』은 그 감사의 대상이 청이 아닌 여전히 명이었다. 만약 청인이 이를 알게 되거나 혹은 청에서『광국지경록』과 같은 것을 요구하게 된다면 조선은 매우 난감한 상황에 빠질 수도 있었다. 이러한 외교 문제가 비화될 수 있는 상황에서『신묘중광록』은 훌륭한 대체제 역할을 할 수 있었다.

마지막으로, 영조가 나름대로 청을 예우한 것은 아닐지 조심스럽게 유추해본다. 재위 초기 종계변무를 진행하던 영조는 평소 청 혹은 청 황제에

---

78 『승정원일기』, 영조 8년 7월 5일.
79 『光國志慶錄』(K4-65), 「當宁御製御筆【幷小序】」.

대해 상당히 우호적인 언급을 지속해온 것을 확인할 수 있다. 그는 '강희제와 옹정제가 조선을 후하게 대우하고 있으니, 예부가 허락하지 않더라도 옹정제가 인견해 힘껏 주선한다면 변무의 허락을 받을 가망'이 있다거나 '조선은 남을 잘 속이고 사특하지만, 일찍이 청인은 믿음을 저버린 일이 없다'고 하며 비교적 본 사안에 대해서는 그들을 신뢰하고 있었다.[80] 또한 1732년 청에서 『명사』 「조선열전」의 사본(寫本)을 반포하자, 조선 조정에서는 이를 영접하는 의절과 고묘의 시행 여부를 둘러싸고 의견이 분분하였다. 당시 대부분의 대신들은 '인본(印本)과 사본은 다르고, 『대명회전』의 종계변무에 비하면 체모가 가벼우며, 청으로부터 허락받거나 청인의 손에 의해 변무된 것은 영광스러운 일도 경사스러운 일도 아니라는 이유'를 들어 부정적인 입장이었다. 반면, 영조는 '사본이어도 옹정제가 어문(御門)에서 친히 반포한 것이니 신뢰할 만한 사기(史記)이며, 그들의 정성에 범연히 대하면 안 된다'며 신료들을 비판하였다.[81] 결국 영조는 『명사』 「조선열전」의 사본을 선조 대 『대명회전』의 전례에 따라 영접하였고, 고유제를 지내는 것으로 조율하였다.[82] 물론 이것은 앞서 종계변무와 관련된 것을 청인이 알고 있기 때문에 추후에 힐책을 받을까 우려한 것에서 비롯되었거나 사은표문(謝恩表文)에 보고하기 위해 강행한 것일 수도 있다.[83] 하지만 약 40년 후 영조의 이런 면모는 다시 확인된다. '명기집략 사건'에 대한 청의 대응은 영조의 예상을 뛰어넘는 것이었다. 단순히 형식적인 답변이 아니라 중원에서의 『명기집략』・『황명통기』의 현황을 공유해 주었으며, 특히 중원에 사적 소지를 영원히 금지하겠다는 약속까지 하였다. 영조로서는 충분히 기념할 만한 사건이었다. 1772년(영조 48) 2월

80　『승정원일기』, 영조 2년 2월 8일; 영조 7년 3월 14일, 4월 1일; 15년 2월 2일.
81　『승정원일기』, 영조 8년 4월 3일, 4월 19일, 4월 20일, 5월 8일, 7월 13일.
82　『승정원일기』, 영조 8년 4월 22일, 7월 9일.
83　『승정원일기』, 영조 8년 7월 5일.

8일, 『신묘중광록』이 완성되자 익선관·곤룡포를 입은 영조는 세장(細仗)과 고취(鼓吹)를 갖추고 황제의 어필을 모아둔 경봉각(敬奉閣)으로 나아가 예를 행하였다. 그리고 계단 아래에서 부복하고 한참 동안 구주(口奏)한 후 신료들을 향해 "오늘 구주한 것에 대해 대신들은 부끄러워할 것이다"라는 하교를 남겼다.[84] 이는 『신묘중광록』이 완성된 것을 경사 행사로,[85] 영조 나름의 예우를 한 것이라고 해석할 수 있겠다.

결과적으로 '명기집략 사건'은 청에서 해결해준 사안임에도 불구하고 조선에는 오히려 대명의리를 강화시키는 계기로 작용한 동시에 영조에게 청에 대한 종계변무에서의 부채의식을 갖게 했다고 평가할 수 있겠다.

5. 맺음말

등극 초반 영조는 집요한 외교활동을 통해 『명사』에 태조와 인조의 무함이 기술되지 않도록 조율하는 데 성공하였다. 그러나 정작 말년에 국내에서 유통되는 『명기집략』·『명사강목』·『황명통기』에서 선대와 관련된 곡필이 확인되었다. 그는 이내 금서를 분서·세초하고, 국청을 열어 금서의 소지자·구매자·유통자 등을 추적해 처벌하였으며, 청 조정에 『명기집략』·『황명통기』의 유통 금지를 요청하였다. 하지만 색출 과정에서 종실 인물이나 관료들이 다수인 소지자보다는 역관이나 책쾌와 같은 구매자·유통자에 대한 축출이 상대적으로 더 가혹했고, 지나친 금서 제거로 인해

---

84 『승정원일기』, 영조 48년 2월 4일, 2월 8일.
85 『영조실록』, 영조 48년 2월 8일.

정작 국내에 명사가 소멸할 우려가 제기되었다. 이에 영조는 국청을 중지하고, 명에서 간행된 『황명통기』와 조선에서 편찬된 『명사강목』은 재간행하는 것으로 선회하면서 청의 답변을 초조하게 기다렸다. 그리고 청은 해당 서적이 현재 중원에 유통되고 있지 않으며, 전국에 통보하여 사적 소지를 금지하겠다는 답변을 보내왔다. 기대를 훨씬 뛰어넘는 결과에 영조는 매우 만족해하며 『속광국지경록』과 『신묘중광록』을 편찬하여 이를 기념하였다. 그리고 '마침' 전국의 전주이씨 유생들이 건의한 조경묘 건립을 수용하여 추진하였다. 영조의 적극적인 지원과 극진한 의례를 거쳐 조경묘는 제기된 지 약 2개월 만에 역사가 완료되고 신주가 봉안되었다.

　명기집략 사건은 영조의 언급처럼 전혀 예상하지 못하는 사태였으나 이로 인해 파생된 다양한 서적과 조경묘는 다양한 의의를 내포하고 있다. 우선 하자 없는 유구한 조선의 정통성이 확립되었다. 개찬된 『황명통기집요』에는 태조가 이인임의 아들이라는 설명이 삭제되는 것은 물론 우호적이었던 조일관계, 그리고 임진왜란의 책임이 선조에게 있다는 것을 암시하는 부분 등 조선에서 판단하기에 주관적이고도 부정적인 부분이 모두 제거되었다. 나아가 전주이씨 시조를 기리는 가시적인 공간을 조성하고 연례적인 의례가 행해짐으로써 조선의 역사가 공식적으로 고려시대 목조에서 신라시대 이한까지 확대되었다.

　한편 명기집략 사건과 조경묘의 설립은 왕실 구성원들의 유기적인 단합을 도모하는 것은 물론 신료들의 충성심을 도모할 수 있는 계기로 작용하였다. 『속광국지경록』에 기재된 인적 구성을 살펴보면 40퍼센트 이상이 선조와 원친을 맺거나 왕실 구성원들이 차지하고 있으며, 선대 혹은 본인이 변무 활동과 관련이 있고, 금서 소지자로서 직간접적으로 연루되었음에도 큰 처벌을 받지 않고 용서를 받은 인물들로 이루어졌다. 즉, 이들 중 대다수는 갱진시를 지으면서 영조의 업적을 찬양하는 것은 물론 조경묘의 설립에도 함께 동조해야 하는 당위성을 지닌 인물들이었다. 그리고 영조는 조경묘를 건립한 후 전현직 전주이씨들에게『어제수덕전편』을 하사하여 왕실을 향한 단합을 도모하였고, 개국·광국공신을 위시하여 신료들의 선대가 행했던 국왕에 대한 충성을 상기시켜 이를 답습하도록 강조하였다.

마지막으로 대명의리의 재천명과 함께 청에 대한 영조의 다면적인 입장을 확인할 수 있다. 변무의 성공을 기념하기 위해 제작된『속광국지경록』은 그 감사의 대상이 청이 아닌 명이었다. 즉, 변무의 성공을 청의 허락이 아닌 명이 남긴 은혜에서 찾았기 때문이었다. 이러한 기조는『속광국지경록』에 담긴 수많은 시문,『어제풍천록』, 그리고 영조가 이 시기 전후에 남긴 어제 등에 고스란히 드러났으며, 관왕묘·선무사·정동관군사에의 치제를 통해 직간접적으로 강조되었다. 한편, 동 시기 편찬된『신묘중광록』은 훗날 재발될지 모를 종계변무나 청에서 조선에『광국지경록』과 같은 기념물을 요구할 경우를 대비한 것일 수도 있으며, 혹은 청에 대한 영조 나름의 예우 등 다양하게 해석될 여지가 있다.

이렇듯 개별적인 사안인 '명기집략 사건'과 '조경묘의 건립'은 상호 밀접하게 연동되어 있었다. 두 사건을 해결하는 과정에서 영조는 조선이 유구한 역사성을 지니는 동시에 한 치의 오류도 오점도 없는 역사를 재구성하였다. 뿐만 아니라 왕실 구성원은 물론 신료들의 충성심을 강화시키는 계기로 활용하였으며, 대명의리를 재천명하는 와중에 청에 대한 일말의 부채의식을 갖게 되었다고 할 수 있겠다.

부록 1 '명기집략 사건'과 조경묘의 설립 과정

시기	내용	비고
1771. 5.20	朴弼淳의 『明紀緝略』에 璘系의 誣語에 대한 보고	
5.23	『明紀緝略』 소지·매매·유통업자 등 鞠問 시작	
5.26	故 李玄錫의 『明史綱目』에 朱璘 관련 부분 洗草 명령	
5.27	陳奏使 파견	蔡濟恭이 주문서 작성
6.5	陳建의 『皇明通紀』에 璘系의 誣語 확인	蔡濟恭이 주문서 수정
6.16	光國功臣 召見	
6.17	『光國志慶錄』 重刊 반포	
6.22	『皇明通紀』에 璘系의 誣語 삭제 후 印刊 명령	
6.27	『明紀緝略』·『皇明通紀』의 매매·유통업자 등 鞠問 중지	
7.6	『皇明通紀』 改刊에 맞춰 「御製風泉錄」 序文 작성	
7.30	개간한 『皇明通紀輯要』 親受	
9.24	陳奏使의 「先來狀啓」 확인	
9.25	敬奉閣에 나아가 展拜 후 皇恩에 대한 頌·箴을 씀	
9.27	'明紀緝略 사건'에 대한 皇恩을 표하는 御製詩 지음	'光國皇恩今復明, 遙瞻燕薊萬懷切'
9.28	『光國志慶錄』 監印 명령	
10.3	洪純彦과 俞泓의 奉祀孫 수소문	
10.5	李得履 등 575명이 司空公의 추향 요청 상소	
10.7	肇慶廟 설립 및 세부 사항 결정	
10.8	開國功臣 자손 召見	
10.13	陳奏使의 入京	
10.15	景賢堂에 나아가 賀禮를 받음	
10.16	卯時, 資政殿에서 神主를 만들어 봉안	세손 模寫
	申時, 제사	
	開國功臣과 光國功臣 자손 가운데 肇慶廟參奉 선정	
10.17	卯時, 資政殿에 나아가 位版에 晨昏禮	
10.18	卯時, 資政殿에 나아가 位版에 晨昏禮	
	『續光國志慶錄』 완성	
10.19	卯時, 資政殿에 나아가 位版에 晨昏禮 후 位板槓 '前'字 씀	세손 補畵
10.20	卯時, 資政殿에 나아가 位版에 晨昏禮	
10.21	資政殿에 나아가 位版에 晨昏禮 肇慶廟 제사에 쓸 향 祗迎	
10.22	資政殿에 나아가 위판을 받들고 西氷庫 나루까지 陪從	關王廟, 宣武祠, 征東官軍祠, 趙浚, 俞泓, 新羅 始祖廟 致祭

시기	내용	비고
10.27	庭試 시행	金相定 등 20명 直赴殿試
10.28	完慶科 文科	金漢老, 李勉修 등 4명 直赴殿試
10.29	完慶科 武科	
11.1	洪鳳漢 蕩滌	
11.2	『璿源譜略』 修政 시작	
11.7	肇慶廟 起柱	
11.10	全羅監司 尹東昇을 洪樂性으로 遞差	
11.12	肇慶廟 설립과 관련한 지역에 세금 탕감	
11.24	『璿源譜略』 진상	
11.26	辰時, 肇慶廟에 神主 봉안 및 제사	
12.10	『御製樹德全篇』을 官爵이 있는 全州李氏에게 반포	
1772. 1.26	『辛卯重光錄』 편찬 명령	
2.8	敬奉閣에 나아가 『辛卯重光錄』을 親受	
3.7	改修된 『明史綱目』을 親受	

부록 2 『광국지경록』 갱진시 참여자 정보[86]

	성명	관직	본적	광국공신 여부	왕실과의 관계			비고
					국왕	대(代)	관계	
1	兪泓	知中樞府事	기계	功臣 1	세종	6	처가가 세종 아들 臨瀛大君 후손	1587년 謝恩使로 『大明會典』 조선본 받아옴
2	盧守愼	領議政	광주	原從功臣 1				
3	鄭惟吉	左議政	동래	原從功臣 1	정종	4	처가가 정종 아들 李隆生 후손	
4	李山海	大提學	한산	功臣 3	태종	6	처가가 태종 아들 謹寧君 후손	
5	洪聖民	戶曹判書	남양	功臣 2	태조	6	처가가 태조 딸 李旀致 후손	1575년 宗系辨誣 奏請

86 『光國志慶錄』(K4-64), 『1591년柳珝光國原從功臣錄』(장서각 B010A0150291), 『璿源錄』 등을 참고하였다.

성명	관직	본적	광국공신 여부	왕실과의 관계			비고
				국왕	대(代)	관계	
6 李陽元	兵曹判書	전주	功臣 3	정종	5	정종 아들 宣城君 玄孫	1563년 宗系辨誣 奏請
7 尹卓然	刑曹判書	칠원	功臣 3	태종	5	처가가 태종 아들 孝寧大君 후손	
8 尹根壽	工曹判書	해평	功臣 1				1589년 聖節使로 『大明會典』 전질 가져옴
9 尹毅中	知中樞府事	해남					
10 任國老	司憲府大司憲	풍천		태종	6	처가가 태종 아들 誠寧大君 후손	
11 李增	禮曹判書	한산	原從功臣 1				
12 鄭琢	知中樞府事	청주	原從功臣 2				
13 丁胤福	承政院都承旨	나주	原從功臣 1	태종	6	처가가 태종 딸 淑順翁主 후손	
14 金應南	成均館大司成	원주	原從功臣 2				
15 李誠中	承政院左承旨	전주	原從功臣 2	세종	5	세종 아들 潭陽君 玄孫	
16 朴崇元	承政院右承旨	밀양	原從功臣 1	정종	5	외가가 정종 아들 李隆生 후손	
17 李輅	承政院左副承旨	전주	原從功臣 2	정종	6	정종 아들 德泉君 5대손	
18 李純仁	承政院同副承旨	전의		태조	6	태조 아들 益安大君 5대손	
19 權擘	副護軍	안동	原從功臣 1	세종	5	처가가 세종 아들 壽春君 후손	奏請書 작성
20 尹國馨	副護軍	파평		태종	6	처가가 태종 딸 慶貞公主 후손	
21 尹暹	宗簿寺僉正	남원	功臣 2				1587년 謝恩使로 『大明會典』 조선본 받아옴
22 李德馨	弘文館校理	광주	原從功臣 3				
23 李恒福	弘文館校理	경주	原從功臣 3	문종	6	처가가 문종 딸 敬惠公主 후손	
24 李廷立	吏曹正郎	광주	原從功臣 3	성종	5	외가가 성종 아들 完原君 후손	
25 洪履祥	吏曹正郎	풍산		정종	6	처가가 정종 아들 德泉君 후손	
26 李礥	弘文館修撰	광주	原從功臣 1				

성명	관직	본적	광국공신 여부	왕실과의 관계			비고
				국왕	대(代)	관계	
27	朴弘老	弘文館修撰	죽산	原從功臣 3				
28	李好閔	藝文館奉敎	연안		태조	7	처가가 태조 아들 廣平大君 후손	
29	韓浚謙	藝文館奉敎	청주		성종	4	처가가 성종 아들 益陽君 후손	
30	朴而章	藝文館待敎	순천	原從功臣 3				
31	尹洞	承政院注書	무송	功臣 2				1589년 聖節使로 『大明會典』 전질 가져옴
32	鄭期遠	承政院注書	동래	原從功臣 3	세종	6	외가가 세종 아들 潭陽君 후손	
33	李尙弘	弘文館正字	여주	原從功臣 3				
34	黃廷彧	同知中樞府事	장수	功臣 1	정종	6	외가가 정종 딸 咸陽郡主 후손	1584년 宗系辨誣 奏請使로 『大明會 典』 확인

부록 3 『속광국지경록』 갱진시 수록자들의 관련 정보[87]

	성명	관직	본적	왕실과의 관계			금서 유무	비고
				기준	대(代)	관계		
1	金相福	領中樞府事	광산	효종	4	외가가 효종 딸 淑明公主의 후손	○	『御製樹德全編』 편찬
2	金致仁	議政府領議政	청풍				△	형제 金致一이 금서 소장 『御製樹德全編』 편찬
3	金陽澤	行判中樞府事	광산	선조	6	외증조모가 선조 딸 貞惠翁主 후손		『御製樹德全編』 편찬
				인경왕후	1	仁敬王后의 친조카		
4	韓翼謩	議政府左議政	청주	선조	6	처가가 선조 딸 定安翁主의 후손		선대 韓應寅이 光國功臣 2등 『御製樹德全編』 편찬

[87] 『續光國志慶錄』, 『璿源錄』, 『承政院日記』 등을 참고하였다.

성명		관직	본적	왕실과의 관계			금서 유무	비고
				기준	대(代)	관계		
5	金尙喆	議政府右議政	강릉				○	正使, 『辛卯重光錄』 편찬 『御製樹德全編』 편찬
6	李昌誼	行判中樞府事	전주	선조	6	외조모가 선조 딸 貞淑翁主의 후손		耆老, 『御製樹德全編』 편찬
7	朴明源	錦城尉	반남	선조	6	선조 딸 定安翁主의 후손	△	駙馬, 朴弼淳에게 『明紀輯略』 빌려줌
				영조		영조 딸 和平翁主의 남편		
8	申光綏	永城尉	평산	선조	6	처가가 선조 딸 貞明公主의 후손		駙馬
				영조		영조 딸 和協翁主의 남편		
9	李益炡	行判敦寧府事	전주	선조	5	선조 아들 仁城君의 직계후손		耆老
10	南泰齊	行知中樞府事	의령					耆老, 奮武原從功臣 1등
11	申晦	行議政府左參贊	평산					耆老, 漢城判尹 特旨
12	李昌壽	行司直	전주	선조	6	외가가 선조 아들 順和君의 후손		
13	南有容	奉朝賀	의령					耆老, 『明史正綱』 편찬
14	趙雲逵	行司直	양주	선조	6	처가가 선조 아들 順和君의 후손		
				장렬왕후	4	장렬왕후 부친 趙昌遠의 5대손		
15	蔡濟恭	行戶曹判書	평강					「奏請書」 작성 『御製樹德全編』 편찬
16	安允行	行司直	죽산					耆老
17	金時默	行工曹判書	청풍	선조	6	외가가 선조 아들 臨海君의 후손		肇慶廟 위판 봉안 절차 논의
				효의왕후	1	孝懿王后의 부친		
18	沈鑛	刑曹判書	청송					
19	李思觀	行副司直	한산	선조	5	처가가 선조 딸 貞徽翁主의 후손		耆老
20	沈星鎭	行副司直	청송	장렬왕후	2	처가가 莊烈王后의 후손		耆老, 1729년 서장관으로 『明史』 변무 업무
21	金始烑	行副司直	강릉					耆老
22	李光溥	行副司直	평창					耆老
23	韓光會	行副司直	청주				○	

성명		관직	본적	왕실과의 관계			금서 유무	비고
				기준	대(代)	관계		
24	元仁孫	吏曹判書	원주	효종	4	효종 딸 淑敬公主의 후손		
25	洪名漢	行副司直	풍산	선조	6	처가가 선조 딸 貞徽翁主의 후손	○	『光國志慶錄』 참여한 洪履祥 후손
26	徐命膺	知敦寧府事	달성	선조	5	선조 딸 貞信翁主의 후손	○	朴弼淳이 본 『明紀輯略』에 숙부 徐宗璧의 印文 『御製樹德全編』 편찬
				선조	6	처가가 선조 아들 臨海君의 후손		
27	鄭弘淳	禮曹判書	동래	인조	5	외가가 인조 아들 昭顯世子의 후손		부친 鄭錫三이 1728년 진주부사로 『明史』 변무 업무 肇慶廟 설립 및 제향
28	朴相德	行京畿道觀察使	반남	선조	6	외가가 선조 아들 慶平君의 후손		駙馬 朴明源의 조카
29	趙明鼎	行副司直	임천	선조	5	외조모가 선조 딸 貞淑翁主의 후손		
30	趙曔	奉朝賀	풍양	선조	6	외조모가 선조 딸 貞愼翁主의 후손		
31	洪樂性	行副司直	풍산	선조	6	선조 딸 貞明公主의 직계 후손	○	『光國志慶錄』 참여한 洪履祥 후손 惠慶宮 洪氏의 6촌 형제 全羅監司로 肇慶廟 설립
32	李景祜	漢城府判尹	용인	정순왕후	1	貞純王后의 조카		耆老
33	黃景源	行副司直	장수					『明史綱目』 改撰 『辛卯重光錄』 跋文
34	李溵	行副司直	덕수	인현왕후	2	외가가 仁顯王后의 후손		
35	邊致明	行副司直	황주	선조	4	외가가 선조 딸 貞徽翁主의 후손		耆老
36	趙曮	兵曹判書	풍양	선조	6	외조모가 선조 딸 貞愼翁主의 후손		惠慶宮 洪氏 외숙부 부친 趙尙絅이 1732년 청에서 『明史』「朝鮮列傳」 받아옴 『御製樹德全編』 편찬 肇慶廟 上梁文 작성
37	李最中	行副司直	전주	선조	5	외가가 선조 딸 貞明公主의 후손		
38	具允鈺	行平安道觀察使	능성	선조	5	외가가 선조 아들 寧城君의 후손		
39	尹東暹	陳奏副使行副司直	파평	선조	6	처가가 선조 딸 貞愼翁主의 후손		副使

성명	관직	본적	왕실과의 관계 기준	왕실과의 관계 대(代)	왕실과의 관계 관계	금서 유무	비고
40	尹得雨	行副司直	해평				○	光國功臣 1등 尹根壽 族孫
41	李潭	吏曹參判	덕수					『光國志慶錄』跋文을 쓴 李畬의 족손
42	趙榮進	行副司直	양주	장렬왕후	3	莊烈王后 부친 趙昌遠의 현손		耆老
43	鄭運維	行副司直	해주	선조	6	외조모가 선조 딸 貞淑翁主의 후손		부친 鄭必寧이 1730년 서장관으로 『明史』변무 업무
44	金漢耆	戶曹參判	경주	정순왕후	1	貞純王后의 숙부		
45	沈能建	靑城尉	청송	영조		영조 딸 和寧翁主의 남편		駙馬
46	具敏和	綾城尉	능성	영조		영조 딸 和吉翁主의 남편		駙馬
47	鄭光忠	行副司直	미상					
48	李應協	行副司直	성주					
49	南泰蓍	行副司直	의령	선조	6	처가가 선조 딸 貞仁翁主의 후손		조카사위 洪檢이 肇慶廟 상소문 차단
50	尹得養	漢城府左尹	해평	선조	5	외조모가 선조 아들 慶平君의 후손		光國功臣 1등 尹根壽 族孫
51	李長夏	行副司直	전의					耆老
52	申曄	行副司直	평산	인현왕후	1	仁顯王后 부친 閔維重의 外孫女婿		耆老
53	兪彦述	行副司直	기계	선조	5	외가가 선조 딸 貞安翁主의 후손		耆老
54	沈墢	行副司直	청송	선조	5	외조모가 선조 딸 貞愼翁主의 후손		
55	鄭光漢	行副司直	온양	선조	6	처가가 선조 아들 慶昌君의 후손	○	
56	金鍾正	江原道觀察使	청풍	선조	5	외가가 선조 딸 貞愼翁主의 후손		
57	李廷喆	行副司直	전주	효순왕후	1	孝純王后의 외숙부		
58	韓師直	行副司直	청주	선조	4	처가가 선조 아들 仁興君 직계후손		耆老
59	鄭基安	行副司直	온양					耆老
60	沈䥫	行副司直	청송					耆老
61	鄭存謙	同敦寧府事	동래	인경왕후	2	仁敬王后 부친인 金萬基의 외증손		
62	金華鎭	行副司直	강릉				○	

	성명	관직	본적	왕실과의 관계			금서유무	비고
				기준	대(代)	관계		
63	宋瑩中	行副司直	여산	인조	5	처가가 인조 아들 昭顯世子의 후손		
64	閔百興	行成均館大司成	여흥	인현왕후	2	仁顯王后 부친 閔維重의 증손		
65	俞彦民	江華府留守	기계	선조	6	처가가 선조 딸 貞安翁主의 후손		光國功臣 1등 俞泓의 族戚
66	李重祜	行副司直	용인	정순왕후	1	貞純王后 외증조부 洪冑華의 외손		耆老
67	柳脩	刑曹參判	진주					
68	安㒞	行副司直	순흥				○	耆老
69	嚴璹	行副司直	영월					朱璘 때문에 初名 嚴璘 改名
70	趙榮順	行副司直	양주	莊烈王后	3	莊烈王后 부친인 趙昌遠의 玄孫		
71	鄭厚謙	工曹參判	연일	영조		영조 딸 和緩翁主의 양자		
72	韓必壽	行副司直	청주					耆老
73	洪重一	行副司直	풍산	선조	5	외조모가 선조 아들 順和君의 후손		『光國志慶錄』 참여한 洪履祥의 후손
74	李宜哲	行副司直	용인	선조	6	처가가 선조 딸 貞安翁主의 후손		
				인목왕후	3	仁穆大妃 부친 金悌男의 4대손		
75	金光國	行副司直	안동	세종	5	처가가 세종 아들 永膺大君의 후손		
76	李彦衡	行副司直	전주	선조	5	선조 아들 慶平君의 후손		부친 李模의 집이 毓祥宮이 됨
77	申網	行副司直	평산	정성왕후	4	처가가 貞聖王后의 후손		
78	趙重晦	開城府留守	함안					
79	權譻	行副司直	안동					光國原從功臣 1등 權擘 후손
80	宋文載	咸鏡道觀察使	여산	선조	6	처가가 선조 딸 貞愼翁主의 후손		
81	李徽之	禮曹參判	전주	세종	10			肇慶廟의 朔望祭 거행
82	李聖圭	行承政院都承旨	전주	선조	6	선조 아들 仁城君의 직계후손		

성명		관직	본적	왕실과의 관계			금서유무	비고
				기준	대(代)	관계		
83	李在協	行副司直	용인	정순왕후	2	貞純王后 외증조부 洪胄華의 외증손		
84	具庠	兵曹參判	능성	선조	6	외조모가 선조 아들 寧城君의 후손		
				선조	6	처가가 선조 아들 慶平君의 후손		
85	李昌儒	行副司直	전주	선조	5	처가가 선조 딸 貞愼翁主 후손		
				원종	6	외가가 원종 아들 麟坪大君 후손		
86	金勉行	都摠府副摠管	안동					耆老
87	魚錫定	行副司直	함종	선의왕후	0	宣懿王后의 동생		
88	高夢聖	行副司直	제주					耆老
89	金斗性	光恩副尉	광산	장조	1	莊祖[思悼世子] 딸 淸衍郡主의 남편		駙馬
90	鄭在和	興恩副尉	연일	장조	1	莊祖[思悼世子] 딸 淸璿郡主의 남편		駙馬
91	尹東昇	守全羅道觀察使	파평	선조	6	처가가 선조 딸 貞愼翁主의 후손		
92	李命植	守慶尙道觀察使	연안	선조	6	처가가 선조 아들 慶昌君 후손		
93	洪良漢	守黃海道觀察使	풍산	선조	5	선조 딸 貞明公主 직계후손	○	『光國志慶錄』참여한 洪履祥의 후손
94	閔百奮	守忠淸道觀察使	여흥	인현왕후	2	仁顯王后 부친 閔維重의 玄孫 증손		
95	李在簡	承政院左承旨	용인	원종	6	외가가 元宗 아들 綾昌大君의 후손		
96	李碩載	承政院右承旨	한산	선조	5	처가가 선조 아들 仁興君 후손		
97	任希敎	承政院左副承旨	풍천	선조	6	외조모가 선조 딸 貞徽翁主의 후손		妻父가 奮武功臣 2등 朴弼健
98	李壽鳳	承政院右副承旨	함평					
99	洪檢	承政院同副承旨	남양	선조	6	선조 딸 貞仁翁主의 직계 후손		
100	朴弼淳	禮曹參議	반남					『明紀緝略』처음 문제 제기

성명		관직	본적	왕실과의 관계			금서유무	비고
				기준	대(代)	관계		
101	沈頤之	陳奏書狀官兼執義	평산	선의왕후	0	宣懿王后의 弟夫		書狀官,『御製樹德全編』편찬
102	李宅鎭	弘文館校理	덕수	선조	6	선조 아들 順和君의 후손		
103	朴相岳	弘文館校理	반남	선조	6	외가가 선조 아들 慶平君의 후손		朴明源의 조카, 肇慶廟 설립에서 영조의 분노를 삼.
104	李得臣	弘文館副校理	전주	선조	7	외가가 선조 딸 貞仁翁主의 후손		『光國志慶錄』감인
105	鄭好仁	弘文館副校理	영일	효종	4	효종 딸 淑徽公主의 직계 후손		
106	李昌任	弘文館修撰	전주	원종	6	외가가 元宗 아들 綾昌大君의 후손		
107	兪漢謹	弘文館修撰	기계	선조	5	외가가 선조 딸 貞明公主의 후손		
108	李致中	侍講院輔德	전주	세종	12	세종 아들 廣平大君의 후손		
109	李得一	侍講院弼善	전주	태종	14	태종 아들 孝寧大君 후손		
110	李春輔	侍講院文學	연안					李廷龜 5대손
111	金魯淳	兼侍講院文學	안동					
112	金頤柱	侍講院司書	경주	영조		영조의 딸 和順翁主의 아들		
113	金基大	兼侍講院司書	청풍	효의왕후		孝懿王后의 오빠		
114	朴相甲	侍講院說書	반남	선조	5	외가가 선조의 딸 貞明公主의 후손		
115	李度默	藝文館待敎	연안					
116	柳雲羽	藝文館檢閱	진주					
117	呂萬永	藝文館檢閱	함양					
118	鄭澤孚	承政院注書	온양					
119	閔鼎烈	承政院注書	여흥					
120	李東虁	承政院假注書	전주	중종	7	중종 아들 德興君의 후손		

영조어제첩과 영조의 자전적 글쓰기

박진성

1. 머리말

   자신의 일생을 스스로 서술한 자서전에는 한 시대를 살아간 개인의 역사가 총체적으로 담겨 있다. 또한 자신의 삶을 묘사하고 자아를 형상화하는 과정에서 다양한 글쓰기를 선보임으로써 문학적 성향을 띠기도 한다. 특히, 그 전통적 용례에 따라 자전 또는 자전문학이라 일컬어지는 동아시아 한문학의 자전, 자서, 자찬묘지명, 자찬연보 같은 자서전 계열의 작품들은 한문학의 여러 문체와 결합하여 자기 삶과 사유를 다채롭게 표현함으로써 그 역사성과 문학성을 선명하게 보여주고 있다.

   우리나라의 경우, 고려시대부터 조선 후기에 이르기까지 긴 세월에 걸쳐 다양한 유형의 자전적 작품이 꾸준히 창작되어왔다. 그리고 조선 후기로 접어드는 17세기 이후로는 문집의 자서와 필기잡록, 연보 등의 형식을 빌린 새로운 자전적 글쓰기가 대두되고, 남성 사대부 외에 중인, 서얼, 여성의 자전적 작품까지 등장하면서 자전문학의 층위와 저변이 더욱 확장되었다.

그런데, 이러한 조선 후기 자전문학의 성행과 변화를 논함에 있어 절대로 간과해서는 안 될 인물이 있다. 바로 역대 자전 작가 가운데 가장 많은 작품을 남긴 영조대왕이다. 영조는 역대 조선 국왕 가운데 유일하게 83세까지 장수하면서 52년이나 재위한 인물이다. 그는 어제(御製) 시문 창작에도 열정적이어서 즉위 이전부터 1776년 몰년까지 수천 편의 어제를 남기기도 하였다.[1] 특히, 70세를 넘긴 이후부터는 노년기 자신의 처지와 심사를 술회한 작품을 개별 첩장이나 간본 형태로 방대하게 남겼다. 일반적으로 영조어제첩이라 통칭되는 이 작품들은 71세 이후부터 생을 마치기 직전까지 직접 짓거나 구점(口占)한 5천여 편의 운문과 산문을 개별 첩이나 간본으로 엮은 것인데, 공식적이고 정제된 어제문집류와 달리 영조 노년기의 상황과 심사가 진술하게 표현된 특징이 있다. 이에 따라 그간 많은 연구자들이 어제 문집과 다른 어제첩본만의 체제와 형식적 특징을 소개하면서 영조 노년기의 생활과 일생 의식, 정신세계 등을 구명해왔다.[2]

그런데, 영조어제첩에서 많은 비중을 차지하는 과거 회상과 추모의 글 가운데에는 자전문학으로 보아도 손색이 없을 만큼 일생에 대한 서술과

---

[1] 영조의 어제는 크게 『열성어제』, 문집, 영조어제간본, 영조어제첩본의 4가지 형태로 구분할 수 있다. 이에 대해서는 안장리의 『조선 국왕 영조 문학 연구』(세창출판사, 2020), 21-45쪽에 자세하므로 여기에서는 논의를 생략한다.

[2] 김상환, 「영조어제첩의 체제와 특성」, 『장서각』 16, 한국학중앙연구원, 2006; 김종서, 「英祖와 建功湯의 의미」, 『장서각』 16, 한국학중앙연구원, 2006; 노혜경, 「영조어제첩에 나타난 영조노년의 정신세계와 대응」, 『장서각』 16, 한국학중앙연구원, 2006; 노혜경, 「英祖 御製帖에 나타난 英祖의 생애인식」, 『인문학연구』 38-1, 충남대학교 인문과학연구소, 2011; 서경희, 「英祖御製帖 '詩語'의 의미」, 『장서각』 16, 한국학중앙연구원, 2006; 안장리, 「英祖御製 帖本 律文의 종류와 주제」, 『장서각』 16, 한국학중앙연구원, 2006; 안장리, 「영조어제의 봉모당 소장 양상 고찰」, 『장서각』 40, 한국학중앙연구원, 2018; 조용희, 「英祖 御製와 '風泉', 그리고 '風泉'의 典故化 양상」, 『장서각』 20, 한국학중앙연구원, 2008.

감회가 두드러진 작품이 많다. 산문과 운문 모두에서 발견되는 영조어제첩 속 자전적 작품들은 영조의 유년시절부터 노년에 이르기까지 일생의 주요 사건과 이력을 담아낸 것은 물론이고 특정 간지, 공간, 청각적 소재 등을 활용한 개성적 글쓰기를 선보이고 있으며, 자아 인식과 생애에 대한 평가 등도 살필 수 있다. 그러므로 영조 어제 관련 연구뿐 아니라 조선시대 자전문학 연구에 있어서도 주목을 요한다고 할 수 있다. 더욱이 국왕이 자전적 작품을 남긴 사례는 영조가 유일하기 때문에 그 자체만으로도 특별한 의미를 지닌다고 하겠다.

이에 본고는 영조어제첩본 가운데 자전적 성격이 두드러진 작품을 대상으로 그 저술 배경과 특징, 의미 등을 고찰해보고자 한다. 지금까지의 연구에서 영조의 자전적 작품을 일부 거론하긴 했으나,[3] 전체를 대상으로 글쓰기 특징과 의의를 탐구한 사례는 없었으므로 본 연구를 통해 영조의 자전적 글쓰기에 대한 본격적인 논의의 장이 마련될 것으로 기대한다.

---

[3] 김상환(2006)은 영조어제첩이 지닌 自省과 회고의 특징을 지적한 바 있고, 노혜경(2011)은 간지와 가족사를 중심으로 일생을 회고한 특징을 거론하였으며, 심경호는『선인들의 자서전, 나는 어떤 사람인가』(이가서, 2011)에서 영조어제첩 가운데「御製自醒翁自敍」를 번역하여 소개한 적이 있다.

2. 영조어제첩의 자전적 글쓰기 양상

1) 영조어제첩의 성격

영조어제첩본은 창덕궁 봉모당에 봉안된 첩본 형태로서 현재 한국학중앙연구원 장서각에 소장되어 있다. 1920년대 이왕직에서 작성한 『봉모당영조어제첩목록(奉謨堂英祖御製帖目錄)』을 참조하면 첩자류 5,188편에 책자류 159편으로 총 5,340여 작품이 확인된다. 영조가 이렇게 5천 편이 넘는 방대한 작품을 개별 첩의 형태로 만든 이유에 대해서는 다음의 글을 참조할 수 있다.

왕은 시율(詩律)에 있어서는 그리 좋아하시는 편은 아니었으나 때로 혹 읊으신 것이 있어 편차하는 사람이 어제(御製)에다 같이 편차할 것을 청하자, 왕은 그렇게 해보라고 하시면서도 그 권편이 만약 영고(寧考: 숙종) 어제보다 더 많으면 다시는 짓지 않겠다고 하셨다. 얼마 후 편차를 맡았던 신하들이 그동안 편차한 어제시를 올렸는데, 그 권편이 숙종 어제와 같은 것을 보시고는 그후로 다시 시를 짓지 않았고, 행문(行文)에 있어서도 마찬가지로 다시는 어제 책자에다 싣지 않고 그후에 편차한 글들은 명칭을 부록, 혹은 별편, 혹은 집경편집(集慶編輯), 또 혹은 속편집으로 하였던 것이다. …(중략)…
근년에 와서 왕께서 조용히 조섭하시는 가운데 매일 몇 편씩 어제문을 쓰시고는 매 편마다 정원(政院)으로 하여금 장첩(裝帖)을 해서 올리도록 하였다.[4]

정조가 기술한「영종대왕행록」에서 알 수 있듯, 영조는 어제의 편찬와 찬술에 적극적이었던 숙종의 뜻을 이어 시문을 종종 짓고 선왕들의 어제서에 편차하였다. 그러는 가운데 본인의 작품 수가 숙종보다 많아지게 되자 시를 짓지 않겠다고까지 말하면서 어제서에 더 이상 자신의 시문을 수록하지 않고자 하였다. 1758년(영조 34) 영조 나이 65세 때의 일이다. 이후 영조는 이 다짐을 지키고자 시문을 짓더라도『열성어제(列聖御製)』에는 수록하지 않고『어제집경당편집(御製集慶堂編集)』이나『어제속집경당편집(御製續集慶堂編集)』처럼 별도의 문집으로 간행하거나 짓는 즉시 개별 장첩으로 엮는 방식을 택하였다.

영조가『열성어제』에 글을 싣지 않겠다고 선언한 시점이 65세였으므로, 이후에 지어진 영조어제첩에는 자연스레 영조 노년의 작품들로 채워지게 되었다. 실제로 영조어제첩 작품들은 몇몇 작품을 제외하고 거의가 1759년(영조 35) 이후에 지어진 것이며, 특히 망팔(望八: 71세)이 된 1765년(영조 41)부터 몰년인 1776년(영조 52) 사이에 지어진 작품이 다수를 차지하고 있다. 영조가 노년임에도 5천여 편의 많은 작품을 남긴 이유는 노년기에 찾아온 정신적, 신체적 폐해를 극복하는 차원에서 국왕으로서 책무를 다하며 자신의 뜻과 의지를 관철시키고, 희미해져가는 기억을 되살리기 위한 노력의 한 방편이었다.[5]

형식적 측면에서 영조어제첩의 작품은 크게 운문과 산문으로 나뉘는데, 운문이 압도적으로 많다. 운문은 일반적 5언, 7언의 한시가 아니라 대부분 3언, 4언체이며 이 외에도 5언, 6언 등을 사용해 짧게는 8구부터 길게는 100구까지 읊는 다양한 형태를 하고 있다. 일반적 한시와 달리 압운이나 평측을 고려하지 않고, 전구나 후구, 구 전체, 또는 특정 글자 등을

---

4 민족문화추진회,『국역 홍재전서』제17권,「영종대왕의 행록」.
5 노혜경, 2006, 앞의 논문, 21-22쪽.

규칙적으로 반복하면서 리듬감을 형성하는 것 또한 특징이다.[6]

영조어제첩은 형식만 자유로운 것이 아니었다. 여기의 글들은 애초 문집으로 편차할 목적에서 지은 것이 아니라서 내용 면에서도 소재와 주제가 다양하며 사적인 성격이 짙은 편이다. 다만, 공식 문집이 아니더라도 이 또한 국왕의 작품이기에 완전히 사적인 기록이라고 오인해서는 안 될 것이다.[7] 그 내용 가운데 공적 사건과 행사에 관한 기록이 적지 않으나 당시 사건과 행사를 치르는 영조의 시선과 소회가 두드러진다는 점에서 사적인 면모를 확인할 수 있다.

어제첩의 주요 내용은 크게 다섯 가지로 분류할 수 있다. 첫 번째는 재위 중 겪은 사건과 행사에 관련된 기록이고, 두 번째는 가족과 관련한 회고와 추모이며, 세 번째는 자신의 일생에 대한 회고와 성찰, 네 번째는 노년의 자신과 주변 상황에 대한 한탄과 경계, 다섯 번째는 세손(정조)을 비롯한 신료에 대한 신의와 훈계이다. 그런데 이상 다섯 가지를 관통하는 영조어제첩의 가장 핵심적인 주제이자 소재는 바로 '회고'라고 할 수 있다. 실제로 「어제억석(御製憶昔)」(K4-3176~3252), 「어제억석년회천만(御製憶昔年懷千萬)」(K4-3349~3370)처럼 제목 자체에 '억(憶)'과 '석(昔)' 자를 내세워 과거를 회상하며 감회를 토로한 작품이 수백 편에 달한다. 또한 「어제개평생(御製慨平生)」(K4-971~972), 「어제추모(御製追慕)」(K4-4795~4819)와 같이 제목에 회고와 유사한 의미가 내재된 작품도 수백 편이다.

이러한 회고류 작품에서는 대부분 '옛날을 생각하니 전생과 같다[憶昔年

---

[6] 이처럼 한시의 정형에서 벗어난 파격적 율문을 두고 김상환(2006)과 안장리(2020)는 '반복과 파격의 영조체'라고 칭하였으며, 이러한 율문을 구사한 이유로는 영조가 평소 4언의 시경체를 즐겨 사용했다는 것과 자기 노년의 감정을 기존 운문의 형식으로 토로하는 데 만족하지 못했기 때문이라는 점, 스스로 깨어 있다는 자부심의 표출, 4언 문답체의 파생 등을 꼽고 있다.

[7] 영조어제첩 기록 가운데 개인적 심회를 토로한 작품이더라도 『승정원일기』속 영조의 비망기에 수록된 작품이 적지 않다. 또 신하들과 그 내용을 공유하며 글자의 오류를 바로잡은 기록도 『승정원일기』에서 종종 확인할 수 있다.

若前生]'는 구절이나 '전생인 듯 아득하다[怳若前生]'는 식의 표현이 반복적으로 등장한다. 그러면서도 과거를 회상하며 그리워하는 것에 머물지 않고 지금의 현실과 자신의 처지로 시선을 옮겨와 지금의 나는 어떤 사람이며, 세상은 어떠한지, 누가 나와 짝할 수 있는지 되묻는 경우가 많다. 이처럼 과거 회상을 통해 지금의 나를 성찰하고, 자신의 처지와 현실을 자각하는 작품이 많은 것 또한 영조어제첩의 한 경향이다.

오호라! 창덕궁 대조전 서쪽에 보경당(寶慶堂)이 있으니 바로 내가 태어난 곳이다. 오호라! 옛날 나의 선왕께서 임어하신 지 20년인 갑술년(1694) 9월 갑술월 13일 무인일 갑인시(3~5시)에 어머니께서 이 당에서 나를 낳으셨다. 내가 19세가 되어 사저(私邸: 창의궁)로 나갔다가 그 뒤에 입궐했을 때 어머니를 따라서 이 보경당에 머물렀다. 갑진년(1724)에는 내가 31세였다. 9월 1일 왕위를 이은 뒤, 5개월 동안 여기에서 상려(喪廬)에 머물렀다. …(중략)… 아! 저 여러 신하 중에 어버이가 있는 자는 모두 기뻐하는 즐거움이 있으나, 아! 불초한 나는 아득히 능원을 바라보며, 〈육아(蓼莪)〉를 암송할 뿐이다. 이는 어떤 사람인가? 이는 어떤 사람인가?[8]

위 작품은 영조가 자신의 일생 자체를 회고하면서 지은 산문이다. 1764년(영조 40) 9월 13일에 자신의 생일을 맞아 지은 것으로 창덕궁 보경당을 소재로 하여 본인의 탄생 이야기와 사저에 얽힌 어머니 숙빈 최씨에 대한 추억, 1724년 경종 사망 후 왕위에 등극했을 때 등을 회상하였다. 끝에 이르러서는 어버이가 없는 지금의 처지를 돌아보며, 『시경』〈육아〉가

---

[8] 「御製寶慶堂紀懷」(K4-2414), "嗚呼, 昌德宮大造殿西有寶慶堂, 即我誕生之所也. 嗚呼, 粤昔我寧考臨御二十年甲戌歲九月建甲戌月十三戊寅時甲寅, 先妣誕予于此堂. 予年十九乃就私邸, 其後入闕之時, 隨先妣留此堂. 歲甲辰, 即予三十一歲也. 九月初一日踐祚後, 五朔居廬于此. … 噫, 彼諸臣之有其親者, 皆有歡娛之樂, 而吁嗟, 不肖遙望陵園, 只誦蓼莪. 此何人斯? 此何人斯?"

상징하는 효를 다하지 못한 지난날을 반성하면서 내가 누구인지 반문하고 있다.

이와 같이 영조어제첩에서 자신의 과거와 현재를 아우르며 추억과 추모, 성찰과 반성을 다룬 작품이 대부분을 차지하는 것을 고려하면 어제첩 자체가 한 편의 거대한 자서전 같다는 인상을 받게 된다. 『중국의 자전문학』의 저자 가와이 코오조오(川合康三)는 자전을 판단하는 요소로 '자신의 가계 및 선대에 대한 기록, 자신의 탄생에 대한 기록, 유소년기에 대한 기록, 공적인 이력과 경력' 등을 언급한 바 있다.[9] 이에 의거하여 영조어제첩 작품들을 살펴보면, 유소년기부터 재위 시절까지의 이력과 사건에 대한 술회는 헤아리기 힘들 만큼 많거니와 선조 및 선친에 대한 기록과 본인 탄생에 관한 내용 역시 결코 적지 않다. 이뿐만 아니라 자전문학의 필수불가결 요소인 자아에 대한 인식 또한 다수의 작품에서 확인할 수 있다.

자아는 자전문학에서 서술의 주체이자 대상이다. 자아는 개인을 둘러싼 사회와 상관없이 자기 해석만으로 만들어지는 것이 아니라 사람이 자신에 대해 가지는 이해, 견해, 축적된 지식, 인식, 감정과의 연관을 통해서 구성되고 재형성되며 표출되기 마련이다. 자전의 작가는 스스로를 대상화하여 자신의 삶을 응시하는 가운데 현재 자신을 만든 사회와 환경은 물론, 자기의 생각과 행동에 대해 끊임없이 되돌아보면서 자아를 형성한다.[10] 따라서 자전적 작품에는 필연적으로 자아가 존재하기 마련이며, 자아를 어떻게 형상화하고 인식하는가를 통해서 작자의 정체성을 확인하고, 세상과 작자의 관계 및 세상에 대한 문제인식 등을 살필 수 있다.

이와 같이 자아에 초점을 두고 영조어제첩을 살폈을 때 작품 전반에 걸쳐 등장하는 그의 다양한 자호가 주목된다.

---

9 가와이 코오조오 지음, 심경호 옮김, 『중국의 자전문학』, 소명출판, 2002, 29쪽.
10 안득용, 「자아의 유형에 따른 전근대 자서전의 분류와 그 형성 배경」, 『고전과 해석』 17, 고전문학한문학연구학회, 2014, 266쪽.

…(전략)…

강개함이 뻗치니 스스로 탄식할 뿐이로다.	慷慨亘, 只自歎.
고금을 생각하니 참으로 어둑하도다.	憶古今, 誠冥然.
강개함이 뻗치니 스스로 탄식할 뿐이로다.	慷慨亘, 只自歎.
지금 세상 살면서 또한 지탱만 하고 있다네.	在於今, 亦支撑.
강개함이 뻗치니 스스로 탄식할 뿐이로다.	慷慨亘, 只自歎.
나는 어떤 사람인가 구차옹이로세.	予何人, 苟且翁.
강개함이 뻗치니 스스로 탄식할 뿐이로다.	慷慨亘, 只自歎.
지금은 어떤 세상인가 골동(汨董)의 세계라오.	今何世, 汨董界.
강개함이 뻗치니 스스로 탄식할 뿐이로다.	慷慨亘, 只自歎.
주인옹으로 조용히 당을 지키네.	主人翁, 從容堂.
강개함이 뻗치니 스스로 탄식할 뿐이로다.	慷慨亘, 只自歎.
자성옹으로서 마음 다해 깨어 있으리.	自醒翁, 竭心醒.

…(후략)…[11]

81세에 지은 위 작품에서 영조는 노년의 자신에 대해 구차옹(苟且翁), 주인옹(主人翁), 자성옹(自醒翁)이라 하였다. 구차옹은 81세에 노쇠한 몸만 겨우 지탱하면서 세상을 살아가는 자신의 모습을 자조적으로 일컬은 것이다. 과거를 떠올리면 회포가 천만으로 일지만 현실은 정신이 어둑하고 몸만 겨우 가누는 노인이다 보니, 강개한 심사와 탄식이 그치질 않았다. 또 그는 골동(汨董)의 세상에서 홀로 조용히 당에 머물고 있는 자신을 두고 주인옹이라 하였다. 골동의 세상이란 곧 어지럽고 시끄러운 세상인데, 영조는 거기에 동요하지 않고 가만히 자신의 자리를 지키겠다는 의지를 주인옹으로 형상화하였다. 마지막의 자성옹은 글자 의미대로 홀로 깨어 있

---

[11] 「御製慷慨亘」(K4-714).

는 자신을 이른 말인데, 노쇠한 현실과 어지러운 세상 속에서도 정신을 바짝 차리고 흔들리지 않겠다는 의지를 담고 있으며 주인옹과 상통하는 측면이 있다.

이 예문과 같이 영조는 어제첩에서 자신의 자호를 작품 곳곳에 등장시키고 있다. 「어제건공탕(御製建功湯)」(K4-996)의 경우 인삼이 든 건공탕을 매일 복용하는 자신을 인삼옹(人蔘翁)이라 불렀고, 이 외에도 자성옹, 강개옹(慷慨翁), 명연옹(冥然翁), 구차옹, 팔순옹(八旬翁) 같이 특별한 자호가 많음을 밝히고 있다. 「어제명연옹구차옹(御製冥然翁苟且翁)」(K4-1979), 「어제주인옹자성옹문답(御製主人翁自醒翁問答)」(K4-4467~4490) 등과 같이 작품 제목으로 삼는 경우도 허다하다. 시기나 공간, 나이와 심리, 인식과 가치관에 따라 다양하게 형상화되고 변모하는 영조의 자호들은 영조어제첩 전반에 걸쳐 일관되게 등장하여 서술의 주체이자 대상으로서 영조의 삶과 의식세계를 대변하고 있다. 이러한 점에서 그의 자호는 곧 또 다른 자아라 할 것이며, 이를 통해서 영조가 생의 말년에 이르기까지 자아에 대한 인식이 확고했음을 확인할 수 있다.

이상에서 살핀 것처럼 영조어제첩 속 작품들은 과거를 회상하고 현실을 자각하는 과정을 통해 자신을 성찰하고 본인의 정체성을 확인하려는 경향이 강하다. 영조는 노년에 자신의 과거를 끊임없이 돌아보면서 지금의 내가 어떤 사람인지를 재차 묻고, 자신의 출신과 살아온 과정을 잊지 않고자 했으며, 노쇠한 자신의 상태를 인정하며 불편하고 외로운 감정을 숨기지 않았다. 이와 같이 회고와 성찰, 자기 존재에 대한 탐문 및 자아에 대한 확고한 인식들은 영조어제첩 속 수많은 자전적 작품이 탄생하게 된 이유를 이해하는 데에 중요한 바탕이 될 것이다.

2) 영조어제첩 속 자전적 글쓰기

이 절에서는 영조어제첩 속 자전의 면모를 갖춘 작품들에 대해 본격 고찰하고자 한다.[12] 영조어제첩의 주요한 영역을 차지하는 자기 일생에 대한 서술은 어제첩의 키워드인 회고와도 맞닿아 있다. 특징적인 것은 영조어제첩에 이러한 자전적 작품이 많을 뿐 아니라, 그 서술 방식이나 소재와 주제 측면에서 다채로운 면모를 보여준다는 점이다. 어제첩 가운데 자전적 글쓰기를 보이는 작품을 유형과 특징별로 정리해보면 〈표 1〉과 같다.

80여 편이 넘은 〈표 1〉 작품들을 개괄해보면, 먼저 자전의 창작이 대체로 칠순을 넘긴 1764년 이후부터 활발해지고 팔순을 맞은 1773년을 전후로 하여 집중되어 있음을 확인할 수 있다. 이를 통해 우리는 영조가 노년에 자신의 일생을 정리하는 일에 매우 열정적이었으며, 말년으로 갈수록 자신의 과거에 집착하고 자기 존재에 대해 투철하게 인식하려 했음을 알 수 있다.

작품의 유형은 크게 산문과 3언·4언으로 구분되고, 서술 방식은 시간 순서에 입각한 연대기 방식을 근간으로 하되, 왕위에 오르기 전까지 한정하여 젊은 시절에 대해서만 서술하거나 10년 단위로 일생 전체를 약술한 사례도 보인다. 또 「어제근팔자성옹광명전자서(御製近八自醒翁光明殿自敍)」처럼 시간 순서에 입각하더라도 나이나 연도보다 사건과 사업을 중심으로 서술해나가는 이른바 '거사직서(擧事直敍)'의 방식을 취한 경우도 있고, 「어제술평생(御製述平生)」과 같이 자신이 평생 추구한 삶의 방식과 가치관에 초점을 맞추어 일생을 서술하기도 하였다.

작품 소재로는 추억이 자리한 해의 간지와 공간을 열거하는 방식을 가장

---

[12] 여기에서 자전의 면모를 갖추었다 함은 특정 시기 또는 일생 전체를 회고하면서 시간 순서에 따라 자신의 성장 과정과 삶의 변화를 기술하고 일생의 추억과 추억이 서린 공간 등을 열거한 작품을 말한다.

표 1 영조어제첩 속 자전적 작품

형식	제목(청구기호)	작성 시기	기술 내용 및 특이사항
산문	御製紀萬懷錄一篇(K4-424)	1768년	간지를 통한 일생 회고
	御製光明殿記懷錄(K4-1180)	1772년	나이별 특정 공간과 사건 회고
	御製近八自醒翁自敍(K4-1312)	1769년	25세 이전까지 회고
	御製今年此日千慕萬懷(K4-1339)	1771년	연대기식 주요 시기 서술
	御製今八旬誠冥然(K4-1488)	1773년	연대기식 일생 이력 상술
	御製讀書錄(K4-1748)	1767년	나이별 학업과 독서 이력
	御製萬懷(K4-1865)	1773년	80세까지 일생 주요 이력 서술
	御製孟夏初八予懷萬倍(K4-1931)	1771년	사월초파일 소재로 일생 회고
	御製暮年書示冲子(K4-2029)	1774년	평생 추진한 사업 술회와 세손 훈계
	御製暮春堂中憶昔慷慨(K4-2113)	1774년	10년 단위 일생 회고, 세손 훈계
	御製聞蟬聲萬倍(K4-2203)	1771년	매미소리 소재로 일생 회고
	御製報春翌日書示臺工(K4-2422)	1773년	과거와 81세 현재의 반복 대비
	御製養性軒年譜(K4-3089)	1769년	연대기식 일생 이력 상술
	御製萬懷(K4-1862)	1773년	가족 관련 간지 회고
	御製自醒翁自敍(K4-4082)	1773년	연대기식 일생 상술, 평생 사업 술회
	御製集慶堂主人翁自序(K4-4611)	1772년	6세부터 76세까지 이력 서술
3언 20구	御製朝講慷慨吟(K4-4342)	1774년	19세 이후 공부 이력 중심 술회
3언 20구	御製曷勝懷(K4-602)	미상	10년 단위 일생 회고
3언 20구	御製曷勝懷只自歎(K4-607)	미상	즉위(31세) 이전까지 회고
3언 20구	御製慷慨(K4-646)	1773년	25세 이전까지 회고
3언 20구	御製苟且吟(K4-1245)	1774년	구차함을 소재로 10년 단위 회고
3언 20구	御製新春慶(K4-2965)	1775년	기로소 입사(50세) 전까지 간략 회고
3언 20구	御製於五十歲年八十一(K4-3126)	1774년	왕세자 책봉(28세) 이전까지 간략 술회
3언 20구	御製苟且翁(K4-1223)	1773년	10년 단위 일생 총평
3언 22구	御製慷慨亘(K4-724)	1773년	10년 단위 일생 총평
3언 24구	御製今八旬憶昔年(K4-1489)	1773년	궐내 특정 공간과 건물 나열
3언 26구	御製八旬歎(K4-5141)	1773년	즉위(31세) 이전까지 나이별 간략 회고
3언 30구	御製心自覺(K4-3004)	미상	효제(孝悌)를 소재로 가족사 중심 회고
3언 30구	御製昔何人今何人(K4-2605)	미상	왕세자 책봉(28세) 이전까지 회고
3언 30구	御製暮億百(K4-2090)	미상	25세 이전까지 회고
3언 30구	御製暮億百(K4-2094)	미상	즉위(31세) 이전까지 회고
3언 30구	御製笑八旬(K4-2747)	1775년	왕세자 책봉(28세) 이전까지 회고
3언 30구	御製述平生(K4-2857)	1776년	육오당(六吾堂) 소재로 평생 지향 술회
3언 30구	御製心膽隕(K4-2981)	1774년	나이별 이력 사건 간략 회고

형식	제목(청구기호)	작성 시기	기술 내용 및 특이사항
3언 30구	御製心若奮(K4-2996)	1774년	간지와 공간 추억, 10년 단위 총평
3언 30구	御製懷千萬(K4-5478)	1775년	나이와 간지 중심 간략 회고
3언 30구	御製苟且翁(K4-1236)	1775년	즉위(31세) 이전까지 삶의 기점 추억
3언 30구	御製五紀君(K4-3731)	1774년	10년 단위 일생 회고
3언 30구	御製五五近(K4-3750)	1773년	10년 단위 일생 회고, 특정 공간 추억
3언 30구	御製慷慨(K4-672)	1775년	간지와 공간 회고
3언 30구	御製慨平生(K4-971)	1774년	나이별 주요 사건 회고
3언 38구	御製慷慨(K4-653)	1774년	젊은 시절 중심 회고
3언 40구	御製記萬懷(K4-1543)	1773년	10년 단위 주요 사건 회고
3언 50구	御製曷勝懷(K4-594)	1775년	10년 단위 일생 회고
3언 50구	御製曷勝慨慕億百(K4-524)	1775년	25세 이전까지 부모 중심 회고
3언 50구	御製懷何抑(K4-5518)	미상	즉위(31세) 이전까지 사건과 이력 회고
3언 50구	御製御五十加一(K4-3124)	1775년	추억의 공간과 건물 나열
3언 50구	御製慷慨歎(K4-877)	1774년	궐내 추억의 공간 나열
3언 50구	御製追慕吟(K4-4880)	1774년	나이별 주요 사건과 이력 술회
3언 60구	御製冥然翁(K4-1957)	1773년	평생 중시한 사업과 지향 술회
3언 60구	御製誠冥然亦苟且(K4-2662)	1774년	궐내 건물과 공간 중심 회고
3언 60구	御製自慷慨(K4-3956)	1774년	궐내 추억의 공간과 건물 나열
3언 60구	御製只自嗟(K4-4553)	1774년	추억이 얽힌 공간 나열
3언 60구	御製予懷萬(K4-3644)	1775년	부모와의 추억 중심 회고
3언 64구	御製堂中吟(K4-1657)	1774년	나이와 간지별 일생 회고
3언 66구	御製予何人(K4-3604)	1774년	나이별 주요 사건과 이력 술회
3언 100구	御製曷勝慨(K4-487)	1774년	특정 공간과 건물 중심 회고
3언 100구	御製曷勝歎(K4-548)	1774년	10년 단위 일생 회고
3언 100구	御製慨平生(K4-972)	1774년	나이와 간지 중심 회고
3언 100구	御製同百成(K4-1767)	1774년	10년 단위 일생 요약과 부모 중심 회고
3언 100구	御製萬懷亘(K4-1892)	1773년	효제를 소재로 가족사 중심 회고
3언 100구	御製冥然苟且支撑衰翁(K4-1954)	1775년	지탱함을 소재로 10년 단위 회고
3언 100구	御製暮億百(K4-2071)	1773년	궐내 추억의 공간과 건물 나열
3언 100구	御製百句吟(K4-2395)	1774년	나이별 사건과 공간 나열
3언 100구	御製百慕(K4-2396)	1774년	사건과 공간 중심 일생 회고
3언 100구	御製百吟(K4-2405)	1775년	간지와 공간 중심 이력 사건 술회
3언 100구	御製百回吟(K4-2411)	1775년	즉위(31세) 이전까지 나이별 회고
3언 100구	御製八旬翁(K4-5111)	1775년	나이와 간지 중심으로 과거 회고
3언 100구	御製御五十(K4-3122)	1774년	왕세자 책봉(28세) 이전 중심 회고

형식	제목(청구기호)	작성 시기	기술 내용 및 특이사항
3언 100구	御製嗟暮年追慕深(K4-4650)	1774년	나이와 간지 중심 일생 회고
3언 106구	御製萬懷(K4-1875)	1774년	추억의 공간과 간지, 10년 단위 총평
3언 116구	御製慷慨(K4-670)	1774년	나이별 주요 사건 회고
3언 138구	御製冥然翁(K4-1971)	1775년	나이별 주요 이력 술회
3언 150구	御製苟且世(K4-1216)	1773년	10년 단위 회고와 평생의 지향 술회
3언 200구	御製曷勝慨(K4-499)	1775년	나이별 사건과 공간의 나열
4언 8구	御製問業(K4-2225)	1773년	평생 추진한 사업과 치적 여섯 가지
4언 12구	御製冥然(K4-1946)	1773년	10년 단위 일생 감회 토로
4언 30구	御製記萬懷(K4-1538)	1771년	간지 중심 과거 회고
4언 82구	御製記百懷(K4-1557)	1769년	은혜를 소재로 과거사 회고
4언 92구	御製近八自醒翁光明殿自敍(K4-1311)	1770년	나이별 주요 이력과 사건 회고
4언 100구	御製萬億頌百句(K4-1829)	1771년	간지별 주요 이력과 추억 술회
4언 100구	御製百問吟(K4-2400)	1773년	나이별 100가지 번민 술회
4언 100구	御製百懷(K4-2408)	1771년	간지와 공간 중심 이력 사건 술회
4언 100구	御製百懷文(K4-2410)	1767년	간지와 공간 중심 이력 사건 술회

많이 사용하였으며, 「어제문선성심만배(御製聞蟬聲心萬倍)」, 「어제독서록(御製讀書錄)」, 「어제문업(御製問業)」, 「어제백민음(御製百悶吟)」과 같이 매미, 서적, 사업, 고민거리 같은 특정 소재를 통해 일생을 돌아보기도 하였다. 주제의식은 과거 회상을 통해 부모와 가족을 추모하면서 효제(孝悌)를 강조한 것과 일생에 대한 총체적 감회 및 과거와 대비되는 현실의 한탄이 주조를 이루며, 「어제모년서시충자(御製暮年書示冲子)」, 「어제모춘당중억석강개(御製暮春堂中憶昔慷慨)」 같이 세손을 권면하고 훈계하기 위해 지은 것도 있다.

이와 같이 영조어제첩에는 산문과 운문을 가리지 않고 다양한 유형의 자전적 작품이 수록되어 있으며, 주제의식 또한 한 가지로 귀결되지 않는다. 우리나라 자전문학 작가 가운데 이처럼 수십 편에 달하는 자전을 지은 인물은 영조 외엔 찾아볼 수 없다. 게다가 그 글쓰기에서 이토록 여러 가지 소재와 주제의식이 드러나는 것도 매우 드문 경우라고 할 수 있다.

3. 영조어제첩의 자전적 글쓰기 특징

1) 가족사 중심의 일생 서술

이번 장에서는 그 서술 내용과 방식 면에서 통상의 자전과 차별화되는 영조어제첩 속 자전적 글쓰기의 특징 두 가지를 살펴보겠다.

영조는 80세가 넘도록 장수하면서 왕위에 52년간이나 있었기에 궐내의 사건 사고와 국가의 대소사를 누구보다 많이 치렀고 봐왔다. 이처럼 평생을 궐에서 살아온 인물이자 50년 넘게 국정을 운영해온 왕이었기에 그의 자전에 담긴 일생이 궐내의 일이나 조정에서의 공무 경력으로 점철되어 있다 하여도 이상할 바가 없을 것이다. 비슷한 예로 조선시대 관직에 몸담았던 사대부들이 남긴 자전은 대부분이 자신의 관직 활동과 공적 사건으로 내용을 채우고 있다.

그러나 영조의 자전 작품을 살펴보면 이와는 조금 다른 면이 있다. 일국의 국왕으로서 그 삶 자체가 공적 성격을 지니는 것은 당연하고 그 행력 역시 완전히 개인적이라고 할 수는 없겠지만, 적어도 그가 서술하고 있는 자전에서만큼은 사적 영역이라 할 수 있는 가족을 중심으로 일생을 회고하고 있는 것이다.

자성옹의 갑술년(1694) 9월 13일 인시(寅時)가 곧 나의 초도일(初度日)이다. 기묘년(1699) 6세 때 작위에 봉해지고, 종친부 유사를 아울러 관장했다. 7세 경술년(1700) 정월에 복두와 공복과 야자대를 걸치고 인정전 동쪽 뜰에서 사은했다. 10세 계미년(1703) 겨울 납월에 처음으로 삼가례(三加禮)를 창경궁 통화문 동월랑에서 행했다. …(중략)… 11세 되는 갑신년(1704) 2월 20일에 어머니를 모시고 안국동 영안제로 나아갔다가 21일에 복두와 공복을 입고 말을 타고 송현(松峴)의 구성필(具聖弼) 집으로 나아갔으니, 이곳은 저경궁(儲慶宮) 남쪽 집이다. 친영을 하여 돌아와서 안국동에서 혼례(정성왕후 서씨)를 치렀다. …(중략)… 16세 때인 기축년(1709) 6월에 주원(廚院)의 도제거(都提擧)가 되었으니, 상신 서문중(徐文重)을 대신한 것이다. 다음 해 경인년(1710)에 술잔을 올릴 때 내연과 외연에서 술잔을 올리고, 아울러 주원 도제거의 공로로 상전을 받았다. 외연은 숭정전, 내연은 광명전에서 했다. …(중략)…

그 이듬해 임진년(1712) 19세 때 처음으로 저택에 나아갔으니, 지금의 창의궁이다. 어시(御詩)를 받들어 사랑의 이름을 양성헌(養性軒)이라 하고 이어서 호를 삼았다. 이해 봄 2월에 도총관이 되어, 초하(初夏: 4월)에 북한산에서 시위했다. 이해 종정(宗正)이 되었다. 이듬해 계사년(1713) 20세 때 종부제거로서 심도(沁都: 강화도)로 가서 봉안했다. 조정을 사직하는 날에 양전(兩殿)과 양궁(兩宮)의 선온(宣醞)을 받고 흥정당에서 어시를 받았다. 돌아와서 하선할 때 다시 어시를 받았다. 다음 해 갑오년(1714) 21세 때 도상(圖像)과 유서(諭書)와 구마(廐馬)를 받았다. 9월에 숭정전의 외연과 광명전의 내연 때 모두 술잔을 올렸다. 두 날에 모두 삽화를 하고 저택으로 돌아와 앞과 같이 상을 받았다. 아아! 이 일을 어느 때 다시 보겠는가? 그 3년 뒤 24세 되던 정유년(1717)에 온천으로 행차하실 때 시위로서 어가를 수행했다. 아아! 불효하여 무술년(1718) 3월 9일에 옛 저택 일청헌(壹淸軒) 동실(東室)에서 상(숙빈 최씨)을 당했다. …(중략)… 아아! 7년 동안 시탕했으나 불효하고 불초했으니, 경자년(1720) 6월 8일에 융복전에서 용어(龍馭: 숙종)를 따르지 못하게 되었다. 예문관에서 여막살이를 하여, 다섯 달 동안 하루 다섯 번 잔을 올렸다. 10월에 상여를 따라 산릉으로 나아가 작은 정성을 펼친 후 영련(靈輦)을 따라 서울로 돌아왔다. 일이 끝난 후 사저로 돌아왔다. 신축년(1721) 28세 때, 천천만만 꿈에도 생각하지 못했거늘 8월 21일에 세자 책봉의 명을 받들어 9월에 대궐에 들어갔다.

이것이 자성옹이 스스로 적는 연보이다. 이후의 일은 『춘방일기』와 『정원일기』에 기록되어 있다. 갑진년(1724)에 31세의 나이로 사복(嗣服)한 후의 일은 또한 『한림시정기』가 있으니, 내가 어찌 기록하겠는가?

갑진년(1724)에 황형(皇兄: 경종)을 따라 자전(인원왕후)께 칭상했다. 무신년(1728) 35세 때 역시 통명전에서 양전(인원왕후와 선의왕후)에 칭상했다. 기미년(1739)에도 왕비와 함께 자전에 칭상했다. 계해년(1743) 50세 때, 광명전에서 먼저 자전께 칭상하고 숭정전에서 연회를 받았다. 갑자년(1744) 51세에 사마광의 고사를 본받아 영수각(靈壽閣)에 절하고 궤장을 받았다. 광명전에 먼저 자성을 받들고 칭상하고 숭정전에서 연회를 받았다. 기묘년(1759) 66세 때, 어의본궁(於義本宮)에서 전안(奠雁)을 하고 친영하여 통명전에서 가례(정순왕후 김씨)를 올렸다. …(중략)…

금년(1773)은 내 나이가 80세이자 즉위한 지 49년이다. 윤3월 초길에 80세인 데다가 가례한 지 15년이라서 세손의 강한 요청으로 연회를 받았고, 광명전도 함께 연회를 받기를 기축년의 예와 같이 했다. 그 이틀 후 3일에 연화문 앞에서 양로연을 하였다. 사복(嗣服) 후 다섯 번 자전(숙빈 최씨)께 존호를 올렸다. 계유년(1753년) 내 나이 60세 때 자전께 시호를 올리고 소령원(昭寧園)으로 봉했고, 갑술년(1754) 회갑에 제11실에 존호를 뒤따라 올리고 자전께 존호를 올렸다. 작년 79세 때에는 제10실에 이어 존호를 추가로 올리면서 나도 왕비와 함께 마지못해 존호를 받았다.[13]

위에서 인용한 「어제자성옹자서(御製自醒翁自敍)」(K4-4082)는 영조어제첩

---

13 「御製自醒翁自敍」(K4-4082). 번역문은 심경호의 『선인들의 자서전, 나는 어떤 사람인가』(이가서, 2011)에 수록된 내용을 참조하되, 일부 오역과 모호한 부분에 대해서는 수정을 더하였다.

가운데서도 영조의 일생을 비교적 자세히 확인할 수 있는 자전이다. 작품의 절반에 해당하는 위의 글에서 영조는 연대기적 서술 방식을 사용해 간지와 나이를 구체적으로 제시하면서 탄생부터 여든에 이르기까지 일생의 주요 사건과 이력을 상술하였다. 그런데 그가 기술하고 있는 이력들과 사건을 자세히 들여다보면, 대부분의 내용이 자신의 가족과 관련되어 있음을 알 수 있다.

11세 때 어머니 숙빈 최씨와 함께 안국동으로 나아가 정성왕후 서씨와 첫 혼례를 치른 일 이후로 기술된 17세 때 주원 도제거로 있으며 내외연에 참여해 잔을 올린 일, 1712년 사저인 창의궁으로 나갔을 때 숙종의 어제시를 받아 '양성헌'이라는 당호를 삼은 것과 도총관이 되어 숙종의 북한산성 거둥 때 시위한 일, 다음 해에 종부제거로서『선원록』을 봉안하기 위해 강화도사고에 다녀오면서 전후로 숙종의 어제시를 하사받은 일과 1714년 숙종으로부터 도상과 유서와 구마를 받고 다음 해 9월에 내외연에서 술잔을 올린 일, 1717년 온행(溫幸)을 수가한 일 등은 모두 부친 숙종과 관련된 추억이다. 이어서는 생모 숙빈 최씨의 사망과 숙종의 승하 사실, 당시 심정에 대해 술회하였고, 왕세자가 되고 왕위에 오른 이후로도 형 경종과 형수인 선의왕후, 양모인 인원왕후와의 추억들을 서술하고 있다. 그리고 말미에서는 숙빈 최씨에 대한 존호 가상도 기록해두었다.

영조는 6세에 연잉군에 봉해진 이후 종친부 당상, 도총부 총관 등을 지내며 숙종을 가까이에서 보필하고 국정에서 중요한 역할을 담당했다. 이로 인해 그는 숙종 사망 이후 노론의 절대적 지지를 받아 왕세자에 오르게 된다. 하지만 이후의 삶이 순탄치만은 않았다. 왕세자 영조의 대리청정을 둘러싼 노론과 소론의 세력 다툼으로 인해 신임사화가 일어나 노론 사대신이 사사되고 영조 또한 불안한 시절을 보내야 했다. 또 왕위에 오른 뒤에는 4년 만에 이인좌의 난이 일어나 한바탕 위기를 겪었으며, 1762년에는 임오화변으로 세자를 잃기도 했다.

그런데, 영조는 자신의 자전에서 이러한 큰지막한 사건에 대해서는 전혀 언급하지 않고, 자기 선친 및 선형과의 추억을 중심으로 일생을 회고하고 있다. 아래에 인용한 이 작품의 후반부에서는 이러한 면모가 더욱 두드러진다.

아아! 갑진년(1724)에 황형이 선어하고, 아아! 경술년(1730)에 황수(선의왕후)가 선어하였으나 모두 뒤쫓아가지 못했다. 아아, 나는 시탕에서도 불효하고 불초했다. …(중략)… 지난 임진년(1712)에 본저(창의궁)에 갔던 날, 어제시를 내려주시며, "근래 19년간을 궁궐에 있었거늘, 이로부터 보기 드물게 됨을 어찌 견디랴?[年來十九在宮闈, 自此那堪得見稀]"라고 하셨다. 강화도로 봉안하는 날에 어제시에서는, "기쁘구나 네가 돌아와 이미 하선을 하다니/8일이 일년처럼 더디게도 지났구나.[喜爾回來已下船, 遲遲八日度如年]"라고 하셨다. 두 번이나 어제시를 받아 지금도 오열을 한다. 아아! 아바마마께서 돌아보심이 이와 같았거늘 54년 동안이나 감감하고 나이가 지금 팔순에 이르렀으니, 이것이 어찌 효란 말인가?
아아! 돌아가신 어머니는 계유년(1693), 갑술년(1694), 무인년(1698)에 세 왕자를 낳으셨는데, 내가 그 가운데이다. 사랑해주시고 보호해주신 것이 어찌 심상한 정도에 견주겠는가. 아아! 무술년(1718)에 돌아가신 이후 56년이 지나도록 그대로 지탱만 하고 있으니, 어찌 효라 하겠는가? 아아! 경자년(1720) 이후 우러르고 의지하는 바는 오로지 나의 자성(인원왕후)이었으니, 9세부터 삼가 받들어 64년간 기쁘게 모시었다. 그러나 정축년(1757)에 돌아가신 이후로 17년 동안 나는 어둑하고 어둑해진 채 나이가 80세에 이르렀다. 올해 두 달 사이에 9일(정성왕후 기일)과 26일(인원왕후 기일)을 거듭 만나 심장과 간담이 모두 떨어지려 하니 참으로 말을 이을 수가 없다.

영조는 「어제자성옹자서」에서 먼저 자신의 일생에 대해 기술한 다음 위와 같이 지나온 삶에 대한 성찰과 감회를 덧붙였다. 여기에서 그가 성찰하고 회포를 이기지 못하는 대상은 바로 자신의 가족이다. 이 글에서 영조는 경종과 경종비의 죽음을 두고 제대로 시탕하지 못하고 불효했다고 반성한 뒤, 19세와 20세 때 숙종이 자신에게 내려준 어제 시구를 떠올리며 감회에 젖고 그 불효함을 다시 탄식한다. 같은 어조로 숙빈 최씨와 인원왕후와의 추억과 그들의 죽음에 대해 말하면서 그의 뉘우침과 회포는 절정에 달한다. 이 부분만 따로 보면, 자신의 일생을 회고한 글이라기보다 자신보다 먼저 세상을 떠난 가족들에 대한 애도의 글 같다는 느낌이 들 정도이다.

이와 같이 자기 가족사를 중심으로 일생을 회고하고 불초하고 불효한 자신에 대해 성찰하는 글쓰기는 아래와 같은 운문의 작품에서도 반복된다.

평생을 개탄하노라, 내 평생을 개탄하노라.	慨平生, 慨平生.
나는 어떤 사람인가, 나는 어떤 사람인가.	予何人, 予何人.
…(중략)…	
6세 때여, 6세 때여.	年六歲, 年六歲.
처음 작위 받았지, 처음 작위 받았지.	初封爵, 初封爵.
아! 10세 때여, 아! 10세 때여.	嗟十歲, 嗟十歲.
삼가례하였지, 삼가례하였지.	三加禮, 三加禮.
13세 때, 13세 때.	十三歲, 十三歲.
속수례하였지, 속수례하였지.	束修禮, 束修禮.
19세 때, 19세 때.	十九歲, 十九歲.
처음 사저로 나갔지, 처음 사저로 나갔지.	初就邸, 初就邸.
20세 때, 20세 때.	二十歲, 二十歲.

심도에 이르렀네, 심도에 이르렀네.	詣泌都, 詣泌都.
갑오년(1714), 갑오년.	甲午年, 甲午年.
매달 시탕하였지, 매달 시탕하였지.	朔侍湯, 朔侍湯.
정유년(1717), 정유년.	丁酉年, 丁酉年.
온행을 따랐네, 온행을 따랐네.	隨溫泉, 隨溫泉.
무술년(1718), 무술년.	戊戌年, 戊戌年.
경자년(1720), 경자년.	庚子年, 庚子年.
마음 전부 식어버렸네, 마음 전부 식어버렸네.	心皆冷, 心皆冷.
신축년(1757), 신축년.	辛丑年, 辛丑年.
오장이 무너졌네, 오장이 무너졌네.	五內隕, 五內隕.
하물며 갑진년(1724), 하물며 갑진년.	況甲辰, 況甲辰.
마음 어찌 가누랴, 마음 어찌 가누랴.	心何抑, 心何抑.
어찌 효를 말하랴, 어찌 효를 말하랴.	豈曰孝, 豈曰孝.
〈육아〉만 외노라, 〈육아〉만 외노라.	誦蓼莪, 誦蓼莪.
…(후략)…**14**	

자신의 평생을 돌아보며 강개한 심사를 토로한 이 작품에서 영조는 자기 일생의 주요 행적을 열거하였다. 운문으로서 사건과 감회가 함축적이고 정제된 차이는 있지만, 그가 열거한 시기나 사건들은 「어제자성옹자서」에서 언급한 것에서 벗어나지 않는다. 일생을 서술한 뒤 효를 다하지 못했다고 토로하는 것 또한 비슷하다.

이처럼 영조어제첩의 자전 작품에서 영조가 술회하는 과거 행적은 산문과 운문을 막론하고 대체로 동일하게 반복되는데, 정리해보면 〈표 2〉와 같다.

14 「御製慨平生」(K4-972).

표 2 영조어제첩 속 영조의 일생

연도(나이)	간지	사건	관련어
1694(1세)	갑술	탄생	昌德宮, 寶慶堂
1699(6세)	기묘	연잉군 봉작	初封爵, 宗親府有司堂上
1700(7세)	경술	사은례	仁政殿
1703(10세)	계미	관례	三嘉禮, 通化門
1704(11세)	갑신	정성왕후 서씨와 가례	安國洞, 親迎, 吉禮
1706(13세)	병술	수학, 숙종 재위 30주년 내외연	束脩禮, 師傅, 內外宴, 進爵
1709(16세)	기축	사옹원 도제거 임명	廚院都提擧
1710(17세)	경인	숙종 50세 기념 및 병환 회복 내외연	內外宴, 進爵
1712(19세)	임진	창의궁 사저로 나아감. 도총관 임명, 숙종 시위	彰義宮, 舊邸, 就邸, 養性軒, 都摠管, 北漢侍衛
1713(20세)	계사	종부도제거 임명, 강화도사고에『선원록』봉안	沁都, 奉安, 御詩
1714(21세)	갑오	숙종 병환 8개월 돌봄	侍湯, 直宿, 論書, 圖像, 廄馬, 內外宴
1717(24세)	정유	숙종의 온양온천행 시위	溫泉, 溫幸, 隨駕
1718(25세)	무술	숙빈 최씨 사망	彰義宮, 壹淸軒, 永慕堂, 高嶺, 居廬
1719(26세)	기해	숙종 환갑, 기로소 입사	興政殿, 耆社, 靈壽閣, 御牒
1720(27세)	경자	숙종 승하	隆福殿, 資政殿, 山陵, 孤露人, 居廬
1721(28세)	신축	왕세자 책봉	建儲之命, 入闕, 寶慶堂
1724(31세)	갑진	왕위 등극, 경종 승하	嗣服, 受湯, 皇兄, 侍湯, 昌慶宮
1728(35세)	무신	무신난 평정, 효장세자 사망	通明殿, 稱觴, 朞制服
1730(37세)	경술	선의왕후 사망	皇嫂, 魚藻堂, 侍湯, 德游堂
1739(46세)	기미	왕비와 친경례 후 진연례	通明殿, 親耕禮, 慈殿, 稱觴
1743(50세)	계해	50세 기념 내외연	慈殿, 光明殿, 稱觴
1744(51세)	갑자	기로소 입사	司馬光, 耆社, 靈壽閣, 几杖, 光明殿
1753(60세)	계유	숙빈 최씨 추존, 소령원 격상	和敬, 追上尊號, 昭寧園
1757(64세)	정축	인원왕후 사망	慈聖, 永慕堂, 通明殿
1759(66세)	기묘	정순왕후 김씨와 가례	於義本宮, 親迎, 通明殿, 再嘉禮
1765(72세)	을유	왕세손 책봉	冲子, 景賢堂
1767(74세)	정해	왕비와 친잠례, 기로회 대사례	耆舊科
1769(76세)	기축	결혼 10주년 기념 연회	舟梁, 光明殿
1772(79세)	임진	숙빈 최씨 존호 가상, 왕비와 존호를 받음	加上號, 毓祥宮, 內殿, 受號, 徽寧殿
1773(80세)	계사	80세 및 결혼 15주년 기념 연회	延和門, 養老宴, 光明殿, 受宴, 追邁

〈표 2〉를 살펴보면, 영조가 술회하는 일생이 대부분 가족과 관련된 사실과 함께 그 회상 시기가 대부분 40세 이전에 집중되어 있음을 알 수 있다. 즉, 가족과 함께 지냈던 젊은 시절을 중심으로 일생을 회고하고 있는 것이다. 실제로 앞서 제시한 영조어제첩 자전 작품 가운데 젊은 시절에 한하여 과거를 회상한 작품이 많은 것도 이러한 이유에서 이해할 수 있다.

한편, 영조 가족사에서 비극이라 할 수 있는 사도세자와 관련된 언급을 전혀 찾아볼 수 없다는 점도 눈여겨볼 만하다. 이는 영조어제첩 전체에 해당하는 사항으로 효장세자(孝章世子)와 효순현빈(孝純賢嬪) 그리고 사도세자의 아들인 의소세손(懿昭世孫)에 대해 많은 작품에서 이들을 추억하고 그 요절에 대한 애도와 한탄의 심정을 밝힌 것과 대조된다. 영조가 말년까지 사도세자 묘사(墓祠)에 성묘와 전알을 금지시키며 과거 처분에 대한 단호한 입장을 고수한 만큼 자신의 과거에서 의도적으로 배제시킨 것으로 보인다.

그렇다면 이처럼 영조가 자전에서 가족을 중심에 놓고 아름답고 애틋한 과거만을 술회한 이유는 무엇일까?

이에 대해서는 앞서 「어제자성옹자서」의 중반부에, "이것이 자성옹이 스스로 적는 연보이다. 이후의 일은 『춘방일기』와 『정원일기』에 기록되어 있다. 갑진년(1724)에 31세의 나이로 사복(嗣服)한 후의 일은 또한 『한림시정기』가 있으니, 내가 어찌 기록하겠는가?"라는 내용을 통해 먼저 유추해볼 수 있다. 이 기록에서 영조는 「어제자성옹자서」가 자찬연보의 성격을 지니면서도 궁정사나 정치적 사건을 다루지 않고 있음을 스스로 인정하였다. 그의 말처럼 국왕으로서 자신과 관련된 정치적 사안들은 조정의 공식적 기록을 통해 충분히 살필 수 있기 때문에, 굳이 자기 스스로 써내려간 자전에서까지 언급할 필요가 없었던 것이다.

다음으로 영조어제첩의 복합적 성격을 고려해보아야 한다. 영조어제첩에 영조 노년의 사적인 감상과 추억이 많은 부분을 차지하는 것이 사실이지만, 엄연히 임금이 지은 것이기에 사적인 부분이라도 신하들과 공유하면서 오자나 적합한 글자에 대해 의견을 받기도 했다.[15] 또한 어제첩 가운데에는 세손과 신하들을 훈시하고 경계시키기 위해 지은 작품도 결코 적지가 않다. 영조는 어제첩의 다른 작품에서 "오늘날 나의 마음은 하나는 추모에 있고, 하나는 백성을 위함에 있다[今日予心, 一則追慕, 一則爲民]"[16]라고 말한 바 있다. 하나는 개인의 심정과 도리를 밝힌 것이며, 다른 하나는 일국의 군왕으로서 역할과 책임을 강조한 것이다. 이처럼 한 개인과 공인으로서의 입장이 복합되어 나타나는 영조어제첩의 성격을 고려했을 때, 영조가 내세운 가족사 또한 오롯이 개인적 회고와 추모에서 지어졌다기보다 백성과 신하들을 교화시키기 위한 목적도 일부 내재한다고 볼 수 있다. 실제로 영조어제첩 여러 작품에서 영조는 자신이 애독했던 『시경』의 〈육아〉와 〈상체(常棣)〉, 〈비풍(匪風)〉과 〈하천(下泉)〉 등을 매개로 사용하여 효제충신의 덕목을 세손과 신하들에게 강조하고 훈시한다. 이 가운데 효제는 앞서 인용했던 「어제보경당기회(御製寶慶堂紀懷)」나 「어제개평생」에서와 같이 자신의 가족사를 바탕으로 한 경우가 많다.

이를 고려할 때 가족사가 중심이 된 영조의 자전적 작품들은 그의 노년기 한 축을 담당하는 개인적 추모의 실제이면서 또 다른 한 축을 담당하는 백성과 신하들을 위해 효와 제의 도리를 몸소 보여주고 가르침을 주고자 한 노력이라고 할 수 있을 것이다. 이로써 볼 때 그의 자전적 작품이 산문과 운문을 망라하여 반복 저술되고, 가족과의 아름답고 애틋한 추억과 그 부재에 대한 회한과 추모를 강조하며, 갈등과 고통의 추억은 배제했던 이유 또한 이해할 수 있을 것이다.

---

15   일례로 『승정원일기』를 참조하면 영조어제첩 가운데 영조가 잠결에 잘못 읊은 것을 승지가 그대로 받아 적은 것을 보고 이에 대해 채제공이 오류를 지적한 내용을 확인할 수 있다. 『승정원일기』, 영조 46년 8월 4일, "濟恭曰, 御製中勝字, 本來稍勝之勝, 未知寢睡稍勝之下敎乎? 又有悅字抑字, 或誤字乎? 上曰, 睡中呼寫, 故中官誤書矣."

16   「御製舊邸翁主人翁問答」(K4-1204).

2) 다양한 소재를 활용한 과거 회상

〈표 1〉에서 살핀 바와 같이, 영조어제첩의 자전적 작품들은 그 유형이 다양할 뿐 아니라 일생을 기술함에 있어 여러 가지 소재를 활용한 특징이 있다. 특정 소재나 주제에 초점을 맞춘 자전적 글쓰기는 한문학 자전 작가들이 전통적으로 선호한 방식이기도 하다. 이는 자신을 직접 드러내거나 행적을 낱낱이 서술하는 것을 꺼려하는 한문학 자전의 특성에서 기인한 것이다. 대표적 예로, 조선시대 이시선(李時善)의 「송월자전(松月子傳)」과 강석경(姜碩慶)의 「끽면거사전(喫眠居士傳)」 같은 수많은 자탁전들은 자신의 별호에 담긴 의미와 가치관을 풀이하는 것에 초점을 맞추어 자신의 일생을 술회한 경우가 많다. 또 이덕무(李德懋)의 「간서치전(看書痴傳)」, 박제가(朴齊家)의 「소전(小傳)」, 서유구(徐有榘)의 「오비거사생광자표(五費居士生壙自表)」처럼 독서 같은 자신만의 취미생활이나 남들과 어울리지 못하는 유별난 성격, 또는 자신이 평생에 걸쳐 반성해왔던 요소만 가지고 일생을 돌아보기도 한다. 이와 같이 개성적 소재와 주제, 유별난 자아를 내세운 자전들은 정형화된 글쓰기에 대한 반성이 일었던 조선 후기에 이르러 크게 증가하였다.

영조어제첩의 자전 가운데에도 이처럼 전통적이면서도 참신한 글쓰기를 확인할 수 있다. 일례로, 「어제술평생」은 팔순 나이에 과거를 돌아보며 평생 동안 추구했던 '육오(六吾)'의 의미를 되새기고 그렇지 못한 현실을 개탄한 작품이다. 육오란 곧, "내 밭을 가꾸어 먹고, 내 샘을 길러 마시며, 내 책을 보며, 내 잠을 자며, 내 분수를 지키며, 내 나이를 즐긴다[飮吾泉, 食吾田, 看吾書, 安吾眠, 守吾分, 樂吾年]"로서 여기에는 영조가 왕위에 오르기 전 지녔던 젊은 시절의 지향이 담겨 있다. 영조는 이로 인해 자신의 호를 육오거사라 하였는바, 이 작품은 운문으로 지어진 것이지만 별호의 의미를 풀이한 한문학 자탁전과 유사한 성격을 지닌다고 할 수 있다.

또 「어제독서록」은 『동몽선습』, 『소학』, 사서삼경, 『춘추』, 『근사록』 등 영조가 어려서부터 강학해온 책과 내용을 연차별로 기술하면서 자신의 학업 내력을 정리한 작품이다. 서두에서 영조는 자신이 뜻밖의 장수를 하면서 어린 시절 강했던 서적들을 다시 강하게 되자 그 특별한 감회를 감출 수 없어 이를 기록하였다고 하였고, 그 말미에서는 이 기록을 어린 세손에게 보여준다고 하였다. 즉, 자신의 독서 이력과 학업 내력을 통해 세손에게 귀감을 주고 학문에 정진하길 바라는 마음을 담은 것이다.

이와 같이 자신의 호에 담긴 의미와 일생의 지향을 술회하고, 후손에게 경계과 가르침을 전하기 위해 가르침의 대상이나 사건을 중심으로 일생을 돌아본 작품들은 전통적 자전과 유사하다고 할 수 있다. 그러나 아무래도 서술 주체가 국왕이다 보니, 왕위 등극 이전 청년 영조가 추구했던 가치관이나 왕실의 학업 및 경연 정보 등을 확인할 수 있다는 점에서는 일반 문인들의 자전과 또 다른 의미를 찾을 수 있을 것이다.

매미소리를 들으면 마음이 두근거린다. 어떤 사람이 나에게 묻기를, "매미소리는 으레 들리는 것인데, 마음이 어찌하여 두근거립니까?"라고 하기에 내가 다음과 같이 대답하였다.
"그대가 내 마음을 어찌 알겠는가? 이 매미소리는 내가 열 살 때 들었던 것과 같으니, 이때는 관례를 올렸던 해였다. 스무 살 때 이 소리를 들었을 때도 똑같았으니, 이해는 무슨 해였던가? 사저로 나아간 다음 해였지. 서른 살 때 이 소리를 들었을 때도 그러했는데, 이해는 무슨 해였는가? 왕세자가 된 지 3년째였다. 계축년(1733)에 매미소리를 들었을 때도 또한 그러했으니, 이해는 왕위에 오른 지 10년이 되던 해였다. 계해년(1743)에 들은 매미소리도 또한 그러했으니, 이때는 바로 내가 옛날에 진작(進爵)했던 시절을 떠올렸다. 계유년(1753)에 그 소리를 들었을 때도 예전과 같았으니, 이때는 내 나이가 예순이었다. 그 뒤로 지금 18년이 지나

당 안에서 아침에 이 소리를 듣자니, 여전히 옛날처럼 매미소리가 귀를 시끄럽게 굴어서 나의 감회가 만억이나 일어난다. 내 스스로 이르노니, 어쩜 이리도 어둑해졌는가. 이 소리를 다시 듣거늘 어찌 이리도 어둑해졌는가![17]

위의 「어제문선성심만배」에서는 그 소재 면에서 여느 자전과 차별화된 특징을 발견할 수 있다. 바로 매미소리라는 독특한 소재를 사용해 일생을 돌아본 것이다. 78세에 지은 이 작품에서 영조는 매미소리를 듣고 마음이 두근거리는 이유에 대해 자문자답하고 있다. 그러면서 자신이 관례를 올린 10세(1703) 때 들었던 매미소리를 시작으로, 60세(1753)까지 10년 단위로 일생의 주요 행적을 소개하고 그때마다 매미소리를 들었다고 말하고 있다. 그러고는 이제 18년이 지난 지금 78세에 매미소리를 다시 들으니 예전에 대한 감회를 가늘 길이 없다고 토로한다. 그러면서 현재 자신의 기억과 정신이 어둑해진 상태를 '명연(冥然)'이라 표현하며 그 노쇠함을 한탄한다.

영조는 칠순을 넘긴 이후 건강이 점차 나빠지면서 정서나 감각이 더욱 예민한 지경에 이른다. 특히, 나이가 들수록 심해지는 불면증은 그의 정신을 더욱 피폐하게 만들었다. 영조어제첩 가운데 「어제민야음(御製悶夜吟)」(K4-2330~2332), 「어제민야장(御製悶夜長)」(K4-2333~2351) 같이 잠을 이루지 못한 채 긴 밤을 보내는 고통을 토로한 작품이 많은 것도 이 때문이다. 이러한 작품에서 영조는 낮과 밤이 다르지가 않다고 말하며 매일 밤을 뜬눈으로 지새우는 가운데 멀리서 들려오는 보루(報漏)나 갱고(更鼓) 소리에 주

---

17 「御製聞蟬聲心萬倍」(K4-2203), "聞蟬聲, 心憧憧. 人有問於予曰, 蟬聲例聲, 心何憧乎? 予答曰, 君何知予心? 此蟬十歲聞此聲亦然, 是冠加年也. 二十歲聞此聲亦然, 是年何年? 就邸翌年. 三十歲聞其聲亦然, 是年何歲? 入東闈三年也. 癸丑年聞蟬聲亦然, 此嗣服後十年也. 癸亥年聞蟬聲亦然, 此卽予憶昔受爵年也. 癸酉年聞其聲惟前, 是予六十歲也. 其後今十八年, 堂中朝聞此聲, 況若昔年蟬聲雜耳, 予懷萬億. 自謂曰, 一何冥然, 復聞此聲, 一何冥然."

시하기도 하였다. 즉, 고요한 밤에 홀로 깨어 있으면서 청각적으로 더욱 예민해졌던 것이다. 특히, 긴 밤을 지새우면서 새벽 첫닭이 우는 소리에는 더욱 민감하게 반응하고 애타게 기다리는 심정을 읊조리기도 했다.[18]

위 작품에서 영조가 당 안에서 아침에 매미소리를 듣고 추억과 감회를 일으킨 것도 기본적으로는 이렇게 불면증으로 시달리면서 청각적으로 예민해졌던 노년의 상황과 무관하지 않다. 이 작품보다 한 해 전에 지은 동일 제목의「어제문선성심만배」(K4-2202)에서도 영조는 승문원에서 매미소리를 듣고는 자신의 추억이 서린 공간과 거기서 들었던 매미소리에 대해 설명하였다. 이로 볼 때, 이들 작품에서의 매미소리는 청각적으로 예민해진 영조의 노쇠한 상황이 투영되어 있고 영조에게 과거 추억을 야기하는 중요한 매개라는 점에서 의미를 부여할 수 있다.

팔순에 한가로이 읊으며 '온갖 근심[百悶]'이라 이름하노라.	八旬閑吟, 名曰百悶.
아침저녁으로 어둑해짐을 살피니, 이는 정말 온갖 근심이로다.	夙夜視昏, 此正百悶.
몇 걸음 걸어도 모두 탄식하니 바로 나의 온갖 근심이로다.	數步皆艱, 卽予百悶.
밥상 두고 젓가락질 하여도 또한 나는 온갖 근심하노라.	對案能箸, 亦予百悶.
몇 수저 뜨다 문득 눕게 되니 이는 진실로 온갖 근심이로다.	數匙輒臥, 此誠百悶.
동으로 서로 잠자리 뒤척이며 밤낮없이 온갖 근심하노라.	東枕西枕, 晝夜百悶.

---

[18] 「御製聞鷄聲」(K4-2163~2165),「御製聞鷄聲予心喜」(K4-2167) 등의 작품이 대표적이다.

…(중략)…

6세에 봉작을 받았으니 추모하는 마음이 온갖 근심이오.	六歲封爵, 追慕百悶.
익년 봄에 사은하였으니 어제와 같아 온갖 근심 드네.	翌春謝恩, 若昨百悶.
종부시 유사당상 지낼 때 관례대로 한 일 온갖 근심이오.	宗簿有司, 曰例百悶.
지금 다시 어찌 보려나 눈물로 적시는 일 온갖 근심이라네.	今復何覩, 涕濕百悶.
10세 때 삼가례 하였으니 지금 추억하기에 온갖 근심 들고.	十歲三加, 今憶百悶.
11세 때 가례 올렸으니 옛 생각에 온갖 근심 드네.	十一吉禮, 惟昔百悶.
13세 작위 받았으니 감정 억누르기 어려워 온갖 근심 들고.	十三奉爵, 掩抑百悶.
16세 주원 도제거 되었으니 성은 감사에 온갖 근심 이네.	十六廚院, 感恩百悶.
신묘년(1711) 8월에 어가 수행한 일 떠올리니 온갖 근심 들고.	辛卯八月, 隨駕百悶.
겨울에 회상전에서 탑전에 모시던 일 떠올리니 온갖 근심 이네.	年冬會祥, 侍榻百悶.
임진년(1712) 사저로 나아갔으니,『시경』읊으며 온갖 근심 들고.	壬辰就邸, 誦詩百悶.
같은 해 봄 도총부 총관되었거늘 어렴풋하니 온갖 근심 드네.	同春摠府, 依俙百悶.
그해 종정 겸하였는데, 감흥 떠올리니 온갖 근심 들고.	其年宗正, 興惟百悶.

동향제 초헌관으로 섭향하니 과연 처음이라 온 갖 근심이었네.	初冬攝享, 果初百悶.
…(중략)…	
지금 내 나이 팔순이라 꿈속인 듯 온갖 근심 들고.	今予八旬, 夢想百悶.
이는 진실로 우연이라 길게 탄식하며 온갖 근심하네.	此誠偶然, 長歎百悶.
모두가 장수했다 말하지만 나는 괴이할 뿐이나 온갖 근심이오.	咸曰壽域, 予惟百悶.
사람 대하기 창피하니 너무도 장수하여 온갖 근심 드네.	對人靦然, 何壽百悶.
잠시 세상 사람들에게 물어도 그저 나만 온갖 근심할 뿐.	借問世人, 只予百悶.
누가 알아주리오 그저 나만 온갖 근심할 뿐이라네.	人孰知之, 只予百悶.
…(후략)…[19]	

위에서 소개한 「어제백민음」을 통해서는 그 소재뿐만 아니라 서술 방식에 있어서도 차별점을 발견할 수 있다. 영조 나이 팔순에 지은 이 작품은 팔순을 맞이하기까지 살아오면서 들었던 온갖 번민을 열거하면서 4언 100구로 읊은 운문이다.

일단, 위 작품과 같이 장편의 운문을 통해 일생을 술회하는 방식은 조선 후기에 이르러 본격적으로 등장하였다.[20] 이 작품 또한 이러한 자전문학사와 궤를 같이 한다고 할 것인데, 그 형식을 보면 일반의 한시와는 또 다른 면을 보이고 있다. 위 운문은 4언의 두 구가 짝을 이루고 있는데, 내

---

[19] 「御製百悶吟」(K4-2400).
[20] 대표적으로 李睟光은 〈述懷五百七十言〉에서 화려했던 시절과 전란으로 고통받았던 인생의 역정을 서술하고 마음가짐을 밝혀놓았다. 또 南龍翼의 〈自敍詩二百二十四韻〉에는 가문의 영광과 화려한 벼슬살이, 이후 몰락의 과정 등이 순차적으로 기술되어 있다. 박진성, 『조선후기 자전문학 연구』, 한국학중앙연구원 박사학위논문, 2019, 41-42쪽 참조.

구에서는 자신의 현실과 과거 추억을 술회하고 외구에서는 '백민(百悶)'을 계속 반복하면서 감회를 강조하고 있다. 운문의 형식을 하고 있으면서도 압운과 평측을 사용하지 않고 특정 구나 글자를 반복하면서 감정을 고조시키고, 운율과 리듬감을 형성하는 이른바 파격적인 영조체를 구사하고 있어서 여타 자전적 한시와 다른 결을 지닌 작품이라 하겠다.

 이 작품은 형식 말고 내용 면에서도 특이하다. 앞선 작품이 매미소리라는 청각적 소재를 활용하였다면, 이 작품에서는 근심이라는 감정적 소재를 가지고 과거를 돌이키고 있는 것이다. 주야로 정신이 어둑해지고, 거동과 식사, 잠자리가 모두 불편해진 팔순의 현실은 그야말로 온갖 근심거리라고 말할 수 있을 것이다. 그러면서 영조는 이 근심이라는 화두를 가지고 과거를 돌이켜본다. 그런데 일반적으로 과거에 자신을 근심하게 했던 요인과 대상들을 돌이킬 것이라 생각하면 오산이다. 인용문에서 보이듯이 그가 떠올린 과거의 내역을 살펴보면 부모 가족과의 애틋한 추억과 영예로운 순간들로 채워져 있다. 그럼에도 영조는 매 기억마다 온갖 근심이 든다고 말한다. 그의 말처럼 그때를 추억하면 감정을 억누를 수 없고, 꿈만 같고, 자꾸 탄식하게 되기 때문이다.

 사실, 앞서 잠시 살펴보았지만 영조의 노년 심사는 대부분 강개, 구차, 자탄, 명연 등의 용어로 표현되고 있어 결코 편하지 않았음을 알 수 있다. 회고를 내세운 어제첩 대부분의 작품에서 영조는 노쇠한 현실에 대한 대응이자 극복 차원에서 지난 과거를 끊임없이 회상하지만 이내 꿈같고 전생 같은 과거에서 돌아와 방 안에 홀로 조용히 지내고 있는 자신을 자각한다. 그러면서 더욱 북받치는 감회를 가눌 길이 없다고 말한다. 위 작품에서 아름다운 과거와 온갖 근심이 조응하는 것 또한 이러한 맥락에서 이해할 수 있을 것이다. 다만, 여기에서 영조가 '근심'을 강조한 점은 생각해 볼 여지가 있다.

끝없이 번민하노라, 끝없이 번민하노라.	亘中悶, 亘中悶.
82세의 나이라네, 82세의 나이라네.	八十二, 八十二.
아, 근래에는, 아, 근래에는.	嗟近日, 嗟近日.
잠은 나아졌지만, 잠은 나아졌지만.	睡能勝, 睡能勝.
기력이 쇠하고 어지럽다, 기력이 쇠하고 어지럽다.	氣昏眩, 氣昏眩.
정말 너무 심하구나, 정말 너무 심하구나.	誠特甚, 誠特甚.
어제 저녁엔 더하더니, 어제 저녁엔 더하더니.	昨夕加, 昨夕加.
오늘 아침엔 배가 되었네, 오늘 아침엔 배가 되었네.	今朝倍, 今朝倍.
나는 목석같으나, 나는 목석같으나.	予木石, 予木石.
이 어찌 견디리, 이 어찌 견디리.	其何堪, 其何堪.
진실로 이와 같다면, 진실로 이와 같다면.	誠若此, 誠若此.
앞으로 어떻게 될까, 앞으로 어떻게 될까.	將若何, 將若何.

…(후략)…[21]

'근심이 뻗친다'는 제목을 한 위 작품은 영조 몰년 한 해 전인 82세에 지은 것이다. 그 내용을 보면 강개와 구차, 자탄 같은 한탄과 불평의 감정을 강조한 여느 작품들과는 달리 노쇠함으로 인한 괴로움과 불안이 강조되고 있다. 어제와 오늘이 다를 만큼 날이 갈수록 심해지는 신체적 노화로 인하여 목석같다고 자부했던 영조의 정신 또한 끝내 피폐해져서 앞으로 어떻게 될지 알 수 없다고 말하는 것이다.

실제로 영조는 팔순을 넘긴 이후 헛소리를 하고 자신이 한 말을 기억하지 못하는 치매 증세가 점차 심해졌으며 거동 역시 어려워졌다. 영조 또한 자기 병세의 심각성을 인지하여 자신의 기억이 남아 있을 때 세손에게 대리청정을 맡기려는 뜻을 표하기도 했다.[22] 이처럼 영조 말년 건강이 크게

---

21 「御製亘中悶」(K4-1507).

악화됨에 따라 그의 심리 역시 불안과 번민으로 가득찰 수밖에 없다. 이런 상황을 두고 「어제백민음」을 다시 살핀다면, 근심이라는 화두로 장편의 운문을 지은 것 외에 불편에서 괴로움으로, 강개함에서 불안으로 변모하고 있는 영조 말년의 상황과 또 다른 심리를 반영했다는 점에서 의미를 부여할 수 있다. 이렇게 불안과 근심으로 점철된 생의 끝자락에 지은 자전임을 상기한다면 이 작품에 술회된 그의 과거 기억은 더욱 애처롭고 각별하게 느껴질 것이다.

이상으로 영조어제첩 속 자전 가운데 개성적 소재와 유형이 돋보이는 작품들을 일부 살펴보았다. 앞서 언급한 것처럼 조선 후기로 갈수록 자전의 유형과 범주가 더욱 확대되는 가운데 개성적 글쓰기를 선보인 작품도 점차 증가하는 경향을 보인다. 영조의 자전적 작품 또한 크게는 이러한 문학 경향의 변화와 무관하다고 할 수는 없다. 그러나 당대 문인들의 개성적 작품이 기존의 구태의연한 일생 서술 방식을 탈피하고, 타인에 의한 왜곡을 경계하는 차원에서 탄생한 것이라면, 앞서 살핀 영조의 자전들은 기존 문학 경향에 대한 반성보다는 노년에 하루도 쉬지 않고 과거를 회상하고 추모하는 가운데 자신과 주변의 모든 것들을 동원하는 과정에서 새로운 소재를 발견하고 전날과 다른 글쓰기를 시도하면서 탄생한 것이라고 할 수 있다. 이처럼 변함없는 과거를 다양한 방식을 동원해 술회하는 그의 자전적 글쓰기를 통해서 그의 노년 상황뿐 아니라 늘 깨어 있음을 자부하고 이를 실천하고자 했던 영조 노년의 의지를 확인할 수 있을 것이다.

---

22 국역 『명의록』 권수, 「존현각일기」 을미년 조, "1775년 10월 7일. 연화문에서 常參을 행하셨다. 이때 상의 환후가 날로 점점 악화되었는데, 이날 痰候 증세로 헛소리를 하시며 殿座하라는 명을 내리셨다. … '내가 오늘 상참을 열라고 한 것은 담후 증세로 헛소리를 한 것이지만, 이미 비망기를 써서 내렸기 때문에 내 근력도 시험해볼 겸해서 억지로 일어나 연화문에 나아갔던 것이다. 그런데 지영한 뒤에 지척도 분간하지 못하였으니 이 무슨 일인가. 이제는 내가 스스로 애써보려고 해도 억지로 움직여볼 도리가 전혀 없다. … 나이 어린 세손이 숙성하여 나를 지성으로 섬기니, 결코 내 기대를 저버리지 않을 것이다. 내 담후가 그래도 더 심해지지 않았을 때 機務를 대리청정하게 하면 어찌 좋지 않겠는가.'"

4. 맺음말

　지금까지 영조가 노년에 지은 5천여 편의 어제첩본을 중심으로 어제첩의 기본 성격과 많은 비중을 차지하고 있는 자전적 글쓰기 양상을 살펴보았다. 이제 마무리 차원에서 영조어제첩 속 자전적 작품, 그리고 영조 노년의 자전적 글쓰기 행위가 갖는 의미와 가치에 대해 논하며 갈무리하겠다.

　영조어제첩 작품들은 영조가 더 이상 시문을 짓지 않겠다고 선언한 이후 노년의 삶과 사유, 감정을 토로할 새로운 대안으로 저술된 것이다. 영조어제첩의 대표적 주제이자 소재는 바로 회고였으며, 그 대상은 자신과 가족으로 점철된 특징이 있다. 이 가운데 자전적 작품들은 영조어제첩의 기본 성격을 가장 잘 보여주는 자료로서 어제첩에 편린되어 있는 영조의 일생과 감회들을 집약적으로 보여준다. 특히, 가족과 얽힌 추억과 사건들을 회상하고 젊은 시절을 중심으로 부모와의 추억을 열거하는 작품이 다수 확인된다는 점에서 자전적 작품들은 영조어제첩의 축소판이라고 할 수 있다. 한국 자전문학사 전체로 볼 때 한 개인이 이처럼 다양한 유형과 글쓰기 방식 선보인 사례가 없다는 점에서 영조어제첩의 자전적 작품들은 하나하나 특별한 의미를 지니며, 영조가 노년에 중시했던 과거사와 추억, 일생의 업적, 평생의 지향을 모두 확인할 수 있는바, 영조 일생을 이해하는 가장 중요한 자료로서 가치를 지닌다.

　영조는 일찍이 53세에 『어제자성편(御製自省篇)』을 지어 자신의 못난 성격과 학문 부족을 질타하며 한 개인과 국왕으로서의 도리와 책임을 자각한바 있다. 영조어제첩 속 다양한 자아와 자전적 작품들은 그 연장에서 이해할 수 있는 것으로 운문과 산문을 넘나드는 글쓰기와 자아성찰과 비판,

가족에 대한 추억들을 통해서 영조가 노년까지 확고한 자의식을 가지고 자신의 정체성을 끊임없이 탐문하고 강조했음을 확인할 수 있다.

주지하듯이, 영조는 애초 궁인이었던 숙빈 최씨의 아들이라는 이유로 왕세자 시절부터 등극 초기까지 숱한 논쟁과 화란에 시달려야 했다. 모후인 인원왕후와 노론들의 비호 덕에 왕위를 이어가긴 했지만, 자신과 어머니의 출신에 대한 콤플렉스를 극복하고 국왕으로서 당당히 자리매김하는 것은 영조 평생의 숙원사업 중 하나였다고 할 것이다. 그가 노년에 숙빈 최씨의 존호를 연이어 세 번이나 가상한 것이나, 여자 노비의 공역을 폐지하고 서얼의 청요직 진출을 허용하는 등 소외된 계층을 직접 챙긴 것 또한 이러한 콤플렉스의 반작용으로 볼 수 있다. 또 영조는 1762년 사도세자 사망 후 세손 정조를 효장세자에 입적하면서 세손이 죄인의 자식이라는 오명을 벗고 왕위 계승자로서 정통성을 확고히 다지게 만들기도 했다.

그가 노년에 각종 유형의 자전적 작품을 남긴 것도 이와 같은 맥락에서 이해할 수 있을 것이다. 자신의 출신에 대한 콤플렉스를 극복하기 위해 많은 사업을 펼치고, 왕가의 일원이자 국왕으로서의 정통성을 확립하고자 했던 인물로서 수많은 자전적 작품을 통해 숙빈 최씨 외에 선왕 숙종과 모후 인원왕후, 형인 경종과의 추억 및 유대를 강조하며 당당한 왕위 계승자이자 지엄한 국왕으로서 정체성을 분명히 드러내고 있는 것이다.

자서전 이론가인 필립 르죈(Philippe Lejeune)은 일찍이 자서전을 정의하며, "자신의 인성의 역사를 중점적으로 말하는 산문으로 쓴 과거 회상형의 이야기"라고 하였다.[23] 여기에서 '인성의 역사'라는 부분에 초점을 맞추어 영조의 자전을 살펴보면, 왕가의 일원으로 성장하여 왕위에 오르기까지 결정적 영향을 미치고, 노년 정서에 가장 많은 비중을 차지하는 가족의 이야기로 채워진 그의 작품들은 필립 르죈의 정의와 다름이 없다. 그러면서

---

[23] 필립 르죈 지음, 윤진 옮김, 『자서전의 규약』, 문학과지성사, 1998, 17쪽.

도 이것이 국왕 영조의 정체성과 정통성을 공고히 하는 데에도 활용되었을 것으로 사료되는바, 영조의 자전적 작품들은 개인과 공인으로서의 양면성과 효율성을 모두 지닌 글쓰기로서 우리 자전문학사에서 남다른 지위를 차지한다고 할 것이다.

영조 대 군신 수창과 갱진축 소장 현황

이재준

1. 머리말

　장서각 소장 왕실도서 중 대표적인 하나의 컬렉션을 특정하면 봉모당에 소장되어 있던 '영조어제'를 들 수 있다. '영조어제'라 하면 연구자들 사이에서 일반적으로 『열성어제(列聖御製)』의 '영조편(英祖篇)'이나, 어제시가 한가득 필사되어 있는 6천여 점의 필사본 시첩을 떠올린다. 그러나 이 시첩과는 별개로 국가의 공식 행사 또는 비공식 회합에서 군신 간 수창한 시구를 일정한 형식에 따라 기술하고 편집하여 제작한 서첩이 존재하고 있다. 군신 수창의 행위를 갱진이라 하며, 수창의 결과물인 시구를 수록하여 다수의 첩장으로 엮어냈으므로 이름하여 갱진첩이라 한다.[1] 시구가 수

1 　선장본도 존재하지만 대부분 첩장본이므로 편의를 위해 이와 같이 명명하였다. 선장본일 경우

록된 점에서 어제시첩과 동일하지만 어제시에 대한 신료들의 화답(갱진)시가 있다는 점에서 차이가 있다.² 갱진 1회에는 왕을 포함하여 최소 2명에서 최대 100명 이상의 관료가 참여하므로 당대 주요 인물들의 사상과 시풍을 파악할 수 있고, 사회적 이슈와 그에 대한 견해를 살펴볼 수 있으며, 내용에 따라서는 수창 시기와 필사 시기를 추정할 수 있는 문헌학적 사료가 될 수도 있다. 참여자의 개별 시구와 직함을 통하여 개인 문집에 수록되지 않은 시가를 새로 발견하거나, 편년사에 잘 나타나지 않는 공직 이력을 파악하여 개인과 전기 자료를 보강하고 가문의 세력을 살펴보는 효과도 있어 문학적 가치와 사료적 가치를 동시에 지니고 있다. 갱진 사례는 조선 전기부터 있었지만 영조 대에 가장 활발하였고, 특히 영조의 노년에 성행하였다. 갱진의 결과물로 생성된 필사본 갱진첩의 대부분은 봉모당에 봉안되었고, 일부 주요 갱진첩은 주요 관서와 개인에게도 배포되었다.

갱진첩은 규장각에도 일부 존재하지만, 봉모당의 도서를 전량 인수한 장서각에 가장 많이 소장되어 있다. 따라서 장서각 소장본의 현황이 분석되어야만 영조 대 갱진 사례의 윤곽을 파악할 수 있다. 영조어제에 관한 연구는 현재까지도 꾸준히 발표되고 있지만 시첩에 집중되어 있고,³ 그마저 문학적 연구에 한정된 경향을 보인다. 이에 영조어제 연구의 한 분야인 갱진첩의 서지적 연구를 통해 영조어제의 전반을 연구하는 데 필요한 기초 정보를 제공할 필요성이 제기되고 있다.

이 글은 영조어제 중에서 갱진첩에 주목하여 수창 현황, 구성 체계, 갱진

'賡進錄'으로 일컫기도 한다.
2 집부의 별집류에 속하는 영조시첩과 집부 총집류에 속하는 영조갱진첩은 분류에서부터 확연히 구분된다.
3 안장리, 『조선 국왕 영조 문학 연구』, 세창출판사, 2020; 김상환, 『영조어제 해제』, 한국학중앙연구원 출판부, 2011; 김남기, 「조선시대 군신의 창화와 그 의미」, 『한국한문학연구』 38, 태학사, 2006, 141-176쪽; 박용만, 「영조 어제책의 자료적 성격」, 『장서각』 11, 한국중앙연구원, 2004, 11-14쪽.

사유, 참여 제신 등의 서지적 현황과 특징을 정리하고 분석하는 데 집중하였다. 장서각의 온라인 목록을 조사하고 원본을 실사하여 수백 편에 달하는 대상 자료를 추출하였고, 디지털 이미지를 통해 문헌에 나타나는 정보 요소를 데이터화하여 통계 처리한 결과를 기술하였다. 데이터로 정리된 객관적 사실들은 영조 대의 문학 연구는 물론이고 역사, 문화, 인물, 가문, 서지 등 다양한 한국학 분야의 연구에 기초 자료로 사용될 수 있을 것이다.

2. 갱진첩의 현황과 형태적 특징

1) 용어의 종류와 사용례

조선시대 국가의 공식 행사 또는 비공식 회합에서 이를 기념하기 위해 군신 간 시구를 수창했던 전통이 있는데 이를 일컬어 '갱재(賡載)'라 하였다. '갱(賡)'은 '잇는다', '재(載)'는 '기록한다'는 뜻으로 '갱재'는 '시구를 이어서 기록한다(짓는다)'는 의미로 해석된다.[4] 그런데 이때 사용되는 용어는 비단 '갱재'만 있지 않았다. '갱재'보다 더 사용 빈도가 높고 익숙한 용어로 '갱진(賡進)'이 있고 그밖에 '갱운(賡韻)', '갱화(賡和)', '갱수(賡酬)', '제진(製進)', '화진(和進)', '화운(和韻)' 등의 용어도 사용되었다. 위와 같은 다양한 접두어 뒤에 '첩(帖)', '록(錄)' 등의 글자가 붙어 관용적인 서명을 형성하였다. 실제로 갱재첩(賡載帖),[5] 갱재록(賡載錄),[6] 갱진첩(賡進帖),[7] 갱진록(賡進

---

4 세종대왕기념사업회 편찬위원회, 『한국고전용어사전』, 세종대왕기념사업회, 2001.
5 『景賢堂賡載帖』.
6 『總府賡載錄』, 『慶運宮賡載錄』.

표 1 군신 수창에 관한 유사어

용어	의미	비고
賡載	임금이 지은 시가에 화답하여 시가를 지음	고려대한국어대사전
賡進	임금이 지은 시가에 화답하는 시가를 적어 임금에게 바치던 일	표준국어대사전
賡韻	다른 사람의 시운에 맞추어 시를 짓는 것을 이르는 말	한국고전용어사전
賡酬	시나 노래를 지어 서로 답하여 주고받음	표준국어대사전
製進	왕명을 받아 시나 글을 지어 올림	한국한자어사전
和進	웃사람의 시문에 화답하여 올림	단국대한국한자어사전
和韻	남이 지은 시의 운자를 써서 화답하는 시를 지음	표준국어대사전

錄),⁸ 갱운록(賡韻錄),⁹ 갱화첩(賡和帖),¹⁰ 갱수첩(賡酬帖)¹¹ 등 의미가 비슷하지만 모습이 다른 다양한 형태의 서명이 확인되고 있다. 사전에 등장하는 각 용어의 의미는 〈표 1〉과 같다.

상기 용어 간 의미의 차이를 명확히 구분하기는 어렵다. 수창했다는 의미로 '재(載)'가 되고, 수창하여 왕에게 진상했다는 의미로 '진(進)'이 되고, 화답하여 수창했음을 강조하여 '수(酬)' 또는 '화(和)'라 하며, 운자에 맞추어 수창했다는 의미로 '운(韻)'이 되었다. 군신 수창의 본질이 어제에 대한 신료의 화답이며, 이때 기본적으로 운에 맞추어 시구가 작시됨으로 갱재, 갱진 정도의 용어만으로도 의미가 충분한데 갱수, 갱화, 갱운 등으로 분화되어 사용된 점을 보면, 각 용어가 내포하는 의미의 차이가 훨씬 더 치밀한 듯하다. 『승정원일기』에는 '갱진' 332건, '갱운' 203건, '갱재' 59건이 검색되어 군신 수창을 이르는 용어로 '갱진'이 가장 많이 사용되었음을 알 수 있다. '제진'은 7,600여 건에 달하는데 제문(祭文), 과제(科題), 비답(批答),

7 『綱目畢講後賡進帖』,『頌橘詩賡進帖』.
8 『御製賡進錄』.
9 『受爵賡韻錄』,『舊邸庭中賡韻錄』.
10 『大報壇御製賡和帖』.
11 『御製賡酬帖』.

교서(敎書) 등 여러 종류의 글을 지어 올린 진상 행위를 통칭하는 용어로 군신 수창에만 사용된 용어는 아니었다. 실록에 따르면 태종 대부터 사용례가 나타나므로 용어의 역사와 전통이 오래되었지만, 사용례는 영조 대에 집중되어 있어 이 시기에 군신 수창이 가장 활성화되었던 사실을 알 수 있다.

2) 시기별 수창 현황

갱진과 갱진시는 왕과 왕세손을 비롯하여 여러 신료가 참여해 완성한 공동의 행위이자 결과물이다. 2인 이상의 저작이 수록된 문학 작품이므로 사부 분류법 중 집부의 총집류에 해당하며, 청구기호 'K4-36'부터 'K4-283'까지 초반부에 집중되어 있다. 장서각 도서 가운데 영조 대의 갱진첩은 복본을 제외하고 139첩(책)이 확인된다. 1첩(책)에 복수의 갱진이 합본되어 있는데, 이를 별건으로 구분하면 총 139첩(책)에 319건의 갱진이 존재하며, 수록된 시구는 6,624수에 달한다.

영조의 갱진은 1751년(영조 27)부터 1776년(영조 52)까지 약 25년에 걸쳐 나타나고 있다. 초년과 중년의 갱진 사례는 그리 많지 않고 노년기에 집중되어 있다. 1762년(영조 38)까지는 거의 존재하지 않을 정도로 갱진 사례가 매우 드물게 나타나며, 1763년(영조 39)부터는 매년 갱진 사례가 나타나지만 한 자리 수에 그치고 있다. 1770년대부터는 양적 규모가 크게 증가하기 시작하여 1773년(영조 49)에는 81회의 갱진이 실시되었고, 영조 재위 50년이자 81세가 되는 1774년(영조 50)에는 무려 93회에 달하는 갱진 사례가 확인되었다. 갱진의 최고 전성기에 해당하는 1773년부터 1774년까지 두 해가 영조 대 갱진의 55퍼센트를 차지하고 있다. 범위를 좀 더 넓혀 보면 영조 79세인 1772년(영조 48)부터 82세인 1775년(영조 51)까지가 가장 왕성했던 시기로 파악되며, 이 4년간 실시한 갱진이 영조 대 갱진의

표 2 시기별 갱진 현황

시기	왕대	영조 나이	수량(건)	시기	왕대	영조 나이	수량(건)
1751	영조 27	58	1	1769	영조 45	76	16
1760	영조 36	67	1	1770	영조 46	77	11
1763	영조 39	70	3	1771	영조 47	78	19
1764	영조 40	71	2	1772	영조 48	79	45
1765	영조 41	72	4	1773	영조 49	80	81
1766	영조 42	73	2	1774	영조 50	81	93
1767	영조 43	74	6	1775	영조 51	82	30
1768	영조 44	75	2	1776	영조 52	83	1

80퍼센트에 이르고 있다.

가장 시기가 앞선 갱진의 어제시는 1751년(영조 27) 9월에 수창한 칠언절구의 〈연래오십팔추시(年來五十八秋時)〉다. 영조가 창경궁 명정전에서 거행된 경과(慶科)에 친림한 감회를 시로 짓고 신료들이 갱진하였다. 이 첩의 표제는『영조어제선왕석일갱진병(英祖御製先王昔日賡進幷)』(K4-197)이며 수록된 3건의 갱진 중 제2갱이다. 압운은 '시(時), 희(稀), 비(飛)'이며 영조를 비롯하여 이조판서 이천보(李天輔)와 병조판서 홍계희(洪啓禧) 등 22인이 참여하였다. 가장 시기가 늦은 갱진의 어제시는 1776년(영조 52) 1월에 수창한 7언 2구의 〈흥유석일여심절(興惟昔日予心切)〉이다. 이 첩의 표제는『영조어제흥유석일갱진병(英祖御製興惟昔日賡進幷)』(K4-5557)이며 수록된 5건의 갱진 중 제1갱이다. 영조를 비롯하여 도승지 서유린(徐有隣)과 병조참의 이병정(李秉鼎) 등 21인이 참여하였다. 영조가 이해 3월 경희궁 집경당에서 승하하였으므로 군신 간의 마지막 수창일 것으로 추정된다.

3) 제책과 배포

수창이 실시된 시기와 갱진첩이 완성된 시기는 필사본과 인쇄본을 구분해 살펴볼 필요가 있다. 인쇄본 갱진첩은 수창 후 예외 없이 즉각 인쇄와 배포가 이루어졌다. 1765년(영조 41)에 간행된 『수작갱운록(受爵賡韻錄)』은 군신 수창이 있은 10월 11일로부터[12] 4일이 지난 10월 15일에 배포가 완료되었고,[13] 1773년(영조 49)에 간행된 『경운궁갱재록(慶運宮賡載錄)』은 군신 수창이 있은 10월 4일로부터[14] 7일이 지난 10월 11일에 배포가 완료되었다.[15] 이처럼 인쇄본은 공식 석상에서 수창한 결과물을 약 일주일 안팎의 단시간에 정리, 편집, 인쇄, 배포까지 신속하게 추진하였다. 『수작갱운록』의 갱진 제신은 121명이며, 『경운궁갱재록』의 갱진 제신은 44명이다. 왕과 왕세손을 비롯하여 사고 및 관서의 비장 분과 갱진 제신 개인에게도 모두 지급되었으므로 잉여분까지 고려하면 『수작갱운록』은 150부 이상 인쇄되었고,[16] 『경운궁갱재록』도 50부 이상 인쇄한 것으로 추정된다.[17] 『수작갱운록』과 『경운궁갱재록』은 각각 27장과 24장으로 분량은 비교적 얇은 편이지만 부수를 감안할 때 대형 출판 사업이었다. 인쇄본 갱진첩의 배포는 왕과 왕세손, 사고, 갱진 제신 정도에 한정되므로 발행 부수는 때마다 달라지는 갱진 제신의 규모에 따라 결정되었다.

　필사본 갱진첩의 제책과 배포 상황은 조금 다르다. 영조 말년에 수시로 실시된 다수의 갱진은 당초 인쇄하여 배포할 계획이 없었던 것으로 보이며, 따라서 수창과 동시에 문헌으로 가공되지 않았다. 영조 사후 특정 시기에 일괄 등사 및 제책이 이루어진 것으로 보이는데, 인쇄본 갱진첩과 달

---

[12] 『영조실록』, 영조 41년 10월 11일.
[13] 『受爵賡韻錄』, 「內賜記」, "乾隆三十年十月十五日內賜行司直沈鏽御製受爵賡韻錄一件命除謝恩右承旨臣金(押)."
[14] 『영조실록』, 영조 49년 10월 4일.
[15] 『慶運宮賡載錄』, 「內賜記」, "乾隆三十八年十月十一日內賜刑曹參判沈頤之御製慶運宮賡載錄壹件命除謝恩右承旨臣洪(押)."
[16] 『영조실록』, 영조 41년 10월 11일.
[17] 『영조실록』, 영조 49년 10월 11일.

표 3 갱진첩 합본 사례

서명	K4-197(3건 합본) 英祖御製先王昔日賡進并	K4-239(7건 합본) 英祖御製今年來月賡進并	K4-282(5건 합본) 英祖御製兄弟登科賡進并
1갱	先王昔日扶陽意(1774. 11.)	今年來月懷何抑(1773. 11.)	兄弟登科豈偶爾(1774. 09.)
2갱	年來五十八秋時(1751. 09.)	八十一年稀有事(1774. 06.)	昔年庚辰　　　(1768. 09.)
3갱	今辰此擧家人禮(1772. 03.)	今日此心豈偶然(1774. 06.)	今辰此擧豈夢憶(1774. 03.)
4갱	×	八旬七十六旬會(1774. 06.)	正大光明繼述昔(1774. 03.)
5갱	×	示意一盤中　　(1775. 01.)	以親九族聞書經(1773. 03.)
6갱	×	懷亦萬千中　　(1775. 01.)	×
7갱	×	憶昔懷千萬　　(1774. 11.)	×

리 필사본 갱진첩의 대부분은 복수의 갱진이 합본되어 있다는 점을 근거로 들 수 있다. 합본 양상은 수개월에서 23년까지의 차이를 보이는데 수창 시기 순서로 수록되어 있지 않으며, 상호 연관 없는 주제가 무의미하게 혼합되어 있다.

1첩(책)당 최소 1건부터 최대 10건까지 합본되어 있으며, 평균 2.6건이 합본되어 있다. 〈표 3〉의 『영조어제선왕석일갱진병(英祖御製先王昔日賡進并)』을 살펴보면 제1갱 〈선왕석일부양의(先王昔日扶陽意)〉는 1774년(영조 50) 11월의 갱진이고, 제2갱 〈연래오십팔추시(年來五十八秋時)〉는 1751년(영조 27) 9월의 갱진이며, 제3갱 〈금진차거가인례(今辰此擧家人禮)〉는 1772년(영조 48) 3월의 갱진이다. 합본된 갱진의 간극이 최대 23년까지 차이가 나고 있어 시기적으로 갱진 상호 간 연관성을 찾아보기 어렵다. 또한 시구의 내용을 분석하면 순서대로 '선왕(숙종)에 대한 소회', '58세 가을에 치르는 경과의 감회', '가인례를 거행하며 과거를 회상'하는 것이므로 굳이 유사점을 찾자면 상념에 빠져 읊은 감성시를 한데 엮은 것일 뿐 주제적으로 유의미한 연관성이 있다고 보기는 어렵다. 수창 후 즉시 필사하여 개별 문헌으로 관리되었다면 존재하기 어려운 형태임은 분명하다. 장정, 책지, 제첩, 문양, 질감 등 갱진첩의 물리적 모습도 매우 동일하여 대량의 필사를 위해 일괄 제작된 느낌을 갖기에 충분하다. 이 같은 합본 사례는 영조 사후 갱진첩 제작 사업이 추진되는 과정에서 문서나 성책 등의 형태로 존재하던 대량의 갱진시가 사자관 및 서리 등에게 일괄 할당되고 기계적으로 등사되는 과정에서 발생한 일은 아닌지 의심해볼 뿐이다.

일부에 해당하지만 필사본 갱진첩도 배포 기록이 존재한다. 『영조어제년년삼백갱진병(英祖御製年年三百賡進幷)』(K4-208)의 제2갱 〈완경탕평합일일(完慶蕩平合一日)〉을 살펴보면 1772년(영조 48) 8월 1일에 실시된 탕평정시(蕩平庭試)의 급제자 11인과 나흘 후인 8월 5일에 수창하며 그 배경을 서술하였다. 권수에 "오, 금번의 탕평과(蕩平科)는[18] 50년의 의지가 완성된 것으로 어제를 친히 적어 내린다"는 탕평과의 배경을 설명하고, "탕평문과 11인의 갱운을 첩으로 만들어 대내와 왕세손에게 1건씩 납입하고, 사각에 1건을 비장하며, 새로 급제한 11인에게 각 1건씩 하사하여 내 영원하고 견고한 방본의 뜻을 보이라" 하며[19] 당해 갱진의 배포 범위를 명시하였다. 이어서 '알(日)'과 '창(唱)'을 운자로 삼아 지은 어제시 〈완경탕평합일일(完慶蕩平合一日)〉에 이어 신급제자 임종주(任宗周) 등 11인의 갱진시를 수록하였다. 이 기록에 따르면 총 14부가 제작 및 배포된 것인데 당 본 이외에는 확인되지 않는다.

『영조어제십륙수은점갱진병(英祖御製十六受恩點賡進幷)』(K4-203)의 제2갱 〈금세당중금일사(今歲堂中今日事)〉는 1775년(영조 51) 3월 병중의 영조에게 탕제를 올리며 수창을 실시한 것이다. 당시 입시했던 대신(大臣), 경재(卿宰), 한주(翰注)의 갱운을 정리하여 대내와 왕세손에게 1건씩 납입하고, 갱진 제신에게 1건씩 하사하였다.[20] 갱진 제신에 영의정·좌의정·우의정 등

---

18 1772년(영조 48) 8월 1일에 정시와 함께 치러진 이 과시는 조선시대 단 한 차례만 시행했던 유일 탕평과시였다.

19 『英祖御製年年三百賡進幷』, 「御製蕩平科賡韻錄」, "噫今者蕩平科卽五十年志成書下御製今文科十一人賡韻作帖一件內入一件入于銅闈一件藏于史閣新恩十一人各賜一件以示予永固邦本之意." (K4-208)

대신 3인, 영중추부사·행판중추부사(3인)·호조판서·동지중추부사·행도승지 등 경재 7인, 주서·대교·검열 등 한주 3인까지 왕과 왕세손을 포함한 15인의 배포 범위를 정확하게 명시하였다.

필사본 갱진첩 역시 인쇄본 갱진첩과 마찬가지로 왕과 왕세손, 사고, 갱진 제신으로 배포 범위가 한정되었음을 알 수 있다. 필사본 갱진첩은 배포 기록이 인쇄본처럼 실록이나 『승정원일기』 등의 편년사에 보이는 것이 아니라 갱진첩의 본문 중에서만 확인된다. 또한 인쇄본 갱진첩은 내사기를 통해 배포된 사실이 증명되는 것과 달리 필사본 갱진첩은 배포가 완료된 사실이 증명되지 않아 본문에 기록된 부수만큼 제작·배포가 실행되었는지의 여부는 정확히 알 수 없다.

4) 표제의 제명과 방식

영조갱진첩의 표제가 확정되고 제첨이 부착된 것은, 갱진첩이 제작된 시기보다 더 오랜 시간이 지난 후의 일이다. 필사본 갱진첩의 표지에는 백색지의 제첨에 표제가 필사되어 있고, 표제 위에는 세필로 가늘고 작게 써진 '영조어제(英祖御製)'의 관제(冠題)가 있다. 영조의 최초 묘호는 '영종(英宗)'이었다가 1889년(고종 29)에 '영조(英祖)'로 개칭되었는데, 제첨에 필사되어 있는 관제가 '영조'인 것으로 볼 때 적어도 1889년 이전까지는 제첨과 표제 없이 갱진첩만 전래해왔다는 사실을 알 수 있다. 1780년(정조 4)에 편찬된 『봉모당봉안어서총목(奉謨堂奉安御書總目)』의 제3책 「갱진첩(賡進帖)」에는 「구장련구첩(鳩杖聯句帖)」, 「광명전갱진첩(光明殿賡進帖)」, 『호당갱운팔첩(湖堂賡韻八帖)』 등의 표제가 있는 48건의 갱진첩과 '무제갱진첩(無題賡進

---

20 『英祖御製十六受恩點賡進幷』,「今歲堂中今日事」, "今日入侍大臣卿宰翰注賡韻一件內入一件入于冲子一件頒賜." (K4-203)

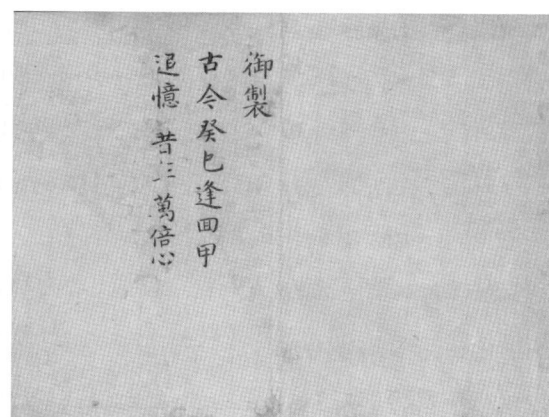

그림 1 표제의 제명 양상

帖)' 396책(건)의 존재 사실이 기록되어 있다. '무제갱진첩'은 '제목이 없는 갱진첩'이므로 당시 존재하고 있음에도 제명되지 않았던 갱진첩이 상당수 있었던 것을 알 수 있다. 이를 정리하면 영조 사후인 1780년 전후에 등사와 제책이 이루어졌고, 그로부터 최소 110년 이상이 지나고 묘호가 변경된 1889년 이후에야 비로소 서명이 생성된 것이다.

인쇄본 갱진첩은 단수의 갱진이 수록되어 있으므로 목록 기술 규칙에 의거하여 권수제, 판심제, 편제 등이 표제가 된다. 그러나 필사본 갱진첩은 상호 무관한 갱진이 복수로 수록되어 있어 단수 갱진첩에 비해 제명이 까다롭다. 필사본 영조갱진첩은 복수의 갱진 중 가장 앞서 수록된 갱진을 대표로 언구와 관계없이 어제시 첫 구의 앞 4언을 표제로 삼았다.

실례로 『영조어제고금계사갱진병(英祖御製古今癸巳賡進幷)』에는 순서대로 〈고금계사봉회갑(古今癸巳逢回甲)〉(1773.8.), 〈금여일심재팔역(今予一心在八域)〉(1773.7.), 〈약문인간구(若問人間苟)〉(1775.2.), 〈작일해문자제언(昨日駭聞子弟言)〉(1773.11.), 〈명조고취장정일(明朝鼓吹將停日)〉(1773.11.) 등 5건의 갱진이 수록되어 있는데, 이 중 가장 먼저 수록된 〈고금계사봉회갑〉의 앞 4언을 따 『영조어제고금계사갱진병』이 된 것이다. 오언시와 칠언시로 구성되어 있으므로 1구 전체를 표제로 삼아야 의미가 통하고 해석이 원만하지만 4언만을 표제로 삼았다. 〈고금계사봉회갑〉이 시기가 가장 앞서지도 않고, 내용적으로도 대표성이 없으므로 표제로써 큰 의미를 부여하기는 어렵다.

예외 또는 실수인 듯 수록된 갱진과 전혀 관계없는 표제도 확인된다. 『영조어제금일차진회만억갱진병(英祖御製今日此辰懷萬億賡進幷)』에는 〈팔십이년충효궐(八十二年忠孝闕)〉(1775.3.), 〈석계사금계사(昔癸巳今癸巳)〉(1773.7.), 「양일태강갈승회(兩日太康曷勝懷)」(1775) 등 7언 2구 3건이 수록되어 있다. 제명 방식에 따르면 첫 갱진의 첫 구 4언인 '팔십이년(八十二年)'이 표제가 되어 제첨에 '영조어제팔십이년갱진병(英祖御製八十二年賡進幷)'으로 기술되어야 하지만 내용에 존재하지 않는 '금일차진(今日此辰)'으로 제명되었다. 1구의 4언을 표제로 삼지 않고, 2구의 4언을 표제로 한 사례도 있다. 첫 갱진의 어제시가 〈팔십세성고개도/하운방경성도연(八十歲醒古豈覩/何云邦慶誠徒然)〉의 7언 2구인데 첫 구의 '八十歲醒'이 아니라 2구의 '何云邦慶'을 사용하여 '영조어제하운방경갱진병(英祖御製何云邦慶賡進幷)'으로 제명된 표제가 부착되어 있는 것이다. 일부는 4언에서 자르지 않고, 5언과 7언 전체를 표제로 삼는 등 통일성 없는 모습이 반복되므로 당시 제명 방식에 대한 지침이 부재하고 검수 또한 체계적이지 못했던 것으로 보인다. 제첨의 하단에 '갱진병('賡進幷)'을 부기하고, 백색 첨지에 이건합부(二件合附), 삼건합부(三件合附), 사건합부(四件合附), 오건합부(五件合附)가 써진 글자를 표지 이면에 붙여 복수의 갱진이 합본되어 있는 상황을 설명하였다. 백색 첨지는 시간이 지나며 대거 탈락된 듯 부착되어 있지 않은 갱진첩이 훨씬 많다.

5) 판종과 장황

장서각 소장 갱진첩의 형태는 필사본 절첩장과 인쇄본 선장으로 대별된다. 139첩 가운데 91퍼센트에 달하는 127첩이 필사본이다. 인쇄본은

표 4 영조 갱진첩 판종 현황

구분	갱진(첩)	갱진(건)	비율(%)
필사본	127	306	96
금속활자본	8	9	3
목판본	4	4	1
합계	139	319	100

금속활자본과 목판본으로 구분되며, 금속활자본은 무신자본과 임진자본으로 세분된다. 금속활자본은 무신자본 7종, 임진자본 1종 등 8종이며, 목판본은 4종이다. 갱진 건을 기준으로 구분하면 격차가 훨씬 더 커져 필사본의 비율이 96퍼센트에 이른다.

필사본 갱진첩의 서체는 전부 해서체다. 『승정원일기』 및 등록과 같은 초서체가 아니며, 분상용 의궤에 보이는 행초체와도 구별된다. 어제와 주요 신료의 시구를 정연하게 필사한 모습은 책문이나 만장과 같이 왕실 문헌으로서의 정제된 모습을 잘 보여주고 있다.

갱진시의 필사는 승문원 등에 소속되어 있는 사자관 및 서리 등의 잡직이 맡았을 것으로 보인다. 서체는 대부분 평범하지만 〈연래오십팔추시(年來五十八秋時)〉, 〈일당기구(一堂耆耉)〉, 〈만춘건곤(萬春乾坤)〉 등에서 간혹 선이 굵고 박력 있으며, 유려하고 섬세한 명필의 면모가 보이기도 한다. 『영조어제작월금진갱진병(英祖御製昨月今辰賡進幷)』의 제3갱 〈화관성문기기리(華館城門其幾里)〉에 보이는 어제와 왕세손의 갱진 2수는 영조의 어필인 것으로 짐작되며, 『양성헌주강갱화시첩(養性軒晝講賡和詩帖)』과 같이 영조와 왕세손 이하 갱진 제신 27인이 각자 자신의 갱진시를 손수 정서한 것도 특징적인 사례다.

인쇄본 갱진첩은 발행 부수를 늘려 중앙과 지방에 널리 배포하였기 때문에 현재까지도 각급 기관에 적지 않게 남아 있다. 금속활자본은 『어제억잠(御製抑箴)』, 『어제감황은시(御製感皇恩詩)』, 『수작갱운록(受爵賡韻錄)』, 『군

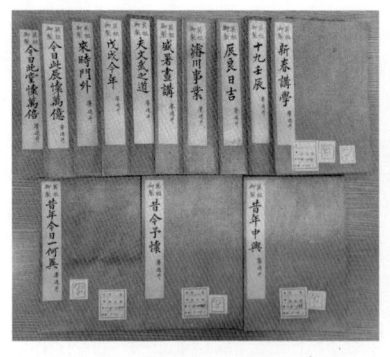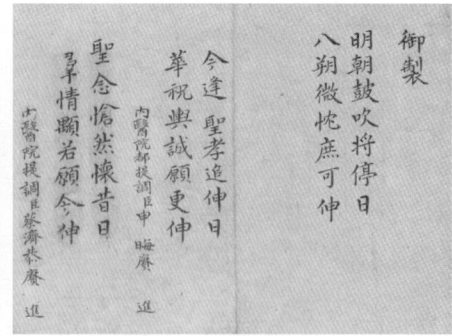

그림 2 필사본 영조갱진첩의 표지와 본문

신동회록(君臣同會錄)』, 『변전기구동회록(便殿耆耇同會錄)』, 『어제중서당술성사(御製中書堂述盛事)』, 『추모수계록(追慕垂戒錄)』 등 7종의 무신자본과 『경운궁갱재록(慶運宮賡載錄)』 등 1종의 임진자본이 소장되어 있다. 목판본은 『영은경희록(迎恩慶喜錄)』, 『속광국지경록(續光國志慶錄)』, 『구저정중갱운록(舊邸庭中賡韻錄)』, 『기구연회록(耆耇宴會錄)』 등 4종이 확인된다.

갱진첩의 장황은 두 가지 종류로 구분된다. 수량이 많은 필사본은 대부분 절첩장이며, 인쇄본은 모두 선장이다. 인쇄본 선장은 비교적 흔히 볼 수 있는 형태지만 필사본 절첩장은 영조의 갱진첩에만 나타나는 고유한 특징을 지닌다. 첩의 크기는 평균 27.2×17.5cm이고, 표지의 색은 황색이며, 문양은 '사격만자문(斜格卍字紋)'(60%)과 '연화만초문(蓮花蔓草紋)'(40%)으로 양분되어 있다. 제첨의 크기는 21.2×3.3cm이며, 문양이 없는 백색지가 표지의 왼쪽에 부착되어 있다. 본문의 책지는 각필 계선의 백색 공책지를 사용하여 필사에 용이하도록 하였다. 표지와 제첨에 비단과 삼베로 마감하고 주색으로 계선을 그린 어람형 서첩도 일부 존재한다.

3. 갱진첩의 구성 체계

1) 기술 체계

필사본과 인쇄본의 형태에 따라 조금의 차이는 있지만 시구의 기술 순서와 형식은 대체로 정형화되어 있다. 서문, 범례 등 권수부의 유무와 상관없이 도입부는 어제시로 시작된다. 왕세손이 참여할 때는 어제시 다음에 왕세손의 갱진시가 있고, 그다음에 서열이 가장 앞서는 신료의 갱진시가 이어진다. 왕세손이 참여하지 않으면 어제시 다음에 순서가 가장 앞서는 신료의 갱진시가 바로 이어진다. 왕과 왕세손에게는 시구의 영역이 각 한 면씩 할당되었고, 신료에게는 1구일 때는 1면에 4인, 2구일 때는 1면에 2인, 절구일 때는 1면에 1인이 할당되었다. 율시 및 배율일 때는 2면 이상에 1인이 할당되었다. 영조 갱진에 보이는 가장 대표적인 7언 2구를 도식화하면 〈그림 3〉과 같은 형태가 된다.

도입문이 '어제(御製)'로 시작되며 다음에 어제시가 이어진다. 왕세손이 참여할 때는 어제시 다음 장에 '왕세손갱 진(王世孫賡 進)'의 직함이 오며, 다음에 왕세손의 갱진시가 이어진다. 왕과 왕세손의 어제시와 갱진시 다음으로는 서열이 가장 앞서는 신료의 갱진시가 이어지고, 그 뒤에 신료의 직함이 기록되었다. 왕과 왕세손은 직함 뒤에 시구가 오는 반면, 신료는 시구 뒤에 직함이 오는 것에 차이가 있다. 피휘법이나 대두법과 같이 왕과 왕세손을 예우하는 한 가지 방법인 듯하다. 본문에는 실제로 대두법이 사용되었다. 대두법 중에서 단대법을 적용하여 '어제(御製)'에서 '어(御)'와 '왕세손(王世孫)'에서 '왕(王)'보다 한 글자 아래에서 시구가 시작된다. 신료들은 통상 시구 4언의 위치에서 직함이 시작되어 아래로 기술되었다. 왕

2A	1B	1A
諭切盎教輦感切 民安先祝聖躬安 領中樞府事臣金相福賡進 華祝昕庭睿孝切 唐堯大德在安安 行判中樞府事臣金尙喆進進	王世孫賡進 漢殿呼嵩輿頌切 堯衢移蹕聖窩安	御製 追憶昔年感懷切 歲豊八域祝民安

그림 3 어제시 및 갱진시의 기술 형식. 『영조어제추억석년갱진병』의 제1갱(K4-271)

세손과 신료의 직함 뒤에 붙는 '갱 진(賡 進)'은 왕에게 시구를 '진상(進上)'하는 것이므로 대두법을 사용해야 하지만 글의 기술 형식상 개행하여 대두법을 사용할 수 없기 때문에 개행 대신 '갱(賡)' 아래로 한 칸을 띄워 '진(進)'을 기술함으로써 대두법을 적용한 것과 같은 효과를 나타내었다.

직함은 대체로 '병조판서신모(兵曹判書臣某)', '승정원좌승지신모(承政院左承旨臣某)', '예문관검열신모(藝文館檢閱臣某)'와 같이 '관서명＋관직명＋성명'의 순서로 기술되었다. 반면 '영중추부사신모(領中樞府事臣某)', '좌의정신모(左議政臣某)', '도승지신모(都承旨臣某)'와 같이 관서를 제외하고 '관직＋성명'만 기술된 사례가 있고, '신모(臣某)'와 같이 '성명'만 기술된 사례도 존재한다. 행수법에 의거하여 품계보다 보직이 낮을 때는 '행판중추부사신모(行判中樞府事臣某)', '행승정원도승지신모(行承政院都承旨臣某)'로 기술하였고, 품계보다 보직이 높을 때는 '수전라도관찰사신모(守全羅道觀察使臣某)', '수황해도관찰사신모(守黃海道觀察使臣某)'로 기술하였다. 전임 관료일 때는 '전부사신모(前府使臣某)', '전현감신모(前縣監臣某)'의 형태로 기술하였다.

관직명을 영부사, 판부사, 동지사, 동지, 첨지 등으로 축약하여 기술하기도 하였다. 해당 관직은 돈녕부, 중추부, 의금부 등에 모두 있어 소속 관서를 특정하기 어려운데, 영조 갱진에서는 대부분 중추부 소속 관료를 줄여 쓸 때 이처럼 기술되었던 경향을 보인다. 기로신과의 갱진에서는 '행지중추부사신박치화팔십육(行知中樞府事臣朴致和八十六)'과 같이 성명 다음에 나이를 부기하였다. 영조 갱진에서는 1765년(영조 41) 9월에 실시된 〈일당기구(一堂耆耉)〉에서만 확인된다.

2) 수창 순서

갱진의 순서는 관서의 품계와 개인의 품계가 섞여 정해진다. 관서의 품계에 따라 1순위가 정해지며 개인의 품계에 따라 2순위가 정해진다. 완벽히 지켜졌던 원칙은 아니지만 대부분의 갱진에서 비슷한 패턴을 보이고 있다. 일반적으로 '중추부 → 의정부 → 병조 → 승정원 → 홍문관 → 시강원 → 예문관'의 순서로 기술되고, 왕과 왕세손에 이어 정1품의 영중추부사 또는 의정부영의정으로 시작하여 정7품의 승정원가주서 또는 정9품의 예문관검열로 종료되는 수순이 가장 흔하다.

〈표 5〉 좌측의 갱진 순서를 살펴보면 의정부가 승정원보다 아문의 품계가 높기 때문에 의정부 소속의 좌의정(정1품)과 우참찬(정2품)은 승정원 소속의 도승지보다 앞서 자리한다. 다음으로 개인의 품계가 2순위에 적용되므로 승정원 소속 도승지(정3품)와 좌승지(정3품)가 의정부 소속 사인(정4품)보다 앞에 자리한다. 관서의 품계로만 순서가 정해지면 영중추부사(중추부) → 좌의정(의정부) → 우참찬(의정부) → 사인(의정부) → 병조판서(육조) → 도승지(승정원)의 순서가 되어야 하지만 개인의 품계가 함께 적용되므로 위와 같은 순서로 정렬되었다.

다음으로 상급 아문 소속 관료와 하급 아문 소속 관료의 품계가 같을

표 5 갱진 순서 예시

번호	품계	관서명	관직명	번호.	품계	관서명	관직명
1	정1품	중추부	영중추부사	1	정2품	병조	판서
2	정1품	의정부	좌의정	2	종2품	병조	참판
3	정2품	병조	판서	3	정3품	승정원	도승지
4	정2품	의정부	우참찬	4	정3품	승정원	좌승지
5	정3품	승정원	도승지	5	정3품	승정원	우승지
6	정3품	승정원	좌승지	6	정3품	승정원	좌부승지
7	정4품	의정부	사인	7	정3품	승정원	우부승지
8	종6품	홍문관	부수찬	8	정3품	승정원	동부승지
9	정7품	시강원	설서	9	정3품	병조	참의
10	정9품	예문관	검열	10	정3품	병조	참지

경우에는 하급 아문 소속 관료의 서열이 앞섰다. 예를 들면 의정부와 병조에 소속된 관료의 갱진이 이어질 때 〈표 5〉의 좌측과 같이 동일한 정2품이지만 병조의 최고 품계인 판서가 의정부의 최고 품계가 아닌 우참찬보다 서열이 높고, 〈표 5〉의 우측과 같이 동일한 정3품이지만 승정원의 최고 품계인 승지가 병조의 최고 품계가 아닌 참의와 참지보다 서열이 높다. 타 관서 및 타 품계의 관료 사이에도 이 같은 체계는 동일하게 적용된다. 간혹 예외는 있지만 대부분의 갱진에서 보이는 이 원칙은 매우 철저히 지켜져 조선시대 공직 사회의 계급 질서와 의전 서열이 매우 엄격하고 체계적으로 운용되었던 사실을 알 수 있다.

   이처럼 관서와 관직이 고루 참여한 형태의 갱진이 일반적이지만 사안에 따라서는 특정 관서에 소속된 관료 또는 특정 그룹만 실시하기도 했다. 1769년(영조 45)에는 영조의 장인 영돈녕부사 김한구를 비롯하여 금성위 박명원, 영성위 신광수, 창성위 황인점, 능성위 구민화 등 척신들로만 구성된 그룹으로 장수를 기원하며 〈차진가석고금동(此辰佳夕古今同)〉을 수창하였다. 1772년(영조 48) 8월에는 탕평과에 급제한 신급제자 11인을 불러 〈완경탕평합일일(完慶蕩平合一日)〉을 수창하였고, 1773년(영조 49) 8월에는 왕세손의 『자치통감강목(資治通鑑綱目)』 완독을 기념하여 시강원 소속 10인과 익위사 소속 1인 등 12인이 참여하여 〈일일공부십재침(日日工夫十載侵)〉을 갱진하였다. 1773년 9월에는 태학에 입학해 공부했던 젊은 시절을 회고하며 경희궁에서 유생들과 만나 〈위무작억(衛武作抑)〉을 갱진하였다. 당시 참여자는 대사성 1명, 생원 10명, 진사 3명 유학 1명 등 15명 모두 성균관 소속이었다. 뿐만 아니라 1694년(숙종 20)생으로 영조의 동갑내기를 상대로 실시하거나, 기로신이 대상이 되기도 하였으며, 1품 이상의 고관만 동원하거나, 한 집안의 부자간 또는 형제간을 대상으로 갱진을 실시했던 사례도 존재한다. 영조 말년의 갱진은 규모와 인력의 구성이 어느 정도 고착화된 경향을 보이는데 이처럼 때와 장소 그리고 성격에 따라 수창의 규모와 인적 구성의 변화를 시도한 형태도 간혹 존재하였다.

3) 연구와 압운

한시를 형식에 따라 구분하면 크게 고체시와 근체시로 양분된다. 고체시는 당나라 이전까지 유행했고, 근체시는 당나라 시기부터 유행했던 형식이다. 우리나라에서는 고체시보다 근체시가 더 유행하였으며 당으로부터 근체시가 수용된 시기는 신라 말기로 추정된다. 고체시는 평측법을 지키지 않고, 자수 제약 없이 자유롭게 구사할 수 있으며 4언, 5언, 7언, 잡언 등으로 구분된다. 반면 근체시는 자수, 대구, 평측, 압운 등의 형식이 엄격하게 적용되었다. 근체시는 절구, 율시, 배율 등 3가지 종류가 있는데 절구는 4구, 율시는 8구, 배율은 10구 이상의 장편으로 이루어져 있다. 근체시에서 자수는 5언과 7언 두 가지뿐이다. 따라서 5언절구, 5언율시, 5언배율, 7언절구, 7언율시, 7언배율만 근체시의 형식으로 볼 수 있다. 특히 10구 이상을 일컫는 배율은 10구부터 100구 이상으로 방대하게 지을 수 있었다. 영조의 갱진첩에 보이는 시구는 고체시와 근체시가 동시에 나

표 6 갱진시 언구별 분포 현황

번호	시구	수량(건)	번호	시구	수량(건)
1	七言二句	204	6	五言絶句	5
2	五言二句	59	7	五言律詩	5
3	七言絶句	11	8	七言一句	5
4	四言二句	7	9	六言二句	4
5	四言四句	7	10	七言律詩	4

타나고 있는데 고체시의 비율이 더 높다. 갱진시에는 4언 2구, 4언 4구, 4언 8구, 4언(16구, 24구, 32구, 40구), 5언 2구, 5언절구, 5언율시, 5언배율(12구, 14구), 6언 2구, 7언 1구, 7언 2구, 7언절구, 7언율시, 7언배율(20구, 40구) 등 20여 종류의 언구가 확인된다.

20여 종의 언구를 세분화하면 7언 2구 204건, 5언 2구 59건, 7언절구 11건 등으로 분석된다. 7언 2구의 수창이 압도적이며, 7언 2구와 5언 2구를 합친 2구짜리의 시구가 전체 갱진시의 80퍼센트를 상회한다. 이 중 근체시는 5언절구 5건, 5언율시 4건, 5언배율 2건, 7언절구 11건, 7언율시 4건, 7언배율 2건 등 모두 29건이며 비율로는 전체 갱진시의 9퍼센트 정도에 불과하다. 언구가 가장 긴 배율은 4언 40구와 7언 40구가 각각 1건씩 전하고 있다.

압운은 시구에서 행의 마지막 글자에 같거나 비슷한 음을 반복시켜 문장을 정비하는 기법으로, 건조한 시구에 고저장단의 음악적 운율을 부가하기 위해 적용하는 평측법과 함께 근체시에 사용되는 대표적인 수사법이다. 고체시에서는 적용되지 않으므로 모든 갱진시에 운자가 있는 것은 아니다. 짝수 구의 마지막 글자에 사용하는 것이 일반적이라서 5언 2구에는 1개, 5언절구에는 2개, 5언율시에는 4개의 운자가 존재한다. 단 첫 구에 압운하는 사례도 있어 5언 2구에 2개, 5언절구에 3개, 5언율시에 5개의 운자가 존재하기도 한다. 영조 갱진시에는 이를 잘 지킨 사례도 있지만

표 7 운자 사용 빈도

번호	운자	수량(건)	번호	운자	수량(건)
1	億	33	6	百, 日, 中, 切	17
2	心	21	7	年	14
3	康	20	8	抑, 然	12
4	新, 深	19	9	懷	11
5	萬	18	10	見, 料, 成, 歲, 表, 今, 喜	7

홀수 구와 짝수 구를 가리지 않고 마지막에 모두 압운을 적용하여 5언 2구에 2개, 5언절구에 4개, 5언율시에 8개의 운자가 존재하는 사례도 다수 확인된다. 영조 갱진에 등장하는 운자는 모두 260여 자인데, 10회 이상 등장하는 운자는 14자이며, 단 1회만 등장하는 운자도 160여 자에 달한다.

가장 많이 사용된 운자는 '억(億)'으로 33건의 갱진시에 등장하였고 억(億)을 포함하여 심(心), 강(康), 신(新), 심(深), 만(萬), 백(百), 일(日), 중(中), 절(切), 년(年), 억(抑), 연(然), 회(懷) 등의 14자가 10건 이상의 갱진에 사용된 주요 운자로 나타났다.

억(億)은 글자 그대로 '아주 많다', '가득하다' 등의 의미로 쓰이는데 노년에 느끼는 회한이 가득함을 '회만억(懷萬億)'이나 '회천억(懷千億)'의 합성구로 지어 7언 2구의 갱진에 집중적으로 사용하였다. '억'이 운자로 사용된 갱진을 살펴보면 〈금일차심회만억(今日此心懷萬億)〉, 〈양일신침회만억(兩日伸忱懷萬億)〉, 〈입오년래회만억(卄五年來懷萬億)〉, 〈금일전중회천억(今日殿中懷千億)〉, 〈근억어시회만억(近憶御詩懷萬億)〉 등의 형식이 가장 많이 보인다. 심(心)은 선왕에 대한 마음, 과거의 일에 대한 심경을 소회하는 의미로 '일배심(一倍心)', '만천심(萬千心)', '만배심(萬倍心)' 등의 합성구로 7언 2구 및 5언 2구의 갱진에 자주 사용되었다. 운자로 사용된 갱진을 살펴보면 〈작월금진여의심/추억모운일배심(昨月今辰予意深/追憶暮雲一倍心)〉, 〈구궐삼문흘약석/

추유임세배여심(舊闕三門屹若昔/追惟壬歲倍予心)〉, 〈금진성태강/의절억편심(今辰誠太康/宜切抑篇心)〉, 〈태실사단동일위/동첨서고만천심(太室社壇同日爲/東瞻西顧萬千心)〉, 〈고금계사봉회갑/추억석년만배심(古今癸巳逢回甲/追憶昔年萬倍心)〉 등이 확인된다. 흥미로운 점은 '억(億)'이 운자로 쓰일 때는 보통 1구에서 보이는 데 반하여 '심(心)'이 운자로 쓰일 때는 대부분 2구에서 보이는 것이다. '억'이 시구의 시작과 전개를 위해 필요한 글자라면, '심'은 시구의 완성과 종결을 위해 필요한 글자로 영조의 작시 패턴을 살펴볼 수 있는 대목이다.

4. 갱진 사안과 규모

1) 군신 수창의 목적

갱진은 공식 행사 또는 사적 회합에서 실시되며 주제는 추모, 감회, 생일, 사업, 과거, 자연, 공부, 의례, 교유 등으로 다양하게 나타난다. 공식 행사를 추진하면서 사전에 기획된 갱진이 실시될 때는 행사의 배경, 목적, 결과 등의 내용을 일목요연하게 정리하여 인출·배포함으로써 조정과 민간에 왕의 의도를 주지시키고 계도하여 소기의 목적을 달성하였다. 반면 중요도가 떨어지거나 비공식 회합에서 실시된 지극히 개인적이고 지엽적인 내용을 다룬 다수의 수창 결과물은 시구만 수록된 필사본 서첩으로 남아 갱진이 있었던 사실과 내용이 주목받지 못했던 측면이 있다. 그러나 현재는 시구의 존재 자체가 귀중한 학술적 사료가 되므로 수창의 사유에 대한 구체적인 분석과 정리가 필요하다. 지면 관계상 모두 다룰 수 없어 중

표 8 갱진 사유 일람

일시	자료명(갱진명)	목적	언구	압운
1764.08.	料表親政	도목정사를 실시한 감회	4언 4구	月,八
1769.00.	昨日西江般百萬	서강에 조운선이 정박했다는 소식	7언 2구	萬,成
1771.06.	今辰此擧扶光國	광국공신의 자손을 불러 공을 치하	7언 2구	中
1772.04.	今坐此壇踐其位	북한산 시단봉에 올라 숙종을 추모	7언 2구	懷
1772.08.	完慶蕩平合一日	50년의 숙원 사업이었던 탕평과를 치르는 기념	7언 2구	日,唱
1772.09.	辰良日吉慶科成	사친 숙빈 최씨의 상시(上諡) 기념 경과	7언 2구	成,百
1772.10.	十八禮成凤夜望	지영례를 주관하는 석상	7언 2구	望,雲
1773.07.	今予一心在八域	기우제를 지내고 풍년을 기원	7언 2구	域,歲
1773.08.	濬川事業今辰訖	준천사업의 종료를 기념	7언 2구	訖,安
1774.07.	追惟癸酉懷千萬	노인에게 음식을 내리고 기로소에 회동	7언 2구	萬,百

요하다고 판단되는 갱진 일부를 소개한다.

상기 필사본 갱진첩에 수록된 내용을 살펴보면 갱진이 실시되었던 다양한 사유를 알 수 있다. 관료의 업적을 심사하여 승진 또는 면직시키는 인사 문서를 결재하며 그 감회를 시구로 표현하였고, 서강의 점검소에 조운선이 정박했다는 보고를 받고 이를 기념하며 갱진을 실시하였다. 공신의 자손을 소환하여 공적을 치하하며 실시하였고, 아버지 숙종을 추모하면서도 실시하였으며, 탕평과를 열고 숙원 사업을 완료한 소회를 밝히면서 갱진하였다. 어머니 숙빈 최씨를 추모하면서 갱진하였고, 지영례[21]를 주관하면서도 군신 간 수창을 실시하였다. 기우제를 지내면서, 준천사업의 종료를 축하하면서, 기로연을 베풀면서 실시했던 갱진 사례들이 다수 확인된다. 위 사례들은 행정 업무를 수행하거나 공식 행사를 주관하면서 실시했던 대표적인 갱진 사례들이다.

그밖에 사적인 이유로는 연꽃에 비가 내린 모습이 아름다워서, 초가을의 정취와 추수의 즐거움 때문에, 주강에서 『소학』 강독을 마친 기념으로, 단

21 중국에서 보낸 칙서와 고명을 맞이하는 의식.

오를 맞이한 기념으로, 충효의 의미를 되새기며, 즉위 49년을 소회하며, 젊은 시절 도총부에서의 일을 추억하며, 명나라에 대한 충성을 강조하며, 군신 간 상호 권면하기를 강조하며, 복용하는 약의 효능을 기대하며, 농부의 노고를 기리며, 깊은 밤에 대한 감회에 젖어, 날씨가 좋아서, 기로소에 입소한 신하의 심경을 물으며, 봄비의 느낌을 설명하면서 갱진했던 사례들도 확인된다. 이처럼 비공식 회동에서 있었던 사소한 일을 기념하거나 개인의 감회와 추억까지 생활 중 일어나는 모든 행위가 갱진의 사유가 되었다.

갱진 사유의 전체적 흐름은 행사를 기념하고, 과거의 일을 추억하며, 절제된 삶을 추구하는 주제로 구성되어 있다. 다양한 인물이 지은 다양한 주제의 시를 종합적으로 살펴봄으로써 당대 인물들의 시풍과 지향점을 이해할 수 있으며, 시구에 보이는 사실적 표현 및 은유적 수사법을 통해 타 문헌에 나타나지 않는 역사적 사실 관계를 확인하는 데도 적지 않은 도움이 된다. 추상적이고 상징적인 의미가 다량 내포되어 있어 한시 연구에도 최적화된 사료임에 틀림없다.

2) 갱진 규모

갱진은 최소 2인 이상의 수창이 있어야 성립되며, 10인 이하의 소규모 갱진부터 100인 이상의 대규모 갱진까지 다양하게 존재한다. 영조 갱진에 보이는 규모는 최소 2인부터 최대 149인까지 60가지 형태가 확인된다. 1회의 갱진에 평균 20인 안팎이 참여했으며, 30인 이상부터 횟수가 크게 줄어들고, 60인 이상부터는 매우 드물다.

〈표 9〉에 따르면 3인이 참여한 갱진의 빈도가 가장 높지만, 영조와 응교 홍상간, 보덕 박상갑 등 3인이 1774년 1월에 무려 16회의 갱진을 집중적으로 실시했기 때문에 나타나는 특수한 현상이다.[22] 이러한 특수 상

표 9 갱진 규모 현황

번호	규모	횟수	번호	규모	횟수
1	3인	22회	5	18인	14회
2	15인	21회	6	2인, 14인	12회
3	11인, 19인, 22인	18회	7	7인, 16인	11회
4	20인	16회	8	10인, 23인, 26인	10회

황을 제외하면 3인이 참여한 갱진은 사실상 6회에 그치고 있다. 실질적으로 가장 빈도가 높았던 규모는 15인이 참여한 갱진이며, 대략 11인부터 22인 정도의 규모가 일반적이다. 이 정도의 인원으로 꾸려지는 것이 시구를 수창하고 편집 및 배포하는 데 가장 이상적이고 합리적 규모였던 것으로 분석된다.

가장 소규모인 2인 갱진은 왕세손, 서명응(徐命膺), 정범조(丁範祖), 박상갑(朴相甲), 이익정(李益炡), 정기안(鄭基安) 등 6인과 각각 수창하였다. 지중추부사 정기안과는 〈팔십일년희유사(八十一年稀有事)〉, 〈고금갑오하중봉(古今甲午何重逢)〉, 〈팔십금춘유소년(八十今春猶少年)〉, 〈팔십신은만고유(八十新恩萬古有)〉 등 4회를 실시하였고, 왕세손과는 〈조정수재일인하(朝廷雖在一人下)〉, 〈이십삼년아(二十三年兒)〉, 〈양일태강갈승회(兩日太康曷勝懷)〉 등 3건이 확인된다. 이밖에 지돈녕부사 서명응과 〈차심차명기우이(此心此命豈偶爾)〉, 수찬 정범조와 〈금일호당팔대후(今日湖堂八代後)〉, 호당 박상갑과 〈의실대금대(意實代金臺)〉, 〈육십오년회(六十五年回)〉, 판돈녕부사 이익정과 〈기사일당동연일(耆社一堂同宴日)〉을 주제로 2인의 갱진을 수창하였다.

가장 대규모의 갱진은 1772년(영조 48) 10월에 태강(太康: 夏王)의 행실에 대한 경계를 강조하며 수창한 〈금진성태강(今辰誠太康)〉으로 영조의 어제시

22 『英祖御製今日此堂賡進并』, 『英祖御製禮成太室賡進并』, 『英祖御製殿中賡韻賡進并』, 『英祖御製殿中所講賡進并』, 『英祖御製八旬心亦耗賡進并』.

를 비롯하여 정1품의 영의정 홍봉한을 시작으로 정9품의 세마 송지상까지 149인이 참여하였다. 그밖에 104인이 갱진한 『군신동회록(君臣同會錄)』, 106인이 갱진한 『금일개운계태강(今日豈云戒太康)』, 121인이 갱진한 『수작갱운록(受爵賡韻錄)』, 122인이 갱진한 『속광국지경록(續光國志慶錄)』, 129인이 갱진한 『기구연회록(耆耉宴會錄)』도 100인 이상이 참여한 대규모 갱진으로 분류된다.

3) 소속 관서와 관직

갱진은 군신 간의 수창이므로 참여 인물은 왕과 왕세손 및 신료로 구성된다.[23] 신료가 소속되어 있는 관서는 정1품 아문의 의정부부터 종6품 아문의 각 능(陵)·전(殿)까지 파악되었다. 신료는 왕자군, 부마, 국구, 공신을 비롯하여 정1품의 영의정부터 종9품의 내의원 참봉까지 중외의 관료가 두루 포함된다. 또한 대과 급제자 및 소과에 급제한 생원·진사와 봉조하를 비롯한 전직 관료까지 광범위하게 아우르고 있다.

영조 갱진에 등장하는 관서는 모두 66처이며, 100회 이상 등장하는 관서가 12처이고, 1회만 등장하는 관서도 26처에 이른다. 이 가운데 1,500회가 넘은 승정원 소속 관료의 참여도가 가장 높은 것으로 분석되었다. 다음으로 오위, 병조, 홍문관, 시강원, 예문관, 중추부, 의정부, 의빈부, 오위도총부, 이조(112회), 돈녕부(111회) 소속 관료의 순서로 이어지며 감영, 부, 현 등의 지방관서의 참여는 극히 저조하였다.

영조 갱진에 등장하는 관직은 모두 190개이며, 100회 이상 등장하는 관직이 15개이고, 1회만 등장하는 관직도 47개에 이른다. 이 가운데 550회가 넘는 부사직의 참여도가 가장 높은 것으로 분석되었다. 다음으

---

[23] 왕세손은 참여하지 않을 때도 있기 때문에 모든 갱진에 존재하지 않는다.

표 10 관서별 갱진 현황

번호	관서명	횟수	번호	관서명	횟수
1	승정원	1,524	6	예문관	345
2	오위	800	7	중추부	253
3	병조	632	8	의정부	249
4	홍문관	433	9	의빈부	186
5	시강원	349	10	오위도총부	115

표 11 관직별 갱진 현황

번호	관직명	횟수	번호	관직명	횟수
1	부사직	557	6	좌부승지	195
2	가주서	252	7	우승지	188
3	검열	245	8	좌승지	180
4	병조좌랑	229	9	우부승지·동부승지	176
5	도승지	196	10	주서	161

로 가주서, 검열, 병조좌랑, 도승지, 좌부승지, 우승지, 좌승지, 동부승지·우부승지, 주서, 사직·판중추부사(124회), 병조판서(123회), 교리(101회) 등으로 이어진다. 상기의 관직 중 정원이 가장 많은 오위 부사직(종5품)과, 대부분의 갱진에서 마지막에 자리하는 예문관검열(정9품)이 상위권에 올라 있으며, 그밖에는 승정원의 관료가 전체적으로 득세하고 있다. 승정원은 왕의 근시 기구였던 만큼 군신 교유의 핵심인 갱진의 기획과 실행에도 밀접하게 관계되어 있었던 것으로 보인다.

『경국대전』에 기록된 순서에 의거하여 갱진에 참여한 관서와 관직을 아문별로 정리하면 먼저 경관직 정1품아문은 종친부,[24] 의정부,[25] 의빈

---

[24] 종친부는 왕실의 자손 그룹인 '왕자군'이 소속되어 있는 관서이다.
[25] 영의정·좌의정·우의정(정1품), 좌참찬·우참찬(정2품), 사인(정4품), 검상(정5품). 의정부 소속의 종1품관인 좌찬성 및 우찬성은 갱진에 참여한 사례가 없다. 조선 전기 의정부서사제가 시행

표 12 육조 관서 및 관료별 갱진 참여 현황

품계	관직	이조	호조	예조	병조	형조	공조
정2품	판서	40	37	35	123	22	20
종2품	참판	34	27	25	54	10	33
정3품	참의	11	5	9	72	5	5
정3품	참지	×	×	×	77	×	×
정5품	정랑	15	0	1	77	0	0
정6품	좌랑	12	0	3	229	0	2
합계	–	112	69	73	632	37	60

부,[26] 돈녕부, 중추부가 있다.[27] 종1품 아문은 의금부가 유일하며, 의금부에서 갱진에 참여한 관료는 종2품의 동지의금부사가 유일하다.

정2품아문은 육조, 한성부, 오위도총부가 있다. 육조는 이조, 호조, 예조, 병조, 형조, 공조를 말하는데 육조의 갱진 참여도를 살펴보면 주목할 만한 특징이 발견된다. 육조 각 관서의 갱진 참여 현황을 정리하면 〈표 12〉와 같다.

육조의 참여도는 병조, 이조, 예조, 호조, 공조, 형조의 순서로 이어진다. 품계가 높을수록 참여도가 높고, 낮을수록 낮아지는 경향을 보이는데 병조만 다소 예외적이다. 병조의 참여도가 독보적으로 높아 타 관서를 압도하고 있다. 병조는 업무의 규모가 크고, 범위가 넓어 육조의 타 관서에 없는 정3품 당상관 참지 1인이 더 배치되었다. 그러나 그와 관계없이 모든 품계에서 참여도가 높고, 특히 타 관서와는 반대로 정랑과 좌랑의 참여 빈

될 때는 삼정승과 함께 권한이 강력하였지만, 조선 후기 의정부의 기능이 축소되면서 찬성의 권한도 약화되었다. 육조의 판서(정2품)보다 의전 서열이 높지만 실권은 없고, 국정 논의에도 참여하지 못했다. 항상 임명되지도 않을 만큼 유명무실한 명예직이 되었다. 갱진에 참여한 사례가 없는 이유도 사후 증직용으로만 사용되면서 실제로는 임명되어 있지 않았기 때문인 것으로 보인다.

26　의빈부는 왕실의 부마 그룹인 '尉'가 소속되어 있는 관서이다.
27　같은 아문의 충훈부 소속 관료는 갱진에 참여한 사례가 없다.

도가 매우 높은 것으로 나타난다. 병조에서만 이러한 현상을 보이는 점이 매우 특징적이다. 병조는 갱진이 실시되는 각종 행사 및 행행에 경비와 호위를 담당한 주무 부서이며, 그 행정 실무자가 정랑 및 좌랑이므로 항상 영조를 근시했던 것이 참여 빈도를 높이는 데 영향을 미친 것으로 추측해 볼 수 있다.

이는 왕을 근시하는 승정원 소속 관료의 참여도가 높은 것과 유사한 맥락으로 볼 수 있다. 갱진 행사를 기획하고 실행하는 승정원의 관료, 시구를 정리하고 편집하는 예문관의 관료, 왕과 참여자들의 경비와 호위를 담당하는 병조의 관료는 마치 당연직과 유사한 형태로 행사에 참여한 것이다. 해당 관서의 정규직 말단으로 존재하는 병조좌랑(정6품), 승정원가주서(정7품),[28] 예문관검열(정9품)이 참여도 최상위에 포진하고 있는 점이 이를 대변하고 있다. 갱진 행사와 직접적인 관련이 없었던 호조와 형조의 정랑과 좌랑은 갱진에 참여한 사례가 없고, 예조의 정랑은 1회, 좌랑은 3회에 불과하다. 공조의 정랑도 참여 사례가 없으며, 좌랑은 단 1회 참여하였다.

갱진에 참여한 종2품아문은 사헌부, 개성부, 오위가 있다.[29] 조선 전기의 군사 조직이던 오위는 조선 후기에는 남아도는 문관을 임명하기 위한 명예 조직이 되었다. 3천여 명에 달하는 정원을 활용하여 관직 없이 품계만 높던 많은 문관에게 녹봉의 혜택을 제공하였다. 이긍익(李肯翊)의 『연려실기술(燃藜室記述)』에 따르면 "오위의 옛 제도가 모두 없어지고 관명만 남았다. 호군 이하는 녹을 줄 자리를 비워두고 여러 관아에서 승진 또는 강등되어 오는 사람을 기다렸다"고[30] 하여 녹봉의 지급만을 위한 유명무실한 자리가 된 것으로 명시하고 있다. 그러나 오위의 모든 자리가 이렇게

---

28 가주서와 주서를 합하면 413회에 달하는데, 557회에 이르는 오위의 부사직에 이어 두 번째로 높은 수치다. 부사직은 갱진 행사의 귀빈으로 참석하는 데 반해, 가주서와 주서는 갱진 행사를 추진하는 담당자의 입장이라는 점에 차이가 있다.

29 같은 아문의 충익부 소속 관료는 갱진에 참여한 사례가 없다.

표 13 오위 품계별 정원 현황

품계(정품)	관직	정원(명)	품계(종품)	관직	정원(명)
정3품	상호군	9	종3품	대호군	14
정4품	호군	12	종4품	부호군	54
정5품	사직	14	종5품	부사직	123
정6품	사과	15	종6품	부사과	176
정7품	사정	5	종7품	부사정	309
정8품	사맹	16	종8품	부사맹	483
정9품	사용	42	종9품	부사용	1,939

임명되는 것은 아니었다. 정품은 실무를 수행하며 조직을 운영하는 관료가 배치되고, 종품은 실직이 없는 문관이 임명되는 형태였다. 정원 관계상 품계가 높은 관료를 품계가 낮은 관직에 임명하는 일이 많았기 때문에 임명된 관료의 명칭은 대부분 행수법에 의거하여 '행부호군(行副護軍)', '행부사직(行副司直)'과 같은 형태로 제명되었다.

품계별로 정품과 종품의 정원[31] 차이가 매우 큰데, 품계가 낮아질수록 편차가 더욱 넓어진다. 이처럼 정원이 넘치고 문관을 우대하는 자리라도 종6품의 부사과까지만 갱진에 참여하였고, 7품 이하의 품계를 받은 자는 참여하지 못하였다. 영조 갱진에 정7품의 사정 이하가 참여한 사례는 없다. 정7품에서 종6품이 되는 것은 단순히 품계가 한 단계가 높아진 것이 아니라 참하관에서 참상관이 된 것이며, '승륙(陞六)'이라 하여 신분이 달라진 것이어서,[32] 실직이 없는 7품 이하의 관료는 참여에 제한을 둔 것으로 해석할 수 있다.[33]

갱진에 참여한 정3품아문은 승정원, 사간원, 경연, 홍문관, 예문관, 성균

---

30 『燃藜室記述別集』 권8, 「官職典故」, "五衛舊制盡罷而官名獨存將及部將分番入直巡更護軍以下屬軍銜遞兒減其祿窠以待各色人員陞降來付者."
31 『經國大典』, 「兵典」, '五衛'.
32 '陞六'을 현재의 공무원 기준으로 보면 6급 주사에서 5급 사무관으로 영전한 것과 같다.

관, 춘추관, 승문원, 통례원, 봉상시, 종부시, 내의원, 사도시, 사재감, 훈련원이 있다.[34] 정3품 아문은 아문의 수와 기관장의 정원이 가장 많은 품계로써 승정원을 비롯하여 예조 소속의 홍문관 및 예문관 소속의 관료가 갱진에 적극 참여했던 것으로 파악되었다.

종3품 아문은 세자시강원, 정5품 아문은 세자익위사, 종6품 아문은 각 능·전에 종사했던 전임 관료의 갱진 사례가 확인된다. 정4품 아문, 종4품 아문, 종5품 아문, 정6품 아문의 소속 관료로 갱진에 참여한 사례는 확인되지 않았고, 정7품 이하의 아문은 존재하지 않는다. 대체로 정3품 아문에 소속된 관료까지가 갱진에 참여하는 보편적 하한선이며, 그 이하의 아문은 시강원 및 익위사 등 세손과 관계되거나 능, 전 등에 관련된 몇몇의 특수한 사례에 불과했다.

외관직으로 종2품 아문은 경기도, 충청도, 경상도, 전라도, 황해도, 강원도, 영안도(함경도), 평안도 등 팔도의 감영이 있다. 팔도의 관찰사 및 각급 수령들은 임지와의 거리가 멀어 수시로 실시되는 갱진에 참여하기 어려운 구조였다. 팔도의 관찰사가 모두 참여한 갱진은 1771년(영조 47)의 『속광국지경록(續光國志慶錄)』이 유일하다. 왕실의 숙원 사업인 종계 문제의 해결을 기념한 것이며, 121인의 대규모 인원이 참여하고 도서로 인쇄·배포까지 추진했던 국가적인 행사였기에 가능했다. 그 외에 관찰사가 참여한 갱진은 경기도관찰사 3회, 강원도관찰사 2회, 함경도관찰사 1회에 불과하다. 관찰사 이외의 지방관도 비교적 한성과 가까운 위치인 양천현, 용인현, 과천현, 연천현의 수령만 1회씩 확인될 뿐이다. 기타 관서로 강서원, 독서당, 선전관청, 약방에 소속된 관료가 참여했던 사실도 확인되었다.

---

33 실직이 있는 승정원, 시강원, 익위사, 예문관 등 7품 이하의 관료는 당연히 참여할 수 있었다.
34 같은 아문의 장례원, 교서관, 사옹원, 상의원, 사복시, 군기시, 내자시, 내섬시, 예빈시, 사섬시, 군자감, 제용감, 선공감, 장악원, 관상감, 전의감, 사역원의 소속 관료는 갱진에 참여한 사례가 없다.

4) 참여 인물과 가문

영조 갱진에 등장하는 인물은 모두 936명이다. 40회 이상 참여한 인물은 19명이며, 1회만 등장하는 인물도 300여 명이 넘는다. 65회에 달하는 김상철의 참여 빈도가 가장 높은 것으로 분석되었다. 이어서 구윤옥(具允鈺), 신회(申晦), 원인손(元仁孫), 한익모(韓翼謩), 김상복(金相福), 정후겸(鄭厚謙), 채제공(蔡濟恭), 심이지(沈頤之), 이경호(李景祜), 김양택(金陽澤), 박명원(朴明源), 신광수(申光綏) 등의 중신과 부마가 다수 참여하였다.

갱진의 주체가 되는 영조는 335회,[35] 왕세손은 84회 참여한 가운데 신료 중 가장 많이 참여한 인물은 김상철로 확인된다. 김상철(1712-1791)의 본관은 강릉, 자는 사보(士保), 호는 화서(華西)이다. 21세인 1733년(영조 9)에 진사가 되고, 1736년(영조 12) 정시 을과에 급제한 후 승정원가주서가 되었다. 사헌부지평과 홍문관교리를 거치고, 대사간 및 육조판서를 지낸 후 영의정이 되었다. 1765년(영조 41) 〈권고원원시(眷顧元元時)〉부터 1775년(영조 51) 〈임어오기(臨御五紀)〉까지 10년간 65회의 갱진에 참여하였고, 그 중 49회(우의정 18회, 좌의정 31회)가 정승의 신분이었다.

두 번째 많이 참여한 인물은 구윤옥이다. 구윤옥(1720~1792)의 본관은 능성, 자는 성집(聖集)이다. 33세인 1753년(영조 29)에 알성시 을과에 급제한 후 승정원가주서가 되었다. 병조정랑과 승정원도승지를 거치고, 평안도관찰사, 한성부판윤, 육조판서를 지낸 후 판의금부사가 되었다. 1763년(영조 39) 〈단심직지벽소(丹心直指碧霄)〉부터 1775년 〈차당금일성료표(此堂今日誠料表)〉까지 12년간 61회의 갱진에 참여하였고, 그중 44회가 병조판서였다.

소장파 관료는 정후겸(1749~1776)이 대표적이다. 본관은 영일, 자는 백

---

35 갱진은 319건이지만 2수, 3수의 어제시를 지은 사례가 있어 횟수가 증가하였다.

표 14 인물별 갱진 참여 현황

번호	성명	횟수	번호	성명	횟수
1	金尙喆	65	6	金漢耉, 洪國榮	51
2	具允鈺	61	7	沈頤之	46
3	申晦, 元仁孫, 韓翼謩	60	8	李景祜	45
4	金相福, 鄭厚謙	55	9	金陽澤	44
5	蔡濟恭	54	10	朴明源	43

익(伯益)이다. 영조의 서녀인 화완옹주의 양자가 되어 어린 시절부터 영조의 총애를 받았다. 16세가 되던 1765년(영조 41) 소과에 급제한 다음 세자익위사의 벼슬을 받아 처음으로 갱진에 참여하였다.[36] 이듬해인 1766년(영조 42) 17세에 정시 을과에 급제하여 19세에 병조참판이 되고, 20세에 개성유수가 되었으며, 21세에 한성부좌윤, 24세에 오위도총부 부총관에 올랐다. 정후겸의 갱진은 익위사위솔, 홍문관부수찬, 병조참판, 공조참판, 예조참판 등을 지내던 16세부터 26세 사이에 집중되어 있다. 초고속 승진하여 종2품의 벼슬까지 역임하였지만 젊은 나이 때문이었는지 그 이상은 오르지 못하고 왕세손과 대립한 끝에 27세가 되는 1776년(정조 즉위)에 사사되었다. 1765년부터 1775년까지 10년간 55회의 갱진에 참여하였다. 나이에 비해 품계 및 직함, 갱진 참여도가 최고 수준에 달했는데 영조의 각별한 지원이 있었기에 가능했던 일이다.

금성위 박명원(43회), 영성위 신광수(42회), 창성위 황인점(38회) 등 부마들의 갱진 참여 횟수는 각각 40회 안팎으로 순의군 이훤(14회), 학성군 이유(李楡, 9회), 운산군 이유(李栯, 8회) 등 10회 안팎의 종실 제군들보다 훨씬 높았던 것도 특징적이다. 지면의 제한으로 인해 모두 다루지 못하지만 갱진의 참여도가 높고 명망 있는 인물이 다수 등장하므로 추후 갱진 제신의

---

36 세자익위사의 종6품 위솔로 1765년(영조 41) 10월의 『受爵廣韻錄』에 이름을 올렸다.

표 15 가문별 갱진 참여 현황(참여순)

번호	가문	인물(명)	참여(회)	번호	가문	인물(명)	참여(회)
1	全州李氏	120	632	7	龍仁李氏	11	169
2	豊山洪氏	21	239	8	潘南朴氏	19	162
3	大丘徐氏	20	211	9	平山申氏	18	154
4	綾城具氏	12	178	10	延安李氏	31	153
5	慶州金氏	15	172	11	南陽洪氏	26	149
6	青松沈氏	21	170	12	淸州韓氏	22	149

현황을 별도로 조사할 필요가 있다.

갱진에 참여한 937명을 가문별로 구분하면 54개 성씨에 162개 가문이 확인된다. 왕실의 본관인 전주이씨는 왕과 왕세손을 제외하고도 120명이 632회를 합작하여 참여도가 타 가문 대비 압도적으로 높다. 이치중(李致中, 38회), 이익정(李益炡, 29회), 이창의(李昌義, 25회), 이우진(李宇鎭, 20회) 등이 다수 참여하였으며, 왕자군 가운데는 순의군 이훤(烜)이 14회, 학성군 이유(楡)가 9회, 운산군 이유(柟)가 8회 참여하였다. 전주이씨는 종친부 소속의 왕자군 신분이나 오위도총부의 도총관 및 부총관의 자격으로 참여한 인물이 많다.

전주이씨를 제외한 일반 가문 중에서는 사도세자의 처가이자 정조의 외척인 풍산홍씨 가문의 참여도가 가장 높았다. 21인이 239회 참여했으며 주요 인물로는 홍국영(洪國榮, 51회), 홍명한(洪名漢, 28회), 홍봉한(洪鳳漢, 27회), 홍인한(洪麟漢, 23회) 등이 있다. 두 번째 참여도가 높은 가문은 대구서씨다. 역시 20인이 211회 참여했으며 주요 인물로는 서명응(徐命膺, 37회), 서명선(徐命善, 33회), 서유린(徐有隣, 26회), 서유대(徐有大, 21회), 서호수(徐浩修, 20회) 등이 있다. 영조를 지지하는 노론 가문의 풍산홍씨와 사도세자를 지지하는 소론 가문의 대구서씨 등 두 가문은 전주이씨를 제외하고 200회 이상 참여한 유이한 가문이며, 인물 수와 갱진 횟수도 비슷한 것으로 나타났다.

능성구씨는 12인이 178회 갱진하였다. 구윤옥(具允鈺, 61회), 구익(具瀷, 32회), 구윤명(具允明, 26회), 구선복(具善復, 15회), 구민화(具敏和, 12회) 등의 유력 인물이 다수 참여하였다. 구민화는 1764년(영조 40)에 화길옹주와 혼인하여 영조의 사위가 되고 능성위에 봉해졌다. 의빈부에 소속되어 왕과 부마와의 갱진에 주로 참여하였다. 구선복은 영조 대 군부의 실세로 포악하고 무도한 성격으로 유명했으며, 임오화변 때는 사도세자를 조롱하고 능멸하며 죽음에 이르게 하는 데 일조했던 인물이다. 1786년(정조 10)에 역모 혐의로 처형당하였고, 이로써 전통적인 무관 가문이었던 능성구씨는 몰락하였다.

경주김씨는 15인이 172회를 갱진하였다. 김한기(金漢耆, 51회), 김귀주(金龜柱, 29회), 김한구(金漢耉, 18회) 등이 참여하였다. 김한구는 정순왕후의 아버지이고 그의 동생 김한기, 아들 김귀주가 대표적 인물이다. 이들은 반왕세손 세력인 노론 벽파의 핵심으로 사도세자를 궁지에 몰고 죽이는 데 일조하였으며 왕세손의 즉위를 반대하였다.

청송심씨는 21인이 170회를 갱진하였다. 심이지(沈履之, 46회), 심성진(沈星鎭, 21회), 심능건(沈能建, 16회) 등이 참여하였다. 심능건은 1764년에 화령옹주와 혼인하여 영조의 사위가 되고 청성위에 봉해졌다. 의빈부에 소속되어 왕과 부마와의 갱진에 주로 참여하였다.

영조 대 갱진에서 확인되는 162개 가문 중 100회 이상 참여한 가문은 25개 가문에 불과하여 희소성이 매우 크다고 할 수 있다. 〈표 15〉에 보이는 전주이씨를 비롯하여 풍산홍씨, 대구서씨, 능성구씨, 경주김씨, 청송심씨, 용인이씨, 반남박씨, 평산신씨, 연안이씨, 남양홍씨, 청주한씨 등 12개 가문은 약 150회 이상의 갱진에 참여했던 영조 대의 핵심 가문으로 평가되며, 그밖에 광산김씨(141회), 영일정씨(140회), 파평윤씨(130회), 덕수이씨(125회), 온양정씨(120회), 해평윤씨(118회), 한산이씨(117회), 강릉김씨(108회),

안동김씨(107회), 풍천임씨(105회), 순흥안씨(102회), 풍양조씨(100회), 청풍김씨(99회) 등 약 100회 이상의 갱진에 참여한 13개 가문도 명문가의 면모를 유감없이 보여주었다. 이렇게 특정 가문의 인물이 조정에 다수 진출하여 갱진에 참여한 것은 가문의 세력과 영향력을 살펴볼 수 있는 직·간접적 근거가 된다.

5. 맺음말

이상 장서각 소장 영조 갱진첩의 현황을 바탕으로 종합적 분석을 진행하였다. 장서각에 소장되어 있는 영조 갱진첩의 양적 규모는 139첩(책) 319건 6,624수로 파악되었다. 영조가 81세가 되는 1774년(영조 50)에 가장 많은 93회의 수창이 실시되었다. 1첩(책)당 적게는 1건부터 많게는 10건의 갱진이 합본되어 있다. 갱진첩의 제작은 정조의 집권 초기에 실시된 것으로 추정되며, 갱진첩의 제명은 고종 대에 이루어진 것으로 보인다. 영조 갱진첩은 90퍼센트 이상이 필사본이며, 제작된 서첩은 통상 왕과 왕세손, 사고(춘추관), 갱진제신 등에게 배포되었다. 수창 순서는 관서의 등급과 관직의 품계에 적용된 서열에 따라 실시되었으며, 연구는 7언 2구가 가장 많고, 압운은 '억(億)'이 가장 자주 사용되었다. 갱진의 목적은 궁중 행사 및 공무 수행 과정에서의 일을 기념하거나, 사적 회합에서 대상 및 현상에 대한 감회나 소회를 밝히며 실시되는 것이 일반적이다. 갱진 규모는 최소 2인에서 최대 149인까지 참여하였으나 평균 20인 안팎이 가장 합리적이고 보편적이며, 이러한 갱진에 참여 또는 동원되는 주체는 정부 조직에 소속되어 사무를 담당하는 전·현직 공직자 그룹이다. 관서별로는 승정원 소속의 관료가 가장 많이 참여하였고, 관직별로는 오위 소속의 부사직이 최다 참여하였다. 육조 중에서는 병조 관료의 참여도가 특히 높았다. 갱진 참여 인물은 936명이며, 이 가운데 김상철, 구윤옥, 신회, 원인손, 한익모, 김상복, 정후겸, 채제공 등의 고위관료가 대표적이다. 갱진 참여 가문은 162개 가문이며, 이 가운데 전주이씨를 비롯하여 풍산홍씨, 대구서씨, 능성구씨, 경주김씨, 청송심씨, 용인이씨 등이 득세하였다. 상기한 내용을 종합하면 영조 대 25년간 162개 가문의 936명이 319회에 걸쳐 수창한 6,624수의 시구가 139첩(책)의 도서에 수록된 것이다.

 장서각에 소장되어 있는 영조의 갱진첩은 영조가 추구했던 삶과 사상을 온전히 담고 있는 것은 물론이고, 수많은 신료의 문학적 고뇌와 회한이 공존하고 있어 그 의미와 가치가 남다르다. 홀로 생산하고 소비되는 개인의 시구와 달리 군신 간 상호 작용하며 분량까지 많다는 점에서는 역동적인 생명력이 느껴지기까지 한다. 이 글을 통해 서첩 안에 숨어 있던 영조의 갱진 사례를 파악하고, 각 요소의 특징을 분석함으로써 한국학 연구 전반에 활용할 수 있는 기초 정보가 조금이나마 제공되었기를 바란다. 향후에는 장서각 또는 영조 대 등 기관 및 시기에 국한하지 않고, 조선시대 갱진첩의 전체적인 규모와 현황이 연구될 수 있기를 기대한다. 그러나 이러한 성격의 연구는 방대한 양의 데이터가 기반이 되므로 글로 조직하고 설명하는 것에는 한계가 있다. 시스템을 통해 체계화되지 않는다면 각종 검색 및 통계 등의 정보를 분석하는 데 어려움이 클 수밖에 없다. 여러 기관 및 연구자를 통해 분석된 데이터와 요소가 파편화되거나 사장되지 않도록 데이터베이스화를 통한 정보의 축적과 보존, 그리고 효율적인 활용 방식에 대해 고민해야 할 필요가 있다.

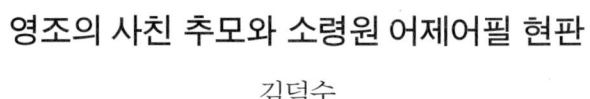

영조의 사친 추모와 소령원 어제어필 현판

김덕수

1. 머리말

　조선 국왕 가운데 가장 방대한 분량의 어제를 남긴 영조는 평소 '유사첩기(有事輒記)'의 습관이 있음을 술회한 바 있다.[1] 일이 있을 때마다 소회를 기록한 것이다. 영조가 1743년(영조 19)부터 전담 관원을 두어 수시로 정리한 그의 어제들은 『열성어제』, 『영종대왕어제속편』, 『영종대왕어제』, 『어제집경당편집』, 『어제속집경당편집』 등에 수록되어 있으며 개별 어제 간본, 어제 첩본, 왕실고문서 등으로 전하는 작품도 그 규모가 호한하다. 이밖에 현판이란 작은 널조각에도 다수의 기록을 남겼다.
　긴 재위 기간 동안 영조는 국왕으로서 자신의 의지를 공표하거나 소회

---

[1] 『열성어제』 권21, 〈又〉 후서.【予於常日有事輒記, 一自前月二十五日, 愴懷彌切, 何能構一字.】

를 피력하기 위해 현판을 자주 활용했다. 영조처럼 현판을 애용하던 임금이 적어도 조선에는 없었다. 현판이란 글자나 시문을 새겨 넣어 건물벽이나 들보, 문미(門楣), 처마 아래 등에 매달아두는 널조각이다. 즉 높은 곳에 걸어 현시하는 장치다. 영조는 걸핏하면 속내를 친필로 적은 뒤 현판에 새겨 걸도록 했다. 궐 밖에 있을 때는 주서(注書)의 붓과 벼루를 가져오게 하여 썼다. 뭇 신료들이 목판을 눈여겨보며 잊지 않기를 바랐고 그것이 후세까지 전해지기를 원했다. 현판에 얹힌 글씨가 국왕의 어제어필이라면 그 무게가 가중되는 것은 당연지사다. 어제어필이 새겨진 현판은 정교하고 아름답게 제작되었다. 서법에 능한 문신뿐만 아니라 사자관(寫字官), 화원(畫員), 각수(刻手), 공장(工匠) 등이 동원되었다. 왕실 문화의 수준을 보여주기에 손색이 없을 만큼 작품성이 뛰어나거니와 현판의 필획과 행간에는 국왕 영조의 생각과 감정이 스며 있다.

영조는 사친 숙빈 최씨의 추숭을 위해 노력을 경주했다. 즉위 직후, 순화방의 백악산 아래에 사당을 건립했고 숙빈묘 입구에 거대한 신도비를 세웠다. 1744년(영조 20) 묘호(廟號)를 '육상(毓祥)'으로, 묘호(墓號)를 '소령(昭寧)'으로 정했으며 1753년(영조 29) 비로소 화경(和敬)이란 시호를 올리면서 육상궁과 소령원으로 격상시켰다. 등극 이후에 1731년(영조 7)을 시작으로 총 12차례나 소령원을 전배하며 사모의 정을 피력하는 한편 모친에 대한 그리움을 현판에 아로새겼다.

조선 후기 소령원의 모습은 현재와는 사뭇 달랐을 것이다. 지금은 제청과 재실 터에 주춧돌만 일부 남아 있지만 당시에는 육오당과 기임각 등이 엄숙하게 서 있고 화려한 현판이 도처에 걸린 채 장엄한 분위기를 자아냈을 것이다. 영조가 제작했던 소령원 현판은 어디에 있을까? 그 행방이 묘연하다. 현재 국립고궁박물관에 궁중 현판 775점이 소장되어 있다. 이것은 2018년 유네스코 세계기록유산 아시아태평양 지역 목록에 등재되며 문화적 가치를 인정받았다. 하지만 조선시대에 왕명으로 제작된 현판의 전체 수량에 비하면 일부분에 불과하다. 예컨대 영조가 소령원에 걸었던 현판 가운데 단 한 점도 775점 속에 포함되어 있지 않다.

소령원 현판의 소재는 미상이다. 하지만 일제강점기에 이왕직에서 정리한 2종의 문헌을 통해 소령원에 게시되던 현판의 현황을 파악할 수 있다. 이 글에서는 먼저 영조 연간에 어제어필 현판을 제작하던 정황을 거칠게 검토하고 나서 소령원의 연혁을 망라한 『소령원지』와 소령원에 보관된 현판을 일일이 옮겨 적은 『소령수길원보관현판등사(昭寧綏吉園保管懸板謄寫)』[2]를 활용하여 소령원 현판의 제작 경위와 규모를 재구해보겠다. 유물로서의 현판은 현전하지 않지만 현판의 내용과 현판이 게시된 위치 등이 근대 기록물 속에 활자 형태로 남아 있기 때문이다. 본고의 논의 과정을 통해 소령원 어제어필 현판의 규모와 의미를 위시하여 영조 어제 시문의 수정 양상, 『(영조)열성어제』의 편차 과정이 일부 해명될 수 있기를 기대한다.

2. 영조 대 어제어필 현판 제작의 개황

현판에는 항시 눈여겨봄으로써 권면하고 경계하고 본받는다는 의미[3]와 늘 바라보게 함으로써 임금이나 조정의 의지를 표명한다는 의미가 담겨 있다.[4] 숙종이 1694년(숙종 20) 시민당(時敏堂)에 현판을 걸어 '시민'의 함의

---

2   이하에서는 『昭寧綏吉園保管懸板謄寫』(K2-4440)를 『소령원현판등사』로 약칭하겠다.
3   『승정원일기』, 영조 즉위년 11월 13일; 영조 35년 8월 19일; 영조 44년 4월 5일.
4   『승정원일기』, 영조 21년 4월 5일; 영조 20년 10월 25일; 정조 15년 5월 26일; 영조 27년 1월 9일; 영조 32년 2월 26일; 영조 51년 11월 30일.

를 부연한 것은 세자의 학문을 권면하기 위해서고⁵ 영조가 '정사습(正士習)' 세 글자를 현판에 새겨 명륜당에 걸게 한 것은 즉위 직후 탕평비를 만든 것과 마찬가지로 무편무당(無偏無黨)에 대한 의지 천명이다.⁶ 이 밖에 선왕이 머물던 곳에 건물을 세우고 편액을 거는 것은 선왕의 자취를 현창하겠다는 의도이고⁷ 사당이나 정려문에 편액을 내리는 것은 충의를 권면하고 기강을 수립하기 위해서다.⁸ 『승정원일기』 기사를 통해 영조 연간 어제어필 현판 게시 정황을 일별해보겠다.

영조는 1712년(숙종 38) 연잉군 시절에 숙종 어제 시편과 양성(養性)이라는 당호를 현판에 새겨 걸었다. 부왕 숙종이 출합하던 연잉군에게 하사했던 당호와 5언절구 2수였다.⁹ 이 사실은 영조 즉위 이후에 자신의 정통성을 천명하는 방편이자 왕위 승계의 정당성을 상징하는 신표가 되었다. 영조는 1730년(영조 6) 영릉(寧陵)에서 환궁하다가 남한산성에 들러 읊조린 〈남한영회(南漢詠懷)〉 3수를 남한산성 행궁에 걸었고 숙종의 〈쌍령주가유감(雙嶺駐駕有感)〉과 〈망가한봉(望可汗峯)〉도 집자(集字)하여 현판으로 만들어 걸었다.¹⁰

1739년(영조 15) 효종 잠저 용흥궁(龍興宮)에 행차하여 이곳에 있던 숙종의 '용흥구궁(龍興舊宮)' 현판을 보고 나서 '역성감신(歷省感新)' 네 글자와 발문을 써서 현판에 새기게 했다.¹¹ 삼종혈맥의 일원임을 강조하기 위해서다. 1740(영조 16) 절구 2수와 서문을 지어 선무사(宣武祠)에 걸었고¹² 이듬해에

5 『승정원일기』, 영조 30년 1월 10일.
6 『승정원일기』, 영조 28년 12월 16일.
7 『승정원일기』, 영조 16년 9월 9일.
8 『승정원일기』, 영조 14년 3월 23일.
9 『승정원일기』, 영조 즉위년 10월 26일. 어제 시는 사자관이 쓰고 당호는 花春君 李瀟이 썼다.
10 廣州府尹 李普赫이 두 현판을 직접 陪奉하여 내려갔다. 『승정원일기』, 영조 6년 5월 14일.
11 『승정원일기』, 영조 15년 1월 28일. 1743년에도 '龍飛中興' 大字와 絶句를 새겨 현판을 걸게 할 만큼 영조의 용흥궁에 대한 애착은 각별했다. 『승정원일기』, 영조 19년 4월 9일, 4월 22일, 4월 25일.

는 개성 숭양서원에 어제어필 현판을 걸게 했으며[13] 선조가 주필했던 해주 부용당(芙蓉堂)과 의주 취승당(聚勝堂)에 어필 현판을 걸었다.[14] 1743년(영조 19) 어제 시와 정사공신 명단을 새겨 창의문 문루에 걸었고[15] 동관왕묘와 남관왕묘에 어제 시를 내려 현판을 걸게 하면서 현판 배진 시 이동 방법과 경로까지 지시했으며[16] 3년 뒤에도 두 관왕묘에 어필 '성제묘(聖帝廟)' 현판을 걸게 했다.[17] 1744년(영조 20) 영희전(永禧殿)에 절구 시편을 걸어 흥감수훈(興感垂訓)의 뜻을 피력했고[18] 육상궁(毓祥宮)과 집희당(緝熙堂)에 어필 현판을 달았다.[19]

1746년(영조 22)에는 선조 어필 '재조번방(再造藩邦)'에 대우를 맞추어 '수은해동(垂恩海東)' 네 글자를 써서 선무사에 걸었는데 선조의 뜻을 계술한다는 취지에서 '조선국왕(朝鮮國王)'이라는 인문(印文)까지 현판 좌측에 똑같이 새겨 넣었다.[20] 남한산성 행궁, 관왕묘, 선무사 등에 게시한 현판은 재조지은과 대명의리의 표상이다.

1747년(영조 23)에는 사도세자와 춘방 관원을 독려하고자 강학 지침과 어제 시를 내려 춘방(春坊)에 걸었고[21] 근정전 옛터에서 열린 정시문과에 친림하여 지은 어제어필 시편을 삼대문(三大門)에 걸었으며[22] 탕춘대성(蕩春

---

12 『승정원일기』, 영조 16년 3월 12일.
13 『승정원일기』, 영조 17년 1월 12일.
14 『승정원일기』, 영조 17년 5월 18일.
15 『승정원일기』, 영조 19년 5월 7일, 5월 22일, 5월 24일.
16 『승정원일기』, 영조 19년 8월 23일.
17 『승정원일기』, 영조 22년 8월 23일.
18 『승정원일기』, 영조 20년 2월 4일.
19 『승정원일기』, 영조 20년 3월 11일.
20 『승정원일기』, 영조 22년 윤3월 14일.
21 『승정원일기』, 영조 23년 3월 20일, "仍命注書, 持入講規, 添刪以下, 復下御製詩曰, '此詩與講規, 輔德書之, 懸板於春坊, 可也.'" 강학 지침과 어제 시편 제목은 각각 〈下春坊綸音〉과 〈書示春坊官〉【丁卯暮春十九日爲元良定講規, 翌日因餘意而作】으로 공히 시강원보덕 趙明鼎이 글씨를 썼다. 해당 현판이 현재 국립고궁박물관에 소장되어 있다. [창덕20626]; [창덕20927].

그림 1 숙종 어필 〈용흥구궁(龍興舊宮)〉 현판, 1713년(숙종 39), 고궁박물관 소장(창덕20524)

그림 2 영조 어제어필 〈역성감신(歷省感新)〉 현판, 1739년(영조 15), 고궁박물관 소장(창덕20437)

그림 3 영조 어필 〈수은해동(垂恩海東)〉 현판, 1746년(영조 22), 고궁박물관 소장(창덕20863)

臺城)의 정문을 한북문(漢北門)으로 명명한 뒤 어제 7언고시 현판을 걸게 했다.[23] 1748년(영조 24)에는 경운궁에 행차하여 선조(宣祖)를 추모하며 지은 7언절구 〈기회(記懷)〉를 현판으로 게시했고[24] '일심효우, 편성일몽(一心孝友, 便成一夢)'을 써서 화평옹주 집에 걸게 함으로써 딸의 죽음을 애도

22 『영조실록』, 영조 23년 9월 19일; 『승정원일기』, 영조 23년 9월 28일, 9월 29일.
23 『승정원일기』, 영조 23년 10월 1일.
24 『승정원일기』, 영조 24년 1월 27일.

했다.²⁵

    1749년(영조 25) 추석에는 창경궁 홍화문에서 백성을 진휼한 뒤 7언장편 30운을 찬술하여 홍화문에 걸었고²⁶ 1753년(영조 29)에는 숙빈 최씨에게 시호를 올린 뒤 육상궁과 소령원에 어제어필을 걸었다.²⁷ 1754년(영조 30)에는 의소묘(懿昭墓)에 어제 현판을 걸었고²⁸ 세자에게 내린 글을 현판에 새기게 했으며²⁹ 이듬해에는 광릉에 어필 현판을 보냈다.³⁰ 1754년 더 이상 시를 짓지 않겠다고 결심한 영조는³¹ 이듬해 창덕궁 영화당(暎花堂)에 걸린 숙종 시편에 차운하는 대신 당호를 써서 내리며 새 현판을 걸게 했다.³²

    1756년(영조 32)에는 성균관에 행차하여 윤음을 현판에 새겨 걸었고³³ 통명전(通明殿)에 걸린 숙종의 '소기무일(所其無逸)' 어필 현판을 보고 추모의 뜻을 담아 소지(小識)를 지어 현판으로 제작한 뒤 숙종의 현판과 나란히 게시했다.³⁴ 1756년에는 진전(眞殿) 재실에 어제 현판을 걸었고³⁵ 윤음을 새겨서 기로소에 걸었으며³⁶ 천명을 공경하고 두려워하는 마음가짐을 피력하고자 주송(周頌) 경지(敬止)의 소지(小識)와 '일감재자(日監在玆)' 네 글자를 써서 창경궁 숭문당 벽에 걸게 했다.³⁷

    1757년(영조 33)에는 인원왕후 혼전에서 지은 어제를 현판에 새겨 재전

---

25   『승정원일기』, 영조 24년 6월 25일.
26   『승정원일기』, 영조 25년 8월 28일. 시제는 〈御門恤民日興感作〉【己巳秋夕日】이다.
27   『승정원일기』, 영조 29년 7월 1일; 8월 21일.
28   『승정원일기』, 영조 30년 3월 6일.
29   『승정원일기』, 영조 30년 윤4월 28일.
30   『승정원일기』, 영조 31년 4월 21일.
31   『승정원일기』, 영조 30년 7월 19일, 8월 28일, 9월 2일; 영조 31년 7월 6일.
32   『승정원일기』, 영조 31년 6월 28일.
33   『승정원일기』, 영조 32년 2월 29일.
34   『승정원일기』, 영조 32년 4월 24일. 영조는 현판과 紗籠 제작 방식을 구체적으로 지시했다.
35   『승정원일기』, 영조 32년 7월 1일, 8월 15일.
36   『승정원일기』, 영조 32년 7월 5일.
37   『승정원일기』, 영조 32년 윤9월 8일.

(齋殿), 재실(齋室), 거려청(居廬廳)에 걸었고[38] 함인정(涵仁亭) 현판을 가져와 서문을 읽고 나서 〈추기문(追記文)〉을 찬술하여 걸었으며[39] 함인정 거려청을 '공묵합(恭默閤)'으로 명명한 뒤 현판을 걸었다.[40] 이듬해 1758년(영조 34)에는 명릉과 소령원, 고양 주정소(晝停所)에 어제 현판을 각각 보냈고[41] 인원왕후가 태어난 양정재(養正齋)에 기문을 써서 현판을 걸었으며[42] 어제를 현판에 새겨 장릉(莊陵) 향대청에 걸었다.[43]

1759년(영조 35)에는 궁인의 불경한 태도를 신칙하고자 재전(齋殿) 기시문(記示文)을 지어 재전 북벽에 걸었고[44] 명릉 향대청과 소령원 육오당에 현판을 걸었으며[45] '계성사(啓聖祠)' 세 글자와 소지(小識)를 써서 내려 승정원으로 하여금 현판을 제작하게 했다.[46]

1760년(영조 36)에는 소령원으로 향하는 길에 고양 군수에게 어제어필을 내려 객사에 걸도록 했고[47] 명릉에 현판을 보내 우측 벽 중간에 걸었으며[48] '유방아동(流芳我東)' 현판을 만들어 숭절사(崇節祠)에 보냄으로써 추모와 계술의 뜻을 표했다.[49]

1761년(영조 37)에는 저경궁(儲慶宮)에서 춘향(春享)을 친행하고 나서 소회를 적어 향대청에 걸게 했고[50] 백이와 숙제를 제향하는 청절사(淸節祠)에

---

38 『승정원일기』, 영조 33년 7월 21일.
39 『승정원일기』, 영조 33년 7월 22일.
40 『승정원일기』, 영조 33년 10월 22일.
41 『승정원일기』, 영조 34년 2월 8일.
42 『승정원일기』, 영조 34년 3월 9일.
43 『승정원일기』, 영조 34년 10월 7일.
44 『승정원일기』, 영조 35년 2월 9일.
45 『승정원일기』, 영조 35년 4월 1일. 육오당 현판은 동년 3월 28일에 지은 〈題六吾堂棟欀〉으로서 『소령원현판등사』에 전문이 실려 있다.
46 『승정원일기』, 영조 35년 7월 26일.
47 『승정원일기』, 영조 36년 3월 26일.
48 『승정원일기』, 영조 36년 6월 9일.
49 『승정원일기』, 영조 36년 6월 30일.

그림 4 영조 어필 〈유방아동(流芳我東)〉 현판, 1760년, 고궁박물관 소장(창덕20876)

'충의양전, 백계쌍절(忠義兩全, 伯季雙節)' 어필 현판을 보냈다.[51] 그리고 숙빈 최씨가 태어난 서학동(西學洞) 여경방(餘慶坊)의 옛집을 구입하여 후손이 대대로 살면서 전매하지 못하게 했고 기문을 지어 현판에 새겨 걸은 뒤 그 인본(印本)을 육상궁에 보관하도록 했다.[52] 그리고 '만고충절, 천추의열(萬古忠節, 千秋義烈)' 여덟 글자를 써서 동묘와 남묘에 걸었다.[53]

1762년(영조 38)에는 〈우문각소지(右文閣小識)〉를 지어 사현합(思賢閤)의 사례에 준하여 현판에 새기게 했고,[54] 세손 정조를 권면하는 글을 지어 강서원에 걸어 후세에 전해지도록 했다.[55] 1764년(영조 40)에는 어필을 대보단(大報壇) 재실에 걸되 압존(壓尊)을 위해 선무사 사례에 의거하여 현판을 제작하도록 명했다.[56] 동년 5월에는 세심궁을 개건해 만든 사도세자 사당에 '전자은어사묘(全玆恩於斯廟)' 여섯 글자를 걸어 임오화변에 대한 단호한

50 『승정원일기』, 영조 37년 2월 14일. 〈儲慶宮香大廳紀懷〉라는 제목의 산문으로 해당 현판[창덕 20926]이 고궁박물관에 소장되어 있다.
51 『승정원일기』, 영조 37년 6월 13일.
52 『승정원일기』, 영조 37년 8월 5일; 8월 8일.
53 『승정원일기』, 영조 37년 8월 25일.
54 『승정원일기』, 영조 38년 2월 18일.
55 『승정원일기』, 영조 38년 3월 29일. 본 어제는 제목이 〈御製景賢堂與世孫會講略記〉[K2-4376]로서 당시 제작된 拓印本이 장서각에 소장되어 있다.
56 『승정원일기』, 영조 40년 3월 18일. 현판에도 압존이 있어서 휜색 바탕에 자획은 한 번만 칠을 하고 모퉁이에는 꽃을 그리지 말고 紗籠은 사용하지 말도록 지시했다.

입장을 드러낸 반면[57] 영빈 이씨 사당인 의열묘(義烈廟)에는 '수의보사(守義保社)' 현판을 내려 그녀의 의열을 현양했다.[58]

1766년(영조 42)에는 어필로 '왕희지는 당년에 필력이 어떠했나! 지금 망팔의 나는 한 가닥 버들가지로다.[逸少當年其筆何, 于今望八一枝柳]'를 써서 내린 뒤에 모각하여 신료에게 반사하는 한편 현판에 새기게 했고[59] 이듬해에는 선원전에서 여러 편의 어제를 지어 재실에 걸도록 했다.[60] 1768년(영조 44)에는 세손을 데리고 헌릉에 제사를 지낸 뒤 재실에 현판을 걸었고[61] 1769년(영조 45) 9월에는 도총부에서 지은 시구와 세손 및 신료들이 갱진한 시를 현판에 함께 새겼으며[62] 동년 12월에는 명나라 조칙을 봉안하기 위해 경복궁 승문원에 경봉각을 건립하고, 승문원에 흠봉각을 건립한 뒤 어제 현판을 걸었다.[63]

1770년(영조 46)에는 인원왕후의 신주를 모신 장락전(長樂殿)의 현판을

---

57 『승정원일기』, 영조 40년 5월 22일. '妖'는 '慈'의 誤字이다. 이때 영조는 "아아! 재작년 일(임오화변-필자 주)은 나라와 신민을 위한 것이었고 復號와 建廟 역시 그 은혜를 온전히 한 것이다."라고 말했다. 도성 북부 順化坊에 위치한 세심궁을 사도 사당으로 개건했으나 지나치게 크고 화려하다는 이유로 동부 崇敎坊으로 옮겨 지은 뒤 사도 묘소와 사당에 '垂恩'이란 이름을 붙였다. 여기에는 패악한 자식을 포용하여 아비로서의 은혜를 베풀었다는 의미가 내포되어 있다. 사도에 대한 영조의 단호한 입장이 두 글자에 담겨 있으므로 훗날 '수은'을 다른 호칭으로 바꾸려는 자가 있다면 그는 해동의 신하가 아니라고 말했다. 『영조실록』, 영조 40년 9월 3일.
58 金龜柱, 『可庵遺稿』 권24, 襍著, 「立朝日錄」 甲申九月.
59 『승정원일기』, 영조 42년 11월 15일, 11월 16일.
60 『승정원일기』, 영조 43년 6월 8일.
61 『승정원일기』, 영조 44년 3월 25일. 이때 제작된 현판은 承旨의 착오로 金字粉質, 즉 흰색 바탕에 금색 글자로 만들어졌는데 실물[능원5]이 고궁박물관에 전한다. 현판 내용은 "戊子三月二十一日來二十二日回, 小孫至願. 同年月日, 拜手謹識, 親書以揭, 代以親押."이다. 세손의 간청으로 무자년 21일에 왔다가 22일에 환궁한 사실을 기록했다.
62 『승정원일기』, 영조 45년 8월 30일.
63 『승정원일기』, 영조 45년 12월 6일. 한편 1774년(영조 50)에는 경봉각 곁에 奉安閣을 건립하여 청나라 칙서를 봉안했다. 영조가 견지했던 숭명배청 의식이 전각 이름에 투영되어 있다. 1799년 정조는 경봉각을 창덕궁 대보단 서쪽에 옮겨 지은 뒤 어제 〈謹題敬奉閣〉 현판을 게시했는데 당시 정조가 현판 제작을 염두에 두고 擡頭와 格間 부분까지 직접 표시하여 찬술한 〈근제경봉각〉 초고가 장서각에 소장되어 있다. 왕실고문서 2206. 김덕수, 「정조 예제·어제 원고의 텍스트 비평」, 『장서각』 46, 한국학중앙연구원, 2021.

그림 5 영조 어필 〈전자은어사묘(全慈恩於斯廟)〉 현판, 1764년, 고궁박물관 소장(창덕 20299) 그림 6 영조 어필 〈수의보사(守義保社)〉 현판, 1764년, 고궁박물관 소장(창덕20656)

그림 7 영조 어필 〈탄생당(誕生堂)〉 현판, 1773년, 고궁박물관 소장(창덕20440) 그림 8 영조 어필 〈억석회만(憶昔懷萬)〉 현판, 1774년, 고궁박물관 소장(창덕20628)

썼고[64] '황저성편, 대소의심(黃苴性偏, 大小宜審)' 여덟 글자를 현판에 새겨 내의원에 걸었고[65] 경종이 시탕하던 사알방(司謁房)에 억석와(憶昔窩) 현판을 걸었다. 1771년(영조 47)에는 '전봉후암, 오천만년(前峯後巖, 於千萬年)' 여덟 글자를 써서 정업원(淨業院) 비각에 걸게 함으로써 단종과 정순왕후 송씨를 추모했고[66] 1773년(영조 49)에는 '석신묘문안청(昔辛卯問安廳)' 여섯 글자를 상의원(尙衣院)에 걸었고[68] '석계사년내숙(昔癸巳年來宿)' 여섯 글자를 숭릉 향대청에 걸었고[68] '금일입심, 미침만배(今日入審, 微忱萬倍)' 여덟 글자를 양정재(養正齋)에 걸었고[69] '탄생당, 팔십서(誕生堂, 八十書)' 여섯 글자를 자신

64 『승정원일기』, 영조 46년 1월 3일.
65 『승정원일기』, 영조 46년 2월 27일.
66 『승정원일기』, 영조 47년 9월 6일.
67 『승정원일기』, 영조 49년 6월 28일.
68 『승정원일기』, 영조 49년 8월 17일.

이 태어난 보경당(寶瓊堂)에 걸었다.[70]

1774년(영조 50) 영조는 도총부에 들러 1712년 연잉군 시절 도총관에 임명된 사실을 떠올리며 '억석회만(憶昔懷萬)'을 현판에 새기게 했고[71] 육상궁 삼락당(三樂堂)에서 세손에게 써준 어제를 남쪽 벽에 걸게 했으며[72] 1775년(영조 51)에도 경희궁 중광원(重光院)에 들러 3언으로 자신의 소회를 읊조린 뒤 용비루(龍飛樓) 현판의 사례에 의거하여 현판에 새기게 했다.[73] 이 시기 영조는 팔순이 넘은 나이였지만 본인의 서법에 상당한 자부심을 지니고 있었으며[74] 만년으로 접어들수록 자신의 소회를 짤막한 구절로 표현하여 현판에 새기는 경우가 빈번해졌다.

3. 기록으로 전하는 소령원 어제어필 현판

사친 숙빈 최씨에 대한 그리움이 각별했던 만큼 영조는 다수의 현판을 제작하여 자신의 심사를 투영했고 소령원 부속 건물에는 아름다운 현판이 빼곡히 걸려 있었다. 애석하게도 소령원 현판은 행방이 묘연하여 실물이 한 건도 전하지 않는다. 다행인 점은 『소령원지』와 『소령원현판등사』

---

69 『승정원일기』, 영조 49년 9월 29일.
70 『승정원일기』, 영조 49년 10월 11일.
71 『승정원일기』, 영조 50년 3월 6일.
72 『승정원일기』, 영조 50년 3월 8일. 이때 세손에게 써준 글의 제목은 〈御製記萬懷示冲子〉로서 장서각에 필사본의 형태로 소장되어 있다. K4-1550; K4-1551.
73 『승정원일기』, 영조 51년 3월 5일. 글씨는 호조판서 具允明이 썼다. 『승정원일기』, 영조 51년 3월 7일.
74 『승정원일기』, 영조 50년 3월 22일.

덕분에 적어도 1910년대까지 소령원에 있던 현판의 내용과 게시 위치를 파악할 수 있다는 사실이다.

1)『소령원지』

소령원 제반 정보를 망라한 책이『소령원지』다.[75] 이 책은 1758년(영조 34) 3월에 소령원 수봉관 이사국(李思國)이 예조판서 이익정(李益炡)의 도움을 받아 상하 1책으로 찬술했다.[76] 이익정은 1753년 상시봉원도감 제조를 역임한 인물로서 당시 근무일지인『돈장록(敦匠錄)』을 이사국에게 주며 원지 찬술을 독려했다.[77] 그 후 1773년에 수봉관 윤복후(尹復厚)가「소령원지 하」의 중간 부분에 '추록(追錄)'을 덧붙였고[78] 1789년(정조 13) 이후에 수봉관 민시상(閔是祥) 또는 이현수(李顯秀)가 '소령원지부록'을 추가했다. 현전하는『소령원지』는 일제강점기 때 이왕직의 주도하에 소령원에 전해지던『소령원지』를 그대로 옮겨 적은 책이다.[79]

서발문이나 목차가 실려 있지 않으나 전체 체재를 고려하면「소령원지

---

[75] 1981년 문화재관리국 장서각 전적이 한국정신문화연구원으로 이관될 때『昭寧園誌』(장서각, K2-4439)는 이관 도서에 포함되지 않았다. 현재 한국학중앙연구원 장서각에서는 마이크로필름으로 촬영된 이미지를 통해 해당 문헌을 확인할 수 있다. 김덕수,「『소령원지』의 저술 과정」,『숙빈최씨자료집1: 日記, 園誌』, 한국학중앙연구원, 2009 참조.

[76] 「昭寧園誌 下」, "夫時崇禎紀元後三戊寅季春上浣, 守奉官臣李思國拜手稽首謹書【錄成上下編, 而不敢序記, 謹書事蹟而已.】"

[77] 「昭寧園誌 下」, "今戊寅春, 適因公上京, 往見禮判, □□□敦匠錄一卷曰, '是癸酉年在都監時日記也, 持往詳覽, 則園誌可以著成.'"

[78] 「昭寧園誌 下」, 〈追錄〉, "崇禎紀元後三癸巳季秋上浣, 守奉官尹復厚謹書."

[79] 『소령원지』가 전사된 용지의 중간 부분과 左邊에는 '李王職', '야마구치 납입[山口 納]'이라는 글자가 각각 찍혀 있다. 야마구치는 일제강점기 때 궁내성 도서관장을 지낸 야마구치 에이노스케[山口銳之助]로 여겨진다. 장서각에는 93종 109책의 조선시대 능원지가 소장되어 있는데 대부분이 이왕직 용지에 필사되어 있거니와『소령원지』와 동일한 필체로 적힌 책도 상당량에 이른다. 뒤에서 소개할『昭寧綏吉園保管懸板謄寫』역시『소령원지』를 전사한 인물에 의해 쓰여졌다.

상(昭寧園誌上)」,⁸⁰「소령원지 하(昭寧園誌下)」,「소령원지 부록(昭寧園誌附錄)」으로 구성된다.「소령원지 상」에는 소령원의 연혁과 상시봉원 과정, 산도(山圖), 각종 식례(式例) 및 제의(祭儀), 제식(祭式) 및 축식(祝式), 제향별 진설도, 육오당(六吾堂), 기임각(祈稔閣), 표석, 신도비명, 묘비, 대비(大碑),⁸¹ 죽책문, 반교문, 친제문 등이 수록되어 있다. 이 가운데 육오당, 기임각, 묘비, 대비, 친제문 항목에 영조 어제어필이 보인다. 영조 어제어필이 집중된 곳은 육오당과 기임각이다. 두 곳에 남긴 어제어필 시문에는 사친을 향한 그리움이 배어 있다. 절반 이상이 현판의 형태로 걸려 있었는데 여타 문헌에 수록되지 않은 글도 상당수다.⁸²

(1) 육오당 소재 영조 어제어필

① 御製御筆〈六吾堂詩幷序〉【題板在六吾堂軒房通香大廳門上】 … (5언절구 6수 중략) …

② 御製〈續六吾堂祈稔閣詩寓懷〉… (7언고시[18운] 1수 중략) …

③ 六吾堂房南邊門左邊 御筆: "庚申年九月初四日來, 初五日入."

④ 軒房南邊障子 御筆: "卽祚二十一年乙丑年八月二十日午正前來, 二十日午正後入."

　右邊障子重書

⑤ 房東壁 御書: "癸酉九月十一日展拜毓祥宮, 十二日十⁸³正前來, 同

---

80 원문에는 '上'을 빠뜨린 채 '昭寧園誌'라고 적었다. 이사국은『소령원지』저술의 시말을 기록한 뒤 "錄成上下編, 而不敢序記, 謹書事蹟而已."라는 주석을 달았다. 따라서 '소령원지'는 '소령원지상'을 지칭한다.
81 墓碑는 1744년 廟號와 墓號를 정할 때 세운 소령묘 비석을 가리키고, 大碑는 1753년 上諡封園 시 세운 소령원 비석을 가리킨다. 묘비와 대비의 비음기는 영조 어제어필이다.
82 『소령원지』소재 영조의 어제어필 시문 중에서 현판 형태로 걸려 있던 것은『昭寧綏吉園保管懸板謄寫』(K2-4440)에도 일부 수록되었다.
83 十: '午'의 오기.

十三日午正入."

⑥ 堂額 御筆篆字: 六吾堂

⑦ 御屛風 二

大屛風邊竹 御筆: '六吾堂屛風'

中屛風 御筆【屛風內 親書'周詩豳風[84]'五字 屛風外邊竹 以朱墨親書'周[85]豳風圖'五字 屛風外第三間 親書'六吾堂上庚戌仲夏'】

⑧ 香大廳 香檯上壁上 御筆懸板 : '昭寧墓祭廳'

❶ 어제어필〈육오당시 병서〉【현판은 육오당 헌방에서 향대청으로 통하는 문 위에 있다.】

… (5언절구 6수 중략) …

❷ 어제〈육오당기임각시를 이어 회포를 부치며〉

… (7언고시[18운] 1수 중략) …

❸ 육오당 방(房) 남쪽 문 왼편의 어필: "경신년[1740] 9월 4일에 와서 5일에 들어왔다."

❹ 헌방(軒房) 남쪽 장자(障子)의 어필: "즉위 21년 을축[1745] 8월 20일 정오 이전에 와서 20일 정오 이후에 들어왔다." 오른쪽 장자(障子)에도 거듭 썼다.

❺ 방(房) 동쪽 벽의 어서(御書): "계유년[1753] 9월 11일에 육상궁에 전배하고 12일 정오 이전에 와서 13일 정오에 들어왔다."

❻ 당(堂) 편액 어필 전자(篆字): '육오당'

❼ 어병풍(御屛風) 2좌

• 큰 병풍 변죽(邊竹)의 어필: '육오당병풍(六吾堂屛風)'

84 風: '風' 자 다음에 '圖' 자가 빠진 듯.
85 周: '周' 자 다음에 '詩' 자가 빠진 듯.

• 중간 병풍의 어필【병풍 안쪽에 '주시빈풍도(周詩豳風圖)' 다섯 글자를 친히 쓰셨고, 병풍 바깥쪽 변죽에도 주묵으로 '주시빈풍도' 다섯 글자를 친히 쓰셨다. 병풍 바깥쪽 세 번째 칸에는 "육오당에 보관하다. 경술년[1730] 5월"이라고 친히 쓰셨다.】

❽ 향대청 향장(香欌) 윗벽의 어필 현판: '소령묘제청(昭寧墓祭廳)'

위 인용문은 『소령원지』 소재 '육오당' 기사에 번호를 매긴 것이다. 육오당에 있던 영조 어제어필은 총 8종이다. ①과 ②는 1730년(영조 6) 어제어필 시판과 1753년(영조 29) 어제 시판이고, ⑥은 '육오당'이란 당명을 전서로 쓴 어필 편액이며, ⑧은 '소령묘제청'[86]이라 새긴 어필 현판이다. ①·②·⑥·⑧은 공히 현판에 새긴 것으로 현판이 게시된 위치까지 구체적으로 기재한 점이 이채롭다. 나머지 어필 중에서 ③·④·⑤는 영조가 육오당에 임어할 때마다 문이나 벽, 장자(障子)에 해당 연월일을 기입해놓은 것이다.[87] 그날을 기념하며 흔적을 남기고 싶고 훗날 그날을 기억하기 위해서다. ④는 1745년(영조 21) 8월 20일에 다녀간다는 사실을 장자에 적은 것인데 당시 영조는 소령원으로 향하기 전에 '소소영령(昭昭寧寧)'이라고 새긴 어필 현판을 준비한 것으로 여겨진다. 해당 현판 견양의 어필 원고가 장서각에 소장되어 있는데, 견양 하단에 적힌 기록에 의하면 검은색 바탕에 금색 글씨를 입힌 현판으로 손상 방지를 위해 사롱과 문까지 갖춘 형태였다. 제작 시기가 1745년 8월 중순으로 적혀 있으나 이 현판은 현전하

---

86 이 현판은 1753년 封園되기 이전에 제작한 것이다.
87 『소령원지』에 의하면 영조는 세부적인 곳에도 다수의 글씨를 남겼다. 예컨대 봉분 앞 表石 籠臺石 앞면에는 "예전 농대석에 약간의 균열이 생겨 신축년(1721) 4월 22일에 새로운 돌로 바꾸어 배치했다. 마침내 간략히 적어 후일의 고찰에 대비한다"라는 예제예필을 새겨 넣었고 소령묘비 비각 문 위의 난간에는 "영원한 은덕을 봉안합니다[永世遺德奉安]"라는 글귀를 써두었다. 「表石籠坫石前面御筆」, "舊籠坫微有罅隙, 辛丑四月二十二日改排新石, 遂略書識之, 以備考後焉.";「墓碑御製御筆」, "墓碑閣門上欄干御筆, 永世遺德奉安." 일견 사소해 보이는 사안조차 살뜰히 기록했고 특별하지 않은 부분에도 자신의 소회를 꼼꼼히 적었다.

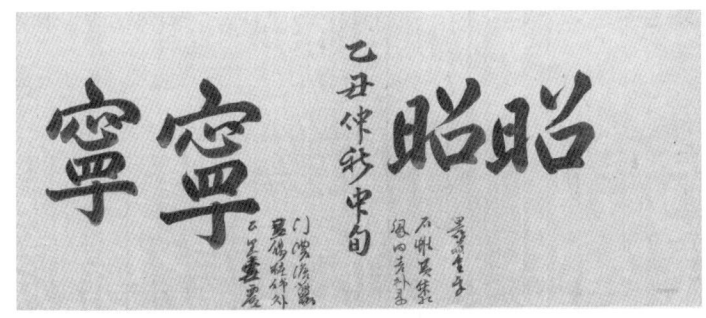

그림 9 영조 어필 〈소소영령(昭昭寧寧)〉 현판 견양, 1745년(영조 21) 8월 중순, 한국학중앙연구원 장서각 소장

지 않거니와 『소령원지』와 『소령원현판등사』에도 기록되지 않았다. ⑦은 2개의 어병풍에 쓴 것으로 〈주시빈풍도〉 병풍의 경우는 병풍 그림과 구비 시기 등을 유추할 수 있다.

(2) 기임각 소재 영조 어제어필

① 御製御筆 〈祈稔閣詩幷序〉【板在房北邊雙窓上】: 5언절구 2수

② 御製御筆【板在房南門之上】: "歲辛亥秋九月二十六日, 宣城新陵展謁而還, 二十七日, 歷拜墓所. 辛丑八月在邸時來省後, 始來, 今年十年焉爾. 当嗣服七年焉記."

③ 題門御筆【自軒入房門】: "己未八月十九日來, 二十日回京, 記于此."

④ 御製御筆【板在軒東道里上】: "歲癸酉秋, 仍丁字閣營建, 更建於六吾堂南, 孟秋初旬."

⑤ 祈稔閣額 御筆篆字

⑥ 御筆【板在自軒入房門上】: "竹塢月明"

⑦ 御筆【板在軒南雙窓上】: "松軒風淸"

⑧ 御製御筆【板在軒西軒雙窓上】: "田家何所有, 恒日祝年豊."

⑨ 御筆 祈稔閣【大字自軒入房門】

⑩ 御製御筆 〈記懷祈稔閣〉【板在房西廣窓上】:"封園之後, 癸酉·今年, 兩巡展拜, 少伸情禮. 憶辛丑八月, 一倍此心, 略記其懷于閣中. 憶□之日, 謁陵拜園, 復何餘憾! 然而古迄今來, 豈有若予者乎! 手執筆書懷, 涕潜[88]然矣. 皇明崇禎紀元後三戊寅元月下浣題."

❶ 어제어필 〈기임각시 병서〉【현판은 방(房) 북쪽의 두 쪽 창문 위에 있다.】: 5언 절구 2수

❷ 어제어필【현판은 방(房)의 남쪽 문 위에 있다.】: "신해년[1731] 9월 26일 선성(宣城: 交河)에 새로 조성한 장릉(長陵)에 전알하고 돌아오다가 27일 묘소에 들러 전배하였다. 신축년(1721) 8월 잠저 시절에 찾아와 성묘한 이후로 처음 온 것이니 10년 만이다. 사복(嗣服) 7년에 기록하다."

❸ 문(門)에 쓴 어필【헌(軒)에서 방으로 들어가는 문】: "기미년[1739] 8월 19일에 와서 20일에 한양으로 돌아가며 여기에 기록하다."

❹ 어제어필【현판은 헌(軒)의 동쪽 도리 위에 있음】: "계유년[1753] 가을, 정자각 건립에 맞춰 (기임각을) 육오당 남쪽에 고쳐 지었다. 7월 초순."

❺ 기임각(祈稔閣) 편액 어필 전자(篆字)

❻ 어필【현판은 헌(軒)에서 방으로 들어가는 문 위에 있다.】
"대나무 언덕에 달이 밝구나[竹塢月明].″[89]

❼ 어필【현판은 헌(軒) 남쪽의 두 쪽 창문 위에 있다.】
"소나무 집에 바람이 맑구나[松軒風淸].″[90]

❽ 어제어필【현판은 헌(軒) 서쪽의 두 쪽 창문 위에 있다.】

---

[88] 潜: '潸'의 오기.
[89] 이 현판은 1816년(순조 16) 8월에 중각했다. 『소령원현판등사』에 "崇禎紀元後四丙子仲秋重刻"이라 적혀 있다.
[90] 이 현판도 1816년 8월에 중각했다. 『소령현판등사』 참조.

"농가에 무엇이 있으랴! 항시 풍년을 기원할 뿐[田家何所有 恒日祝年豊]."

❾ 어필 '기임각(祈稔閣)'【대자(大字)이다. 헌에서 방으로 들어가는 문에 있다.】[92]

❿ 어제어필 〈기임각에서 회포를 적으며〉【현판은 방 서쪽의 넓은 창 위에 있다.:
"원(園)으로 격상한 이후, 계유년[1753]과 금년 두 차례에 걸쳐 순행하여 전배하니 정례(情禮)가 다소나마 풀리는구나. 그러나 신축년(1721) 8월을 추억하노라니 이내 마음이 곱절이나 애틋하다. 이에 나의 회포를 기임각 안에 간략히 적노라. 옛일을 회상하는 날에 이렇게 능원(陵園)을 참배하니 무슨 여한이 있겠는가! 그러나 고금을 통틀어 어찌 나와 같은 사람이 있겠는가! 붓을 쥐고 회포를 써내려가니 눈물이 앞을 가린다. 황명 숭정 기원후 세 번째 무인년(1758, 영조 34) 정월 하순에 짓다."】

『소령원지』 소재 '기임각' 기사다. 기임각에 있던 영조 어제어필은 10종이다. 대부분이 현판 형태로 게시되었는데 ①은 1730년(영조 6) 제작한 5언절구 1제 2수이고 ⑥~⑧은 4언과 5언 제자(題字), 5언 대련(對聯)이다. '소나무 집[93]에 바람이 맑구나[松軒風淸]', '대나무 언덕에 달이 밝구나[竹塢月明]'와 '농가에 무엇이 있으랴! 항시 풍년을 기원할 뿐[田家何所有, 恒日祝年豊]'은 주변 풍광과 '기임각'의 의미를 적은 것이다. 소나무와 대나무는 기임각 바깥의 실경으로서 영조는 사친의 사당인 육상궁 재실에 '송죽재(松竹齋)'란 현판을 걸고 자신의 자호로 사용하기도 했다.[94] ②는 1731년 이곳

---

91 李攀龍의 〈허전경과 곽자곤이 동산을 왕림하였기에[許殿卿郭子坤見枉林園]〉(『滄溟集』권4)에 "농가에 무엇이 있으랴! 술잔만이 어지럽게 널려 있네[田家何所有, 樽酒結綢繆]"가 보인다. 영조는 이 시의 상구를 점화했다.

92 이 현판도 1816년 8월에 중각했다. 『소령원현판등사』 참조.

93 정자각 앞에 萬枝松이 있으므로 기임각을 松軒이라 칭한 것이다. 이 나무는 1753년 기임각을 이건하기 전에 앵무봉에서 옮겨 심은 것이다. 「昭寧園誌下」, 〈佛寺〉, "普光寺【寺在鸚鵡峯西麓下, … 今園所丁字閣前萬枝松, 卽祈稔閣未移建□□□□□鸚鵡峯而移植."

94 『感懷』(K4-417) 참조. 『시경』 「小雅, 斯干篇」에 "시내에는 맑은 물이 흐르고, 그윽한 남산이 보이는 곳. 대나무가 무성하고, 소나무가 울창하구나.[秩秩斯干, 幽幽南山. 如竹苞矣, 如松茂矣]"가 보이는데 새 궁실을 낙성하고 나서 행복과 화목을 축원한 노래이다. 영조가 1753년 封園 직후에 『시경』의 뜻을 염두에 두고 대나무와 소나무를 소재로 삼은 것으로 여겨진다.

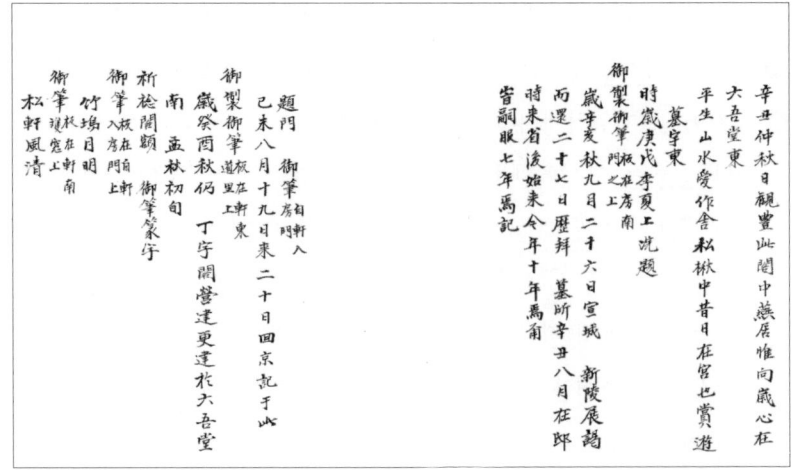

그림 10 「昭寧園誌 上」, 祈稔閣, ② 御製御筆【板在房南門之上】~ ⑦ 御筆【板在軒南雙窓上】: '松軒風淸' 부분

에 재차 임어하게 된 경위를 기술한 현판이고 ④는 정자각 건립과 기임각 이건 사실을 적어 도리(道里)에 게시한 현판이고 ⑤와 ⑨는 헌호를 전서 및 대자(大字) 해서로 쓴 편액이다. 그리고 ⑩은 봉원 이후에 두 번째로 소령 원을 전배하는 소회를 기술한 산문으로 찬술 시기는 1758년 정월 하순이 나 본 현판을 실제 제작하여 소령원에 보낸 것은 동년 2월 8일 이후 이다.[95] 당시 기임각의 모습을 재현할 수 있을 만큼 현판 내용과 게시 위 치를 꼼꼼히 기재했다.

이상에서 살핀 것처럼 육오당과 기임각 방이나 벽, 문, 장자(障子), 병풍, 벽 등에 직접 적은 글귀를 제외하고 두 곳에 게시된 영조 어제·어필 현판 은 도합 13건이었다. 사친을 향한 그리움이 배어 있는 이들 현판은 훗날 소령원 부속건물이 퇴락하는 과정에서 모두 망실되었다.

---

95 『승정원일기』, 영조 34년 2월 8일. 이때 명릉, 소령원, 고양 주정소에 각각 현판을 보냈는데 명릉 에는 예조낭관을, 소령원에는 예조판서를, 고양에는 고양군수를 각각 보냈다.

표 1 『소령원지』 수록 육오당·기임각 소재 영조 어제어필 현판

장소	어제어필 현판	형식	시기	위치
육오당	〈六吾堂詩〉【並序】	5언절구 6수	1730년	헌방에서 향대청으로 통하는 문
	〈續六吾堂祈稔閣詩寓懷〉	7언고시 18운 1수	1753년	
	六吾堂	전서 편액		
	昭寧墓祭廳	해서 편액	1753년 이전	향재청 香檯 윗벽
기임각	〈祈稔閣詩〉【並序】	5언절구 2수	1730년	방 북쪽 雙窓 위
	임어 경위 기술	산문	1731년	방 남쪽 문 위
	이건 경위 기술	산문	1753년	마루 동쪽 도리 위
	祈稔閣	전서 편액		
	松軒風淸	4언 題字		마루 남쪽 雙窓 위
	竹塢月明	4언 題字		마루에서 방으로 들어가는 문 위
	田家何所有 恒日祝年豊	5언 對聯		마루 서쪽 雙窓 위
	祈稔閣	해서 대자 편액		마루에서 방으로 들어가는 문
	〈記懷祈稔閣〉	산문	1758년	방 서쪽 넓은 창 위

표 2 『소령원지』 수록 육오당·기임각 소재 非현판 영조 어제어필

장소	비(非)현판 어제어필	형식	시기	위치
육오당	'六吾堂屛風'	대형 御屛風 題字		병풍 邊竹
	'周詩豳風圖'	중형 御屛風 題字	1730년	병풍 안쪽, 바깥쪽 邊竹
	임어 연원일 기술	산문	1740년	방 남쪽 문 왼편
	임어 연원일 기술	산문	1745년	헌방 남쪽 障子, 오른쪽 障子
	임어 연원일 기술	산문	1753년	방 동쪽 벽
기임각	임어 연원일 기술	산문	1739년	마루에서 방으로 들어가는 문

2) 『소령수길원보관현판등사(昭寧綏吉園保管懸板謄寫)』

서명은 소령원과 수길원에 보관된 현판의 내용을 그대로 옮겨 적었다는 의미지만 수길원 현판에 대한 기록은 보이지 않는다. 이 책도 이왕직의 주도하에 작성된 것으로 총 15건의 현판이 전사되어 있다. 각 현판의 제목 위에는 전사자가 번호를 부여하여 세필로 적었는데 현판 내용의 찬자

와 형식, 현판의 제작 또는 게판(揭板) 시기 등은 고려하지 않았다. 본래 현판에 구현된 대두와 격간, 자수(字數), 줄 바꿈 등은 그대로 옮겨 적었으나 원본 글자와 자형이 유사한 글자로 잘못 전사하여 의미가 통하지 않은 곳이 자주 눈에 띄고[96] 전사하는 과정에서 글자를 빠뜨린 부분도 있다.[97]

15건의 현판은 영조와 정조의 어제 시문, 소령원 부속 건물의 명칭 등을 새긴 편액 등으로 구분할 수 있다. 영조 어제시가 2건이고 어제문이 4건이며[98] 정조 어제시와 어제문이 1건씩이다. 나머지 7건은 건물 명칭 등을 새긴 편액이다.[99] 이 책에 실린 현판을 순서대로 제시하면 〈표 3〉과 같다. 『소령원지』에 수록된 현판과 겹치는 것이 7건이고 나머지 8건은 이 책에만 실려 있다. 8건 가운데 영조 어제어필이 6건이고 정조 어제어필이 2건이다.

『소령원지』에 실리지 않고 『소령원현판등사』에만 수록된 영조 어제어필 현판은 6건이다. '향안재(香安齋)'(⑨)와 '영세향거길안(永世享居吉安)'(⑫)은 향대청과 재실에 걸린 것이고 나머지 4건은 어제 산문이다. 〈제육오당동량(題六吾堂棟樑)〉(②)은 1759년(영조 35) 명릉과 창릉 등을 전배한 영조가 소령원에서 하룻밤 묵은 뒤 3월 28일 환궁하기 직전에 육오당 대들보에 건 것이고[100] 〈기회(紀懷)〉(③)는 1762년(영조 38) 8월 8일 소령원을 전배하는 꿈을 꾼 영조가 엿새 동안 재실에서 머물다가 동월 15일 소령원에 행행하여 이튿날 환궁하는 도중에 멀리서 원침을 바라보며 육오당의 의미를

---

96 예컨대 '嗣服'을 '副胎'로 잘못 적었고, '齋室'을 '齋意'로, '茅亭'을 '茅高'로, '吾'를 '名'으로 잘못 적었다.
97 〈六吾堂詩〉의 경우, '看吾書'에서 '吾'를 빠뜨렸고, 〈續六吾堂祈稔閣詩寓懷〉의 경우, 두 시구 [擬於此處樂吾年, 今日一倍愴懷新]를 누락시켜 전후 의미가 연결되지 않는다.
98 어필 현판일 경우, '御製御筆', '自製自筆', '親製筆' 등으로 표시되었다.
99 〈표 3〉의 ⑬, ⑭, ⑮의 경우, 1816년(순조 16) 8월에 重刻되었으므로 '御筆'이 아닌, '英廟御筆'이라 새겨져 있다.
100 실제로 이 글을 작성해 현판으로 만든 것은 환궁 직후이다. 『승정원일기』, 영조 35년 3월 30일; 영조 35년(1759) 4월 1일.

표 3 『소령수길원보관현판등사』 수록 현판

번호	구분	제목 및 내용	시기	『소령원지』 수록 여부
①	정조 어제	〈敬題昭寧園齋舍〉, "蒼蒼松栢老 六十一年哀 戊戌先王志 曾孫再拜廻101 上之二年 … 臣 金鍾秀奉敎謹書"(오언절구)	1778년	×
②	영조 어제어필	〈題六吾堂棟樑〉, "戊寅孟春 己卯暮春 先宿于陵 又宿于園 迎歲展拜 情禮少伸 親書鐫揭于堂之棟樑焉 歲己卯春三月二十八日 …"	1759년	×
③	영조 어제	〈紀懷〉, "噫 今年六十九 明年卽七旬 嗚呼 戊戌悅若再昨 嗚呼 庚子悅若昨日 … 臣 具允明奉敎謹書"	1762년	×
④	정조 어제어필	御製御筆 〈是日卽明陵誕辰也 祗謁本陵 歷拜昭寧園 還駐高陽郡舍 唫示四韻於大臣閣臣文苑諸臣命和〉 (칠언율시 1수)	1787년	× 고궁박물관 현판 소장
⑤	영조 어제어필	自製自筆 "生我鞠我 兩日小訴 嗚呼微忱 書付堂中 庚寅九月三日 以書代心留回"	1770년	×
⑥	영조 어제어필	親製親筆 "余於戊戌秋隨到此 嗣服102後辛亥復到 今庚寅三到 … 歲庚寅九月朔翌日"	1770년	×
⑦	영조 어필	'昭寧墓祭廳'		○[육오당]
⑧	영조 어필	'六吾堂'		○[육오당]
⑨	영조 어필	御筆 '香安齋'		×
⑩	영조 어제	御製 〈續六吾堂祈稔閣詩寓懷〉(7언고시 18운)	1753년	○[육오당]
⑪	영조 어제어필	御製御筆 〈六吾堂詩〉【幷序】(5언절구 6수)	1730년	○[육오당]
⑫	영조 어필	御筆齋室103 '永世享居吉安'	1730년	×
⑬	영조 어필	英廟御筆 '松軒風淸'	1816년 重刻	○[기임각]
⑭	영조 어필	英廟御筆 '竹塢月明'	1816년 重刻	○[기임각]
⑮	영조 어필	英廟御筆 '祈稔閣'	1816년 重刻	○[기임각]

되새긴 글로서 구윤명(具允明)에게 글씨를 써서 육오당에 걸게 했다.[104] ⑤와 ⑥은 1770년(영조 46) 9월 2일과 3일에 쓴 현판으로 세손을 거느리고

---

[101] 廻: 원문에는 누락되어 있다.
[102] 嗣服: 원문에는 '副胎'로 되어 있다. 글자의 마모와 형태적 유사성 때문에 잘못 전사한 것이다.
[103] 室: 원문에는 '意' 자로 되어 있다. 두 글자의 초서 형태가 비슷한 탓에 잘못 전사한 것이 분명하다.
[104] 〈紀懷〉, "噫! 今年六十九, 明年卽七旬. 嗚呼! 戊戌悅若再昨. 嗚呼! 庚子悅若昨日. … 嗚呼! 此心何以堪抑! 略紀亘中之懷, 鐫揭於六吾堂中. … 臣具允明奉敎謹書" 당시 구윤명은 어제 편집을 담당하는 編次人이었다.

표 4 영조의 소령원(묘) 전배 일람

차례	연도	월일	차례	연도	월일
1	1718년(숙종 44) 戊戌	5월 11일	8	1753년(영조 29) 癸酉	9월 13일
2	1721년(경종 1) 乙丑	가을	9	1758년(영조 34) 戊寅	1월 26일
3	1731년(영조 7) 辛亥	9월 27일	10	1759년(영조 35) 己卯	3월 28일
4	1739년(영조 15) 己未	8월 19일	11	1760년(영조 36) 庚辰	10월 1일
5	1740년(영조 16) 庚申	9월 4일	12	1762년(영조 38) 壬午	8월 15일
6	1745년(영조 21) 乙丑	8월 20일	13	1766년(영조 42) 丙戌	8월 10일
7	1749년(영조 25) 己巳	2월 11일	14	1770년(영조 46) 庚寅	9월 2일

명릉과 익릉 등을 배알했다가 소령원에서 하룻밤 머무르고 환궁할 때 사모의 정을 담았다. ⑤의 후반부 "내 마음을 글로 대신해 이곳에 남겨두고 돌아간다" 부분에서 사친에 대한 그리움이 묻어난다. 구윤명이 글씨를 쓴 ③을 제외하고 ②, ⑤, ⑥은 모두 어제어필이다.

이 밖에 정조 어제어필 현판도 소령원에 걸려 있었다. 〈경제소령원재사(敬題昭寧園齋舍)〉(①)는 1778년(정조 2) 8월 15일 숙종의 탄신을 맞아 명릉을 참배했다가 이튿날이 숙빈 최씨 별세 주갑이었으므로 소령원을 참배한 뒤 재실에 적은 5언절구로서 이조판서 김종수가 글씨를 썼다. ④는 1787년(정조 11) 8월 15일 명릉을 위시하여 국내(局內)의 제릉(諸陵)을 참배하고 이튿날 소령원에서 작헌례를 실행한 뒤 고양 행궁으로 돌아와 지은 7언율시로서 소령원을 에워싼 앵무봉과 고령산의 위용, 천연적인 상설(象設), 용이 서린 듯한 지세 등을 표현했다. ④의 경우는 현판 실물이 전한다. 찬술한 장소는 고양 행궁이지만 소령원을 제재로 삼았으므로 소령원에 게시한 것이다.

『소령원지』와 『소령원현판등사』의 기사를 종합해보면 소령원에 게시되어 있던 영조 어제어필 현판은 19건이고 정조 어제어필 현판은 2건이며 이 가운데 실물로 전하는 것은 정조 어제어필 현판 1건이다. 하지만 정조 어필 현판이 더 있었던 것으로 여겨진다. 이왕직에서 현판을 정리할 때 이

그림 11 정조 어필 〈시일즉명릉탄진야…명화(是日卽明陵誕辰也…命和)〉 현판, 1787년, 고궁박물관 소장(창덕20987)

그림 12 영조 어제[1753년], 정조 어필[1787년] 〈기임각관예시(祈稔閣觀刈詩)〉 현판 탑본

미 망실되었는지 분명하지 않지만 해당 현판의 탑본이 현전한다. 다음은 영조 어제 시편을 정조가 어필로 쓴 현판 탁본이다.[105]

영종대왕 어제

〈기임각에서 곡식 수확을 구경하던 일을 회상하며 지은 시〉[소서를 병

---

[105] 안성 동래정씨 표천 정홍순가 고문서, 〈1753년 영조 祈稔閣觀刈詩〉. 당시 소령원까지 정조를 시종하던 규장각 原任直閣 鄭東浚이 정조에게 하사받았을 것으로 여겨진다.

기하다]

【옛날 19세 때 여기에서 곡식 수확을 구경하고 즉위 후 47세 때 여기에서 곡식 수확을 또 구경하다가 지금 육순에 원으로 봉하고 참배한 뒤에 이 건물을 육오당 남쪽에 고쳐 지었다. 그러므로 옛날을 생각하며 곡식 수확을 다시 구경했다. 아! 이로부터 이 밭이 황폐해질 테니 옛날 〈육오당시(六吾堂詩)〉의 '내 밭을 갈아서 먹겠다'라는 뜻이 어디에 있는가? 감흥이 더욱 깊고 절실하기에 시 1수를 읊조린다. 시는 다음과 같다.】

신축년 경신년 계유년에	辛丑庚申癸酉年
초당 앞에서 곡식 수확을 세 번 구경했네.	三回觀刈草堂前
옛날을 생각하니 슬픔이 절실하기에	追惟往歲愴懷切
붓을 적셔 시 지으니 눈물이 흐르노라.	濡筆賦詩涕泫然

【이 시는 선왕의 『열성어제』 간본에 실려 있으나 기임각에 현판으로 걸린 게 없다. 정미 [1787년, 정조 11] 가을 원소를 참배한 날에 공경히 써서 건다.】[106]

정조가 영조 칠언시를 옮겨 적어 현판으로 제작한 시기는 1787년(정조 11) 8월이다. 소령원에 들러 작헌례를 행한 정조는 기임각에 들어가 영조가 '기일'이라 명명한 뜻과 수확을 친히 살피던 일화를 떠올리더니 농부와 일꾼을 불러 기임각 앞에 심은 올벼를 수확하여 타작하게 하고는 그 광경을 살피며 영조의 자취를 계승했다.[107] 『열성어제』에 수록된 영조 어제 〈기임각관예시(祈稔閣觀刈詩)〉가 정조의 머릿속에 떠올랐다.[108] 이 시편은

---

[106] "英宗大王御製. 〈祈稔閣觀刈詩〉[幷小序].【昔年十九, 觀刈此閣, 嗣服後年四十七, 又觀刈此閣, 而于今六旬封園展拜之後, 此閣更建于六吾之南. 故惟昔年, 復觀刈. 噫! 自此以後, 此田皆將爲陳, 昔六吾詩食吾田之意焉在! 興感罙切, 吟成一詩. 詩曰】辛丑庚申癸酉年, 三回觀刈草堂前. 追惟往歲愴懷切, 濡筆賦詩涕泫然.【此詩在於先朝印本御製, 而閣中無揭板, 丁未秋拜園日敬書奉揭.】"

[107] 『승정원일기』, 정조 11년 8월 16일.

[108] 『열성어제』 권21, 〈祈稔閣觀刈詩〉【幷小序】.

그림 13 정조 어제어필 〈고령리기임각(高嶺里祈稔閣), 봉화선조어제시운(奉和先朝御製詩韻)〉
[1787] 현판 탑본

1753년(영조 29) 9월 새로 단장한 소령원을 다시 찾은 영조가 기임각에 앉아 벼 수확을 세 번째 구경하며 그 감회를 적은 것이다. 이 시편이 현판으로 제작되지 않은 사실을 확인한 정조는 〈기임각관예시〉를 시서(詩序)까지 그대로 써서 현판에 새기게 했고 후반부에 현판 제작 경위를 간략히 덧붙였다. 글씨는 정조가 직접 썼다. 이 현판 역시 실물은 전하지 않지만 탑본을 통해 그 형태를 가늠할 수 있다. 정조는 현판 제작에 그치지 않고 영조 시편에 차운하여 현판에 새겨 걸도록 했고 시종했던 신하들에게 차운을 명했다.109 정조의 차운작은 『홍재전서』에 수록되었으나110 현판 실물은 전하지 않는다. 당시 만들어진 현판의 탑본은 〈그림 13〉과 같다.111 우측 상단에는 '어제어필(御製御筆)'이라 새겨 있고 끝부분에는 '정미중추상완(丁未仲秋上浣)'이라고 써서 제작 시기를 밝혔으며 '홍재(弘齋)', '만기여가(萬幾餘

---

109 『승정원일기』, 정조 11년 8월 16일.
110 『홍재전서』 권6, 詩, 〈祈稔閣, 奉和先朝御製詩韻〉[丁未].
111 『고문서집성』 120-安城 保體 東萊鄭氏 鄭弘淳 종가 소장 고문서.

暇)'라는 인장까지 새겨 넣었다.¹¹² 이와 같은 탑본 자료가 실물 자료의 부재를 보완해줄 수 있다.

4. 문헌 속 현판과 『열성어제』 수록 작품

영조는 1725년(영조 1) 즉위 직후에 순화방의 도성 북쪽에 사친의 사당을 건립하고 숙빈묘(淑嬪墓) 입구에는 거대한 신도비를 세웠다. 1744년(영조 20) 묘호(廟號)를 육상(毓祥)으로, 묘호(墓號)를 소령(昭寧)으로 정했다. 1753년(영조 29) 화경(和敬)이란 시호를 올리면서 육상궁과 소령원으로 격상시켰다.

육오당과 기임각은 영조로 하여금 모친에 대한 그리움을 상기시키는 공간이었다. 육오당은 1718년 가을, 묘소 아래에 지은 건물로서 익년 여름에 육오당이라 명명했다.¹¹³ 사친의 묘소를 지키며 은거하고 싶은 바람을 당호에 담은 것이다.¹¹⁴ 육오당은 향축을 봉안하는 제청의 주건물이었는데 영조는 소령원을 참배할 때마다 이곳에서 유숙했다. 기임각은 육오당 동쪽의 만지송(萬枝松)이 심어진 자리에 있던 두 칸 규모의 제청으로서 영조가 휴식을 취하며 관경(觀耕)하고 관예(觀刈)하던 곳이다. 기임각을 처음 세운 것은 1721년으로서 1753년 정자각, 비각, 홍살문 등을 건립할 때

---

112 이밖에 당시 정조 어제어필 〈高嶺里祈穀閣, 奉和先朝御製詩韻〉은 영조의 元韻, 諸臣의 갱진시와 함께 하나의 현판으로 제작되어 기임각과 高陽郡 射亭에 揭板되었다. 『승정원일기』, 정조 11년 8월 19일.

113 「昭寧園誌 上」, 〈六吾堂詩〉【幷序】, "粵在戊戌秋, 作舍墓下, 翌年夏, 得恩暇往省, 後玆取古意, 名堂六吾."

114 『승정원일기』, 영조 29년 7월 12일.

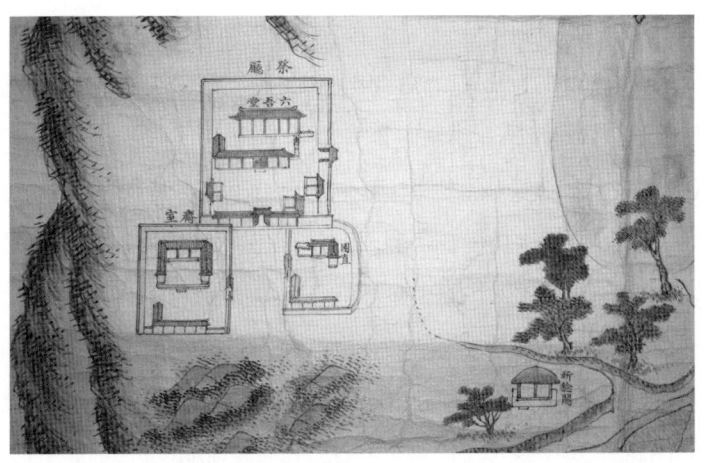

그림 14 〈소령묘산도(昭寧墓山圖)〉의 육오당과 기임각 부분. 만지송 아래 기임각이 있는 것으로 보아 1753년 봉원(封園)하기 이전 모습이다.

육오당 남쪽으로 이건했고 본 건물은 향대청이 되었다.[115]

원(園)으로 승격된 1753년은 영조에게 뜻깊은 해였다. 동년 7월 공역 때문에 소령원에 다녀온 신하들에게 "육오당 현판을 보았는가?"라고 묻더니 이곳에서 시묘살이하면서 삶을 마치려 했던 소싯적 결심을 떠올리며 목메어 울었다.[116] 영조는 예조판서 이익정에게 육오당 현판을 베껴 왔는지를 물었고 이익정이 감히 베끼지 못했다고 대답하자 조만간 꼭 베껴 오도록 명했다.[117] 며칠 뒤 이익정이 현판을 베껴 왔다. 육오당 현판뿐만 아니라 기임각 현판까지 베껴 왔다. 이익정이 베껴 온 것은 〈제육오당 6수(題六吾堂六首)〉와 〈제기임각 2수(題祈稔閣二首)〉로서 두 작품 모두 1730년에 지은 것이다. 영조는 이익정이 베껴 온 두 시편을 어제편차인에게 보내게 했다.[118] 어제편차인에게 보낸 까닭은 재위 기간에 줄곧 정리하고 있던 자

---

115 본래 기임각 건물은 1753년 이후 향대청으로 사용되었다.『승정원일기』, 영조 29년 7월 1일.
116 『승정원일기』, 영조 29년 7월 7일.
117 『승정원일기』, 영조 29년 7월 7일.
118 『승정원일기』, 영조 29년 7월 12일.

신의 『어제』에 해당 시편을 첨입하기 위해서다. 이날 영조는 연월(年月)을 친히 써서 이익정에게 주면서 현판을 만들어 육오당에 걸도록 했다.[118] 이튿날 영조는 이조참판 조명리에게 육오당·기임각 시편을 읽도록 명하더니 약간의 수정을 가했다.[120] 그리고 어제편차인에게 명하여 1730년 작품이 수록되어 있는, 자신의 문집 권3을 가져가서 소령원에서 적어 온 시편을 덧붙여 적은 뒤에 다시 올리게 했다.[121]

그날 오후 영조가 육오당·기임각 시편의 뜻을 이어서 구두로 감회를 읊조리자, 승지가 받아 적었다. 신(新) 자를 운각으로 삼아 칠언 36구로 구성했는데 18개의 하구는 공히 '슬픈 회포가 새롭네[愴懷新]'로 끝난다.[122] 영조는 이 시편을 통해 새삼 서글퍼진 이유를 18가지 제시했다. 이어서 영조가 7언절구 〈속성(續成)〉 2수를 읊조리자 승지는 다시 받아 적었다. 영조는 시상의 승접을 확인하기 위해 조명리에게 이 시편을 소리 내어 읽도록 했다.[123] 그러고 나서 후서(後序)를 불러 쓰게 하여 〈속육오당·기임각시우회(續六吾堂祈稔閣詩寓懷)〉와 〈속성(續成)〉을 짓게 된 경위를 기술했다. 끝으로 영조는 〈속육오당·기임각시우회〉를 현판에 새겨 육오당 동쪽에 걸도록 명했다. 정서는 조명리가 담당하되 분판(粉板)에 음각으로 새긴 뒤 청색으로 메우게 했다.[124] 8일 뒤에 상시봉원도감에서는 완성된 표석(表石)과 함께 육오당과 기임각에 걸 현판 2부를 배진(陪進)하여 소령원으로 출발했다.[125]

---

119 『승정원일기』, 영조 29년 7월 12일. 이때 제작한 현판이 기임각 동쪽 道里에 걸려 있던 어제어필 현판일 것이다. 「昭寧園誌 上」, 「祈稔閣」, "御製御筆【板在軒東道里上】: '歲癸酉秋, 仍丁字閣營建, 更建於六吾堂南, 孟秋初旬.'"

120 『승정원일기』, 영조 29년 7월 13일.

121 『승정원일기』, 영조 29년 7월 13일.

122 『승정원일기』, 영조 29년 7월 13일. 『승정원일기』에는 '19운'으로 되어 있으나 최종 완성한 오언고시는 18운이다.

123 그 사이에 영조는 〈題六吾堂六首〉의 시어에 대해 입시한 신하들과 허심탄회하게 의견을 주고받기도 했다. 『승정원일기』, 영조 29년 7월 13일.

124 『승정원일기』, 영조 29년 7월 13일.

처음 이익정이 소령원에서 베껴 온 현판은 〈제육오당 6수〉와 〈제기임각 2수〉로서 공히 1730년(영조 6) 작이다. 두 시편 모두 자신의 문집에 빠져 있었으므로 영조는 1753년 약간의 산삭을 가한 뒤『어제』에 첨입하도록 했다. 현판에 새겨 있던 1730년 원본과 원본을 저본으로 첨삭을 가한 1753년 교정본에는 적잖은 차이를 보인다.

『소령원지』에 내용만 적혀 있는 두 개의 현판은『열성어제』수록 작품의 저본이었다.『소령원지』에 수록된 해당 시편은 영조 연간에 수봉관 이사국이 옮겨 적은 것을 일제강점기 때 이왕직에서 재차 정리한 것이다. 전사 과정에서 일부 오류를 범하기는 했으나 작품의 구성과 문예미를 판단하는 데는 무리가 없다. 1730년 원본과 1753년 교정본을 비교해보면 모호하고 투박하고 산문적인 표현을 보다 구체적이고 완정하고 문예적인 방향으로 윤색하되 23년 사이에 있었던 일을 추가하기도 했다. 예컨대 〈제기임각 2수〉는 9년 전인 1721년 기임각에서 처음으로 수확을 지켜보던 장면을 회상하며 지은 시편인데 1753년 교정본에서는 1740년 기임각에서 두 번째로 관예(觀刈)하던 경험을 덧붙였다. 1753년에 1730년 시편을 교정하되 1740년 경험을 추가한 뒤『열성어제』1730년 조에 수록한 것이다. 물론 후지(後識)에서 "위의 육오당·기임각 시는 옛날에 지은 것인데『어제』에 수록되지 않았다. 지금 봉원(封園)하는 과정에서 베껴 왔으므로 다시 윤문하여 추가로 기록한다"고 밝혔으나 통상적인 윤문의 범위를 넘어선다. 어제의 초고가 남아있는 경우는 정조 예제·어제 원고를 제외하고 매우 희소하다.『소령원지』는 일제강점기에 정리된 문헌이지만 이 책에 담긴 어제 시문에는 어제의 원형이 구현되어 있으므로 어제 시문의 수정 양상을 파악하는 데 유의미한 정보를 제공하거니와『열성어제』편차 과정의 일부 의문점을 해소해준다.

125 『승정원일기』, 영조 29년 8월 21일.

표 5 1730년 작 〈육오당시〉와 1753년 작 〈제육오당 6수〉

『소령원지』 수록	『열성어제』 수록
御製御筆 〈六吾堂詩〉[幷序]【題板在六吾堂軒房通香大廳門上】	〈題六吾堂六首〉【幷小序】
粤在戊戌秋 作舍墓下 翌年夏 得恩暇往省 後玆取古意 名堂六吾 蓋昔權石洲鞸125堂名四吾 南壺谷龍翼堂名十吾 故予於石洲加其貳 於壺谷減其四 取兩意乎 其舍而仍自號曰六吾居士 六吾卽食吾田·飮吾泉·看吾書·安吾眠·守吾分·樂吾也 此在邸時所製 而深意在乎其中矣 雖今異乎迬時 豈可無也 記識親製詩 而自鴈126鑹板 揭于堂中	粤在戊戌秋 作祭廳於高嶺墓下 翌年夏 得恩暇往省 而伊後扁其東偏附舍 曰六吾堂 蓋昔權鞸堂名四吾 南龍翼堂名十吾 故予於權加其二 於南減其四 取兩意而名之 仍自號曰六吾居士 六吾者 食吾田·飮吾泉·看吾書·安吾眠·守吾分·樂吾年也 予在邸時 嘗以此意製詩矣 今又製小序 幷與本詩而自寫 鑹板揭于堂中 替予而守墓 追慕深切焉 詩曰
閒坐草堂上 庭前數頃田 入秋豊歲報 大有從今始 【右食吾田】	閒坐草堂上 庭前數頃田 入秋豊穩報 大有從今年 【右食吾田】
甘水自巖穴 長流盤石邊 千秋永不息 今我此淸泉 【右飮吾泉】	紺水自巖穴 長流磐石邊 千秋永不息 今我酌斯泉 【右飮吾泉】
齋中何所有 左右皆圖書 竟夕晴窓裡 眼前作友余 【右看吾書】	齋中何所有 左右皆圖書 竟夕晴窓下 眼前作友余 【右看吾書】
憶昔華山裏 陳老睡日千 于今竹簟上 高臥且甘眠 【右安吾眠】	憶昔華山裏 陳翁睡日千 于今竹簟上 高臥且酣眠 【右安吾眠】
顏子簞瓢樂 理通知我分 茅亭抱膝臥 冷笑世人粉 【右守吾分】	簞瓢顏子樂 守拙安吾分 茅亭抱膝臥 笑看世囂坌 【右守吾分】
延生與益壽 明德最乎先 誠意正心篤 其能致永年 【右樂吾年】	延生與益壽 明德最乎先 誠意正心篤 其能致永年 【右樂吾年】
旹歲上章閹茂皐月上浣題	

표 6 1730년 작 〈제기임각 2수〉와 1753년 작 〈제기임각 2수〉

『소령원지』 수록	『열성어제』 수록
〈題祈稔閣二首〉【幷小序】 高嶺墓所六吾堂東有二間精舍 名曰祈稔閣也 蓋往來墓所時 休息觀耕觀刈之處 予於辛丑(1721)秋來此舍 看種早稻矣 豈可無略記大槪也 仍成兩小詩 一則感古 一則述懷焉	〈題祈稔閣二首〉【幷小序】 高嶺墓所六吾堂東有二間草舍 名曰祈稔閣 蓋昔年往來墓所時 休息觀刈之處也 予於辛丑(1721)初到此舍 看種早稻 庚申(1740, 영조 16)以厚陵展謁 回又臨此舍觀刈 豈可無略記其槪耶 仍成兩小詩 一則感古 一則述懷焉 詩曰
辛丑仲秋日 觀豊此閣中 燕居惟向歲 心在六吾東	辛丑仲秋日 觀豊此閣中 燕居惟向歲 心在六吾東
平生山水愛 作舍松楸中 昔日在宮也 賞遊墓宇東	平生山水愛 小築松楸中 粤昔在潛邸 時遊墓舍東
時歲庚戌季夏上浣題	【右六吾堂·祈稔閣詩 卽昔年所作 而不載御製中 今因封園謄書以來 故復爲刪潤而追錄焉】

다시 1753년 영조가 〈제육오당 6수〉와 〈제기임각 2수〉를 수정하여
『어제』에 수록하던 시점으로 돌아가겠다. 영조는 두 시편의 뜻을 이어
7언고시 36구와 7언절구 2수를 작성했다. 전자의 시제는 〈속육오당·기
임각시우회〉이고 후자의 시제는 〈속성〉이다. 〈속육오당·기임각시우회〉와
〈속성〉을 작성하고 나서 후서(後序)[128]를 지어 두 작품을 새로 짓게 된 경
위를 약술했다. 그리고 〈속육오당·기임각시우회〉를 현판에 새겨 육오당
동쪽에 걸도록 명했는데 현판 제작 방법까지 꼼꼼하게 지시했다. 이 현판
은 현전하지는 않지만 『소령원지』와 『소령원현판등사』에 모두 실려 있다.
〈속성〉 2수는 현판으로 제작되지 않았다. 그러나 시서와 함께 『열성어제』
에 수록되었는데 전술했던 〈제육오당 6수〉와 〈제기임각 2수〉 바로 뒤에
차제되었다. 시상을 잇는다는 이유로 1753년 시편이 1730년 조에 편차
된 것이다. 개인 문집의 편차에서는 좀처럼 볼 수 없는 상황으로 영조의
의지가 적극 방영된 결과이다.

---

126 釋: '斁'의 오기.

127 鴈: '寫'의 오기.

128 후서는 다음과 같다. "나는 평소에 일이 있을 때마다 기록했다. 하지만 지난달 25일부터는 서글
픈 마음이 더욱 절실하여 도무지 한 글자도 엮을 수 없었다. 오늘 두 시편을 『열성어제』에 추록
하는 김에 한 편을 또 짓고 이 시편을 이어서 지었다. 옛날 시봉하던 때를 추억하니 子路가 쌀
을 짊어지던 탄식과 매한가지다. '누구를 위해 효도하고 누구를 위해 우애할까'라는 증자의 시
구를 외우며 서쪽 교외를 바라보니 이 마음이 배가되는구나.[予於常日有事輒記. 一自前月
二十五日, 愴懷彌切, 何能構一字! 今因兩詩之追錄, 又作一篇, 續成此詩, 而追惟昔日侍奉, 此
正仲由負米之嘆也. 誦曾子誰爲孝·誰爲弟之句, 遙瞻西郊, 一倍此心]"

5. 맺음말

숙종은 늘그막에 와병 중임에도 불구하고 화양서원과 흥암서원에 어필 편액을 내려주면서 존경하는 마음을 표현하는 것이 그 목적이라고 자술했다.[129] 현판이 게시된 장소에 국왕의 권위를 실어주는 한편 국왕의 마음과 의지를 당대뿐만 아니라 후세에 현시한 것이다. 영조 역시 국왕으로서 자신의 의지를 공표하거나 소회를 피력하기 위해 현판이란 수단을 적극 사용했다. 뭇 신료들이 목판에 새겨진 글귀를 항시 눈여겨보며 잊지 않기를 바랐고 그것이 후세까지 전해지기를 원했다. 어제·어필이 새겨진 현판은 정교하고 아름답게 제작되었다. 왕실 문화의 수준을 보여주기에 손색이 없을 만큼 작품성이 뛰어나다. 현판의 필획과 행간에 국왕 영조의 고뇌와 감정이 녹아 있다는 사실은 주목을 요한다.

영조는 사친 숙빈 최씨의 추숭을 위해 노력을 경주했다. 즉위 직후, 순화방의 도성 북쪽 산기슭 아래에 사당을 건립했고 숙빈묘 입구에 거대한 신도비를 세웠다. 1744년에는 묘호(廟號)를 육상으로, 묘호(墓號)를 소령(昭寧)으로 정했으며 1753년에는 화경(和敬)이라는 시호를 올리면서 궁원(宮園)으로 격상시켰다. 등극 이후에 1731년을 시작으로 총 12차례나 소령원을 전배하며 사모의 정을 피력하는 한편 모친에 대한 그리움을 현판에 아로새겼다. 현재 소령원은 제청과 재실 터에 주춧돌만 일부 남아 있지만 당시에는 육오당과 기임각 등이 엄숙하게 서 있었고 화려한 현판이 도처에 걸린 채 장엄한 분위기를 자아냈다. 영조가 애면글면 제작했던 소령원 현판은 그 행방이 묘연하다. 영조 어제어필 소령원 현판 중에 현전하는 것이

---

[129] 『숙종실록』, 숙종 42년 10월 14일.

하나도 없다. 유물로서의 현판은 현전하지 않지만 현판의 내용과 게시 위치가 이왕직에서 정리한 『소령원지』와 『소령원현판등사』에 활자의 형태로 남아 있다.

육오당 소재 영조 어제어필 8종 중에서 현판이 4종이고 육오당에 임어할 때마다 특정 공간에 연월일을 기입해놓은 것이 3종이며 병풍에 그림 제목 및 일자 등을 적은 것이 1종이다. 기임각에 있던 영조 어제어필은 10종이다. 이 가운데 9종이 현판 형태로 제작되었는데 오언절구, 사언과 오언 제자(題字), 오언 대련(對聯), 헌호를 적은 현판과 임어 경위 및 이건 사실을 적은 현판 등이다. 현판이 게시된 위치와 어제어필이 씌어 있는 지점, 어제어필의 내용을 일목요연하게 파악할 수 있다.

『소령원지』 기록에 의하면 육오당 및 기임각에 게시된 영조 어제어필 현판은 13건이다. 『소령원현판등사』에는 15건의 현판이 전사되어 있다. 이 가운데 영조 어제시가 2건이고 영조 어제문이 4건이며 정조 어제시와 어제문이 1건씩이고 건물 명칭 등을 적은 편액이 7건이다. 『소령원지』 수록 현판과 겹치는 것이 7건이고 나머지 8건은 이 책에만 실린 것이다. 『소령원현판등사』에만 수록된 영조 어제어필 현판은 6건이고 정조 어제어필 현판은 2건이다. 정조의 7언율시를 새긴 현판 1건은 실물이 현전한다. 『소령원지』와 『소령원현판등사』의 기사를 종합해보면 소령원에 게시된 영조 어제어필 현판은 19건이고 정조 어제어필 현판은 2건이며 실물로 전하는 것은 정조 현판 1건뿐이다. 이 밖에 영조나 정조 어필 현판이 더 있었던 것으로 추정되는데 해당 현판의 탑본이나 견양 원고가 현전한다.

소령원에 게시된 현판은 『열성어제』 수록 시편의 저본이 되기도 했다. 『소령원지』에 수록된 해당 시편은 영조 연간에 수봉관 이사국이 옮겨 적은 것을 일제강점기 때 이왕직에서 재차 정리한 것이다. 현판에 적힌 원본과 『열성어제』에 수록된 최종본을 비교해보면 모호하고 투박하고 산문적인 표현을 보다 구체적이고 완정하고 문예적인 방향으로 윤색하되 원본 제작 시점을 기준으로 한참 뒤에 있었던 일을 시서에 추가하기도 했다. 예컨대 〈제기임각 2수〉는 9년 전인 1721년 기임각에서 처음으로 수확을 지켜보던 장면을 회상하며 지은 시편인데 1753년 교정본에서는 1740년 기임각에서 두 번째로 관예(觀刈)하던 경험을 덧붙였다. 1753년에 1730년 시편을 교정하되 1740년 경험을 추가한 뒤 『열성어제』 1730년 조에 수록한 것이다. 그리고 시상을 잇는다는 이유로 20년 후에 지은 작품을 앞 시대에 편차하기도 했다. 『소령원지』는 일제강점기에 정리된 문헌이지만 이 책에 담긴 어제 시문에는 어제의 원형이 구현되어 있으므로 어제 시문의 수정 양상을 파악하는 데 유의미한 정보를 제공하고 『열성어제』 편차 과정의 일부 의문점을 해소해준다.

참고문헌

1차 자료

『朝鮮王朝實錄』,『承政院日記』,『日省錄』,『弘齋全書』,『備邊司謄錄』,『訓局謄錄』,
『同文彙考』,『御營廳謄錄』,「均役廳別單」,「均稅追節目」,「均役改定節目」.

『光國志慶錄』(K4-65).
『國朝續五禮儀補』(奎 1270)·(藏 K2-2103)·(藏 K2-2104)·(藏 K2-2105).
『國朝五禮儀』(민창문화사 영인본, 1994).
『國朝五禮通編』(이화여자대학교 도서관, 청구번호 고 181.214 이89)·(藏 K2-2122)·(奎 4773).
『祇奉肇慶廟神輦詣津頭祇送因成一律』(RD02484).
『思悼世子嘉禮都監儀軌』(奎 13109).
『璿源系譜記略』(K2-990).
『續光國志慶錄』(K4-119).
『辛卯重光錄』(K2-232).
『御製建明門問答』(K4-1015).
『御製戒太康』(K4-1099).
『御製今日殿中問答』(K4-1454).
『御製今日何日於予異事』(K4-1465).
『御製幾月用心今日少舒』(K4-1569).
『御製紀懷示冲子』(K4-1622).
『御製望果川記懷』(K4-1912).
『御製封褁日心萬倍』(K4-2440).
『御製宣武祠憶皇恩』(K4-2607).
『御製樹德全編』(K3-82).
『御製夙宵此心專對先來』(K4-2834).
『御製示意箋【並小序】』(K4-2913).
『御製晨昏殿中』(K4-2977).

『御製風泉錄』(K4-5265).
『永禧殿志』(藏 K2-2471).
『位版造成都監儀軌』(奎14250).
『懿昭世孫冊禮都監儀軌』(奎 13199).
『儀註謄錄』1~10(한국학중앙연구원 장서각 영인본, 2013~2018).
『祭禮謄錄』1~5(한국학중앙연구원 장서각 영인본, 2011~2013).
『肇慶廟廟誌及所排儀物區別成冊』(K2-2487).
『肇慶廟春秋享祀祝式』(K2-2488).
『春官通考』(성균관대학교 대동문화연구원 영인본, 1975~1977)·(奎 12272).
『皇明通紀輯要』(K2-140).
『皇明通紀輯要』(古2255-5).
『1591年柳栶光國原從功臣錄』(B010A0150291).
『湛軒書』.

권상일, 『淸臺日記』.
비변사 편, 『貢弊』.
신만 등, 『奉敎嚴辨錄』.
심상규·서영보 편, 『萬機要覽』.
英祖御製帖本(K4-417~5666), 장서각 소장.
『영조어제 해제』1~10, 한국학중앙연구원 출판부, 2011~2013.
윤광소, 『소곡집』.
정범조, 『海左集』.
채제공, 『樊巖集』.
호조 편, 『例式通攷』.
호조 편, 『宣惠廳定例』.
호조 편, 『度支定例』.
황윤석, 『頤齋亂藁』.

논저
가와이 코오조오 지음, 심경호 옮김, 『중국의 자전문학』, 소명출판, 2002.
강경훈, 「정조가 구해 본 경상도의 고문헌」, 『문헌과해석』 8, 태학사, 1999.
강명관, 「조선후기 서적의 수입·유통과 장서가의 출현」, 『민족문학사연구』 9, 민족문학사연구소, 1996.

강문식, 「영조대 준천 시행과 그 의의」, 『영조의 국가정책과 정치이념』, 한국학중앙연구원 출판부, 2012.

강문식, 「조선후기 『列聖誌狀通紀』 편찬 과정」, 『朝鮮時代史學報』 93, 朝鮮時代史學會, 2020.

강순애, 「조선 영조조의 도서편찬 및 간행에 관한 서지적 연구」, 성균관대학교 석사학위논문, 1982.

경북대학교 박물관, 『영남 출판문화의 꽃, 영영장판과 목판본』, 경북대학교 영남문화연구원, 2017.

權奇奭, 「英祖 御製書의 頒布 대상과 간행 방식」, 『韓國史硏究』 182, 한국사연구회, 2018.

권기석, 「正祖 綸音의 印出과 對民 보급」, 『한국문화』 83, 서울대학교 규장각한국학연구원, 2018.

권내현, 「17~18세기 조선의 화폐 유통과 은」, 『민족문화연구』 74, 고려대학교 민족문화연구원, 2017.

권오영, 「조선후기 풍양조씨의 관력과 정치활동」, 『춘천의 세거씨족: 풍양조씨 회양공파 연구』, 풍양조씨자효회, 1997.

김남기, 「조선시대 군신의 창화와 그 의미」, 『한국한문학연구』 38, 한국한문학회, 2006.

김다미, 「英祖의 『小學』類 서적 간행과 의의」, 『漢文學論集』 58, 근역한문학회, 2021.

김대경, 「조선후기 『皇明通紀輯要』의 간행과 유통」, 한국학중앙연구원 한국학대학원 석사학위논문, 2018.

김대경, 「『皇明通紀』 수록 곡필의 변무에 대한 연구」, 『서지학연구』 83, 한국서지학회, 2020.

김덕진, 「영조대 정례서 편찬의 재정사적 의의」, 『장서각』 27, 한국학중앙연구원, 2012.

김문식, 「조선시대 國家典禮書의 편찬 양상」, 『장서각』 21, 한국학중앙연구원, 2009.

김문식, 「영조의 제왕학과 『御製自省篇』」, 『장서각』 27, 한국학중앙연구원, 2012.

김문식, 「18세기 국왕의 왕실자료 편찬과 봉모당」, 『장서각』 40, 한국학중앙연구원, 2018.

金伯哲, 「朝鮮後期 英祖代 『續大典』 位相의 재검토: 「刑典」 편찬을 중심으로」, 『歷史學報』 194, 歷史學會, 2007.

김백철, 「英祖의 義理明辯書 『闡義昭鑑』 편찬과 정국변화: 堯舜의 두 가지 얼굴, 탕평군주와 전제군주의 경계」, 『정신문화연구』 121, 한국학중앙연구원, 2010.

김백철, 「英祖의 綸音과 王政傳統 만들기」, 『장서각』 26, 한국학중앙연구원, 2011.

김상환, 「영조어제첩의 체제와 특성」, 『장서각』 16, 한국중앙연구원, 2006.
김상환, 『영조어제 해제』, 한국학중앙연구원 출판부, 2011.
김성수, 「충청감영의 간행도서에 관한 분석」, 『조선시대 지방감영의 인쇄출판 활동』, 휴먼컬처아리랑, 2009.
김성윤, 「英祖代 中半의 政局과 '壬午禍變': 壬午禍變(思悼世子 廢死事件)의 발생원인에 대한 재검토를 중심으로」, 『역사와 경계』 43, 부산경남사학회, 2002.
金世恩, 「『의주등록』을 통해 본 영조 대의 국가 의례와 왕실 행사: 영조 대 전반기를 중심으로」, 『震檀學報』 135, 진단학회, 2002.
김소희, 「17~18세기 完營 출판의 간행양상과 특징: 자치통감, 주자대전, 동의보감을 중심으로」, 『서지학연구』 70, 한국서지학회, 2017.
김수경, 「17세기 후반 宗親의 정치적 활동과 위상」, 『梨大史苑』 30, 이화여자대학교, 1997.
김영민, 「사도세자(思悼世子)의 생애와 '임오화변(壬午禍變)'의 정치적 의의」, 『역사문화논총』 4, 역사문화연구소, 2008.
김영진, 「조선후기 서적 출판과 유통에 관한 일고찰」, 『동양한문학연구』 30, 동양한문학회, 2010.
김영진, 「조선조 문집 간행의 제양상: 조선후기 사례를 중심으로」, 『민족문화』 43, 한국고전번역원, 2014.
김영진, 「조선후기 사가(私家) 장서목록(藏書目錄)에 대한 일고(一攷)」, 『한국한문학연구』 77, 한국한문학회, 2020.
김우철 역주, 「죄인 高世讓 등 추안」, 『推案及鞫案』 66, 흐름출판사, 2014.
김종서, 「英祖와 建功湯의 의미」, 『장서각』 16, 한국학중앙연구원, 2006.
김종수, 「17세기 군역제의 추이와 개혁론」, 『한국사론』 22, 서울대학교 국사학과, 1990.
김종필, 『조선시대 국왕권력 이양 사례 연구: 禪位와 代理聽政을 중심으로』, 건국대학교 박사학위논문, 2022.
김지영, 「조선후기 국왕의 친행제의(親行祭儀)와 『제례등록(祭禮謄錄)』」, 『祭禮謄錄』 1, 한국학중앙연구원 장서각, 2011.
김지영, 「조선후기 왕자녀의 '혼례용품'과 그 상징성에 관한 일고찰: 1749년 『국혼정례(國婚定例)』 이전 '가례등록(嘉禮謄錄)'을 중심으로」, 『민족문화논총』 65, 영남대학교 민족문화연구소, 2017.
김호용, 「『光國志慶錄』에 관한 연구」, 충주대학교 석사학위논문, 2007.
나영훈, 「순조대 明溫公主 婚禮의 재원과 前例·定例의 준수」, 『조선시대사학보』 83, 조선시대사학회, 2017.

노기춘, 「조선조 농서의 서지학적 연구」, 전남대학교 석사학위논문, 1995.
노요한, 「조선전기 성리서의 수입과 간행」, 『한문학논집』 66, 근역한문학회, 2023.
노혜경, 「영조어제첩에 나타난 영조노년의 정신세계와 대응」, 『장서각』 16, 한국학중앙연구원, 2006.
노혜경, 「英祖 御製帖에 나타난 英祖의 생애인식」, 『인문학연구』 38-1, 충남대학교 인문과학연구소, 2011.
박광용, 『영조와 정조의 나라』, 푸른역사, 1998.
朴光用, 「『東國文獻備考』편찬의 역사적 배경」, 『震檀學報』 104, 震檀學會, 2007.
박나연, 『純祖代 孝明世子 관련 王室儀禮 연구』, 단국대학교 박사학위논문, 2021.
박문열·김동환, 「『光國志慶錄』의 校勘에 관한 연구」, 『서지학연구』 38, 한국서지학회, 2007.
박수정, 「영조대 『國朝續五禮儀』 편찬 과정과 편찬자들」, 『朝鮮時代史學報』 82, 서울대학교 규장각한국학연구원, 2017.
박수정, 「영조대 『국조속오례의보』·『국조상례보편』의 편찬 배경과 편찬자들」, 『규장각』 53, 서울대학교 규장각한국학연구원, 2018.
박용만, 「영조 어제책의 자료적 성격」, 『장서각』 11, 한국중앙연구원, 2004.
박용만, 「『御製祖訓』에 나타난 영조의 현실인식과 당부」, 『인문학연구』 31, 제주대학교 인문과학연구소, 2021.
박진성, 『조선후기 자전문학 연구』, 한국학중앙연구원 한국학대학원 박사학위논문, 2019.
박철상, 「조선 최고의 병서 제주도판 『황석공소서』의 출현과 의미」, 『문헌과 해석』 45, 태학사, 2008.
박철상, 「조선후기 장서가와 장서루」, 『한문학연구』 23, 계명한문학회, 2014.
裵祐晟, 「英祖代 郡縣地圖集의 編纂과 活用」, 『韓國學報』 81, 일지사, 1995.
裵祐晟, 「18세기 全國地理志 편찬과 지리지 인식의 변화」, 『韓國學報』 85, 일지사, 1996.
백승철, 「17~18세기 군역제의 변동과 운영」, 『이재룡박사환력기념한국사학논총』, 한울, 1990.
백승호, 「문집의 누적성과 상징 구축 연구: 김종후 편 『청풍세고』를 중심으로」, 『한국학논집』 91, 한울, 2023.
서경희, 「英祖御製帖 '詩語'의 의미」, 『장서각』 16, 한국학중앙연구원, 2006.
서울대학교 규장각, 『규장각 소장 왕실자료 해제·해설집』 2, 서울대학교 규장각, 2005.
서울대학교 규장각, 『규장각 소장 왕실자료 해제·해설집』 3, 서울대학교 규장각, 2005.
세종대왕기념사업회 편찬위원회, 『한국고전용어사전』, 세종대왕기념사업회, 2001.

손계영, 「조선시대 감영의 문집간행과 그 배경 연구」, 『인쇄술과 역사발전』, 청주고 인쇄박물관, 2012.
송양섭, 「균역법의 실시와 군역제 운영」, 『한국군사사』 8, 육군본부, 2012.
송지원, 「영조대 儀禮 정비와 『國朝續五禮儀』 편찬」, 『한국문화』 50, 서울대학교 규장각한국학연구원, 2010.
신효승, 「영조대 도성 방위의 수성전술 체계」, 『역사와실학』 56, 역사실학회, 2015.
심경호, 「선인들의 자서전, 나는 어떤 사람인가」, 이가서, 2011.
심보경, 「英祖代 윤음언해 자료의 간행의의와 統辭: 『闡義昭鑑諺解』 「눈음」(1756)과 『御製戒酒綸音』(1757)을 中心으로」, 『語文硏究』 46-2, 한국어문교육연구회, 2018.
안득용, 「한국 고전 자기서사 연구」, 태학사, 2019.
안소라, 「英祖代 史冊辨誣에 관한 연구: 『明史』의 朝鮮記事를 中心으로」, 성균관대학교 박사학위논문, 2018.
안장리, 「英祖御製 帖本 律文의 종류와 주제」, 『장서각』 16, 한국학중앙연구원, 2006.
안장리, 「영조어제의 봉모당 소장 양상 고찰」, 『장서각』 40, 한국학중앙연구원, 2018.
안장리, 『조선 국왕 영조 문학 연구』, 세창출판사, 2020.
연갑수, 「영조대 對淸使行의 운영과 對淸關係에 대한 인식」, 『한국문화』 51, 서울대학교 규장각한국학연구원, 2010.
옥영정, 「藏書閣 所藏 御製類 刊本의 書誌的 分析」, 『書誌學硏究』 29, 한국서지학회, 2004.
옥영정, 「『闡義昭鑑』의 간행과 서지적 특성」, 『정신문화연구』 33, 한국학중앙연구원, 2010.
옥영정 외, 『영영장판과 영남의 출판문화』, 경북대학교 출판부, 2017.
우경섭, 「영조 前半期의 書籍政策」, 『규장각』 24, 서울대학교 규장각한국학연구원, 2001.
우정임, 「『眉巖日記』를 통해 본 柳希春의 서적교류와 地方板本의 유통」, 『지역과 역사』 26, 부경역사연구소, 2010.
원창애, 「『어제상훈』의 편찬 경위와 그 내용」, 『장서각』 41, 한국학중앙연구원, 2019.
유영옥, 「영조조 肇慶廟 건립에 관한 禮學的 고찰」, 『한국민족문화』 77, 부산대학교 한국민족문화연구소, 2020.
윤인현, 「『璿源系譜記略』英祖1年本 간행과정고」, 『서지학연구』 48, 한국서지학회, 2011.
윤인현, 「『璿源系譜紀略』英祖7年本 刊行過程考」, 『書誌學硏究』 59, 한국서지학회, 2014.
윤정, 「英祖의 三相 追復과 善述 이념: 영조 정치사상의 일 단면」, 『韓國學報』 116, 一志社, 2004.
이경구, 「1740년(영조 16) 이후 영조의 정치 운영」, 『역사와 현실』 53, 한국역사연구회, 2004.

이근호, 「영조대 중반 御製訓書의 간행 양상과 의의: 『御製大訓』과 『御製常訓』을 중심으로」, 『장서각』 26, 한국학중앙연구원, 2011.
이근호, 「18세기 전반 宋時烈 文廟 從祀 논란의 정치적 의의」, 『한국사학보』 62, 고려사학회, 2016.
이근호, 「조선후기 국왕 御製類의 의미와 연구 동향」, 『조선시대사학보』 79, 조선시대사학회, 2016.
이근호, 『조선후기 탕평파와 국정운영』, 민속원, 2016.
이근호, 「경진준천의 정치사적 배경」, 『준천, 영조와 백성을 잇다』, 청계천박물관, 2017.
이근호, 「영조 어제훈서류의 현황과 가치」, 『장서각』 41, 한국학중앙연구원, 2019.
이민주, 「『尙方定例』의 편찬 과정과 특징: 왕실복식의 用節을 중심으로」, 『장서각』 27, 한국학중앙연구원, 2012.
이민희, 「서적 중개인의 역할과 소설 발달에 관한 연구시론」, 『관악어문연구』 29, 서울대학교, 2004.
이상훈, 「영조대 『삼강행실도』의 이본에 대한 연구」, 『어문연구』 42, 한국어문교육연구회, 2014.
이성규, 「명청사서의 조선 곡필과 조선의 변무」, 『오송이공범교수정년기념 동양사논총』, 지식산업사, 1993.
이영경, 「영조대의 교화서 간행과 한글 사용의 양상」, 『한국문화』 61, 서울대학교 규장각한국학연구원, 2013.
이영경, 「『御製警民音』과 한글 윤음의 의의」, 『규장각』 53, 서울대학교 규장각한국학연구원, 2018.
이영경, 「『御製警民音』의 언어」, 『한국학연구』 52, 인하대학교 한국학연구소, 2019.
이영춘, 「영조대 법전과 예제의 재정비」, 『영조의 국가정책과 정치이념』, 한국학중앙연구원 출판부, 2012.
이욱, 「조선시대 왕실의 始祖와 肇慶廟 건립」, 『조선시대사학보』 38, 조선시대사학회, 2006.
이정민, 「영조대 어제서 편찬의 의의」, 서울대학교 석사학위논문, 2003.
李姃玟, 「英祖 御製書의 편찬과 의의」, 『韓國史論』 51, 서울대학교 국사학과, 2005.
이지영, 「『闡義昭鑑諺解』의 異本에 대한 고찰」, 『한국학』 33, 한국학중앙연구원, 2010.
이태진, 『조선후기의 정치와 군영제 변천』, 한국연구원, 1985.
이하경, 「조선후기 변무사건 연구: 영조 47년 고세양 사건을 중심으로」, 『한국정치연구』 28, 서울대학교 한국정치연구소, 2019.

이헌창, 「1678~1865년간 화폐량과 화폐가치의 추이」, 『경제사학』 27, 경제사학회, 1999.

이현진, 「영조대 왕실 喪葬禮의 정비와 『國朝喪禮補編』」, 『한국사상사학』 37, 한국사상사학회, 2011.

이현진, 「정조대 국가전례서의 편찬과 그 성격: 『국조오례통편』과 『춘관통고』의 「흉례」를 중심으로」, 『영·정조대 문예중흥기의 학술과 사상』, 한국학중앙연구원 출판부, 2014.

이현진, 『왕의 죽음, 정조의 국장』, 글항아리, 2015.

이현진, 『조선 왕실의 상장례』, 신구문화사, 2017.

임기영, 「『闡義昭鑑』에 대한 書誌的 연구」, 『嶺南學』 19, 경북대학교 영남문화연구원, 2011.

임성수, 「18세기 전반 폐전론의 전개와 주전 재개」, 『역사문화연구』 83, 한국외국어대학교 역사문화연구소, 2022.

임혜련, 「영조대 『國朝續五禮儀補』 편찬과 왕세손 의례의 정비」, 『東洋古典硏究』 90, 동양고전학회, 2023.

장동우, 「『喪禮備要』의 판본에 관한 고찰」, 『민족문화연구』 100, 고려대학교 민족문화연구원, 2023.

장민영, 「朝鮮 英祖代 '明紀輯略事件'의 政治的 性格」, 서강대학교 석사학위논문, 2010.

장요한, 「계명대학교 동산도서관 소장 『윤음』의 국어사적 가치와 활용: 『御製咸鏡南北關大小民人等綸音』의 국어사적 연구를 중심으로」, 『한국학논집』 75, 계명대학교 한국학연구원, 2019.

장인진, 「경상감영의 인쇄문화가 지역 출판에 끼친 영향」, 『한문학연구』 17, 계명한문학회, 2003.

장인진, 『영남문집의 출판과 문헌학적 양상』, 계명대학교 출판부, 2011.

전상욱, 「18세기 전반 물선진상 관련 자료 분석: 『진상별단등록』을 중심으로」, 『문화재』 47-4, 국립문화재연구소, 2014.

전주문화재단, 『완판본 백선』, 전주문화재단, 2012.

정경희, 「조선후기 궁원제의 성립과 변천」, 『서울학연구』 23, 서울시립대학교 서울학연구소, 2004.

정만조, 「조선후기의 양역변통논의에 대한 검토」, 『동대논총』 7, 동덕여자대학교, 1977.

정만조, 「숙종조 양역변통론의 전개와 양역대책」, 『국사관논총』 17, 국사편찬위원회, 1990.

정만조, 「영조대 정국추이와 탕평책」, 『영조의 국가정책과 정치이념』, 한국학중앙연구원 출판부, 2012.

정병설, 「조선시대 대중국 역사변무의 의미」, 『역사비평』 116, 역사비평사, 2016.

鄭承喆, 「『闡義昭鑑諺解』의 異本 比較」, 『규장각』 13, 서울대학교 규장각한국학연구원, 1990.

정연식, 『조선후기 '역총'의 운영과 양역변통』, 서울대학교 박사학위논문, 1993.

정윤자·김길동, 「『闡義昭鑑諺解』목판본과 필사본 간의 문체론적 특징 고찰」, 『東洋古典研究』 71, 동양고전학회, 2018.

정재훈, 「조선시대 지방 감영의 출판문화」, 『영영장판과 영남의 출판문화』, 경북대학교 출판부, 2017.

정호훈, 「18세기 전반 蕩平政治의 추진과 《續大典》의 편찬」, 『韓國史研究』 127, 韓國史研究會, 2004.

정호훈, 「영조대 『續大典』의 편찬논리와 그 성격」, 『한국문화』 50, 서울대학교 규장각한국학연구원, 2010.

정호훈, 「18세기 君主學 학습서의 편찬과 『羹墻錄』」, 『韓國思想史學』 43, 韓國思想史學會, 2013.

조융희, 「英祖 御製와 '風泉', 그리고 '風泉'의 典故化 양상」, 『장서각』 20, 한국학중앙연구원, 2008.

최경훈, 「조선시대 원주 지역의 인쇄문화연구」, 『조선시대 지방감영의 인쇄출판 활동』, 휴먼컬처아리랑, 2009.

최성환, 『영·정조대 탕평정치와 군신의리』, 신구문화사, 2020.

최우경, 「조선시대 함영의 서적 간행에 관한 연구」, 『조선시대 지방감영의 인쇄출판 활동』, 휴먼컬처아리랑, 2009.

최주희, 「18세기 중반 『탁지정례(度支定例)』류(類) 간행의 재정적 특성과 정치적 의도」, 『역사와 현실』 81, 한국역사연구회, 2011.

최주희, 「18세기 중반 定例類에 나타난 王室供上의 범위와 성격」, 『장서각』 27, 한국학중앙연구원, 2012.

최주희, 「영조대 중반 균역법 시행논의와 『宣惠廳定例』의 간행」, 『韓國史研究』 164, 한국사연구회, 2014.

최주희, 「영조대 중반 균역법 시행논의와 〈宣惠廳定例〉의 간행」, 『한국사연구』 164, 한국사연구회, 2014a.

최주희, 『조선후기 宣惠廳의 운영과 중앙재정구조의 변화: 재정기구의 합설과 지출

정비를 중심으로』, 고려대학교 박사학위논문, 2014b.

최주희, 「1826년 『예식통고(例式通攷)』의 편찬과 왕실재정의 정비 노력」, 『역사와 현실』 107, 한국역사연구회, 2018.

최주희, 「17~18세기 중반 중앙정부의 各司員役 감축 노력과 그 의의」, 『조선시대사학보』 94, 조선시대사학회, 2020a.

최주희, 「육조거리 주변 공물아문의 역할과 일상 업무」, 『한양의 중심, 육조거리』, 서울역사박물관, 2020b.

최주희, 「대동법 시행기 進上制의 정비와 영조대 초반 『進上別單謄錄』의 작성」, 『한국사학보』 86, 고려사학회, 2022.

최형보, 「肅宗代 王世子 代理聽政 硏究」, 『韓國史論』 60, 서울대학교 국사학과, 2014.

필립 르죈 지음, 윤진 옮김, 『자서전의 규약』, 문학과지성사, 1998.

한기춘·서정철·최순화, 「동의보감의 판본 종류와 간행시기 연구」, 『동서의학』 48, 제한동의학술원, 2023.

허태용, 「1728년 戊申亂의 진압과 『勘亂錄』의 편찬」, 『韓國史硏究』 166, 한국사연구회, 2014.

허태용, 「英祖代 蕩平政局下 國家義理書 편찬과 戊申亂 해석: 『勘亂錄』, 『御製大訓』, 『闡義昭鑑』의 비교 검토」, 『사학연구』 116, 한국사학회, 2014.

홍해뜸, 「18세기 전반 국왕의 『政經』 간행과 의미」, 『규장각』 62, 서울대학교 규장각한국학연구원, 2018.

홍해뜸, 「18세기 전반 국왕의 『政經』 간행과 의미」, 『규장각』 62, 서울대학교 규장각한국학연구원, 2023.

웹사이트

국사편찬위원회 한국사데이터베이스 (db.history.go.kr).
규장각한국학연구원 (e-kyujanggak.snu.ac.kr).
디지털 장서각 (jsg.aks.ac.kr).
승정원일기 (sjw.history.go.kr).
조선왕조실록 (sillok.history.go.kr).
한국고전종합DB (db.itkc.or.kr).
한국역대인물종합정보시스템 (people.aks.ac.kr).

장서각 한국사 강의 34

책으로 본 영조와 그의 시대

지음 김덕수·권기석·김영진·이근호·이현진·최주희·임성수·김우진·박진성·이재준
제1판 1쇄 발행일 2024년 12월 30일 발행인 김낙년 발행처 한국학중앙연구원 출판부
출판등록 제1979-000002호(1979년 3월 31일) 주소 경기도 성남시 분당구 하오개로 323
전화 031-730-8773 팩스 031-730-8775 전자우편 akspress@aks.ac.kr 홈페이지 www.aks.ac.kr
ⓒ 한국학중앙연구원 2024
ISBN 979-11-5866-795-5 94010
　　　979-11-86178-07-2 (세트)

· 이 책의 출판권 및 저작권은 한국학중앙연구원에 있습니다. 이 책 내용의 전부 또는 일부를 재사용하려면 반드시 서면 동의를 받아야 합니다.
· 값은 뒤표지에 있습니다. 잘못된 책은 바꿔드립니다.
· 이 책은 2023년도 한국학중앙연구원 장서각 연구사업의 지원을 받아 수행된 연구입니다.